Vis-à-Vis

# FLORIDA

# INHALT

# FLORIDA ENTDECKEN 6

# MIAMI ERLEBEN 50

# FLORIDA ERLEBEN 106

# REISE-INFOS 314

Links: *Art-déco-Gebäude am Ocean Drive* (siehe S. 68–73)
Vorhergehende Doppelseite: *Morgenstimmung über Miamis Skyline*
Umschlag: *Hotel Edison in South Beach, Miami* (siehe S. 72)

# FLORIDA
# ENTDECKEN

Farbenzauber über Gainesville

# WILLKOMMEN IN
# FLORIDA

Florida ist vor allem bekannt für seine Themenparks und die herrlichen Strände, dabei gibt es dort noch so viel mehr zu entdecken: Naturlehrpfade, Nationalparks, köstlichstes Essen, Metropolen und eine interessante Geschichte. Was auch immer Sie in Florida sehen und erleben wollen – unser Vis-à-Vis Florida ist Ihr idealer Begleiter.

**1** *Abenteuer im Astro Orbiter im Magic Kingdom®*

**2** *Stimmungsbild: Sonnenaufgang am Strand in Fort Lauderdale*

**3** *Ocean Drive in Miami am frühen Abend*

Floridas Strände sind einzigartig, Sonnenanbeter strömen an die herrlichen Küsten in St. Augustine, in Naples und an den Keys, der wunderschönen Inselkette im Süden des Staates. Naturliebhaber erleben in den Nationalparks die vielfältige Flora und Fauna Floridas. Neben dem Sumpfland der Everglades mit seinen Alligatoren gibt es auch im Hinterland viel zu entdecken.

Floridas Städte haben reichlich tolle Restaurants, Kultur-Events und Nightlife im Angebot, jede Stadt ist ganz eigen: Miami punktet mit seinem urbanen Chic, historische Schönheit begeistert in Pensacola, das entspannte Fort Lauderdale und das lässige Tampa mit ihrer Lage am Meer. In Orlando fühlt man sich dagegen in einer vollkommen anderen Welt mit einer Vielzahl schier unglaublicher Attraktionen: Walt Disney World® Resort und Universal Orlando Resort™ sind wahre Besuchermagneten, und an der nahe gelegenen Space Coast erwartet Sie ein ganz spezielles Flair.

Vom Panhandle im Norden bis zur Inselwelt der Keys mehr als 800 Kilometer weiter südlich haben wir Florida für Sie in einzelne Kapitel unterteilt und versorgen Sie mit vielen Tipps, farbigen Karten und Tourenvorschlägen. Damit steht Ihrem Traumurlaub nichts mehr im Weg – egal, ob Sie Themenparks besuchen oder die ganze Region bereisen. Viel Spaß!

# LIEBENSWERTES
# FLORIDA

Traumhafte Strände, köstliches Seafood, herrliche Natur und ein munteres Nachtleben – Florida hat für jeden etwas zu bieten. Hier stellen wir Ihnen einige Highlights vor, die Sie in Florida unbedingt erleben sollten.

## 1 Paradiesische Strände

Floridas Küste säumen schier unglaubliche 1067 Kilometer Sandstrand *(siehe S. 26f)*. Vom Golf von Mexiko bis zu hohen Atlantikwellen findet jeder seinen Lieblingsplatz.

## Abenteuer in Themenparks 2

Vergessen Sie den Alltag, und lassen Sie sich verzaubern! Die Angebote der Themenparks *(siehe S. 30f)* sind riesig, Sie erleben mit Sicherheit einen unvergesslichen Tag.

## 3 Wundervolle Tierwelt

Großartige Natur und viele Tiere erwarten Sie in den State Parks und Reservaten in Florida *(siehe S. 36f)*. Zu den schönsten gehört das Merritt Island National Wildlife Refuge.

## Bezaubernder Art déco 4

Beim Bummel über Miami Beachs Ocean Drive *(siehe S. 68–73)* sehen Sie wunderschön erhaltene Hotels, die die Gegend in eine Art-déco-Galerie verwandeln.

## Kennedy Space Center 5

Eine Saturn-V-Rakete, eine Space Complex Tour und ein »Garten« voller riesiger Raketen sind nur der Anfang – das Kennedy Space Center *(siehe S. 190–195)* ist ein Muss.

## Verlockende kubanische Küche 6

In den kubanischen Vierteln von Miami und Tampa *(siehe S. 34f)* finden Sie gute Lokale. Besonders fein sind Gerichte mit Schweinefleisch, Huhn mit Reis oder Sandwiches.

### Unterwegs in Miami 7

Vom historisch anmutenden Coral Gables bis zur modernen Skyline bietet Miami *(siehe S. 50–105)* viele Facetten – da ist es nicht leicht, alles zu erleben.

### Beeindruckende Everglades 8

Fahren Sie mit einem Propellerboot durch die Sümpfe, oder sehen Sie Alligatoren, Kanadareiher und unzählige weitere Tiere von einem Fußweg aus *(siehe S. 292–297)*.

### 9 Golfplätze für jeden Geschmack

In Florida finden Sie über 1000 Golfplätze – mehr als in jedem anderen Staat – für Anfänger und Profis. Kein Wunder, dass Florida die Heimat vieler Golf-Profis ist *(siehe S. 41)*.

## 10 Abenteuer unter Wasser

Der John Pennekamp Coral Reef State Park *(siehe S. 307)* war der erste Unterwasserpark Amerikas. Nicht zuletzt wegen seines faszinierenden Korallenriffs.

## Keys – ein Paradies für Angler 11

Snapper, Rotbarsch, Thunfisch oder Goldmakrele: Wo, wenn nicht in den Florida Keys, finden Sie Ihren Lieblingsfisch? Legendär sind die riesigen Fangmengen beim Tarpun-Wettangeln.

## Sonnenschein das ganze Jahr über 12

Nicht umsonst nennt man Florida den »Sunshine State«! Selbst an Regentagen bricht immer mal die Sonne durch. St. Petersburg hält den Rekord mit 361 Sonnentagen im Jahr.

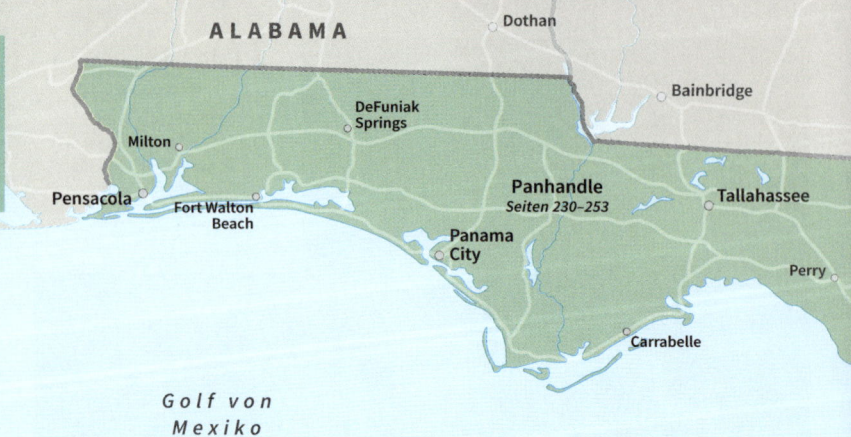

ALABAMA

Dothan

Bainbridge

DeFuniak
Springs

Milton

Panhandle
*Seiten 230–253*

Tallahassee

Pensacola

Fort Walton
Beach

Panama
City

Perry

Carrabelle

*Golf von
Mexiko*

# FLORIDA
## AUF DER KARTE

Für diesen Reiseführer wurde Florida in acht Regionen unterteilt, jede mit einer eigenen Farbe, wie auf der Karte ersichtlich. Auf den folgenden Seiten erfahren Sie viel Spannendes über diese Regionen.

## Nordamerika

KANADA

Seattle

USA

Chicago

Boston

New York

San Francisco

Washington, DC

Los Angeles

Atlanta

*Atlantischer
Ozean*

Houston

FLORIDA

Miami

*Golf von
Mexiko*

MEXIKO

KUBA

*Pazifischer
Ozean*

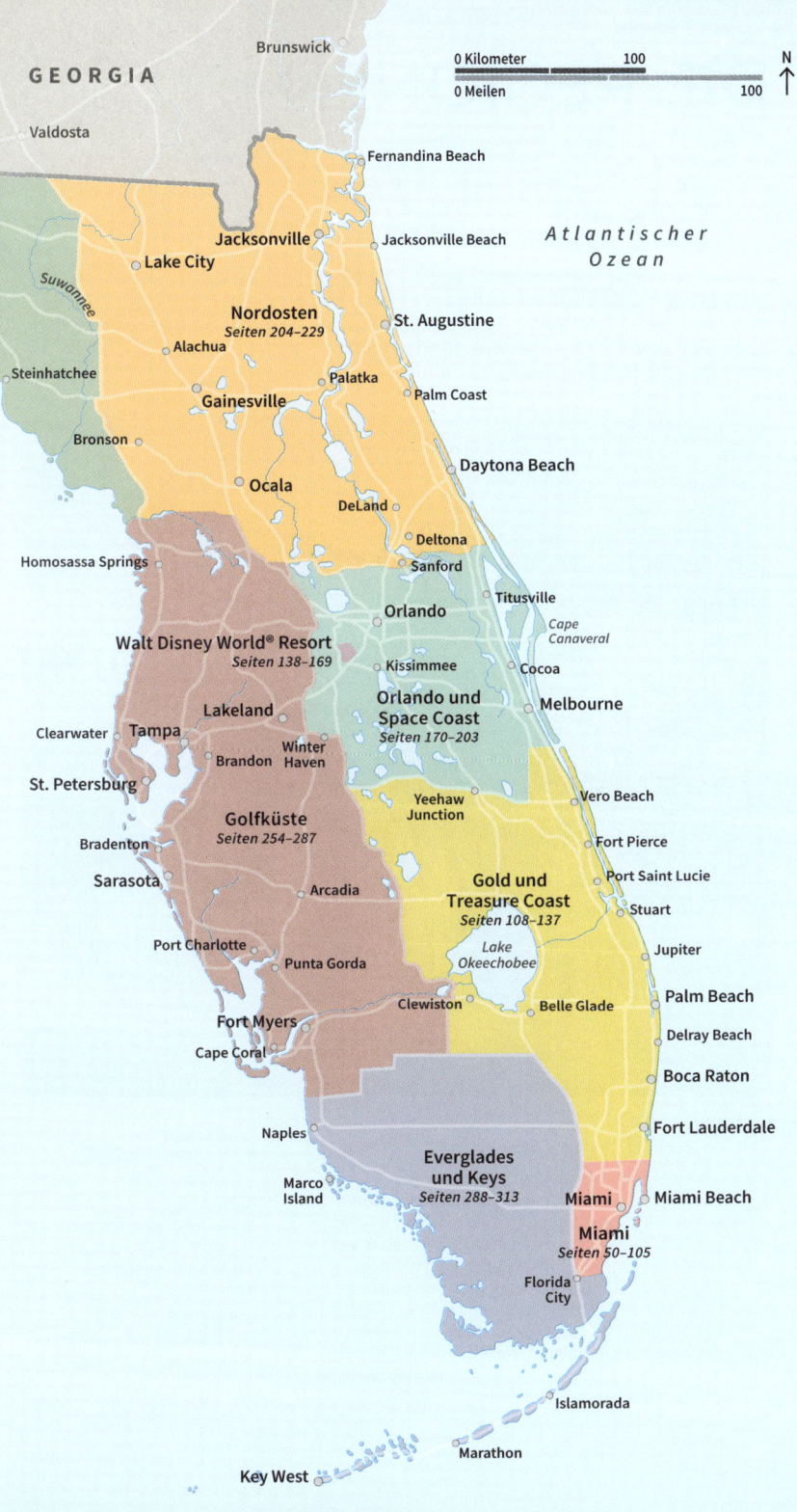

GEORGIA

Brunswick

Valdosta

Fernandina Beach

Jacksonville

Jacksonville Beach

Lake City

*Atlantischer Ozean*

**Nordosten**
*Seiten 204–229*

St. Augustine

Alachua

Steinhatchee

Palatka

Gainesville

Palm Coast

Bronson

Daytona Beach

Ocala

DeLand

Homosassa Springs

Deltona

Sanford

Orlando

Titusville

*Cape Canaveral*

**Walt Disney World® Resort**
*Seiten 138–169*

Kissimmee

Cocoa

Lakeland

**Orlando und Space Coast**
*Seiten 170–203*

Melbourne

Clearwater

Tampa

Winter Haven

Brandon

St. Petersburg

Vero Beach

**Golfküste**
*Seiten 254–287*

Yeehaw Junction

Bradenton

Fort Pierce

Port Saint Lucie

Sarasota

Arcadia

**Gold und Treasure Coast**
*Seiten 108–137*

Stuart

Port Charlotte

Jupiter

Punta Gorda

*Lake Okeechobee*

Clewiston

Belle Glade

Palm Beach

Fort Myers

Delray Beach

Cape Coral

Boca Raton

Naples

Fort Lauderdale

**Everglades und Keys**
*Seiten 288–313*

Marco Island

Miami

Miami Beach

**Miami**
*Seiten 50–105*

Florida City

Islamorada

Marathon

Key West

0 Kilometer    100
0 Meilen    100

N

# DIE REGIONEN
# FLORIDAS

Der Sunshine State (Sonnenscheinstaat) mit seinen herrlichen Stränden hat nicht umsonst den Ruf als perfektes Urlaubsziel für die ganze Familie. Doch nicht nur die wundervollen Strände, sondern auch sein Abwechslungsreichtum – von bemoosten Eichen im Norden zu tropischen Palmen im Süden – begeistert jeden, der sich darauf einlässt.

Seiten 50 – 105

## Miami

Die elegante Großstadt mit lateinamerikanischem Einschlag hat viel zu bieten. Erleben Sie die unterschiedlichen Stimmungen in den einzelnen Vierteln wie dem historischen Coral Gables, dem lebhaften Little Havana und dem Kunst-Mekka Wynwood. Downtown Miami ist ein modernes Zentrum mit vielen Museen und Kulturflair neben tollen Läden und Restaurants. Miami Beach begeistert mit Art-déco-Architektur, buntem Nachtleben und Trubel am Strand. Ein Stück weiter weg bietet Key Biscayne dagegen Ruhe und Entspannung am Strand.

**Entdecken**
Nachtleben, Kunst und Architektur

**Sehenswert**
Ocean Drive, Little Havana, Vizcaya Museum and Gardens und das Ancient Spanish Monastery

**Genießen**
Eine Nacht in einem der Clubs am South Beach

# Gold und Treasure Coast

Sonnenverwöhnte Strände und kleine Städte prägen die Küste nördlich von Miami, wo vor allem Urlauber und Rentner gern ihre Zeit verbringen. Fort Lauderdale mit seinem Kreuzfahrthafen ist der belebteste Ort an der Gold Coast, während Palm Beach der wohlhabendste ist – bekannt für seine Landhäuser und luxuriöses Shopping. Die Treasure Coast beginnt im bei Golfern sehr beliebten Jupiter und wird dann zum Sebastian Inlet hin ländlicher.

**Entdecken**
Badeorte und Golfplätze

**Sehenswert**
Palm Beach, Boca Raton und Fort Lauderdale

**Genießen**
Bei einer Bootsfahrt die versteckten herrschaftlichen Häuser in Fort Lauderdale

→

Seiten 138–169

# Walt Disney World® Resort

Natürlich gibt es auch anderswo Disney-Parks, aber dieser riesige Komplex bei Orlando ist wahrlich einzigartig. Tauchen Sie ein in vier fantastische Themen- und zwei Wasserparks, erkunden Sie die Golfplätze, und nutzen Sie die großartigen Angebote zum Einkaufen oder Essen in Disney Springs®. Hier kommt wirklich jeder auf seine Kosten, unabhängig vom Alter – aber planen Sie unbedingt genügend Zeit ein, um alles zu entdecken.

**Entdecken**
Spaß mit der ganzen Familie und magische Erlebnisse

**Sehenswert**
Magic Kingdom®, Epcot®, Disney's Hollywood Studios®, Disney's Animal Kingdom®

**Genießen**
Eine nette Fahrt um die Welt mit dem Boot bei »it's a small world«®

# Orlando und Space Coast

Seiten 170–203

In Orlandos Themenparks könnte man viele spannende Tage verbringen, umso angenehmer ist anschließend ein Besuch der friedlichen Innenstadt mit ihren Museen und Gärten. Da entschleunigt man rasch wieder. Auch die Nachbarstadt Winter Park ist einen Besuch wert, ebenso natürlich das Kennedy Space Center. Zur Erholung laden an der Space Coast auch die lässige Canaveral National Seashore oder der bei Surfern beliebte Cocoa Beach.

**Entdecken**
Themenparks und bezaubernde Städte

**Sehenswert**
Universal Orlando®, Legoland®, Downtown Orlando, Kennedy Space Center

**Genießen**
Das rasende Tempo und die gruseligen Effekte bei Harry Potter and the Forbidden Journey™ im Universal Orlando Resort™

# Nordosten

Seiten 204–229

Daytona Beach kennen vor allem die Motorsportfans und Studenten, die dort die Semesterferien verbringen. Die älteste Stadt Floridas – das charmante St. Augustine – begeistert alle, die sich für Geschichte interessieren. Ansonsten wird die ruhige Küste mit ihren schönen Stränden und dem hübschen Jacksonville am St. John's River von vielen Besuchern leicht übersehen. Im Hinterland bei Ocala liegen ausgedehnte Pferdefarmen, weiter im Norden lockt der ruhige, entspannte Fernandina Beach auf Amelia Island mit Badespaß.

**Entdecken**
Hübsche Kleinstädte und Geschichte

**Sehenswert**
Jacksonville und St. Augustine

**Genießen**
Ein Besuch der berühmten Quelle der ewigen Jugend in St. Augustine

→

Seiten 230 – 253

# Panhandle

Dieser ruhigere Bereich im Norden hat nicht nur geografisch mehr Verbindung zu anderen Staaten als der Rest Floridas. Das historische Erbe sieht man in Städten wie der Hauptstadt Tallahassee und einigen Teilen von Pensacola. Die Küste ist ein Traum, unterbrochen von quirligen Städten wie Panama City und Destin. Fischerdörfer wie Cedar Key und Apalachicola zeigen eine ganz andere, weniger touristische Seite von Florida. In Nationalparks oder auf den Inseln kann man dem großen Andrang leicht entgehen und sich in der Natur erholen.

### Entdecken
Natur, Strände und der Flair des Südens der USA

### Sehenswert
Pensacola und Tallahassee

### Genießen
Über Holzstege zu den fantastischen Stranden im Grayton Beach State Park

Seiten 254 – 287

# Golfküste

Am Golf von Mexiko liegen nicht nur fantastische Strände, auch die herrliche Natur sowie faszinierende Städte begeistern den Besucher. Sarasota ist ein kulturelles Zentrum mit zwei von den bekannten Brüdern Ringling gegründeten Museen. In St. Petersburg steht das größte Dalí-Museum der USA, im stetig moderner werdenden Tampa erlebt man im historischen Bezirk Ybor City Historie und Nachtleben gleichermaßen. Muschelsammler werden an der Lee Island Coast bei Fort Myers fündig. Weiter nördlich locken Quellen und State Parks Outdoorfans an.

### Entdecken
Strandspaß, Museen, Stadtleben

### Sehenswert
St. Petersburg, Tampa, Lee Island Coast, Ringling Museum of Art, Ringling Museum Cà' d'Zan

### Genießen
Dem Tanz der Meerjungfrauen in Weeki Wachee Springs zusehen

Seiten 288–313

# Everglades
# und Keys

Die unendliche Weite der Everglades an der Südspitze
Floridas ist ein überaus faszinierender Gegenpol zu
Strandleben und Städtetourismus, die typisch sind für
Florida. Noch weiter draußen liegen die Keys: Über
42 Brücken erreicht man auf dem Overseas Highway
entspannte Inselgemeinden. Vor allem Taucher und
Schnorchler lieben die Keys, da dort ein zauberhaftes
Korallenriff erkundet werden kann. Und wie einst
Hemingway gehen Angler dort gern auf großen Fang.

**Entdecken**
Tierwelt, Bootsausflüge,
schnorcheln und angeln

**Sehenswert**
Everglades National Park
und Key West

**Genießen**
Bei einer Bootstour durch die
Everglades Alligatoren und
seltene Vögel

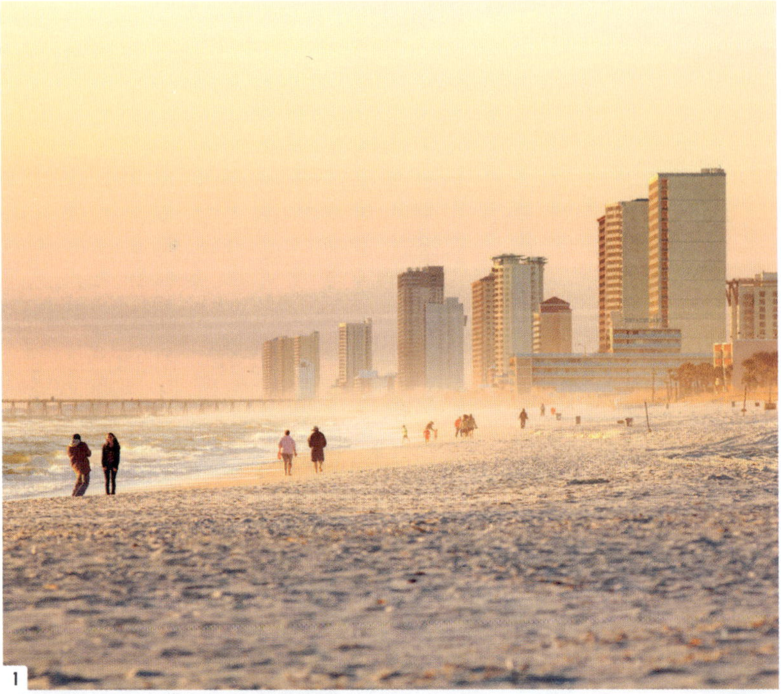

1

2

3

4

←

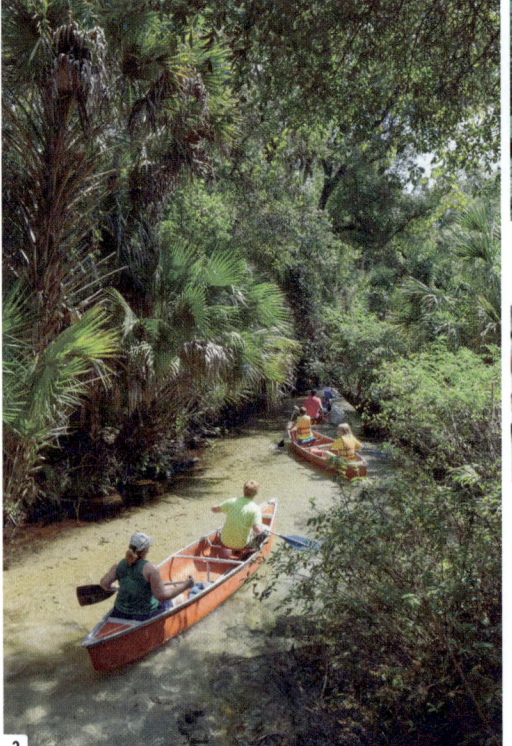

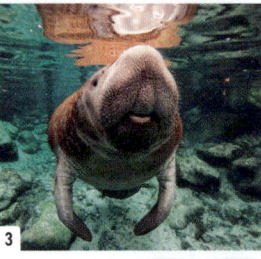

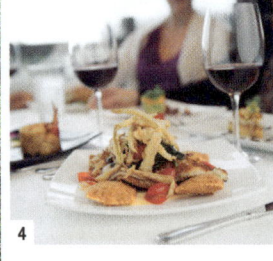

**1** *Spaziergang am Strand von Panama City Beach*

**2** *Paddeltour im Ocala National Forest*

**3** *Seekuh im Crystal River*

**4** *Zu Gast im The Fish House*

So vieles bleibt unentdeckt in Florida, wenn man – wie viele Besucher – nur in die touristischen Hauptorte Orlando und Miami Beach fährt. Dabei gibt es so viel mehr Spannendes zu erleben – unsere Tourenvorschläge helfen Ihnen dabei.

# 5 TAGE
## *in Nord-Florida*

### Tag 1
Frühstücken Sie in Jacksonville *(siehe S. 208f)* am Jacksonville Landing, und besuchen Sie das Museum of Contemporary Art. Mittags essen Sie in St. Augustine *(siehe S. 210–217)* direkt am Wasser in Harry's Seafood Bar & Grille (www.hookedonharrys. com), ehe Sie durch die schmalen Gassen der Stadt bummeln. Abends dinieren Sie in der Nähe des Flagler College und stürzen sich dann ins Nachtleben.

### Tag 2
Fahren Sie nach Daytona, und besuchen Sie den Daytona International Speedway *(siehe S. 222)*. Mittags essen Sie am Daytona Beach – einen schönen Blick aufs Wasser hat man bei Caribbean Jack's (www.caribbeanjacks. com). Nachmittags genießen Sie die herrliche Natur Floridas im Ocala National Forest *(siehe S. 226f)*. Hier gibt es ein paar schöne Rundwege. Verbringen Sie den Abend in Ocala und essen im historischen Ivy on the Square (www.ivyhousefl.com).

### Tag 3
In Weeki Wachee Springs *(siehe S. 279)* sehen Sie eine der ältesten Attraktionen Floridas: eine Unterwassershow mit tanzenden »Meerjungfrauen«. Echte Wasserbewohner besuchen Sie am Nachmittag in Crystal River *(siehe S. 278)*, wo im Crystal River National Wildlife Refuge auch Seekühe leben. Den Abend verbringen Sie im sehr

einladend wirkenden Margarita Breeze (www.porthotelandmarina.com).

### Tag 4
Cedar Key *(siehe S. 251)* ist eine der hübschesten Küstenstädte in Nord-Florida. Wenn Sie früh genug dran sind, machen Sie eine Inseltour und essen danach die berühmten Venusmuscheln. Fahren Sie weiter in die Landeshauptstadt Tallahassee *(siehe S. 240f)* – etwa zweieinhalb Stunden von Cedar Key entfernt. Besichtigen Sie dort das Tallahassee Museum, ehe Sie im Backwoods Crossing (www.backwoodscrossing. com) heimische Gerichte, innovativ abgewandelt, probieren.

### Tag 5
Heute geht es an den Strand. Einer der schönsten ist bei St. Andrews *(siehe S. 245)*. Fahren Sie früh dorthin, damit Sie das Sonnenbaden und Schwimmen ausgiebig genießen können. Wenn Sie Appetit haben, finden Sie im nahen Panama City Beach *(siehe S. 244f)* ein paar feine Restaurants. Nach einer Stunde Fahrt erreichen Sie Destin *(siehe S. 246)*, einen der beliebtesten Badeorte an der Golfküste, wo Sie nach Herzenslust tauchen, schnorcheln und angeln können. Abends fahren Sie nach Pensacola *(siehe S. 234–239)*, das ein spannendes Nachtleben bietet. Nutzen Sie die Chance auf fangfrischen Fisch im The Fish House (www.fishhousepensacola.com).

# 7 TAGE
## *in Süd-Florida*

### Tag 1
Die Tour beginnt in Miami mit einem Frühstück im legendären Biltmore Hotel *(siehe S. 92)*. Genießen Sie dann Architektur, Galerien und das Shoppen an der Miracle Mile im schicken Coral Gables. Nachmittags erkunden Sie das Vizcaya Museum and Gardens, Floridas großartige Residenz *(siehe S. 86f)*. Nach einem kubanischen Essen im Versailles *(siehe S. 85)* bummeln Sie auf der Calle Ocho durch Little Havana *(siehe S. 84f)*.

### Tag 2
Nach dem Frühstück im Café Bastille (1103 Biscayne Blvd) erkunden Sie Miamis Museen. Beginnen Sie im Phillip and Patricia Frost Museum of Science *(siehe S. 88)* mit seinem Planetarium und Aquarium. Nach einer Stärkung im dortigen Food@Science sehen Sie im nahen Pérez Art Museum Miami *(siehe S. 89)* moderne internationale Kunst. Bummeln Sie dann den Baywalk entlang und durch die Läden am Bayside Marketplace *(siehe S. 89)*. Abends essen Sie zu schöner Aussicht im Tuyo (www.tuyomiami.com).

### Tag 3
Frühstücken Sie direkt am Ocean Drive im News Café (www.newscafe.com), und bewundern Sie dort die fantastische Art-déco-Architektur *(siehe S. 68–73)*. Genießen Sie dann dekorative Kunst im Wolfsonian Museum *(siehe S. 75)* und Gemälde im Bass Museum of Art *(siehe S. 76f)*. Essen Sie an der Lincoln Road Mall *(siehe S. 76)*, durchstöbern Sie die Geschäfte und kehren danach zurück an den berühmten Strand von Miami. Nach einem haitianischen Essen im TapTap (www.taptapsouthbeach.com) stürzen Sie sich in South Beach im Story (www.storymiami.com) ins Nachtleben.

### Tag 4
Eine Stunde Fahrt bringt Sie in den weitläufigen Everglades National Park *(siehe S. 292–297)*. Dort gehen Sie den ganzen Tag über auf Entdeckungstour. Entweder Sie holen sich Infos im Besucherzentrum, oder Sie ziehen auf eigene Faust los – über die erhöhten Fußwege, mit dem Rad oder einem Kajak. Im nahen Everglades City übernachten Sie,

1 *Palmen in Miami*
2 *Cocktail im Muse at the Ringling in Sarasota*
3 *Im Everglades National Park*
4 *Moderne Kunst im Pérez Art Museum Miami*
5 *Exotisches Flair, Vizcaya Gardens*

Camellia Street Grill (202 Camellia St E) eignet sich für ein Seafood-Menü am Fluss.

## Tag 5

Nach dem Frühstück fahren Sie zweieinhalb Stunden bis Sarasota *(siehe S. 276f)*, Floridas »Kulturhauptstadt«. Mit der Erkundung des Ringling-Komplexes kann man spielend einen ganzen Tag verbringen. Das Gelände ist ein Vermächtnis der berühmten Zirkusfamilie. Beginnen Sie im Museum Cà' d'Zan *(siehe S. 274f)*, einer Villa mit 56 Zimmern an der Bucht – das Anwesen selbst ist schon ein Kunstwerk. Essen Sie im Banyan Café (5401 Bay Shore Rd) und gehen dann ins Ringling Museum of Art *(siehe S. 272f)*. Nach einem frühen Essen im Muse im Ringling (www. tableseide.com/muse) sehen Sie sich eine Show im renommierten Asolo Repertory Theatre an.

## Tag 6

Laufen Sie vom First Watch (www.firstwatch. com) Sarasotas schöne Main Street entlang. Bewundern Sie in den Marie Selby Botanical Gardens mit Blick auf die Bucht seltene Orchideenarten. Stellen Sie sich wie die Einheimischen an für ein köstliches Barbecue im Nancy's (www.nancy305.com), und fahren Sie dann zu den Keys und den Stränden, wo Sie den Nachmittag im weichen Sand verbringen. Später schauen Sie sich die Läden am spannenden St. Armands Circle an. Am Abend essen Sie sehr fein im Café l'Europe (www.cafeleurope.com).

## Tag 7

Eine Stunde Fahrt – über die hohe Skyway Bridge, durch St. Petersburg und über eine weitere Brücke über die Old Tampa Bay – bringt Sie in das junge, lebhafte Tampa *(siehe S. 266 – 269)*. Nach einem zweiten Frühstück im Samaria Café (502 N Tampa Street) staunen Sie nachmittags im Florida Aquarium über die Unterwasserwelt. Dann besichtigen Sie Ybor City, Tampas kubanisches Viertel, und zum Abschluss Ihrer Tour gönnen Sie sich ein edles Abendessen und eine Flamenco-Show im Columbia Restaurant (www.columbiarestaurant.com).

### Einsame Plätze

Einsame Strände findet man auf St. George Island *(siehe S. 253)*: 35 Kilometer unberührter Strand in Canaveral National Seashore *(siehe S. 202f)* östlich von Orlando – der längste nicht erschlossene Strand an der Ostküste. Auch an der Golfküste wird man fündig, etwa im Caladesi Island State Park *(siehe S. 282f)*, der nur per Boot von Dunedin erreichbar ist.

*Traumhaft: Sonnenaufgang in Canaveral National Seashore*

# FLORIDAS
# STRÄNDE

**Florida ist mit weltbekannten, fantastischen Stränden gesegnet. Jede Region bietet etwas anderes – vom Partystrand über Wassersport und exotische Tiere bis zur romantischen Bucht. Vom Panhandle bis zu den Keys findet dort jeder seinen Lieblingsplatz – wir zeigen Ihnen, wo.**

### Familienfreundliche Strände

Strände zum Toben findet man in Fort Lauderdale *(siehe S. 120–123)* – mit Bananen- und Paddelbooten –, auf Sanibel Island *(siehe S. 270f)* – gut zum Muschelsammeln – und Palm Island. Dort warten vergrabene Haifischzähne und Sanddollars auf Entdecker.

*Viel Platz zum Spielen: der weite, ruhige Strand von Fort Lauderdale*

## Stadtstrände

Selbst in den größten Städten Floridas herrscht entspannt-maritimes Flair, man ist nie weit weg vom weißen Sandstrand. Miamis South Beach *(siehe S. 78f)* lockt mit Glamour, Art-déco-Architektur und Partys. Sarasota hat zwei familienfreundliche Strände, an denen abends gefeiert wird. Am St. Pete Beach *(siehe S. 265)* vor St. Petersburg steht das Don Cesar Hotel.

 Expertentipp
### Strand-Camping

Wollen Sie Floridas Sonne, Meer und Strände voll auskosten, dann campen Sie auf einem der vielen Zeltplätze in Meeresnähe. Überall an der Küste findet man Stellplätze für Wohnmobile und Zelte.

← *Miamis South Beach mit Art-déco-Architektur und Hochhäusern*

← *Kajakausflug vom Strand ins Hinterland, Fort de Soto Park*

## Geheimtipps

Ruhige Ecken zum Runterkommen zu finden ist in Florida kein Problem. Etwas südlich vom St. Pete Beach liegt Pass-a-Grille *(siehe S. 264)*, wo man ausruhen und dann Boutiquen und Eisdielen aufsuchen kann. Im Fort de Soto Park *(siehe S. 284)* noch weiter südlich warten fünf schöne Strände mit Wassersportoptionen und Angelplätzen. Nördlich von Miami und Fort Lauderdale genießt man am Delaray Beach *(siehe S. 128f)* herrliche Ausblicke.

→ *Knutts auf Futtersuche am Delray Beach*

### Spaß für Sportler

Florida hat viele bekannte Mannschaften, und Familien sind überall willkommen. Im Football zählen die Miami Dolphins, Jacksonville Jaguars und Tampa Bay Buccaneers zu den Top-Teams. Miami Heat und Orlando Magic spielen in der obersten Basketball-Liga, die Miami Marlins und Tampa Bay Rays Baseball. Auch Eishockey ist beliebt, bekannt sind Tampa Bay Lightning und Florida Panthers. Motorsportler lieben das Daytona 500 im Februar auf dem Kurs von Daytona *(siehe S. 222)*.

→

*Spektakel: die Miami Dolphins beim Einlaufen zu einem NFL-Spiel in Miami*

# FLORIDA FÜR
# FAMILIEN

In einer Weltrangliste der familienfreundlichsten Urlaubsdestinationen stünde Florida sicher ganz weit oben. Orlandos Themenparks sind einzigartig, aber auch unterwegs stößt man auf besondere und begeisternde Attraktionen oder Museen. Ganz zu schweigen von Stränden und Sportmöglichkeiten.

### Ob Regen ...

Nachmittags regnet es gern mal, dann kann man die kinderfreundlichen Angebote testen. Im Phillip and Patricia Frost Museum of Science *(siehe S. 88)* in Miami etwa das Gulfstream Aquarium und ein spektakuläres Planetarium. Das Orlando Science Center *(siehe S. 188f)* bietet interaktive Exponate, Begegnungen mit Tieren und ein IMAX-Kino. In Orlando findet man familienfreundliche Angebote am International Drive *(siehe S. 198f)* und viele Geschäfte in Disney Springs® *(siehe S. 168)*.

←

*Gigantisch: Exponate »schweben« durch das Orlando Science Center*

## Spaß unterwegs

Auf Autofahrten kann man in Florida eine Menge entdecken. Es lohnt sich, mal eine längere Pause einzulegen. Sehen Sie sich unbedingt eine Show im Weeki Wachee Springs State Park *(siehe S. 279)* an, wenn Sie in die Gegend kommen.

→

*Spektakuläre Unterwasser-show im Weeki Wachee Springs State Park*

## ... oder Sonnenschein

Am beliebtesten sind sicher die großen Themenparks wie das Walt Disney World® Resort *(siehe S. 138–169)* und Legoland® *(siehe S. 186f)* mit ihren Wasserparks. Riesenspaß bietet auch die Live-Unterhaltung am Pier 60 am Clearwater Beach *(siehe S. 264)*.

↑ *Vogelschwarm über dem Pier 60 am Clearwater Beach*

### Live-Unterhaltung

Wenn Sie nur nach den Fahrgeschäften schauen, verpassen Sie einiges. Erleben Sie Musicals im Broadway-Stil mit mitreißenden Melodien – vor allem in Orlando, wo überall Figuren aus Filmen und Cartoons unterwegs sind. Sowohl Walt Disney World® Resort als auch das Universal Orlando Resort™ erwachen nach Einbruch der Dunkelheit zu neuem Leben, wenn The Nighttime Lights At Hogwarts™ Castle die Zauberwelt von Harry Potter™ erleuchten und bunte Raketen über dem Schloss von Aschenputtel in Disney's Magic Kingdom® aufsteigen.

→

*Laut und bunt – tägliche Parade in Disney's Magic Kingdom®*

# FLORIDAS
# THEMENPARKS

Sooo viel Vergnügen auf kleinem Raum! Kein Wunder, dass Orlando als Hauptstadt aller Freizeitparks gilt. Es ist nicht einfach, sich zu entscheiden zwischen Walt Disney World® Resort mit seinem Mix aus Märchen und Popkultur, Universal Orlando® Resort oder Legoland® und SeaWorld®.

### Wilde Fahrten

Augen zu und durch auf dem The Incredible Hulk Coaster® in Universals Islands of Adventure™ oder bei der endlos scheinenden Abfahrt im The Twilight Zone Tower of Terror™ in Disney's Hollywood Studios®. Am schnellsten saust man mit dem Mako in Orlandos SeaWorld®, aber auch Fahrgeschäfte wie Harry Potter and the Escape from Gringotts™ im Universal Orlando Resort™ garantieren großen Spaß.

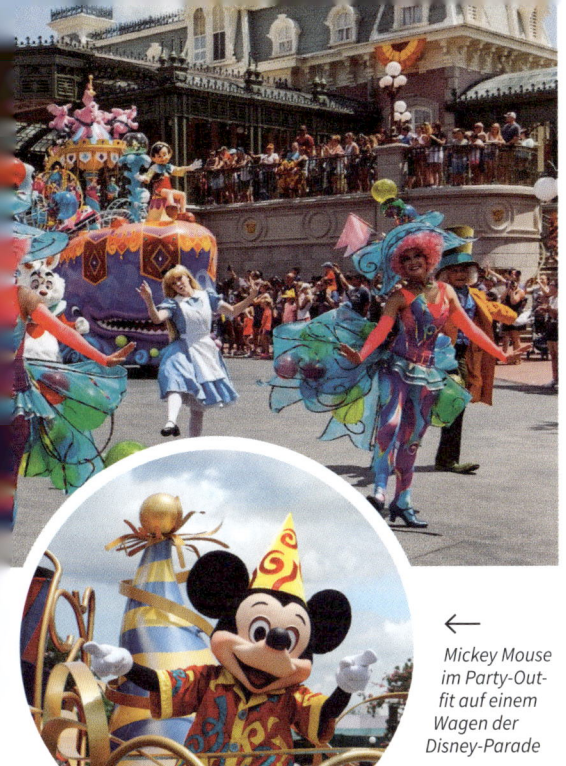

← Mickey Mouse im Party-Outfit auf einem Wagen der Disney-Parade

## Hotels

Wenn Sie in der Nähe von Orlandos Freizeitparks übernachten, nimmt der Spaß kein Ende. Exotische Fantasiewelten oder Filmfiguren begleiten Sie von den Parks bis in Ihr Hotelzimmer.

**Universal's Cabana Bay Beach Resort**
🅰 F3 🏠 6550 Adventure Way, Orlando
Ⓦ loewshotels.com/cabana-bay-hotel
Ⓢ Ⓢ Ⓢ

**Disney's Animal Kingdom Lodge**
🅰 F3 🏠 2901 Osceola Pkwy, Orlando
Ⓦ disneyworld.disney.go.com/resorts
Ⓢ Ⓢ Ⓢ

← The Incredible Hulk Coaster® auf Marvel Super Hero Island

## Zauberwelt des Films

Blockbuster erwachen zum Leben – in Shows mit Spezialeffekten, bei mitreißenden Vorführungen und in ganzen Filmwelten, die zu entdecken sind. Laufen Sie in Disney's Animal Kingdom® unter den Hallelujah-Bergen von Pandora aus *Avatar*, erkunden Sie Jurassic Park® in Universals Islands of Adventures™, oder fahren Sie mit dem Hogwarts Express™ bis ins magische Dorf Hogsmeade™.

↑ Action! Live-Darbietungen in den Universal Studios Florida™

### »Cracker«-Stil

Die ersten Pioniere bauten überwiegend Holzhäuser, die stets gut belüftet waren. Eines der am besten erhaltenen Exemplare ist das McMullen Log House im Pinellas County Heritage Village *(siehe S. 265)*. Der sogenannte »Cracker«-Stil hatte großen Einfluss auf Floridas Architektur. Leider sind heute nur noch sehr wenige Originalgebäude erhalten.

←

*Das McMullen Log House, ein typisches »Cracker«-Haus in Florida*

# FLORIDAS
# ARCHITEKTUR

Häufig wird Floridas Architektur mit Art déco und den grandiosen Fassaden in South Beach assoziiert. Man findet in diesem Staat aber auch andere Stilrichtungen. Oft schräg und auffallend, spiegeln sie die Zuwanderungswellen nach Florida, aber auch das angenehm warme Klima wider.

### Boom-Jahre

Mit Beginn der 1920er Jahre entwickelte sich ein völlig neuer Baustil, mit dem man die Romantik exotischer Länder nachahmen wollte. Von spanisch inspirierten Gebäuden in Palm Beach *(siehe S. 112 – 117)* bis zu berühmten Art-déco-Gebäuden *(siehe S. 68 – 73)* wie etwa dem Raleigh, dem Delano und dem Carlyle an Miamis South Beach.

# Hotels

Ideale Hotels für Anhänger des Goldenen Zeitalters:

**The Breakers**
🅰 G5 🏠 1 S County Rd, Palm Beach
Ⓦ thebreakers.com
Ⓢ Ⓢ Ⓢ

**Biltmore Hotel Miami Coral Gables**
🅰 G6 🏠 1200 Anastasia Ave, Coral Gables
Ⓦ biltmorehotel.com
Ⓢ Ⓢ Ⓢ

↑ *Kühn geschwungene Wendeltreppe im Salvador Dalí Museum*

## Zeitgenössisches

In den vergangenen rund 50 Jahren entstanden einige Großprojekte mit mutigen Designs – darunter Shopping Malls, öffentliche Gebäude und Sportstadien. Daneben finden sich wunderbare Beispiele richtungsweisender Architektur, wie etwa die Glaskonstruktion vor dem Salvador Dalí Museum *(siehe S. 262f)*.

## Goldenes Zeitalter

Ende des 19. Jahrhunderts brachten Eisenbahnen mehr und mehr Touristen – und damit Geld und neue Ideen in die Region. Die Entwicklung zum Floralen entsprach dem Zeitgeist, und eine Vorliebe für Mediterranes entstand. Ein Musterbeispiel für das Goldene Zeitalter ist vielleicht das Flagler Museum *(siehe S. 114f)* in Palm Beach, ein herrschaftliches Haus mit 75 Räumen und einem Park.

↑ *Unter Palmen strömen die Besucher ins Flagler Museum*

↑ *Breakwater Hotel und ein buntes Gebäude (Detail) in South Beach – Art déco vom Feinsten*

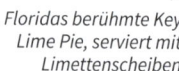

*Imbissstand beim jähr-
lichen Hispanic-Fest in
Little Havana*  ↑

# FLORIDA FÜR
# FOODIES

**Im Sunshine State gibt es weit mehr Abwechslung beim Essen, als man denkt.
Sehr stark spürt man natürlich den kubanischen Einfluss, vor allem in Vierteln
wie Little Havana in Miami. Frischestes Seafood und Klassiker wie die herrliche
Key Lime Pie sind aber auch nicht zu verachten.**

### Regionale Spezialitäten

Der berühmteste Florida-Klassi-
ker ist sicher die Key Lime Pie
mit frischem Limettensaft und
einer knackigen Baiser-Schicht.
Wie der Name schon vermuten
lässt, bekommt man sie vor
allem in den Keys. Aber auch
Floridas Alligatoren tauchen auf
der Speisekarte auf, entweder
als Nuggets oder als Gator-Tail.
Fein ist auch der Tarpon Springs
Greek Salad mit Kartoffeln,
Tomaten, Oliven, Feta, Gurken
und Peperoncini.
**Wo:** Key Lime Pie in der Old
Town Bakery (930 Eaton St,
Key West)

→

*Floridas berühmte Key
Lime Pie, serviert mit
Limettenscheiben*

## Latino-Küche

Kubanische und allgemein Latino-Küche ist in den meisten größeren Städten Floridas weitverbreitet, aber ihr Zentrum ist definitiv Miami. In und um Little Havana *(siehe S. 84f)* findet man alles – vom einfachen Sandwich und Coffeeshops bis zu Food-Trucks und gehobenen Restaurants, die kubanisch kochen. Etwa *croquetas* (frittierte Kroketten mit Fleisch- oder Gemüsefüllung).

**Wo:** Kubanisches Sandwich in Enriqueta's Sandwich Shop (186 NE 29th S, Miami)

← *Kubanisches Sandwich mit Schinken, Fleisch, Käse und Dillgurken*

---

> 💬 Expertentipp
> **Seafood-Saison**
>
> Floridas berühmte Steinkrabbe bekommt man von Oktober bis Mai. Hummer satt gibt es zwischen September und Dezember.

---

## Restaurants

Im Sunshine State findet man unzählige Seafood-Restaurants, manche sind sogar eine Institution. Folgende Lokale sollte man besucht haben.

**Hunt's Oyster Bar & Seafood Restaurant**
🏠 1150 Beck Ave, Panama City
Ⓦ facebook.com/ pearlofhunts
Ⓢ Ⓢ Ⓢ

**Walt's Fish Market Restaurant**
🏠 4144 S Tamiami Trail, Sarasota
Ⓦ waltsfishmarket restaurant.com
Ⓢ Ⓢ Ⓢ

---

*Platte mit frischem Seafood im The Stoned Crab* ↑

## Frisches Seafood

Dank der sehr langen Küste bekommt man in Florida fast überall fangfrisches Seafood, das breite Spektrum reicht von Krabben über Muscheln, Austern, Zackenbarsch oder Mahi-Mahi bis zur beliebten Felsenkrabbe. Der »Fish Shack« (meist ein einfaches, oft auch schon etwas in die Jahre gekommenes Lokal, das frischen Fisch serviert) ist in ganz Florida eine Institution.
**Wo:** Steinkrabben im The Stoned Crab (3101 N Roosevelt Blvd, Key West)

### Sumpfland

Da denkt in Florida natürlich jeder zuerst an die Everglades, doch Sümpfe findet man im ganzen Staat, u. a. im Big Cypress National Preserve *(siehe S. 305)*. Rotluchse und weiße Ibisse sind dort recht leicht zu entdecken, ebenso kleine Anolisechsen und wunderschöne Seerosen. Ein Ausflug in den weiten und wilden Everglades National Park *(siehe S. 292 – 297)* ist ein unvergessliches Erlebnis – egal, ob Sie am Wasser oder auf Wanderwegen unterwegs sind.

*Seerosen zieren viele Sumpflandschaften Floridas*

# FLORIDAS
# FLORA & FAUNA

Klimatisch gliedert sich Florida in den gemäßigten Norden und den subtropischen Süden. Das Ergebnis ist eine faszinierende Mischung aus Naturräumen – von Küstenlandschaften über Wälder bis zu Sümpfen. Entsprechend vielfältig präsentieren sich in Florida auch Pflanzen- und Tierwelt.

### Pinienwälder

Der Myakka River State Park *(siehe S. 286)* ist ein klassisches Beispiel für diesen in Florida weitverbreiteten Landschaftstyp. Etwa die Hälfte des Staates ist von hohen Pinien bedeckt, unter denen Kräuter und Sträucher wachsen. Hin und wieder entdeckt man dort mit etwas Glück einen Weißwedelhirsch, Zwergklapperschlangen oder Carolinaspechte.

*Weißwedelhirsche verstecken sich gern in Pinienwäldern*

### Tief im Wald

Zu den Waldgebieten Floridas gehören auch die als *hammocks* bezeicheneten Bauminseln. In deren Umgebung kann man Tiere wie wilde Truthähne, Gürteltiere oder Opossums entdecken. Floridas Staatsforste wie etwa Blackwater River State Park *(siehe S. 247)* sind gepflegt und bieten gut ausgeschilderte Rundwege sowie zahlreiche Aktivitäten.

↑ *Weißer Ibis mit roten Beinen und rotem Schnabel*

---

💬 **Expertentipp**
**In den Everglades**

Am besten besucht man den Everglades National Park in der Trockenzeit zwischen Dezember und April. An mehreren Zugängen bekommen Sie in Besucherzentren umfassende Informationen über Wege und Bootsausflüge.

↑ *Neunbinden-Gürteltier – das am besten erforschte Gürteltier*

### Küstenbewohner

Floridas Küsten sind gelegentlichen Wetterextremen ausgesetzt, dennoch ist die Landschaft wunderschön und vielfältig. Watvögel sind ein vertrauter Anblick an den Sanddünen und Lagunen, und hoch in der Luft kreisen die Weißkopfseeadler, vor allem über Canaveral National Seashore *(siehe S. 202f)*. Eher selten sieht man dagegen Pfeilschwanzkrebse, die im Frühjahr aus dem Meer kommen, um entlang der Nature Coast of Florida südlich des Panhandle *(siehe S. 231)* zu brüten.

←

*Wappenvogel der USA: Weißkopfseeadler auf einem Mangrovenstrauch*

# FLORIDA FÜR
# KULTURFANS

**Florida – das sind nicht nur die Themenparks, Küsten, Sport und Partys. Auch das Kulturangebot ist vielseitig. Neben zahlreichen Festivals rund um Kunst, Musik, Essen und kulturelles Erbe erwarten Sie auch Angebote von Weltrang: von der Art Basel über Jazzclubs bis zu renommierten Museen.**

### Faszinierende Museen

In Florida gibt es unzählige Museen – von Hochkultur bis zu witzig und skurril. Das Jewish Museum of Florida *(siehe S. 75)* führt Sie ein in die Geschichte und Kultur der Juden in der Region. Das Pirate and Treasure Museum in St. Augustine *(siehe S. 210 – 217)* ist lustig und unterhaltsam. Weiter südlich locken das WonderWorks *(siehe S. 199)* und Orlando Science Center *(siehe S. 188f)* mit spannenden interaktiven Angeboten.

→

*Verblüffende Fassade
von WonderWorks, Orlando*

## Beeindruckende Kunst

Seinen guten Ruf in der Kunstwelt verdankt Florida zum einen den wunderbaren Museen, unter anderem dem großartigen Salvador Dalí Museum *(siehe S. 262f)* und dem Ringling Museum of Art *(siehe S. 272f)*. Daneben gibt es aber noch weit mehr zu entdecken, etwa die Wynwood Walls *(siehe S. 103)* mit beeindruckender Street Art. Und während der Art Basel in Miami stellen mehr als 300 Galerien aus über 30 Ländern hervorragende Kunstwerke aus, die jedes Jahr im Dezember mehr als 80 000 Besucher anlocken.

←

*Judy Chicagos* Rainbow Man *und Robert Indianas* Circus (Detail); *Art Basel in Miami*

### Design District

Miami hat eine starke Kunstszene, zwei seiner Stadtviertel stehen für ganz unterschiedliche Kunstbewegungen. Im Miami Design District im Viertel Buena Vista liegen erstklassige Galerien neben Designer-Boutiquen. Das dortige Institute of Contemporary Art fördert die Entwicklung zeitgenössischer Kunst. Wynwood ist ein hippes, aufstrebendes Viertel und vor allem für seine Street Art bekannt. Die Wynwood Walls, die sich seit 2003 stetig weiterentwickeln, sind mittlerweile ein großartiges Freilichtmuseum geworden.

## Fantastische Festivals

Floridas mildes Klima ist perfekt, um das ganze Jahr über Festivals abzuhalten *(siehe S. 42f)*. Musikfans sollten im März zum Orlando Jazz Festival oder Miamis Winter Music Conference kommen, einer Woche mit elektronischer Musik. Interessant, vor allem für Genießer, ist das große South Beach Food and Wine Festival im Februar. Romantiker lieben die St. Augustine Night of Lights, die von November bis Januar die Stadt verzaubert.

↑ *Verzauberndes Lichtermeer bei der St. Augustine Night of Lights*

### Einfach loswandern

Ein großer Teil Floridas ist von Wäldern bedeckt. Da erstaunt es kaum, dass das Wandern dort überaus beliebt ist. Insgesamt stehen mehr als 8000 Kilometer Wanderwege für alle Niveaus zur Verfügung – von leicht bis anspruchsvoll. Sehr schön ist etwa die raue Schönheit des Big Cypress National Preserve *(siehe S. 305)*.

←

*Wandern im Big Cypress Swamp National Preserve*

# FLORIDA FÜR
# OUTDOORFANS

**Wer möchte bei diesem angenehm milden Klima in Florida schon gern zu Hause bleiben? Ein großer Teil des Lebens spielt sich im Freien ab. Strandaufenthalte sind natürlich äußerst beliebt, doch es gibt auch ungezählte Möglichkeiten, sportlich richtig aktiv zu sein – vom Wassersport über Golfen bis zum Wandern.**

### Abtauchen

An Floridas langer Küste und in den Gewässern im Binnenland kann man ausgiebig schwimmen oder auch unter Wasser viel Spaß haben. Taucher und Schnorchler erkunden im klaren Wasser Riffe und Wracks, Key Largo *(siehe S. 306f)* gilt als eines der besten Tauchreviere der gesamten USA.

→

*Ziel ambitionierter Taucher: Benwood-Wrack vor Key Largo*

Expertentipp
**Beste Zeit**

Wenn Sie sich gern im Freien bewegen, sollten Sie Florida am besten zwischen Januar und März besuchen, wenn die Temperaturen gemäßigt sind.

## Segel setzen

In den meisten Küstenstädten Floridas werden Bootsausflüge angeboten, bei denen Sie von Delfinbeobachtung bis zu kompletter Entspannung auf der Luxusyacht alles erleben. Pensacola *(siehe S. 234–239)* ist eines der wichtigsten Segelzentren des Staates.

→

*Segeln in den Sonnenuntergang über dem Golf von Mexiko*

## Den Schläger schwingen

Florida hat mehr Golfplätze als jeder andere US-Staat, das Klima macht das Spielen dort zu einem ganzjährigen Vergnügen. Viele Clubs sind für Gäste offen, manche bieten herrliche Ausblicke aufs Meer. Besuchen Sie TCP Sawgrass (Ponte Vedra Beach) und World Woods (Brooksville).

←

*Abschlag neben Palmen*

## Fische fangen

Florida ist ein Hotspot für Angler aus aller Welt. Vom spannenden Hochseefischen auf dem Ozean bis zum entspannten Angeln auf einem Pier oder einer Mole. Sehr schön ist Islamorada *(siehe S. 308)*, während man in Key West *(siehe S. 298–303)* und Key Largo *(siehe S. 306f)* Tarpune und Haie fangen kann.

→

*Großer Fang: Hochseefischen vor Key West*

# DAS JAHR IN
# FLORIDA

## Januar

△ **Art Deco Weekend** *(Mitte Jan)*. Straßenfest im berühmten Art-déco-Viertel in Miami Beach.
**Downtown Venice Craft Festival** *(Ende Jan)*. Venice schmückt sein Zentrum mit diesem beliebten Handwerkermarkt.

## Februar

**Florida State Fair** *(Anfang Feb)*. Volksfest in Tampa mit Paraden und bekannten Unterhaltungskünstlern.
△ **Coconut Grove Arts Festival** *(Mitte Feb)*. Eine der größten Avantgarde-Kunstausstellungen des Landes in Miami.

## Mai

△ **Jacksonville Jazz Festival** *(Ende Mai)*. Drei Tage Jazz aus aller Welt, dazu gibt es einen Kunst- und Handwerkermarkt.
**Tampa Bay Margarita Festival** *(Ende Mai)*. Zu Auftritten vieler berühmter Künstler genießt man jede Menge Margaritas sowie herzhafte Snacks.

## Juni

**Fiesta of Five Flags** *(Anfang Juni)*. Zwei Wochen mit bunten Paraden und Rodeos in Pensacola. Sehenswert ist auch die Nachstellung von Tristán de Lunas Ankunft im Jahr 1559.
△ **Watermelon Festival** *(3. Wochenende)*. Die Melonenernte feiert Monticello mit Barbecues und anderen Veranstaltungen.

## September

△ **St. Augustine's Founding Anniversary** *(1. oder 2. Sa)*. Geschichte wird lebendig beim Nachspiel der Landung der Spanier 1565 am mutmaßlichen Originalschauplatz.

## Oktober

△ **John's Pass Seafood & Music Festival** *(Ende Okt)*. Fest für Seafood-Fans in John's Pass Village am Madeira Beach.

## März

△ **Carnaval Miami** *(Anfang März)*. Zehntägiges Fest in Latino Miami mit Schönheitswettbewerben, Sport und Konzerten. Legendär ist das große Straßenfest in der Calle Ocho.
**Miami International Film Festival** *(Anfang März)*. Die Miami Film Society zeigt zehn Tage lang Independent-Filme.

## April

△ **Ostern** *(März/Apr)*. Mit Kutschenfahrten durch St. Augustine und Andachten im Castillo de San Marcos.
**Conch Republic Celebration** *(Mitte Apr)*. Eine Woche in Key West mit Paraden, vielen Veranstaltungen und Tanz – alles zu Ehren der Gründerväter.

## Juli

△ **America's Birthday Bash** *(4. Juli)*. Am Tag gibt es Picknicks und viel Spaß für die Familie. Um Mitternacht erhellt in Miami das größte Feuerwerk Süd-Floridas den Nachthimmel.
**Hemingway Days** *(Mitte Juli)*. Eine Woche in Key West mit Lesungen, Prämierung der besten Kurzgeschichten, Theater und einem witzigen Hemingway-Doppelgänger-Wettbewerb.

## August

△ **Key West Lobsterfest** *(Anfang Aug)*. Fest zum Ende des Sommers mit Livemusik, kühlen Getränken und frischem Hummer sowie einem Sonntags-Brunch.
**Boca Festival Days** *(ganzer Aug)*. Ein Monat voller Spaß in Boca Raton, unter anderem mit einer Kunsthandwerksmesse, Auftritten des Barbershop Quartet und einem Wettbewerb im Sandburgenbauen.

## November

**Florida Seafood Festival** *(1. Wochenende)*. Segnung der Fischerflotte, Wettbewerb im Austernschlürfen und jede Menge Seafood in Apalachicola.
△ **Miami Book Fair** *(Mitte Nov)*. Verleger, Autoren und Bücherwürmer treffen sich zu diesem kulturellen Highlight.

## Dezember

△ **Winterfest Boat Parade** *(Anfang Dez)*. Beleuchtete Boote kreuzen in der Nacht auf dem Intracoastal Waterway in Fort Lauderdale und sorgen für magische Bilder.
**St. Augustine Colonial Night Watch** *(Anfang Dez)*. Umzug mit Fackeln durch die Altstadt vom Castillo de San Marcos zum Stadttor.

1

# KURZE
# GESCHICHTE

**Hinter Floridas moderner Fassade kommt eine lange und reiche Vergangenheit zum Vorschein, geformt von Menschen verschiedenster Nationen und Kulturen. Seit Mitte des 20. Jahrhunderts treibt der Tourismus die Entwicklung voran, nicht ohne Folgen für die schöne Natur des Sunshine State.**

## Ureinwohner

Nach Ende der letzten Eiszeit erreichten die ersten Siedler Florida. Für rund 11 500 Jahre waren sie in kleine Gruppen aufgeteilt – manche blieben nomadische Sammler und Jäger, andere gründeten dagegen an Floridas Flüssen und entlang der Küste Siedlungen.

## Spanisches Florida

Nachdem Florida 1513 von den Spaniern gesichtet worden war, kolonisierten sie als erste Europäer die Region. Sie brachten das Christentum sowie Pferde und Vieh mit. Die Brutalität

1 *Ansicht von West Palm Beach im Jahr 1915* ↑

2 *General Andrew Jackson beim Angriff auf die Seminolen*

3 *Seminolen im Ersten Seminolenkrieg*

4 *Bau des Forts Castillo de San Marcos von Mort Künstler (1966)*

## *Chronik*

### 1513

Ponce de León sichtet als erster Europäer Florida; acht Jahre später versucht er erfolglos, eine spanische Kolonie zu errichten

### 1565

Pedro Menéndez de Avilés gründet St. Augustine, die erste dauerhafte europäische Ansiedlung in der »Neuen Welt«

### 1763

Die Spanier übergeben Florida an die Briten, bekommen dafür Kuba zurück

### 1775–83

Amerikanischer Unabhängigkeitskrieg; das britische Florida fällt wieder an Spanien

der Eroberer sowie von ihnen eingeschleppte Krankheiten dezimierten die ursprüngliche Bevölkerung. Die Herrschaft über Florida wechselte im 18. Jahrhundert mehrfach zwischen Spaniern und Briten. Am Ende des Amerikanischen Unabhängigkeitskriegs war Florida unter spanischer Kontrolle.

### Seminolenkriege und Bürgerkrieg

Im 19. Jahrhundert kam es zu drei Konflikten mit den Seminolen. 1816 griff General Andrew Jackson sie an, weil sie entflohene Sklaven aufnahmen. In der Folge wurde Florida 1822 Teil der Vereinigten Staaten. Nachdem die Regierung den Indian Removal Act erlassen hatte, mit dem alle indianischen Stämme in Staaten westlich des Mississippi vertrieben werden sollten, kam es zum Zweiten und Dritten Seminolenkrieg.

Mitte des 19. Jahrhunderts machten Sklaven mehr als ein Drittel der Bevölkerung Floridas aus. Die meisten arbeiteten in Baumwollplantagen. Als Abraham Lincoln – erklärter Gegner der Sklaverei – 1860 Präsident wurde, löste sich Florida als Gründerstaat der Konföderation von der Union. Im folgenden Bürgerkrieg siegte die Union, Sklaverei wurde abgeschafft.

Statue von Pedro Menéndez de Avilés, einem spanischen Konquistadoren

*1812*

US-Patrioten fordern Ost-Florida von den Spaniern; sie scheitern, aber das Zugehörigkeitsgefühl Floridas zu den USA wächst

*1816–19*

Erster Seminolenkrieg. Zweiter und Dritter Seminolenkrieg folgen 1835–42 und 1855–58

*1845*

Am 4. Juli wird Florida der 27. amerikanische Bundesstaat

*1861–65*

Amerikanischer Bürgerkrieg, der in Florida sehr ruhig verläuft

## Floridas Goldenes Zeitalter

Der Bürgerkrieg hatte Floridas Wirtschaft ruiniert, aber Klima und geringe Bevölkerungsdichte boten ideale Voraussetzungen für Investitionen. Die Eisenbahnbarone Henry Flagler und Henry Plant bauten ab Ende der 1880er Jahre Strecken an der Ost- und Westküste Floridas aus. Luxuriöse Hotels lockten Touristen in die Region, was die Wirtschaft ankurbelte. Eine breite landwirtschaftliche Basis half Florida in der Zeit der Wirtschaftskrise der 1890er Jahre. Parallel dazu nahm die Gewalt des Ku-Klux-Klan zu, Rassentrennung prägte den Alltag.

## Boom, Pleite und Aufschwung

In der ersten Hälfte des 20. Jahrhunderts erlebte Florida ein rasches Wachstum, jedoch auch wirtschaftliche Depression. Der Aufschwung lockte Menschen aus dem Norden, aber 1926 ruinierte der Fall der Immobilienpreise viele Einwohner. Weitere finanzielle Desaster folgten während der Weltwirtschaftskrise einige Jahre später. Die Wirtschaft erholte sich aber dank des zunehmenden Tourismus und staatlicher Förderprogramme rascher als in den übrigen Teilen der USA.

**1** *Lokomotive der Florida East Coast Railway* ↑

**2** *Familie in einem Lager während der Weltwirtschaftskrise*

**3** *Apollo XV beim Start vom Kennedy Space Center*

### Schon gewusst?

Als größter US-Produzent von Zitrusfrüchten überstand Florida die 1929 einsetzende Große Depression.

## *Chronik*

### 1886
Flagler beginnt den Bau der Florida East Coast Railway

### 1926
Einbruch der Landpreise, zwei Banken gehen pleite; ein Hurrikan verwüstet den Südosten und die Everglades sowie Miami

### 1939–1945
Zweiter Weltkrieg; 1942 torpedieren deutsche U-Boote einen Tanker vor der Küste in Sichtweite der Badenden

### 1964
Der Bürgerrechtler Martin Luther King Jr. wird in St. Augustine festgenommen und inhaftiert

**3**

## Ab den 1960er Jahren

Ab 1960 wuchs die Tourismusindustrie wie nie zuvor. Attraktionen wie Walt Disney World®, Universal Studios® und das Kennedy Space Center – mit dem Raumfahrtprogramm der NASA – machten Florida weltweit berühmt und zogen Massen von Besuchern an. Die Bevölkerungszahl stieg durch den Zuzug aus anderen Bundesstaaten und dem Ausland rasant an – vor allem aus Kuba, das viele spanischsprachige Bewohner während des Castro-Regimes (1959 – 2016) verließen.

## Florida heute

Der Tourismus boomt nach wie vor, fast jedes Jahr werden neue Rekordzahlen erreicht. Wirtschaftliche Benachteiligungen führten jedoch zu sozialen Problemen, und die Urbanisierung hat ernste negative Auswirkungen auf die Umwelt. Umweltschutz wird zu einem immer wichtigeren Thema, da sich Veränderungen des Klimas auf die wirtschaftlichen Grundfesten des Staates auswirken: Tourismus und Landwirtschaft. Trotzdem steht Florida weiterhin für Strände und Sonne und lockt Gäste aus nah und fern.

### Goldene Zeiten für den Tourismus

Zunächst erkundeten Touristen das Innere Floridas per Schaufelraddampfer. Dampfschiffe befuhren u. a. Oklawaha River und St. Johns River. Später fuhren Reiche auf der Flucht vor dem Winter im Norden mit der Bahn. Diese »snow birds« verbrachten den Winter luxuriös in Urlaubsorten wie Tampa oder St. Augustine.

*1971*

Magic Kingdom®, Walt Disneys erstes, 700 Millionen Dollar teures Unternehmen in Florida, eröffnet in Orlando

*1958*

Der erste Erdsatellit, *Explorer 1*, startet, nachdem die NASA Cape Canaveral zum Standort des Satelliten- und Raketenprogramms erklärte

*2000*

Florida gerät während der Präsidentschaftswahlen in den Fokus; nach Protesten müssen Stimmen mehrfach gezählt werden

*2017*

Hurrikan Irma verwüstet Florida; bei der größten Evakuierung in der Geschichte Floridas verlassen über sechs Millionen Menschen ihre Häuser

←

*Die Leinwandstars Martin
Lawrence und Will Smith
in* Bad Boys

# FLORIDA IM
# FILM & TV

**In Florida wurden im Lauf der Jahre unzählige Filme und Serien gedreht. Wenn
Sie Floridas Städte, Strände oder Kultureinrichtungen besuchen, werden Sie
bestimmt an den einen oder anderen Lieblingsfilm erinnert oder bekommen
spontan Lust, eine Serie noch mal anzuschauen.**

Blauer Himmel, schöne Landschaften und
tolle Strände bilden ein liebliches Szenario,
das der perfekte Gegensatz zu Floridas filmi-
schem Hauptgeschäft ist: Verbrechen und
Action. Falls Sie nicht so wild auf Explosionen
sind, kennen Sie Florida möglicherweise aus
einem Familienfilm oder einer TV-Sitcom.

Kultur und Landschaften Floridas sind so
vielfältig, dass es auch in Filmen wie *Magic
Mike* (2012) eine Hauptrolle spielt oder den
idealen Hintergrund für Dramen bildet, wie
etwa für den mit einem Oscar ausgezeichne-
ten Film *Moonlight* (2016).

↑ *Nathan Lane und Robin Williams beim
Dreh von* The Birdcage

*TV- und Film-Guide*

**1964**

Flipper

**1983**

Scarface

**1984 – 89**

Miami Vice

**1994**

Ace Ventura: Ein tierischer Detektiv

**1996**

The
Birdcage

**1998**

Verrückt nach Mary

**2002 – 12**

CSI: Miami

## Drehorte bekannter Filme

① *Ace Ventura – Ein tierischer Detektiv;*
Marlins Park

② *Moonlight;*
Virginia Key Beach

③ *Scarface;*
Ocean Drive

④ *Verrückt nach Mary;*
Matheson Hammock Park

⑤ *Miami Vice;*
South Beach

⑥ *The Birdcage;*
Lincoln Road

⑦ *Bad Boys;*
Biltmore Hotel,
Coral Gables

⑧ *Goldfinger;*
Fontainebleau Miami
Beach

⑨ *2 Fast 2 Furious;*
South Miami Avenue
Bridge

### Miami Vice

Miami Vice, eine Kult-Fernsehserie um zwei verdeckte Ermittler, war ein Riesenhit. Sie beeinflusste durch ihren coolen Soundtrack, die Outfits und den Drehstil das Fernsehen, aber auch den amerikanischen Alltag. Die Serie wurde größtenteils in Miami gedreht – anders als neuere Produktionen, die in Miami spielen, aber in LA gedreht werden.

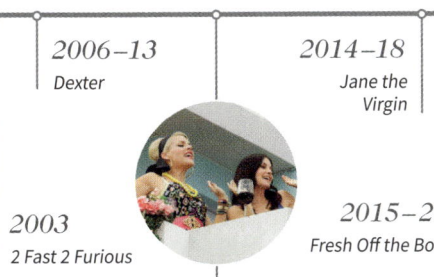

**2006–13**
Dexter

**2014–18**
Jane the Virgin

**2017**
The Florida Project

**2003**
2 Fast 2 Furious

**2015–20**
Fresh Off the Boat

**2016**
Moonlight

**2009–15**
Cougar Town

# MIAMI
# ERLEBEN

*Ocean Drive am Abend*

# MIAMI
## AUF DER KARTE

Für diesen Reiseführer wurde Miami in zwei Bereiche gegliedert: Miami Beach sowie Downtown und
Coral Gables.

Sehenswürdigkeiten außerhalb des Zentrums
finden Sie im Kapitel *Abstecher (S. 98-105).*

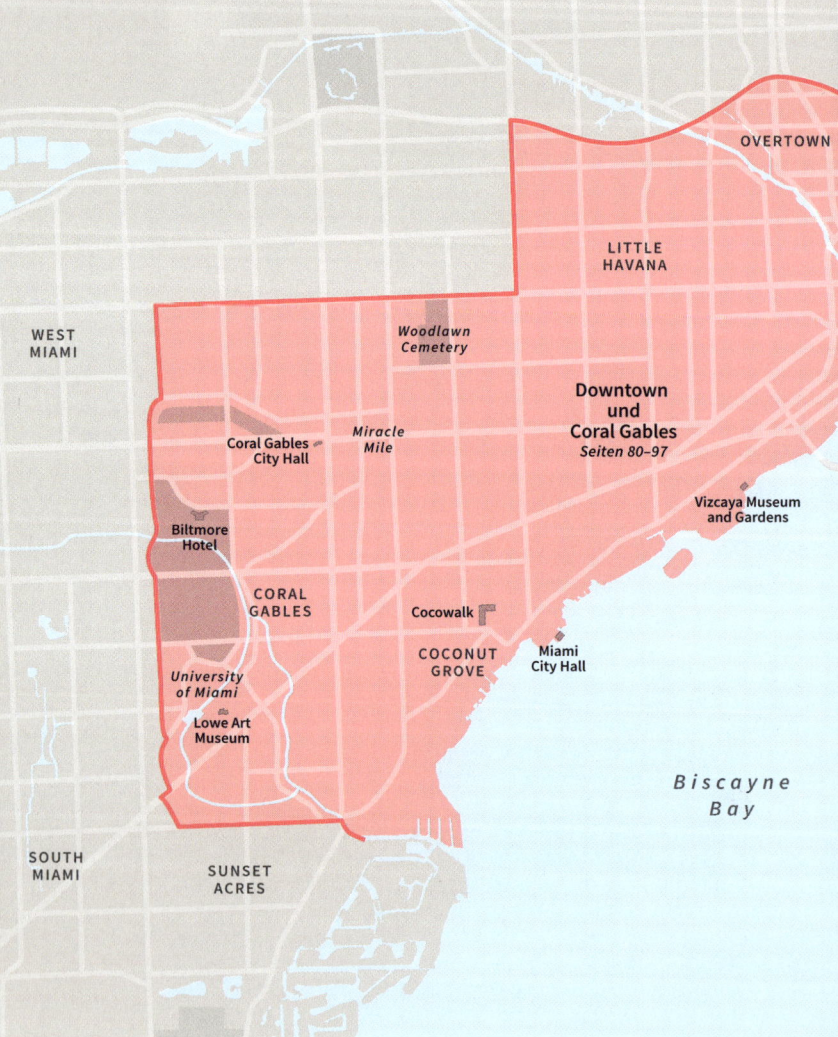

LITTLE
HAITI

WYNWOOD

OVERTOWN

LITTLE
HAVANA

WEST
MIAMI

Woodlawn
Cemetery

**Downtown
und
Coral Gables**
*Seiten 80–97*

Coral Gables
City Hall

*Miracle
Mile*

Vizcaya Museum
and Gardens

Biltmore
Hotel

**CORAL
GABLES**

Cocowalk

Miami
City Hall

COCONUT
GROVE

*University
of Miami*

Lowe Art
Museum

*B i s c a y n e
B a y*

SOUTH
MIAMI

SUNSET
ACRES

| 0 Kilometer | 2 |
| 0 Meilen | 2 |

N
↑

MORNINGSIDE

CENTRAL
MIAMI BEACH

BAYSHORE

Bass Museum
of Art

*Miami
Beach*

*Venetian
Islands*

Pérez Art
Museum Miami

**Miami Beach**
*Seiten 64–79*

SOUTH
BEACH

Bayside
Market Place

DOWNTOWN

*Dodge
Island*

*Miami
Beach*

BRICKELL

South Pointe
Park

*Virginia
Key*

*Atlantischer
Ozean*

*Crandon
Park*

*Key
Biscayne*

KEY
BISCAYNE

*Bill Baggs
Cape Florida
State Park*

### Florida

Miami

# DIE STADTTEILE
# MIAMIS

Fantastische Strände, pastellfarbene Art-déco-Fassaden und ein pulsierendes Nachtleben machen Miami zu Floridas glamourösester Stadt. Besucher mögen Miami vor allem wegen seiner lebendigen Kulturszene, des überall – vor allem natürlich in Little Havana – spürbaren kubanischen Einflusses und spannender aufstrebender Viertel wie Wynwood.

## Miami Beach

Seiten 64 – 79

Streng genommen ist dieses Highlight im Großraum Miami eine eigene Stadt. Die großartigen Art-déco-Bauten am Ocean Drive sind bunt, die Mentalitäten vielfältig. Hier treffen sich auch die Jungen und Schönen, um zu baden, zu shoppen, zu essen oder das Nachtleben zu genießen. South Beach (SoBe) ist bekannt für seinen Retro-Look, den feinen Sand und erstklassige Boutiquen. Doch neben all dem Spaß gibt es noch eine zweite Seite: Museen, die zum Nachdenken anregen, sowie jährliche Kunstfestivals in verschiedenen Vierteln.

**Entdecken**
Sonne, Kunst und Art-déco-Architektur

**Sehenswert**
Ocean Drive

**Genießen**
Ein Bummel an der Collins Avenue vor einem Abend in einer hippen SoBe-Bar

# Downtown und Coral Gables

Hinter dem modernen Miami mit Türmen aus Stahl und Glas sowie bunten Neonlichtern taucht das charmante Little Havana auf. In dem Viertel, das in den 1950er Jahren entstand, spielen kubanische Musik, Speisen und Kultur die Hauptrolle. Coral Gables – eine eigene Stadt, aber ein wichtiger Teil von Miamis Geschichte – ist ein eleganter Mix aus Häusern im mediterranen Stil und hübschen Straßen, die Immobilienentwickler George Merrick in den 1920ern entwarf.

**Entdecken**
Nachtleben, Kultur und gutes Essen

**Sehenswert**
Little Havana und Vizcaya Museum and Gardens

**Genießen**
Lateinamerikanische Livemusik und dazu ein feines kubanisches Sandwich in Little Havana

# Abstecher

Es gibt mehr als genug Gründe, auch jenseits der zentralen Viertel Miamis auf Entdeckungsreise zu gehen. Wynwood Arts District ist so ein typisches Beispiel: Die lebhafte Street-Art-Szene bereitete den Boden für die Entstehung vieler großartiger Galerien, Bars und Restaurants. Bal Harbour und die North Beaches sind im Vergleich zu den Gebieten in South Beach relativ ruhig und erholsam. An den North Beaches können Sie auch ein beeindruckendes, rekonstruiertes spanisches Kloster besichtigen.

**Entdecken**
Herrliche Ausblicke, Historie

**Sehenswert**
Das Ancient Spanish Monastery

**Genießen**
Der Blick auf die Skyline von Downtown Miami vom Rickenbacker Causeway auf dem Weg nach Key Biscayne

→

1 *Art-déco-Architektur und Palmen in Miami Beach*

2 *Badeaufsicht am South Beach*

3 *Herrlich speisen unter Palmen*

4 *Installation von Julio Le Parc im Pérez Art Museum Miami bei der Art Basel 2016*

# 3 TAGE

## *in Miami*

### Tag 1

**Vormittags** Bewundern Sie am Ocean Drive *(siehe S. 68 – 73)* die schönen Art-déco-Bauten. Gehen Sie ins Wolfsonian Museum *(siehe S. 75)* an der Washington Avenue. In dem einstigen Speicherhaus lagerten in den 1920er Jahren die Reichen in den heißen, feuchten Sommern ihre Wertgegenstände ein, ehe sie nach Norden verreisten. Heute ist dort dekorative Kunst zu sehen.

**Nachmittags** Machen Sie einen Spaziergang am Central Miami Beach *(siehe S. 77)*, beachten Sie die farbenfrohen Rettungsstationen, und genießen Sie den schönen Blick. Nehmen Sie dann ein Sonnenbad, und vielleicht springen Sie auch kurz mal ins Wasser.

**Abends** Beenden Sie den Tag mit einem Essen mit Meerblick, vielleicht im Ocean Grill im Setai Hotel, ehe Sie noch einmal ganz entspannt am Strand bummeln.

### Tag 2

**Vormittags** Nach einem Frühstück in Little Havana *(siehe S. 84f)* an der Calle Ocho, im Versailles oder El Rey De Las Fritas, geht es in westlicher Richtung zum Brickell Key, einer dreieckigen Halbinsel mit vielen Jogging-Strecken. Von dort haben Sie einen hervorragenden Blick auf die Wolkenkratzer in Miamis Zentrum.

**Nachmittags** Essen Sie im charmanten Financial District im Eurostars Langford (www.eurostarshotels.com), das Gebäude entstand in den 1920ern für die Bank of Miami. Danach fahren Sie zum Pérez Art Museum Miami *(siehe S. 89)* am Biscayne Boulevard, wo Sie rund 2000 Kunstwerke

und das moderne Institute of Contemporary Art *(siehe S. 104)* erwarten, Miamis experimentellster Kunstraum.

**Abends** Zurück in Little Havana genießen Sie typisch kubanisches Nachtleben im Cubaocho Museum & Performing Arts Center *(siehe S. 89)*, danach ziehen Sie weiter ins E11EVEN Miami *(siehe S. 89)*.

### Tag 3

**Vormittags** Frühstücken Sie im Fontana im Biltmore *(siehe S. 92)*, und sehen Sie sich das Hotel aus der Zeit der Prohibition genauer an. Heute erstrahlt es wieder im Glanz der 1920er Jahre. Fahren Sie dann durch Coral Gables *(siehe S. 96f)*. Sie können dort insgesamt sieben Architekturstile entdecken, darunter aus Ostasien und Südafrika. Halten Sie an George Merricks Wohnhaus, und baden Sie im prachtvoll gestalteten Venetian Pool *(siehe S. 90)*.

**Nachmittags** Besichtigen Sie an der Coral Gables City Hall *(siehe S. 90)* die Statue von George Merrick, dem Visionär, der dieses Land den Sümpfen abtrotzte. Weiter geht es nach Osten die Miracle Mile *(siehe S. 90)* hinunter zur Villa Vizcaya *(siehe S. 86f)*, Miamis schönstem, schlossartigem Gebäude, in dem Papst Johannes Paul II. bei seiner ersten USA-Reise von Präsident Ronald Reagan empfangen wurde.

**Abends** Genießen Sie bei einem schönen Essen in der Panorama Bar hoch oben auf dem Sonesta Hotel den Blick auf Dinner Quay Marina und The Barnacle *(siehe S. 94)*. An klaren Abenden reicht der Blick sogar bis Biltmore.

*Saks Fifth Avenue,*
*Collins Avenue*
*in Bal Harbour*
→

# SHOPPING
## IN MIAMI

**Miami bietet auszeichnete Shopping-Möglichkeiten. Seine Läden spiegeln den Glamour der Stadt wider. Ihre Bandbreite reicht von eleganten Designern in South Beach bis zu witzigen, bunten Boutiquen in Coconut Grove. In Wynwood findet man Ausgefallenes, oder man besucht ganz klassisch eine der Malls.**

### Klassische Malls

Bekannte Malls sind Aventura Mall (www.aventuramall.com), eine der meistbesuchten des Landes mit mehr als 300 Läden – Designernamen und edle Marken –, Märkten und 40 Restaurants. In der verkehrsberuhigten Lincoln Road Mall *(siehe S. 76)* zwischen 16. und 17. Straße in Miami Beach bieten zehn Blocks jede Menge Läden, Lokale und Unterhaltung. In dieser ältesten Mall der Stadt gibt es alles vom Billigladen bis zur Luxusmarke.

*Riesig: Die Dadeland Mall* ↑
*am North Kendall Drive*
*beherbergt etwa 185 Läden*

## Ultrachic

Miami Beach ist das Epizentrum der Luxus-Designerläden. Bal Harbour Shops *(siehe S. 102)* im Norden ist eine dreistöckige Mall, wo Sie Marken wie Neiman Marcus, Prada oder Versace finden. Auch jenseits der Brücke lockt Luxuriöses wie das elegante En Avance (www.enavance.co) mit Produkten von Designern aus aller Welt. Dieser Laden gehört zu Miamis schnell wachsendem Design District *(siehe S. 39)*, wo sich in jüngster Zeit auch Designer wie Cartier und Louis Vuitton einfanden. Südlich im Coconut Grove Village *(siehe S. 92f)* findet man lässigere Mode und Designs, etwa in der Golden Bar, aber auch hochklassige Outlets von Hugo Boss und Saks Fifth Avenue im Brickell City Center.

← *Bal Harbour Shops unter freiem Himmel und mit vielen Pflanzen*

# Läden

Für Souvenirs aus Florida werden Sie bei der großen Auswahl in diesen Läden sicher fündig.

**Art Deco Welcome Center**
🅰 G6 🏠 1001 Ocean Drive 🇼 artdecowelcomecenter.com

**Caribbean Life**
🅰 G6 🏠 401 Biscayne Blvd
☎ +1-305-416-9695

**Edwin Watts Golf**
🅰 G6 🏠 15999 Biscayne Blvd 🇼 worldwidegolfshops.com

**El Titan de Bronze**
🅰 G6 🏠 1071 SW 8th St
🇼 eltitancigars.com

💬 **Expertentipp**
**Achtung am Wochenende**

Besuchen Sie Miamis Malls unter der Woche – weniger anstehen, weniger Menschen und mehr Parkplätze. Müssen Sie allerdings am Wochenende dorthin, gehen Sie zeitig los!

## Witzige Boutiquen

In den künstlerischen Vierteln findet man Spezielles. Im Wynwood Arts District *(siehe S. 103)* etwa Boho Hunter (www.bohohunter.com) mit Mode lateinamerikanischer Designer, Frangipani (www.frangipanimiami.com) mit handgemachten Accessoires, vielseitige Mode in der Mimo Market Clothing Boutique (www.mimomarket.com) und Vinyl bei Sweat Records (www.sweatrecordsmiami.com) in Downtown.

↑ *Shopping beim Cinco de MiMo Festival am Biscayne Boulevard*

### Darstellende Kunst

In Miami werden großartige Produktionen gezeigt. Das Adrienne Arsht Center for the Performing Arts (www.arshtcenter.org) ist Heimat des Balletts von Miami City; das Olympia Theater (www.olympiatheater.org) hat sich den Stil der 1920er Jahre bewahrt, klassische Musik hört man im New World Center (www.nws.edu).

*New World Center mit dem von Frank Gehry entworfenen Konzertsaal*

# MIAMI
# AM ABEND

**Miamis Nachtleben ist legendär. Aus aller Welt strömen die Besucher hierher, um einen der vielen Clubs zu besuchen. Nach Einbruch der Dunkelheit macht sich überall Partystimmung breit. Neben den Clubs gibt es aber noch weit mehr zu erleben, von der Latino-Live-Band bis zum Symphonieorchester.**

### Clubs

Lassen Sie sich von langen Schlangen und Türstehern nicht abschrecken, dann erleben Sie Miami in Hochform. Nicht umsonst gilt die Stadt als Party-Hotspot, die Clubs sind großartig, gastfreundlich und mit modernster Technik ausgestattet. Dass dort weltbekannte DJs auftreten, versteht sich von selbst. Manche Clubs öffnen schon früher: Die Jugend hängt tagsüber gern am Nikki Beach (www.nikkibeach.com) ab. Später zieht man weiter zu den Clubs am South Beach, in Downtown oder Coconut Grove. Besonders in sind LIV, ein »Mega«-Club im Fontainebleau Hotel (www.fontainebleau.com), oder das spektakulär beleuchtete STORY (www.storymiami.com).

## Livemusik

Am Ocean Drive findet man viele Bars mit Livemusik – von Jazz über Reggae bis Latin. Guten Jazz hört man im Globe Café and Bar (www.theglobecafe.com) in Coral Gables und dem High Note Jazz Club (www.thehighnotejazz.com) im Cuba Ocho. Gute kubanische Musik spielen sie im Mango's Tropical Cafe (www.mangos.com) in South Beach.

$\rightarrow$

*Mango's Tropical Cafe: sehr beliebt und mit Live-Reggae (Detail)*

↑ *STORY: ein Club mit Top-DJs und modernster Sound- und Lichtanlage*

## Lokale

Unter den vielen coolen Abendlokalen in der Stadt gehören folgende zu den besten. Überall werden Sie eine gute Stimmung erleben und können großartige Drinks genießen.

**Bodega Taqueria y Tequila**
🅰 G6 🏠 1220 16th St
🆆 bodegasouth beach.com

**La Sandwicherie**
🅰 G6 🏠 229 14th St
🆆 lasandwicherie.com

**La Moon**
🅰 G6 🏠 97 SW 8th St
🆆 lamoonrestaurant miami.com

### Neue Perspektiven

Miamis großer Vorteil ist das schöne, sonnige Wetter. Die leuchtenden Farben werten jedes Foto auf – fehlt nur noch der richtige Standpunkt. Tolle Perspektiven hat man von Bayside Marketplace *(siehe S. 89)* – vor allem, wenn es ein Feuerwerk zu sehen gibt. Der Sonnenuntergang wirkt am schönsten im Maurice Gibb Memorial Park (18th St & Purdy Avenue), aber auch im South Pointe Park und am Pier. Beeindruckende Stadtaufnahmen gelingen vom Venetian Causeway aus, filmreife Aufnahmen können Sie am Ocean Drive *(siehe S. 68 – 73)* machen.

$\rightarrow$

*Wunderschöner Blick auf South Beach und South Pointe Park mit Hochhäusern*

# MIAMIS
# GEHEIMNISSE

**Natürlich zieht es die Besucher in Miami zuerst zu den Sehenswürdigkeiten. Deshalb sind die Hauptdurchgangsstraßen in South Beach und Downtown auch häufig verstopft. Wenn Sie es aber gern ein bisschen ruhiger haben, besuchen Sie doch diese weniger bekannten Plätze.**

### Abgeschiedene Orte

Verglichen mit anderen amerikanischen Großstädten ist Miami nicht sehr grün, doch wenn man sich etwas bemüht, findet man herrliche Fleckchen. Südlich von Coral Gables liegen die Pinecrest Gardens (www.pinecrestgardens. org), Crandon Park Gardens auf Key Biscayne *(siehe S. 102f)* ist grün und ruhig. Auch Brickell Park und Morningside Park sind sehenswert.

$\rightarrow$

*Idyllisch und ruhig: der Hammock Pavilion in den Pinecrest Gardens*

# Bars

Gehen Sie doch einmal in eine unbekanntere Bar – dort können Sie ebenso coole Drinks in weit weniger hektischem Ambiente genießen. Hier sind einige unserer Favoriten:

**Above Mayfair**
🅐 G6 🏠 3000 Florida Ave, Coconut Grove 🆆 mayfairhotel andspa.com

**Floyd**
🅐 G6 🏠 34 NE 11th St, Suite B 🆆 floyd miami.com

**Bar Centro at Bazaar Mar by José Andrés**
🅐 G6 🏠 1300 S Miami Ave 🆆 thebazaar.com

←
*Miamis Art-déco-Viertel am Ocean Drive am Abend*

↑ *Skulptur im Phillip and Patricia Frost Museum of Science*

## Kulturelle Schätze

Nicht nur in den größeren Museen in Miami sieht man schöne Kunst, es lohnt sich auch, weniger bekannte Einrichtungen zu besuchen. Das Phillip and Patricia Frost Museum of Science etwa *(siehe S. 88)* verbindet Kunst und Wissenschaft, während im World Erotic Art Museum (www.weam.com) 400 Werke von Rembrandt bis Mapplethorpe zu sehen sind. Und das Museum of Art and Design at Miami Dade College (www.mdcmoad.org) zeigt topmoderne bildende Kunst.

# Miami Beach

Miami Beach, die »Amerikanische Riviera«, war früher ein nur per Boot erreichbarer Sandstreifen. Erst der Bau der Brücke zum Festland veranlasste 1913 Grundstücksspekulanten wie den Millionär Carl Fisher, die Insel zu erschließen. In den 1920er Jahren entstand aus dem Nichts die Infrastruktur für einen mondänen Winterurlaubsort. Der Hurrikan von 1926 und der Börsenkrach 1929 signalisierten das Ende des Booms, doch Miami Beach trotzte dem Untergang in den 1930er Jahren mit dem Bau vieler Art-déco-Gebäude.

Eine groß angelegte Restaurierungskampagne weckte South Beach, den südlichen Teil von Miami Beach, aus dem Dornröschenschlaf. Das Gebiet rühmt sich der weltweit größten Ansammlung von Art-déco-Gebäuden, deren Gestalt und Farbenpracht fasziniert. In SoBe, wie South Beach in Anlehnung an New Yorks In-Viertel SoHo genannt wird, ist alles möglich und erlaubt.

Die Art-déco-Hotels am Ocean Drive sind eine wahre Augenweide, weitere Attraktionen sind die zahlreichen Boutiquen und Kunstmuseen. Das Viertel nördlich von SoBe zieht nur wenige Besucher an, doch beide Gebiete verfügen über einen fantastischen kilometerlangen Sandstrand.

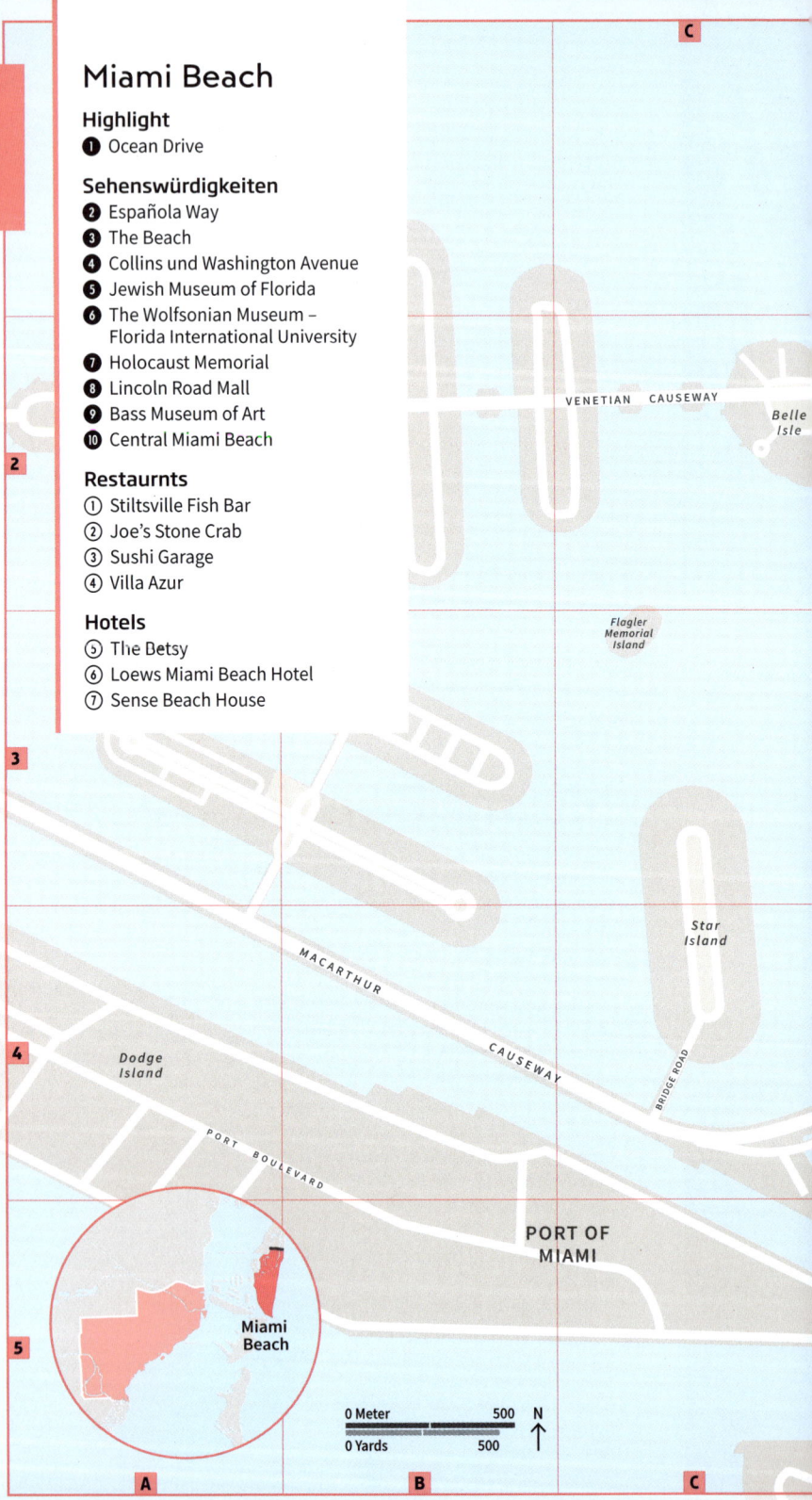

# Miami Beach

## Highlight
**1** Ocean Drive

## Sehenswürdigkeiten
**2** Española Way
**3** The Beach
**4** Collins und Washington Avenue
**5** Jewish Museum of Florida
**6** The Wolfsonian Museum – Florida International University
**7** Holocaust Memorial
**8** Lincoln Road Mall
**9** Bass Museum of Art
**10** Central Miami Beach

## Restaurnts
① Stiltsville Fish Bar
② Joe's Stone Crab
③ Sushi Garage
④ Villa Azur

## Hotels
⑤ The Betsy
⑥ Loews Miami Beach Hotel
⑦ Sense Beach House

VENETIAN CAUSEWAY

Belle Isle

Flagler Memorial Island

Star Island

MACARTHUR

CAUSEWAY

BRIDGE ROAD

Dodge Island

PORT BOULEVARD

PORT OF MIAMI

Miami Beach

0 Meter          500
0 Yards          500

N

**❶** 🍴 🖥 🛍

# Ocean Drive

📍 E4  ℹ️ **Art Deco Welcome Center, 1001 Ocean Drive**  📞 +1-305-672-2014
🌐 mdpl.org

**Der Ocean Drive gehört zu den populärsten Straßen Miamis, hier stehen
viele der berühmtesten Art-déco-Gebäude der Stadt. Auf einer Strecke von
nur wenigen Häuserblocks finden Sie hier eine große Anzahl grandioser
Fotomotive. Vergessen Sie also nicht, Ihre Kamera mitzunehmen.**

Am besten genießen Sie die Atmosphäre des
Ocean Drive in einer Bar oder einem Café am
Ufer und bestaunen dabei zunächst die Para-
de topmodischer, gebräunter Menschen –
sogar die Straßenfeger mit Helmen und wei-
ßen Uniformen und die Polizisten in engen
Hosen auf Mountainbikes sehen »cool« aus.
Auch in den Lobbys der Hotels gibt es schöne
Beispiele typischer Art-déco-Designs.

Der 1930 im neomediterranen Stil erbaute
Amsterdam Palace (Nr. 1114) – auch bekannt
als Casa Casuarina *(siehe Kasten)* –, den der
1997 ermordete Modedesigner Gianni Versace
1993 für 3,7 Millionen US-Dollar erwarb, ist
heute ein Boutique-Hotel. Die Station der
Strandwache hinter dem Art Deco Welcome
Center bietet ein klassisches Beispiel der Nautischen Moderne. Typisch sind die Geländer

> **Typisch sind die Geländer am Dach
> und die Bullaugen – Elemente, die
> eher zu einem Ozeandampfer pas-
> sen würden.**

am Dach und die Bullaugen – Elemente, die
eher zu einem Ozeandampfer passen würden.
Das Gebäude dient immer noch als Basis für
die Rettungsschwimmer. Das 1937 fertiggestellte Waldorf Towers Hotel ist ein weiteres
ausgezeichnetes Beispiel für diese Art von
Architektur.

Südlich der 6th Street gibt es eher wenig zu
entdecken. Doch der South Pointe Park bietet
einen tollen Ausblick auf die Luxusliner, die in
den Government Cut einlaufen.

**Schon gewusst?**

Den Ocean Drive säumen die schönsten der rund 800 Gebäude des Art-déco-Viertels.

↑ *Der Ocean Drive mit seinen Art-déco-Bauten und Palmen wird abends prachtvoll illuminiert*

## Casa Casuarina

Das stilbildende Anwesen am Ocean Drive ist auch als Versace Mansion bekannt. In ihm lebte der weltberühmte italienische Modedesigner Gianni Versace, von 1992 bis zu seinem Tod 1997, als er auf der Treppe seiner Villa erschossen wurde. Das Art-déco-Gebäude ist ein typisches Beispiel des Mittelmeerstils *(siehe S. 72)*. Versace ergänzte es nach dem Kauf um großartige Details (u. a. goldene Kacheln am Pool). Das Anwesen ist seit 2015 ein Hotel mit zehn herrlichen Suiten.

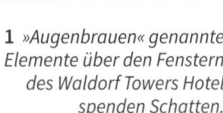

**1** *»Augenbrauen« genannte Elemente über den Fenstern des Waldorf Towers Hotel spenden Schatten.*

**2** *Die Pflanzgefäße vor der Casa Casuarina tragen Versaces Motiv der Medusa.*

**3** *Miami Beach Patrol Headquarters*

# Ocean Drive: Art-déco-Stil

Am Ocean Drive, einer fantastischen Flaniermeile, zeigt sich wunderbar die für die Metropole des Sonnenstaats Florida ganz typische Interpretation des Art déco, der die Welt in den 1920er und 1930er Jahren geradezu im Sturm eroberte. Seine besondere Formensprache und die sehr spezielle Motivgebung an den Häuserfassaden sind Kennzeichen dieses einzigartigen Stils. Die besondere Ästhetik macht das Viertel zu einem der beeindruckendsten aller Städte Nordamerikas.

### Stilvolle Architektur

Mit der Verwendung kostengünstiger Materialien gelang es den Architekten, eher bescheiden anmutenden Hotels einen ganz besonderen Stil zu verleihen. Sie wurden in vielen Fällen wie Ozeandampfer (Nautische Moderne) oder mit speziell geformten Fassaden (Streamline-Moderne) gestaltet.

### Beliebte Motive

Flamingos und Sonnenmotive findet man überall, und die Häuser am Ufer zeigen viele Elemente, die mit Meer und Schifffahrt in Verbindung stehen. Flachreliefs sind ein weiteres oft zu sehendes Motiv.

↑ *Fassaden von Hotels am berühmten Ocean Drive*

**Breite Eckfenster** sind ein häufiges Bauelement.

**Weiß, Blau und Grün**, die Farben der Vegetation und des Meeres, waren in den 1930er und 1940er Jahren beliebt.

**Kreismotive** sind Bullaugen von Schiffen nachempfunden.

Die **Lobby** des Majestic hat Lifttüren aus glänzendem Messing.

**Neonfarben** setzten besondere Akzente.

*Attraktionen*

### The Celino (1937)

Das Hotel entwarf Henry Hohauser, der berühmteste in Miami tätige Architekt.

### Imperial (1939)

Die Gestaltung des Imperial erinnert an das ältere Park Central, das gleich nebenan steht.

### Majestic (1940)

Das Hotel stammt von Architekt Albert Anis, der auch die nahe gelegenen Hotels Avalon und Waldorf baute.

## Art déco: Von Paris nach Miami

Der Art-déco-Stil entwickelte sich aus der Exposition Internationale des Arts Décoratifs et Industriels Modernes, die 1925 in Paris stattfand. Er kombiniert viele Einflüsse, von Blumenmotiven des Jugendstils über ägyptische Bilder bis zu geometrischen Elementen des Kubismus. Im Amerika der 1930er Jahre reflektieren Art-déco-Bauten mit Elementen des Maschinenzeitalters und Science-Fiction-Dekors den Technikglauben. Der Stil entwickelte sich zur Streamline-Moderne, die am Ocean Drive dominiert. Erst die Mixtur von klassischem Art déco mit Elementen der Streamline-Moderne und tropischen Motiven macht den Charakter der Architektur am Ocean Drive aus.

**1** *Fassade des Colony Hotel in den Farben des Meeres*

**2** *Farbliche Akzentuierung einer Fassade*

**3** *Tropische Motive*

**4** *Pastellfarbene Häuser hinter hohen Palmen*

---

**Reihen von Fenstern** lassen Licht und kühle Brisen in die Zimmer hinein.

**Flamingo-Motiv** auf den Glastüren zur Lobby des Beacon

**Geometrische Elemente** zeigen den Einfluss des Kubismus.

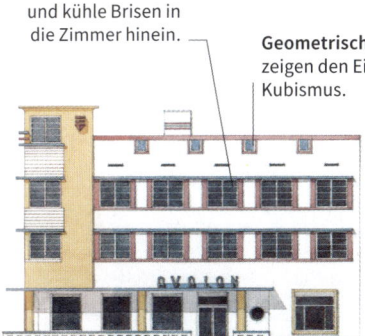

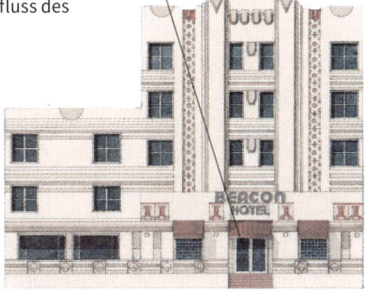

### Avalon (1941)

Das Avalon ist ein Beispiel für Streamline-Moderne. Typisch sind fehlende Verzierungen, asymmetrische Gestaltung und Betonung der Horizontalen. Das Avalon umfasst zwei Gebäude an der 7th Street.

### Beacon (1936)

Die abstrakte Dekoration oberhalb des Erdgeschosses betont eine zeitgenössische Farbgebung – ein Beispiel für Leonard Horowitz' »Deco Dazzle«. Das Beacon ist das einzige Gebäude Henry O. Nelsons am Ocean Drive.

# Vielfalt der Art-déco-Stile

Drei unterschiedliche Stilrichtungen des Art déco sind in South Beach vertreten: traditioneller Art déco, die eher futuristische Streamline-Moderne (»Stromlinien-Moderne«) und der Mittelmeerstil, der sich aus französischer, italienischer und spanischer Architektur entwickelte.

Der Einfluss des Mittelmeerstils kann vor allem zwischen der 9th und 13th Street betrachtet werden. Hier befinden sich auch einige der klassischen Art-déco-Gebäude in South Beach, die man bei einem Spaziergang passiert. Schon bei einem kurzen Bummel entlang dem Ocean Drive lernt man die architektonische Vielfalt kennen. Zu den Elementen, an denen man unterschiedliche Stile erkennt, gehören vor allem Schilder, Fenster und Friese.

> **Schon bei einem kurzen Bummel lernt man die architektonische Vielfalt kennen.**

↑ *Hinter einer Palmenreihe steht das nach nautischen Themen erbaute Hotel Breakwater*

**Fensterbogen** und Säulenvorbau erinnern an Architektur des Mittelmeerraums.

Der **Fries** erinnert an abstrakte Dekors der Azteken.

**Stahlbeton** ist das am häufigsten verwendete Baumaterial am Ocean Drive. Die Wände sind meist mit Stuck verziert.

Eine **Veranda** gehört zu den meisten Hotels.

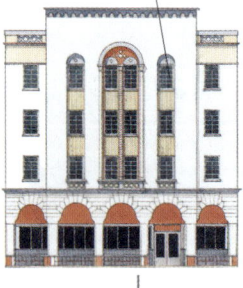

*Attraktionen*

### Edison (1935)

Wie zuvor schon der Architekt des nahe gelegenen Adrian, experimentierte Hohauser *(siehe S. 70)* hier mit dem Mittelmeerstil.

### Cavalier (1936)

Mit seinen scharfen Kanten bildet das traditionelle Art-déco-Hotel einen markanten Kontrast zum Cardozo gleich nebenan.

### Adrian (1934)

Mit seinen sanften Farben und Reminiszenzen an Mittelmeer-Architektur hebt sich das Adrian von den Nachbargebäuden ab.

## Die Erhaltung von South Beach

Barbara Capitman (1920–1990) rief 1976 die Miami Design Preservation League zur Erhaltung der Art-déco-Architektur in South Beach ins Leben. Damals drohten Hochhäuser einen Großteil davon zu verdrängen. Drei Jahre später wurden 2,5 Quadratkilometer in South Beach (als erstes Viertel des 20. Jh.) in das National Register of Historic Places aufgenommen. Im Kampf gegen die Spekulanten wurden in den 1980er und 1990er Jahren auch Nachtwachen vor gefährdeten Gebäuden eingesetzt.

**Schon gewusst?**

Der Stilbegriff Art déco umfasst neben Architektur auch Bereiche wie Möbel oder Schmuck.

**Die typischen Flachdächer** werden häufig durch Türme oder vertikale Einbauten aufgelockert.

**Der zentrale Turm** erinnert sowohl an den Schornstein eines Schiffs als auch an einen Totempfahl.

**»Stromlinien«** erzeugen den Eindruck von schneller Bewegung.

**Geländer** am Dachrand imitieren eine Schiffsreling.

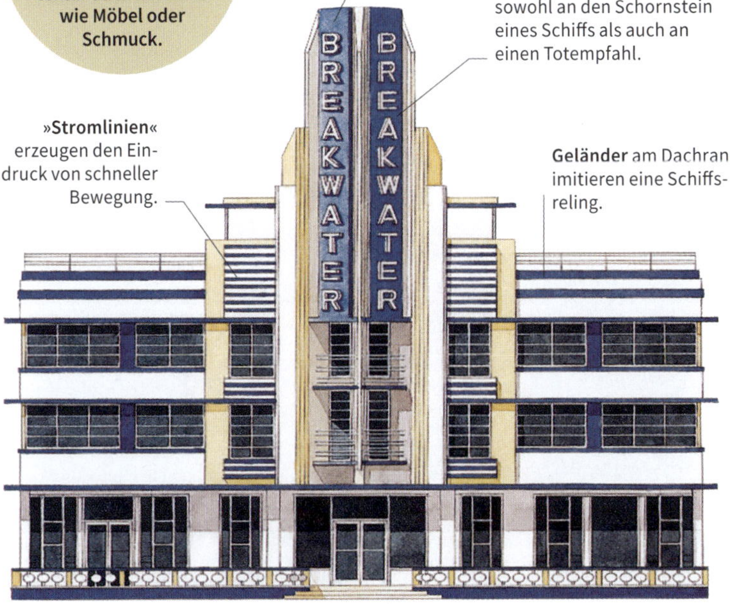

### Breakwater (1939)

Anton Skislewicz baute das Hotel mit Stromlinien und dominantem Zentralturm im Stil der klassischen Streamline-Moderne. Viele Millionen Dollar kostete die jüngste Renovierung zu altem Glanz.

# SEHENSWÜRDIGKEITEN

## Española Way

📍 E2 🌐 visitespanolaway.com

Zwischen Washington Avenue und Drexel Avenue verläuft der Española Way, eine baumbestandene Enklave im neomediterranen Stil. Die Gebäude aus den 1920er Jahren mit Rundbogen, Kapitellen, Balkonen und lachsfarbenen Stuckfassaden sollen den Architekten Addison Mizner bei der Gestaltung der Worth Avenue in Palm Beach *(siehe S. 112–117)* inspiriert haben.

Española Way sollte Künstlerkolonie sein, entwickelte sich aber zum berüchtigten

**Schon gewusst?**

Der Española Way wurde 2017 für mehreren Millionen Dollar renoviert.

Rotlichtbezirk. In den vergangenen Jahrzehnten näherte er sich mit vielen Boutiquen und extravaganten Kunstgalerien seiner ursprünglichen Bestimmung.

## The Beach

📍 F1–5 🌐 miamiandbeaches.com

Ein Großteil des Sands wurde vor zwei Jahrzehnten nach Miami Beach importiert. Um der Küstenerosion zu begegnen, wird ständig neu aufgeschüttet. Der weite Sandstrand ist in der Hauptsaison stets überfüllt.

Bis auf Höhe der 5th Street tummeln sich die Surfer. Den Strand von SoBe dahinter füllen die farbenfrohen Häuser der Wasserwacht und Sonnenhungrige. Im Lummus Park scheint die Zeit stehen geblieben zu sein: Hier hört man noch Jiddisch, die Sprache der alten jüdischen Bevölkerung. Rund um die 12th Street ist die schwule Szene zu finden.

### Farbwechsel in South Beach

Art-déco-Bauten waren einfarbig, meist weiß mit bunten Zierleisten. In den 1980er Jahren schuf der Designer Leonard Horowitz das »Deco Dazzle« (Dekorbetonung) und tauchte 150 Gebäude in Farbe. Puristen kritisierten die Neuerfindung des Art déco, Anhänger sahen darin eine Betonung der Dekorelemente.

## Collins und Washington Avenue

📍 E3 u. F3 ℹ 1920 Meridian Avenue (Miami Beach Visitor Center; +1-305-672-1270) 🌐 miamibeachchamber.com

Diese beiden Straßen mit ihren zahlreichen Klamottenläden und Tattoo-Studios sind weniger elegant als der Ocean Drive, doch befinden

*Surfer gehen am South Beach ihrer Leidenschaft nach, im Hintergrund ragt die Skyline von Miami auf*

sich hier einige der besten Clubs von Miami Beach. Darüber hinaus sind viele der hier stehenden Art-déco-Gebäude wahrlich einen zweiten Blick wert.

Das Marlin Hotel in der Collins Avenue 1200 ist sicher eines der eindrucksvollsten Häuser der Streamline-Moderne. Es gehörte Christopher Blackwell, dem Gründer von Island Records. 2009 wurde es umfassend renoviert.

Das Postamt von Miami Beach ist in einem Art-déco-Gebäude in der Washington Avenue (Nr. 1300) untergebracht. Ein Wandgemälde im Inneren stellt die Landung Ponce de Leóns dar.

Jenseits der Lincoln Road, weiter nördlich, sind die Gebäude von herber Schönheit. Hohe Hotels aus den 1940er Jahren wie das Delano und das Ritz Plaza weisen Spuren des Art déco auf, ihre Türme sind von Comics wie *Buck Rogers* oder *Flash Gordon* inspiriert. Die Innenausstattung des luxuriösen Delano

am South Beach mit weißen Draperien und Originalen von Gaudí, Dalí und Man Ray sollten Sie nicht versäumen.

**5**

## Jewish Museum of Florida

📍 E4  🏛 301 Washington Ave  📞 +1-305-672-5044  🕐 Di – So 10 –17  🚫 jüdische und nationale Feiertage  🌐 jmof.fiu.edu

Das 1995 eröffnete Museum hat in der ersten Synagoge von Miami Beach, erbaut 1936, seine Ausstellungsräume. Mit seinen Art-déco-Elementen ist das Gebäude ebenso sehenswert wie seine Ausstellungen.

**6**

## The Wolfsonian Museum - Florida International University

📍 E3  🏛 1001 Washington Ave  📞 +1-305-531-1001  🕐 Mo, Di, Do – Sa 10 –18 (Fr bis 21), So 12 –18  🌐 wolfsonian.org

In dem Gebäude aus den 1920er Jahren, in dem früher die Washington Storage

Company ihren Sitz hatte, lagerten reiche Einwohner Miamis ihre Wertsachen, wenn sie in den Norden reisten.

Heute findet man hier eine exzellente Sammlung mit etwa 80 000 Objekten aus der Zeit von 1885 bis 1945. Die Ausstellungen der Möbel, Bücher, Drucke und Skulpturen konzentrieren sich auf die soziale, politische und ästhetische Bedeutung von Design um das Jahr 1900.

↑ *Skelett eines Tyrannosaurus Rex im Wolfsonian Museum*

## ❼ Holocaust Memorial

📍 E1 🏛 1933–1945 Meridian Ave 📞 +1-305-538-1663 🕐 tägl. 9–21 🌐 holocaustmemorial miamibeach.org

Da in Miami Beach die weltweit größte Gemeinde Überlebender des Holocaust wohnt, hat das Denkmal (1990) von Kenneth Treister hohe Bedeutung. Herzstück ist ein riesiger Arm aus Bronze, der sich Hilfe suchend gen Himmel reckt und den Todeskampf eines Menschen darstellt.

Den Arm mit einer eingemeißelten Häftlingsnummer aus Auschwitz umgeben ungefähr 100 Bronzefiguren, Männer, Frauen und Kinder, in Trauer gebeugt. Um diesen Platz führt ein Tunnel mit den Namen der Konzentrationslager, einer illustrierten Historie des Holocaust und einer Granitwand, auf der die Namen Tausender Opfer zu lesen sind.

← Eindrucksvoll ragt der rund 13 Meter hohe Bronzearm des Holocaust Memorial auf

## ❽ Lincoln Road Mall

📍 E2 📞 +1-305-538-7887 🕐 tägl. 10–23 🚫 1. Jan, Thanksgiving, 25. Dez 🌐 lincolnroadmall.com

Nach wechselvoller Historie hat sich die Lincoln Road Mall kulturell und gesellschaftlich gemausert. Carl Fisher sah in ihr in den 1920er Jahren die »Fifth Avenue des Südens«, und tatsächlich gehörten ihre Läden zur modischen Crème de la Crème. Vier Jahrzehnte später verwandelte Morris Lapidus, der das Fontainebleau Hotel entwarf, die Straße in eine der ersten Fußgängerzonen, doch auch das verhinderte den Abstieg der Lincoln Road in den 1970er Jahren nicht. Die von Lapidus konzipierten hässlichen Betonpavillons trugen auch dazu bei.

Der Wiederaufstieg begann 1984 mit Einrichtung des ArtCenter South Florida. Zwischen Lincoln und Meridian Avenue entstanden drei Ausstellungsareale sowie Ateliers und Galerien. Die gezeigte Kunst hat experimentellen Charakter. Die Galerien sind meist am Abend geöffnet. Dann erwacht die Straße zum Leben, und Theaterbesucher strömen zu den restaurierten Art-déco-Bühnen Lincoln Theatre und Colony Theatre.

Wer eine Alternative zum Ocean Drive sucht, kann in den Restaurants und Cafés entspannen, etwa im Van Dyke (Nr. 846) – Lincoln Roads Antwort auf das News Café. Nachts fasziniert das im Stil der Streamline-Moderne erbaute Sterling Building (Nr. 927), wenn die Glasbausteine blau schimmern.

## ❾ Bass Museum of Art

📍 F1 🏛 2100 Collins Ave 📞 +1-305-673-7530 🕐 Mi–So 10–17 🚫 Feiertage 🌐 thebass.org

Das Art-déco-Gebäude im Stil der Maya dient seit 1964 als Museum. Basis ist die Sammlung von John und Johanna Bass: europäische Gemälde und Skulpturen.

## Modefotografie in Miami Beach

Dank der Kombination von Art-déco-Architektur, Palmen, Strand und warmem Klima ist South Beach begehrter Platz für Modefotografen. Die Saison dauert von Oktober bis März, wenn es in Europa und in weiten Teilen der USA zu kalt für Außenaufnahmen ist. Wenn Sie in SoBe frühmorgens spazieren gehen, können Sie die Teams mit Regisseuren, Fotografen, Make-up-Spezialisten und Models kaum übersehen.

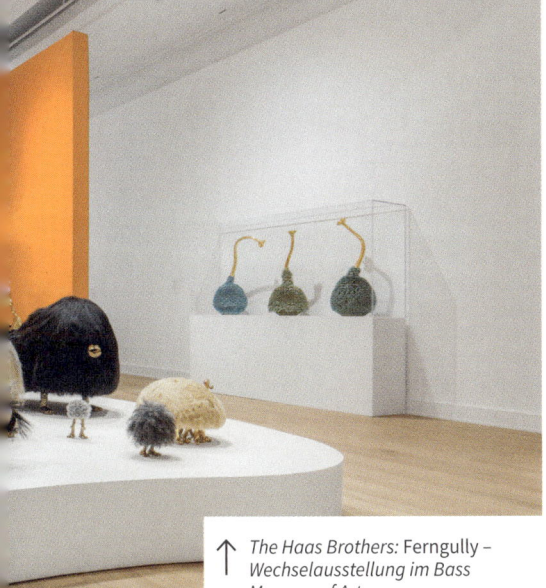

↑ *The Haas Brothers:* Ferngully – *Wechselausstellung im Bass Museum of Art*

Dauerausstellungen präsentieren über 2800 Exponate aus Bildhauerei, Grafik und Fotografie. Zu den Highlights zählen Werke der Renaissance, Gemälde nordeuropäischer Schulen, etwa Gemälde von Rubens, und flämische Gobelins (16. Jh.).

**⑩**
## Central Miami Beach
**⚲** F1 **ⓦ** miamiandbeaches.com

Der Bereich nördlich der 23rd Street ist auch als Central Miami Beach bekannt.

Von der 23rd bis zur 46th Street verläuft eine Promenade. Auffälligste Sehenswürdigkeit hier ist das Fontainebleau Hotel (auch »Fountainblue« genannt). Konzipiert wurde es von Morris Lapidus (1903–2001). Die Grandesse ist beeindruckend (v. a. die Lobby mit Fliesen und der Pool mit Wasserfall). Das Hotel war in den 1960er Jahren Drehort des James-Bond-Kinofilms *Goldfinger*.

Das Fontainebleau beherbergte einst Größen wie Frank Sinatra, Elvis Presley, Bob Hope, Sammy Davis Jr. und Lucille Ball.

↑ *Geschwungene Fassade des 1954 fertiggestellten Hotel Fontainebleau*

# Restaurants

### Stiltsville Fish Bar
Das Seafood-Restaurant ist auch für seine wunderbaren Cocktails bekannt. Von der Bar hat man einen grandiosen Blick auf den Sonnenuntergang.

**⚲** D2 **⌂** 1787 Purdy Ave **ⓦ** stiltsville fishbar.com
$$$

### Joe's Stone Crab
Markenzeichen des 1913 eröffneten Lokals sind elegant gekleidete Kellner und Kronleuchter. Probieren Sie eines der Krabbengerichte.

**⚲** E5 **⌂** 11 Washington Ave **◔** Okt – Mai **ⓦ** joesstonecrab.com
$$$

### Sushi Garage
Das Restaurant in einer ehemaligen Autowerkstatt nahe dem Maurice Gibb Memorial Park bietet japanisch-südamerikanische Fusionsküche. Von der Decke hängen bunte Fischfiguren.

**⚲** D2 **⌂** 1784 West Ave **◔** abends **ⓦ** sushigarage.com
$$$

### Villa Azur
Genießen Sie in diesem eleganten Restaurant unter freiem Himmel französisch-mediterrane Köstlichkeiten wie Chateaubriand – am besten bei der Dinnerparty am Donnerstag.

**⚲** F1 **⌂** 309 23rd St **ⓦ** villaazurmiami.com
$$$

# Spaziergang durch South Beach

**Länge** 2 km **Dauer** 25 Min.

Das Art-déco-Viertel South Beach erstreckt sich von der 6th bis zur 23rd Street zwischen der Lenox Avenue und dem Ocean Drive. Seit den 1980er Jahren lockt es immer mehr Besucher an, unter anderem auch, weil Stars wie Gloria Estefan und Michael Caine den Bezirk in einen der In-Plätze der USA verwandelten. Vielen Besuchern erscheinen die Art-déco-Gebäude wie die Kulisse eines hedonistischen Spielplatzes, auf dem die Tage mit Schlafen, am Strand oder im Fitness-Center und die Nächte in den Diskotheken verbracht werden. Doch egal, ob Sie eher an Unterhaltung oder an Architektur interessiert sind, die vorgeschlagene Route ist sowohl tagsüber als auch im Neonlicht der Nacht zu empfehlen.

↑ *Die Old City Hall als markantes Wahrzeichen über den Straßen von South Beach*

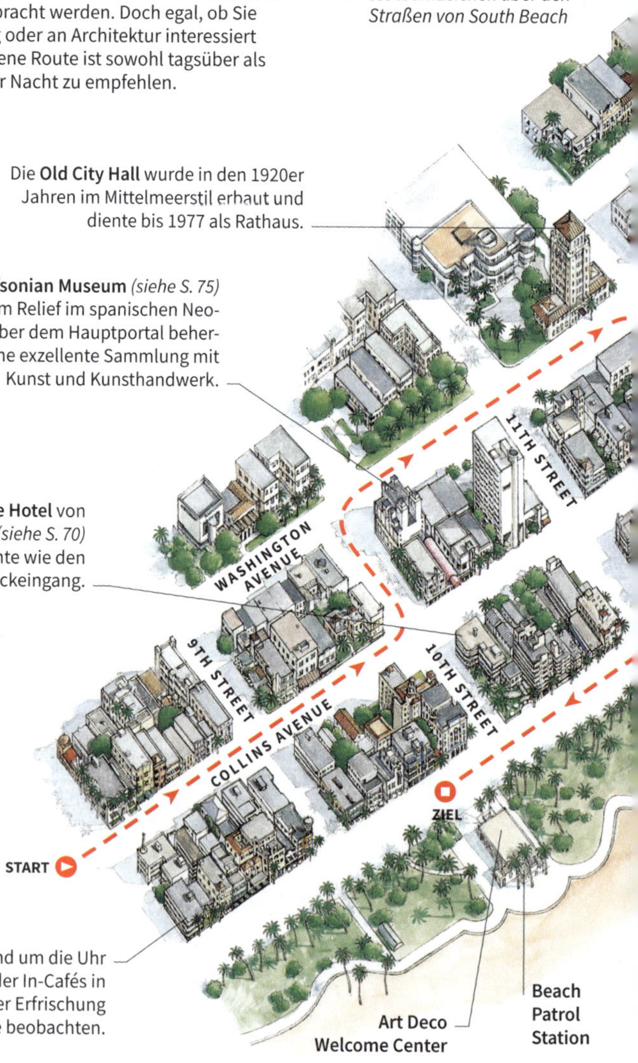

Die **Old City Hall** wurde in den 1920er Jahren im Mittelmeerstil erbaut und diente bis 1977 als Rathaus.

Das **Wolfsonian Museum** *(siehe S. 75)* mit einem Relief im spanischen Neobarock über dem Hauptportal beherbergt eine exzellente Sammlung mit Kunst und Kunsthandwerk.

Das **Essex House Hotel** von Henry Hohauser *(siehe S. 70)* hat Art-déco-Elemente wie den abgerundeten Eckeingang.

11TH STREET

WASHINGTON AVENUE

9TH STREET

10TH STREET

COLLINS AVENUE

ZIEL

START

Das **News Café** ist rund um die Uhr geöffnet und eines der In-Cafés in South Beach. Bei einer Erfrischung kann man gut Flaneure beobachten.

Art Deco Welcome Center

Beach Patrol Station

In South Beach sollte man unbedingt ein paar der angesagten Bars und Clubs, wie etwa das **Marlin Hotel** in der Collins Avenue *(siehe S. 74f)*, aufsuchen.

Das **Cardozo Hotel**, eines der schönsten Art-déco-Gebäude am Ocean Drive, gehört Gloria Estefan. Seine Neueröffnung 1982 leitete eine neue Sanierungsphase in South Beach ein.

Miami Beach

South Beach

**Zur Orientierung**
*Siehe Stadtteilkarte S. 66f*

Das **Netherland Hotel** (1935) mit seinem farbenfrohen Stuck steht am ruhigen Ende des Ocean Drive. Heute befinden sich darin Eigentumswohnungen.

DREXEL AVENUE

14TH STREET

WASHINGTON AVENUE

COLLINS AVENUE

13TH STREET

12TH STREET

OCEAN DRIVE

0 Meter    75   N

0 Yards    75

Der **Ocean Drive** *(siehe S. 68 – 73)* mit seinen eleganten Hotels ist die Hauptattraktion von South Beach.

**Lummus Park**

Im Amsterdam Palace (**Casa Casuarina**; *siehe S. 69*) residierte früher der Modedesigner Gianni Versace, heute ist hier ein Luxushotel.

Am 16 Kilometer langen **Sandstrand** kann man je nach Belieben Ruhe und Unterhaltung suchen – Letztere am lebhaften Abschnitt in South Beach.

↑ *Farbenspiele am bei Dunkelheit illuminierten Ocean Drive*

# Downtown und Coral Gables

Ende des 19. Jahrhunderts erstreckte sich die Stadt am Miami River auf einer Fläche von rund 2,5 Quadratkilometern. Bis nach dem Zweiten Weltkrieg war sie allerdings wenig mehr als ein Ferienort. Erst die Einwanderer, die ab 1959 aus Kuba hierherkamen, verwandelten Miami in eine Metropole. Der kubanische Einfluss ist am besten im Zentrum (Downtown) und jenseits des Flusses in Little Havana zu erkennen.

In Downtown schlägt heute das Herz von Miamis Finanzviertel, dessen Hochhäuser im Bankenboom der 1980er Jahre entstanden. Die futuristischen Wolkenkratzer zeugen auch bei Dunkelheit im Neonlicht von der Stellung der Stadt als Finanz- und Handelszentrum.

Coral Gables, eine der reichsten Kommunen der USA, ist eine eigene Gemeinde in Greater Miami. In der »City Beautiful« stehen elegante Häuser an Alleen mit Eichen und Banyanbäumen. Viele Grundstücke grenzen an Kanäle, die Besitzer haben eigene Boote. Alle Gebäude müssen Vorgaben entsprechen, die Architekt George Merrick formulierte, als er Coral Gables in den 1920er Jahren plante.

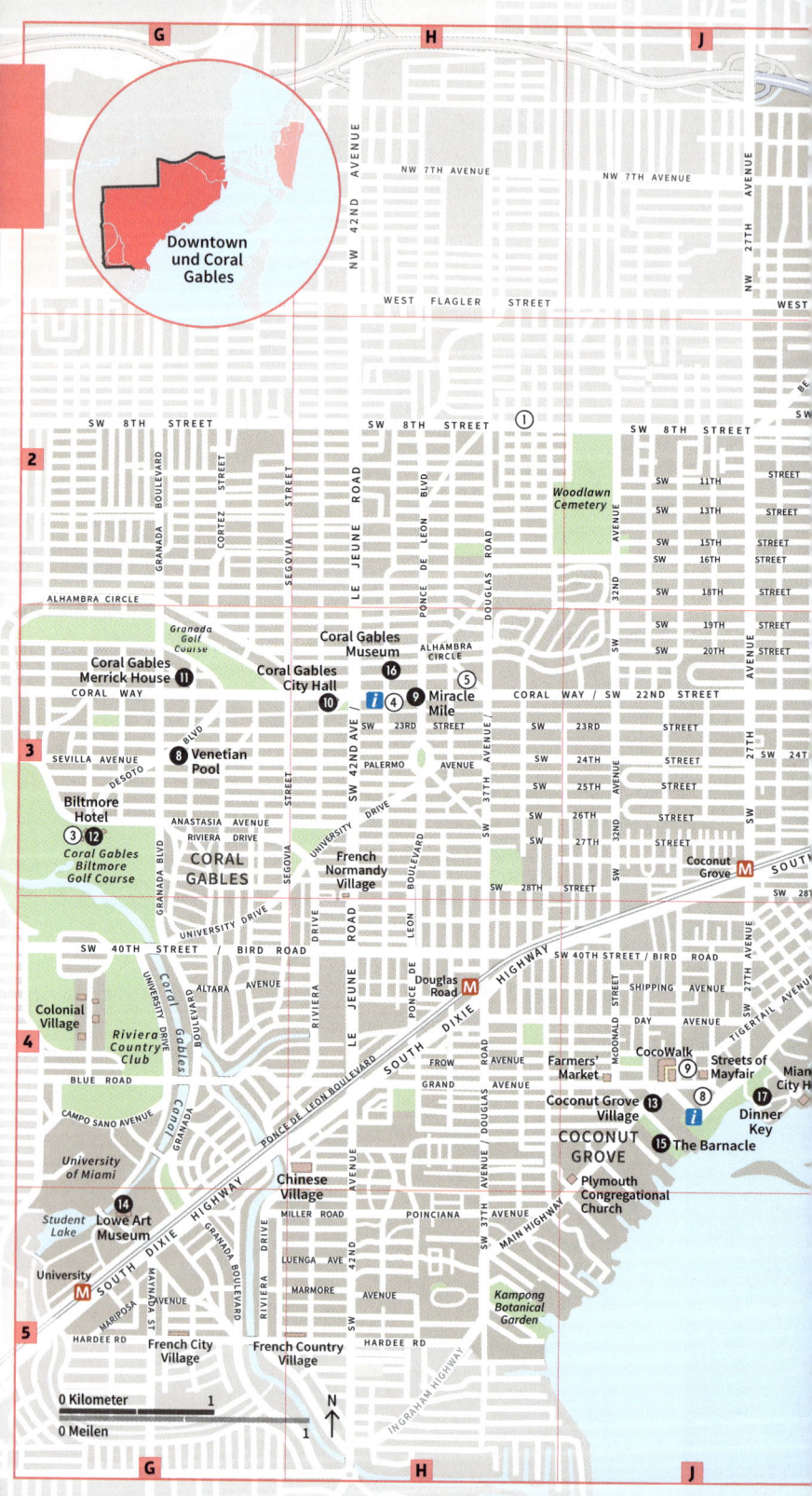

# Downtown und Coral Gables

## Highlights
1 Little Havana
2 Vizcaya Museum and Gardens

## Sehenswürdigkeiten
3 Phillip and Patricia Frost Museum of Science
4 Miami-Dade Cultural Plaza
5 Brickell Avenue
6 Bayside Marketplace
7 Pérez Art Museum Miami
8 Venetian Pool
9 Miracle Mile
10 Coral Gables City Hall
11 Coral Gables Merrick House
12 Biltmore Hotel
13 Coconut Grove Village
14 Lowe Art Museum
15 The Barnacle
16 Coral Gables Museum
17 Dinner Key
18 Ermita de la Caridad

## Restaurants
① Versailles
② El Rey De Las Fritas
③ Palme D'Or
④ Ortanique on the Mile
⑤ Cibo Wine Bar

## Bars
⑥ Cubaocho Museum & Performing Arts Center
⑦ E11EVEN MIAMI

## Hotels
⑧ The Mutiny Hotel
⑨ Mayfair Hotel & Spa

# Little Havana

◉ L2

Obwohl Kubaner in ganz Miami leben, gilt Little Havana als ihre Heimatgemeinde, seit sie in den 1960er Jahren von Kuba flüchteten. Das spannende Viertel zeigt sich am lebendigsten in seinen pulsierenden Straßen. Aus jedem Laden dringt Salsa-Musik, Plakate künden vom früheren Kampf gegen Fidel Castro. *Bodegas* bieten eine Auswahl kubanischer Spezialitäten wie *moros y cristianos*, und alte Männer genießen in aller Ruhe ihren *café cubano*.

## Calle Ocho

Little Havanas Herz und Wirtschaftsader ist die Southwest 8th Street, besser bekannt als Calle Ocho. Ihren lebhaftesten Abschnitt zwischen der 11th und der 17th Avenue sollte man zu Fuß erkunden, andere Sehenswürdigkeiten entdeckt man einfacher mit dem Auto.

Das Flair einer alten kubanischen Tabakfabrik erlebt man bei **El Titan de Bronze** in der Calle Ocho, einem Familienbetrieb, in dem die Zigarren von Meistern ihres Fachs produziert werden. Hier kann man die Zigarrendreher bei der Arbeit beobachten. Die Blätter wachsen in Nicaragua – und zwar aus kubanischem Tabaksamen, dem besten der Welt. Einheimische Raucher, insbesondere Nicht-Kubaner, kaufen hier ihre Zigarren, die in großer Vielfalt angeboten werden. An der Calle Ocho befinden sich auch spirituelle Läden, die sich der afrokubanischen Santería-Religion widmen.

Nördlich der Calle Ocho, an der West Flagler Street und der Southwest 17th Avenue, ist auf der Plaza de la Cubanidad eine Bronzekarte Kubas mit José Martís Worten »Palmen sind wartende Geliebte«. Dahinter kennzeichnen

> **Aus jedem Laden dringt Salsa-Musik, Plakate künden vom früheren Kampf gegen Fidel Castro.**

## Fotomotiv
### Latin Walk of Fame

Halten Sie Ihre Kamera in der Calle Ocho zwischen 12th und 17th Street bereit. In Little Havanas Version von Hollywoods Walk of Fame werden Berühmtheiten lateinamerikanischer Abstammung wie Gloria Estefan mit Sternen im Gehsteig geehrt.

↑ *Der Cuban Memorial Boulevard mit der ewigen Flamme*

Flaggen das Hauptquartier von Alpha 66, Miamis fanatischster Gruppe ehemaliger kubanischer Castro-Gegner.

### El Titan de Bronze
⌂ 1071 W 8th St ☏ +1-305-860-1412
🕐 Mo – Fr 9 –17, Sa 8 –16

### Cuban Memorial Boulevard
Südlich der Calle Ocho ist die Southwest 13th Avenue als Cuban Memorial Boulevard bekannt. Die ewige Flamme am Denkmal für die Brigade 2506 erinnert an die Kubaner, die 1961 bei der von den USA unterstützten Invasion in der Schweinebucht starben.

↑ *Wandgemälde an einer Fassade der Calle Ocho in Little Havana*

## Restaurants

### Versailles
Dieser Treffpunkt der kubanischen Community in Miami ist der vielleicht beste Ort für klassische kubanische Küche außerhalb des Landes. Spezialität: Sandwiches.

📍 H2 ⌂ 3555 Southwest 8th St
🌐 versailles restaurant.com
Ⓢ⑤⑤

### El Rey De Las Fritas
Das beliebte Restaurant ist für seine *fritas* (kubanische Hamburger) und *caballos* (*fritas* mit Käse und Spiegelei) bekannt.

📍 K2 ⌂ 1821 SW 8th St
🌐 elreydelasfritas.com
Ⓢ⑤⑤

# Vizcaya Museum and Gardens

📍 L3 🏠 3251 S Miami Ave ☎ +1-305-250-9133 Ⓜ Vizcaya
🕐 Do – Mo 9:30 –16:30 🔒 Thanksgiving, 25. Dez Ⓦ vizcaya.org

**In dieser opulent ausgestatteten früheren Privatresidenz erleben Besucher unterschiedliche Architekturstile und eine Fülle interessanter Objekte sowie eine der beeindruckendsten Parkanlagen der Stadt.**

Floridas prächtigstes Wohnhaus wurde 1916 als Winterresidenz für den millionenschweren Industriellen James Deering erbaut. Er wollte einen italienischen Landsitz aus dem 16. Jahrhundert nachbilden, der sich im Lauf der Generationen verändert hatte. Das Vizcaya zeigt Stilrichtungen von Renaissance bis Neoklassizismus. Im Park sind Elemente italienischer und französischer Gartenkunst mit Floridas tropischer Vegetation kombiniert.

1952 kaufte das Miami-Dade County das Anwesen und machte es öffentlich zugänglich.

**Deerings Bad** ist mit Marmorwänden und Silberplatten ausgestaltet.

**Seepferdchen-Wetterfahne**

Das im Rokoko-Stil gestaltete **Musik-zimmer** ist einer der schönsten Räume.

Das **Esszimmer** erinnert mit den Gobelins und dem Refektoriumstisch (16. Jh.) an eine Bankett-halle der Renaissance.

→

*Darstellung der pracht-vollen einstigen Privat-residenz Vizcaya*

In der **östlichen Loggia** steht das Modell einer Karavelle, eines der Lieblingsmotive Deerings.

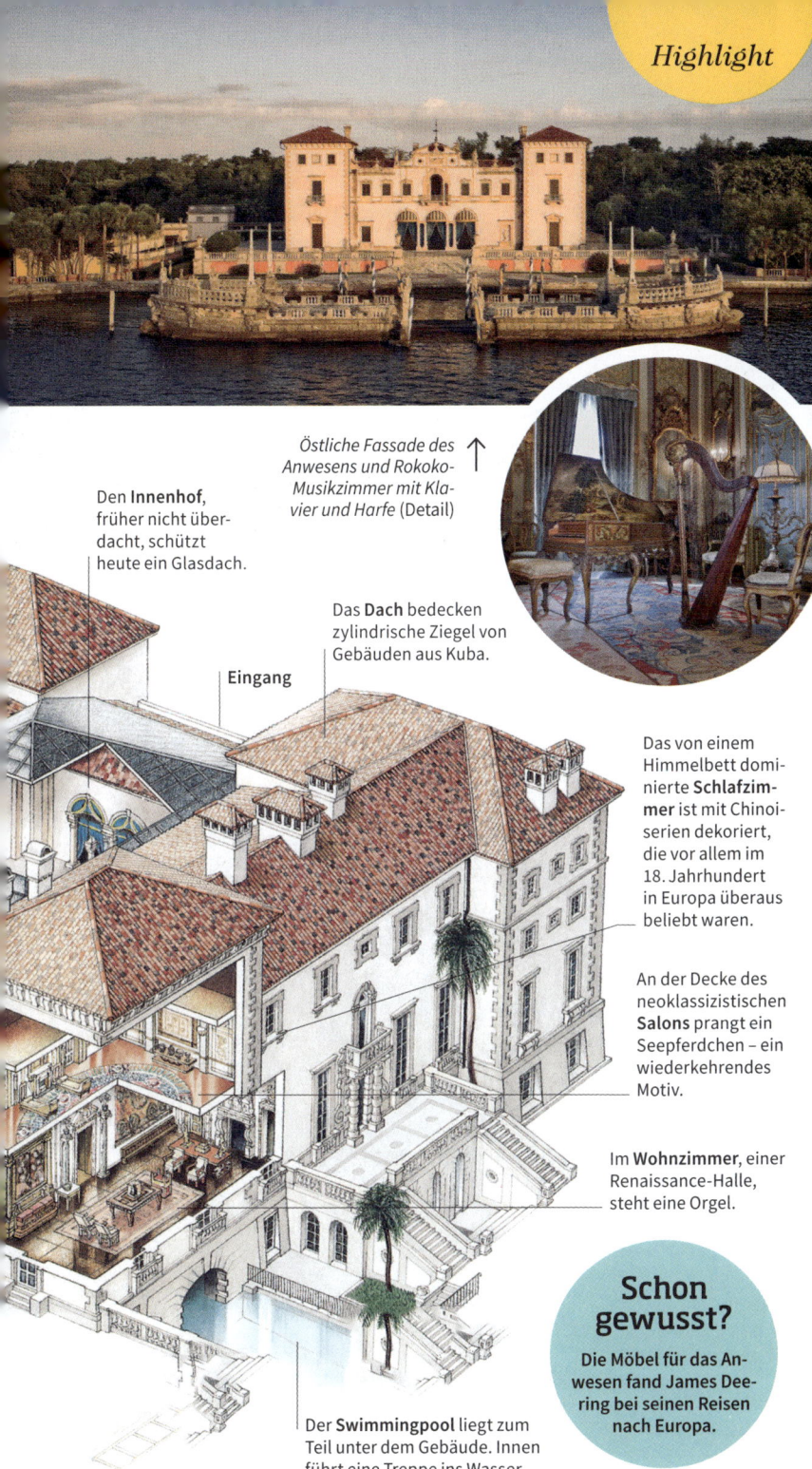

*Östliche Fassade des Anwesens und Rokoko-Musikzimmer mit Klavier und Harfe* (Detail) ↑

Den **Innenhof**, früher nicht überdacht, schützt heute ein Glasdach.

Das **Dach** bedecken zylindrische Ziegel von Gebäuden aus Kuba.

**Eingang**

Das von einem Himmelbett dominierte **Schlafzimmer** ist mit Chinoiserien dekoriert, die vor allem im 18. Jahrhundert in Europa überaus beliebt waren.

An der Decke des neoklassizistischen **Salons** prangt ein Seepferdchen – ein wiederkehrendes Motiv.

Im **Wohnzimmer**, einer Renaissance-Halle, steht eine Orgel.

### Schon gewusst?

Die Möbel für das Anwesen fand James Deering bei seinen Reisen nach Europa.

Der **Swimmingpool** liegt zum Teil unter dem Gebäude. Innen führt eine Treppe ins Wasser.

# SEHENSWÜRDIGKEITEN

**3** 🤿 Ⓜ 🖥 🏛 ♿

## Phillip and Patricia Frost Museum of Science

📍 M1 🏠 1101 Biscayne Blvd 📞 +1-305-434-9600 🚌 College/Bayside 🕐 Mo – Do 10 – 17, Fr – So 10 –19 🌐 frostscience.org

Das auch architektonisch bemerkenswerte Museum steht in dem als Museum Park bezeichneten Areal am Wasser. Auf spannende Art vermittelt es Phänomene aus der Wissenschaft.
Zu den Highlights gehören interaktive Exponate zum menschlichen Körper und zur Technik sowie ein Planetarium und ein weitläufiges Aquarium.

**4** 🤿 Ⓜ ♿

## Miami-Dade Cultural Plaza

📍 M1 🏠 101 West Flagler St Ⓜ Government Center 🕐 Mo – Mi, Fr, Sa 10 –17, So 12 –17 🌐 historymiami.org

Das 1982 vom amerikanischen Stararchitekten Philip Johnson erbaute Zentrum ist Kunstgalerie, Museum und Bibliothek (mit rund vier Millionen Büchern) unter einem Dach.
Das HistoryMiami geht auf die Geschichte Miamis vor 1945 ein. Das Museum informiert umfassend über die spanische Kolonialisierung und die Kultur der Seminolen. Sehr anschaulich sind die Fotos zwischen Pionierzeit und Roaring Twenties (1920er Jahre).

**5**

## Brickell Avenue

📍 M2 Ⓜ Brickell, Government Center 🚌 mehrere Stationen ℹ 701 Brickell Ave, Suite 2700 (+1-305-539-3000) 🌐 miamiandbeaches.com

Anfang des 20. Jahrhunderts hieß die Brickell Avenue wegen ihrer palastähnlichen Villen »Millionaires' Row«. Heute ist ihr nördlicher Abschnitt Miamis Entsprechung zu New Yorks Wall Street –

### Bootstouren in Port Miami

Zwischen Downtown und Miami Beach liegen einige exklusive Privatinseln. Einen Blick auf die Anwesen bieten die am Bayside Marketplace startenden Bootstouren. Sie führen vorbei am Hafen bei den Inseln Dodge und Lummus. Beim östlichen Ende des MacArthur Causeway liegt Fisher Island. Heute ist die Insel Wohngebiet, in dem Häuser ab etwa 500 000 US-Dollar kosten. Die Tour führt um die Anfang des 20. Jahrhunderts angelegten Inseln Star Island, Palm Island und Hibiscus Island. Hinter dichtem Grün verstecken sich Villen, auch die Häuser von verstorbenen und lebenden Prominenten wie Frank Sinatra und Al Capone sowie Gloria Estefan und Julio Iglesias.

*Interessante Perspektive im Aquarium des Frost Museum of Science*

internationale Banken residieren in imposanten Gebäuden, deren Glas Häuser und Sonne widerspiegelt. Einige Wohnhäuser weiter südlich, jenseits der Southwest 15th Road, sah man im Vorspann von *Miami Vice*. Sie wurden Anfang der 1980er Jahre von dem avantgardistischen Architekturbüro Arquitectonica entworfen. Auch wenn sie mittlerweile nicht mehr ganz zeitgemäß wirken, beeindrucken sie noch immer.

Überaus auffällig ist das Atlantis (Nr. 2025): Die Fassade hat ein quadratisches Loch mit Palme und Whirlpool. Sein Gegenstück, ein Kubus gleicher Größe, steht davor. Arquitectonica entwarf auch Palace (Nr. 1541) und Imperial (Nr. 1627). Die Paläste der »Architektur für 55 Meilen pro Stunde« (sie sind am besten vom Auto aus zu sehen) sind so entworfen, dass man sie aus der Entfernung bewundern kann.

**6** ♿
## Bayside Marketplace
📍 M1 🏠 401 Biscayne Blvd 🚇 College/Bayside
🕐 Mo – Do 10 – 22, Fr, Sa 10 – 23, So 11 – 23
🚫 Thanksgiving, 25. Dez
🌐 baysidemarketplace.com

Der Bayside Marketplace ist nicht nur der beste Parkplatz, sondern vor allem die populärste Besucherattraktion in Downtown. Der Komplex erstreckt sich um die Miamarina, wo unzählige Yachten vor Anker liegen und diverse Bootstouren um die Biscayne Bay starten.

Mit ihren vielen Bars und Restaurants eignet sich die Bayside hervorragend zum Ausgehen und Shoppen. Man kann im Freien essen und den Musikgruppen, die am Ufer spielen, zuhören.

**7** 🎨🖼️🍴🖥️🛍️♿
## Pérez Art Museum Miami
📍 M1 🏠 1075 Biscayne Blvd 🚇 College/Bayside
🕐 Do 14– 21, Fr – So 11 –18
🚫 Thanksgiving, 25. Dez
🌐 pamm.org

Das nach dem Mäzen Jorge Pérez benannte Pérez Art Museum Miami (PAMM) präsentiert eine Sammlung internationaler Kunst des 20. und 21. Jahrhunderts. Die stilvollen Galerien zeigen Ausstellungen zeitgenössischer Werke verschiedener Genres wie Fotografie und Bildhauerei.

Die Schweizer Architekten Herzog & de Meuron gestalteten das von einem Garten umrahmte Gebäude.

### Schon gewusst?
**Im Pérez Art Museum Miami werden häufig Filmabende und Konzerte präsentiert.**

# Bars

### Cubaocho Museum & Performing Arts Center
Die farbenfrohe Bar mit Livemusik dient der kubanischen Community Miamis als beliebter Treffpunkt und organisiert diverse Veranstaltungen (u. a. Ausstellungen).

📍 K2 🏠 1465 SW 8th St 🌐 cubaocho.com

### E11EVEN MIAMI
Diese Location ist teils Kabarettbühne, teils Club und verfügt über eine Lounge auf dem Dach und ein Restaurant. Das Preisniveau ist gehoben, trotzdem ist dies eine Institution.

📍 M1 🏠 29 NE 11th St 🕐 tägl. 24 Std. 🌐 11miami.com

↑ *Treppe zum Eingangsbereich des Pérez Art Museum Miami*

**8** 🖊️ 🖥️ ♿

# Venetian Pool

📍 G3  🏠 2701 De Soto Blvd
📞 +1-305-460-5306
Ⓜ️ Douglas Rd, Vizcaya
🕐 siehe Website
🌐 coralgables.com

Dies ist wohl das schönste Bad der Welt, auch für Nichtschwimmer. Denman Fink und Phineas Paist gestalteten es 1923 aus einem alten Korallensteinbruch. Rosa Stucktürme und Loggien, venezianische Säulen, eine gepflasterte Brücke, Höhlen und Wasserfälle umgeben klares Quellwasser.

Venetian Pool war lange Zeit einer der mondänsten Treffpunkte in Coral Gables. Den historischen Prunk der 1920er Jahre können Sie auf Fotos in der Eingangshalle bewundern.

**9** 🖥️ 🛍️

# Miracle Mile

📍 H3  🏠 Coral Way zwischen Douglas Rd und Le Jeune Rd Ⓜ️ Douglas Rd, Vizcaya
🌐 experiencecoralgables.com

Ein Investor taufte 1940 Coral Gables' wichtigste Einkaufsstraße Miracle Mile (wer auf der einen Straßenseite hin und auf der anderen zurückgeht, ist eine Meile unter-

→

*Ein idyllischer Ort: Palmen umrahmen den schönen Venetian Pool*

wegs). Baldachine beschatten gehobene Läden, die zahlungskräftige Kundschaft anlocken. Hohe Preise und die Konkurrenz der Shopping-Center ließen die Straße etwas vereinsamen.

George Merrick baute das Colonnade Building (Nr. 169) 1926 als Verkaufszentrum seiner Immobilienfirma. Die elegante Rundhalle ist heute die Lobby des Colonnade Hotel. Im Caffè Abbracci mit italienischen Spezialitäten verkehren VIPs.

Im alten Polizei- und Feuerwehrgebäude, Ecke Salzedo Street und Aragon Avenue, ist heute das Coral Gables Museum untergebracht *(siehe S. 94f)*.

**10** ♿

# Coral Gables City Hall

📍 H3  🏠 405 Biltmore Way
📞 +1-305-446-6800
Ⓜ️ Douglas Rd  🕐 Mo–Fr 8–17 🚫 Feiertage
🌐 coralgables.com

Coral Gables' Rathaus wurde 1928 in dem von Merrick und seinen Kollegen bevorzugten Stil der spanischen Renaissance erbaut. Sogar die halb-

runde Fassade schmücken Wappen im spanischen Stil, die Merricks Onkel Denman Fink entwarf. Er schuf auch das Wandgemälde mit den vier Jahreszeiten in der Kuppel des Glockenturms.

Über der Treppe zeigt das Wandgemälde *Meilensteine der Zwanzigerjahre*, aus den 1950er Jahren von John St. John, die Frühzeit von Coral Gables. Er blies Zigarettenrauch auf die trocknende Farbe, um das Bild künstlich altern zu lassen.

**11** 🖊️ 🍽️ ♿

# Coral Gables Merrick House

📍 G3  🏠 907 Coral Way
🕐 Mi, So 13–16
📞 +1-305-460-5361
🌐 coralgables.com/coral-gables-merrick-house

Trotz der begrenzten Öffnungszeiten sollten Sie das Haus der Familie Merrick besuchen, um den bescheidenen Hintergrund des Stadtgründers kennenzulernen.

## George Merricks Traumstadt

Mit Denman Fink als künstlerischem Berater, Frank Button als Landschaftsarchitekten und Phineas Paist als Chefarchitekten beschwor George Merrick ein ästhetisches Wunderland herauf. Aus dem Traum entstand das größte Immobilienunternehmen der 1920er Jahre. Wegen des Hurrikans von 1926 und des Börsenkrachs wurde Merricks Stadt zwar nicht vollendet, ist aber ein großartiges Zeugnis seiner enormen schöpferischen Kraft.

Als Reverend Solomon Merrick 1899 mit seiner Familie von Neuengland nach Florida zog, lebten sie erst in einer Holzhütte südlich der sich ausbreitenden Stadt Miami. Später fügten sie Anbauten hinzu und nannten das Haus Coral Gables, da sie den Kalkstein für den Bau irrtümlicherweise aufgrund der darin gefundenen Fossilien für Korallen hielten.

Das inzwischen in dem Haus eingerichtete Museum widmet sich der Familie Merrick und ihrem berühmten Sohn George. Einige Möbelstücke zählten zum Besitz der Familie, außerdem sind Familienporträts sowie Bilder von George Merricks Mutter und Onkel ausgestellt. Der kleine Garten ist mit tropischen Bäumen und Pflanzen üppig begrünt. Die für einen Besuch des Anwesens verpflichtenden Führungen starten um 13, 14, und 15 Uhr.

## Hotels

**The Mutiny Hotel**
Dieses Hotel ist berühmt als Hauptquartier der Mafia im Film *Scarface*. Im Restaurant Table 14 am Pool werden klassische lateinamerikanische Gerichte modern interpretiert.

📍 J4 🏠 2951 S Bayshore Dr 🔳 mutinyhotel.com
⑤⑤⑤

**Mayfair Hotel & Spa**
Hinter seiner merkwürdigen Fassade bietet das Mayfair in den meisten Zimmern private Balkone, Marmorbäder und japanische Badewannen – Luxus zu überschaubarem Preis. Es gibt auch einen beheizten Außenpool.

📍 J4 🏠 3000 Florida Ave 🔳 mayfair hotelandspa.com
⑤⑤⑤

↑ *Coral Gables Merrick House, früherer Wohnsitz des berühmten George Merrick*

**12** ♨ 🍴 ♿

# Biltmore Hotel

📍 G3 🏠 1200 Anastasia Ave
📞 +1-305-445-1926
Ⓜ Douglas Rd
🌐 biltmorehotel.com

Coral Gables' spektakulärstes Gebäude wurde 1926 fertiggestellt. Hier schliefen schon Berühmtheiten wie Al Capone (der hier eine »Flüsterkneipe« hatte), Judy Garland sowie der Herzog und die Herzogin von Windsor. Die Gäste gingen in den Anlagen (heute ein Golfplatz) auf Fuchsjagd und ließen sich in Gondeln die Kanäle hinaufstaken. Da das Biltmore im Zweiten Weltkrieg als Lazarett diente, wurde auf seinen Marmorböden Linoleum ausgelegt. Bis 1968 war es ein Veteranenhospital. 1986 wurde es renoviert, nach einem Konkurs wurde es 1992 erneut eröffnet.

Eine Replik des Turms der Kathedrale in Sevilla, die auch als Vorbild für Miamis Freedom Tower diente, reckt sich an der Fassade 96 Meter hoch. Innen gliedern mächtige Säulen die Lobby. Von der hinteren Terrasse kann man den größten Swimmingpool der USA bewundern, an dem Johnny Weissmuller, Star in Tarzan-Filmen, Schwimmlehrer war und in dem er in den 1930er Jahren seinen Weltrekord aufstellte.

**Miami: Dichtung und Wahrheit**
In den 1980er Jahren galt Miami als Drogen- und Gangsterhauptstadt der USA. Ironischerweise basierte die TV-Serie *Miami Vice (siehe S. 49)* auf diesem Ruf und verherrlichte Stadt und Gewalt. Die besten zeitgenössischen Romane über Miami beschreiben seine schäbige Seite. Die bekanntesten Autoren sind Edna Buchanan, die für ihre Reportagen im *Miami Herald* den Pulitzerpreis erhielt, und Carl Hiaasen, Kolumnist derselben Zeitung. Wie abstrus seine Storys scheinen mögen (Bauinspektoren, die Voodoo betreiben; Talkgäste, die sich live Schönheitsoperationen unterziehen) – er betont immer, seine Ideen aus den Nachrichtenseiten des *Herald* zu bekommen. *Striptease* war sein erster Roman, der verfilmt wurde.

*Monumentale Fassade des Biltmore Hotel; mit Gewölben versehene Lobby des Gebäudes (Detail)* ↓

**13** 🍴 ☕ 🛍

# Coconut Grove Village

📍 J4 Ⓜ Coconut Grove, Douglas Rd
🌐 coconutgrove.com

Der beliebte Hippie-Treffpunkt der 1960er Jahre präsentiert sich mittlerweile recht gesetzt. Im Zentrum von Coconut Grove genießen gestylte junge Paare, die typische Klientel ihres »Village«, unter altmodischen Straßenlaternen Wein und Essen. Nur der Schlangenbeschwörer und der Nackenmasseur sowie ein paar New-Age-Läden dokumentieren noch den alternativen Lebensstil. Am besten können Sie dieses Viertel nachts oder am Wochenende entdecken.

↑ *Läden und Restaurants im Shopping-Center CocoWalk, Coconut Grove Village*

Das Herz des Village ist die Kreuzung Grand Avenue, McFarlane Avenue und Main Highway mit Johnny Rockets, einer wunderschönen Hamburger-Bar im Stil der 1950er Jahre, sowie CocoWalk. Das Freiluft-Shopping-Center ist Coconut Groves geschäftigster Ort. Im Innenhof sind Cafés und Souvenirläden, in den oberen Etagen wird häufig Livemusik gespielt. Hier gibt es Familienrestaurants, ein Kino und einen Club.

Östlich lohnt das Shopping-Center Mayfair in the Grove einen Besuch – nicht nur wegen seiner Ausstattung mit spanischen Fliesen, Wasserfällen und Pflanzen, sondern auch wegen der hier ansässigen Läden. Die lockere Café-Szene ist am besten in den Seitenstraßen der Commodore Plaza und Fuller Street zu erkunden. Ganz anders ist die Atmosphäre samstags auf dem farbenfrohen Farmers' Market (Bauernmarkt) auf der McDonald Street und der Grand Avenue. Etwas weiter entfernt stehen an der Grand Avenue die einfacheren Häuser der Community der Bahamas-Insulaner. Dieses Viertel erwacht vor allem zum Goombay Festival, das hier alljährlich im Juli stattfindet, zum Leben.

Ein fünfminütiger Spaziergang auf dem Main Highway Richtung Süden führt durch ein wohlhabendes Viertel mit Palmen, Bougainvilleen und Hibiskus vor schindelgedeckten Villen. In der Devon Road Nr. 3400 steht die pittoreske, normalerweise geschlossene Plymouth Congregational Church mit efeubedeckter Fassade. Sie wurde 1916 erbaut, sieht aber noch viel älter aus.

**14** ♿ ♿

## Lowe Art Museum

📍 G5  🏠 1301 Stanford Dr
📞 +1-305-284-3535  Ⓜ University  🕐 Di – Sa 10 – 16, So 12 – 16  🚫 Feiertage
🌐 lowe.miami.edu

Das sehenswerte Museum am Campus der University of Miami in Coral Gables wurde 1925 dank einer großzügigen Spende von Joe und Emily Lowe gegründet. Die Sammlungen umfassen insgesamt rund 19 000 Objekte, die viele der wichtigsten künstlerischen Traditionen der Welt abdecken. Besucher finden z. B. Werke aus Renaissance und Barock sowie eine exzellente Serie indianischer Kunst.

Es gibt zudem eine ägyptische Sammlung, schöne Werke aus dem 17. Jahrhundert sowie zeitgenössische europäische und amerikanische Kunst zu bewundern. Afrokubanische Werke, historische Andenken, Kunst aus Lateinamerika und Asien sowie Fotografien aus dem 20. Jahrhundert sind ebenfalls sehr gut repräsentiert.

↑ *Skulptur der Sammlung indianischer Kunst im Lowe Art Museum*

↑ *Das Holz für The Barnacle (Ende 19. Jh.) stammt von Schiffswracks*

> The Barnacle ist auch ein guter Ort zur Vogelbeobachtung. Der Wald bietet u. a. Spechten, Pelikanen und Kormoranen Lebensraum.

## Restaurants

### Palme D'Or

Das mit einem Michelin-Stern ausgezeichnete Restaurant des Biltmore Hotel liegt am Pool.

📍 G3  🏠 1200 Anastasia Ave
Ⓦ biltmorehotel.com

$$$

### Ortanique on the Mile

Bei Cindy Hutson genießt man nach einem Shopping-Bummel an der Miracle Mile karibische Gerichte.

📍 H3  🏠 278 Miracle Mile  Ⓦ ortanique restaurants.com

$$$

### Cibo Wine Bar

Gehobenes, aber gemütliches Restaurant mit italienischer Küche.

📍 H3  🏠 45 Miracle Mile  Ⓦ cibowinebar. com

$$$

### ⑮ The Barnacle

📍 J4  🏠 3485 Main Hwy, Coconut Grove  📞 +1-305-442-6866  🕐 So – Mi 9–17  🗓 1. Jan, Thanksgiving, 25. Dez  Ⓦ floridastate parks.org

Hinter tropischen Hölzern versteckt liegt The Barnacle, das älteste Haus in Dade County. Ralph Munroe entwarf und bewohnte es. Er lebte von Bootsbau und Wrackbergung, war Botaniker, Fotograf sowie engagierter Umweltschützer und glaubte fest an wirtschaftliche Unabhängigkeit.

Das Gebäude ist wegen der Form seines Daches nach dem englischen Begriff für »Seepocken«, einer zu den Krebsen gehörenden Tierart, benannt.

1891 baute Munroe das Haus als Bungalow. Das erforderliche Holz stammte von Wracks und wurde so verlegt, dass die Luft zirkulieren konnte (in Zeiten vor Erfindung der Klimaanlagen ein nicht unbedeutender Aspekt). 1908 stockte er das Haus auf und erweiterte das Erdgeschoss, um für seine wachsende Familie Platz zu schaffen.

In dem Gebäude kann man die Zimmer mit alten Familienerbstücken und späteren Anschaffungen wie einem alten Kühlschrank besichtigen. Bei der einstündigen Führung sieht man auch Munroes schindelgedecktes Bootshaus voller Werkzeuge und Arbeitsbänke sowie die Bahnschiene, mit der Munroe Boote aus der Bay hievte.

The Barnacle ist auch ein guter Ort zur Vogelbeobachtung. Der Wald bietet u. a. Spechten, Pelikanen und Kormoranen Lebensraum.

### ⑯ Coral Gables Museum

📍 H3  🏠 285 Aragon Ave  📞 +1-305-603-8067  Ⓜ Douglas Rd  🕐 Mo – Fr 10–17, Sa, So 10–18  Ⓦ coralgablesmuseum.org

Das im alten Polizei- und Feuerwehrgebäude untergebrachte Museum bietet einen bunten Reigen an Ausstellungen zu Coral Gables und dessen Umgebung. Neben dem Hauptgebäude umfasst der Museumskomplex schöne Außenbereiche und die Fewell Gallery. Die Dauerausstellung zeigt auch eine Sammlung großformatiger Fotografien von Clyde Butcher. Er widmet sich darin der wundervollen Natur entlang dem Tamiami Trail, der 1928 eröffnet wurde. Auch Geschichte und Kultur des Gebiets werden eingehend beleuchtet.

Eine weitere Sammlung beschäftigt sich mit Leben und Werk des Architekten George Merrick *(siehe S. 90)*, der Coral Gables in den 1920er Jahren plante.

Das Museum ist auch Sitz der Touristeninformation von Coral Gables.

## ⓱ Dinner Key

📍 J4  🏠 3400 Pan American Dr  Ⓜ Coconut Grove

In den 1930er Jahren machte Pan American Airways Dinner Key zu einem der lebhaftesten Wasserflughäfen der Vereinigten Staaten. Hier startete Amelia Earhart 1937 ihren verhängnisvollen Flug um die Welt.

In dem glänzenden, im Stil der Streamline-Moderne gehaltenen Abfluggebäude der Fluggesellschaft ist die Miami City Hall beheimatet. Die Hangars der Wasserflugzeuge beherbergen heute Boote. Beim Spaziergang durch Miamis renommiertesten Hafen gerät man ins Träumen.

Der Name Dinner Key stammt wohl aus der Zeit, als frühe Siedler sich hier zu Picknicks niederließen.

💬 Expertentipp
**Coconut Grove Arts Festival**

Auf dem dreitägigen Coconut Grove Arts Festival (www.cgaf.com) Mitte Februar zeigen Hunderte von Künstlern ihre Arbeiten. Das gastronomische Angebot ist riesig.

## ⓲ ♿ Ermita de la Caridad

📍 L3  🏠 3609 S Miami Ave  📞 +1-305-854-2404  Ⓜ Vizcaya  🕐 tägl. 12–20

Die von einem Kegel gekrönte Kirche von 1966 ist Miamis Exilkubanern heilig, da sie ihrer Patronin, der heiligen Jungfrau der Wohltätigkeit, gewidmet ist. Ein Wandgemälde über dem Richtung Kuba ausgerichteten Altar illustriert die Geschichte der katholischen Kirche in Kuba und zeigt die Jungfrau und ihren Schrein auf der Insel.

Zur Kirche gelangt man, wenn man nördlich vom Mercy Hospital abbiegt.

*Ermita de la Caridad mit kegelförmigem Dach und Bild* (Detail) *von Teok Carrasco über dem Altar*

**Country Club Prado Entrance** mit seinen verzierten Pfeilern ist das eleganteste der Stadttore.

**Granada Entrance** ist die Nachbildung eines Stadttors des spanischen Granada.

**Coral Gables Merrick House** *(siehe S. 90f)* ist heute ein Museum. Hier wohnte einst George Merrick.

Den **Alhambra Water Tower** schuf Denman Fink *(siehe S. 90)*.

**Miracle Mile** *(siehe S. 90)*, die wichtigste Shopping-Meile der Gegend

**Coral Gables City Hall** *(siehe S. 90)* zieren Wandgemälde.

Häuser im spanischen Stil säumen **Coral Way**, eine der schönsten Straßen von Coral Gables.

**Venetian Pool** *(siehe S. 90)* ist ein mit Bauten im venezianischen Stil verziertes öffentliches Bad.

**Coral Gables Congregational Church** hat einen prächtigen Glockenturm.

Das **Biltmore Hotel** *(siehe S. 92)* ist eines der beeindruckendsten Hotels des Landes.

Das **Lowe Art Museum** *(siehe S. 93)* zeigt exzellente Sammlungen europäischer und indianischer Kunst.

**French City Village** gehört zu den sieben internationalen Dörfern, die mediterranes Flair schaffen sollten.

START

ZIEL

SW 8TH STREET

SW 57TH AVENUE

FERDINAND STREET

LISBON STREET

VENETIA AVENUE

MADRID ST

MILAN AVE

ALHAMBRA CIRCLE

Alhambra Water Tower

Coral Gables Merrick House

CORAL WAY

GRANADA BOULEVARD

PIZARRO STREET

CORTEZ ST

SEGOVIA STREET

LE JEUNE ROAD

Coral Gables Museum

MIRACLE MILE

SW 23RD STREET

Coral Gables City Hall

SEVILLA AVENUE

Coral Gables Congregational Church

DESOTO BLVD

Venetian Pool

ANASTASIA AVENUE

RIVIERA DRIVE

SW 42ND AVE

PALERMO AVENUE

DOLGLAS ROAD

SW 37TH AVENUE

Biltmore Hotel

Coral Gables Biltmore Golf Course

SW 57TH AVENUE

GRANADA BLVD

CORAL GABLES

UNIVERSITY DRIVE

SEGOVIA STREET

RIVIERA DRIVE

LE JEUNE ROAD

PONCE DE LEON BLVD

French Normandy Village

Douglas Road

UNIVERSITY DRIVE

SW 40TH ST / BIRD ROAD

ALTARA AVENUE

Colonial Village

Riviera Country Club

CORAL GABLES BOULEVARD

GRANADA CANAL

PONCE DE LEON BOULEVARD

SOUTH DIXIE HIGHWAY

ALHAMBRA CIRCLE

BLUE ROAD

BLUE ROAD

CAMPO SANO AVENUE

Chinese Village

ALHAMBRA CIRCLE AVENUE

SAN AMARO DRIVE

University of Miami

Lowe Art Museum

MILLER ROAD

LUENGA AVE

GRANADA BOULEVARD

RIVIERA DRIVE

SW 42ND AVENUE

French Country Village

SW 57TH AVENUE

University

SOUTH DIXIE HIGHWAY

French City Village

HARDEE RD

MAYNADA STREET

HARDEE RD

Dutch South African Village

SW 72ND STREET

SW 72ND STREET

0 Kilometer 1

0 Meilen 1

N

# Tour durch Coral Gables

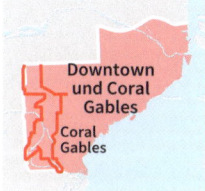

Downtown und Coral Gables

Coral Gables

**Länge** 14 Meilen (23 km) **Start** Optional, idealerweise fährt man entgegen dem Uhrzeigersinn **Rasten** Miracle Mile

**Zur Orientierung**
*Siehe Karte S. 82f*

Die Tour führt durch die ruhigen Straßen von Coral Gables zu den wichtigsten Attraktionen der von George Merrick in den 1920er Jahren geplanten Stadt *(siehe S. 90)*, zu bewunderten Gebäuden wie dem Biltmore Hotel, zu zwei der früher vier Stadttore und sechs der von Merrick entworfenen »internationalen Dörfer«.

Die Sehenswürdigkeiten kann man an einem Tag ansehen, doch nehmen Sie sich genügend Zeit, denn die Straßenführung ist etwas verwirrend. Die Schilder mit Namen, die Merrick einem Wörterbuch entnahm, sind oft schwer zu finden, da sie auf Steinen im Gras versteckt sind. Wegen der Öffnungszeiten des Coral Gables Merrick House unternimmt man die Tour am besten mittwochs oder sonntags.

**Schon gewusst?**

Bei Reservierung 24 Stunden im Voraus kann man im Biltmore englische Teatime genießen.

*Der Venetian Pool mit türkis-farbenem Wasser wird von dichter Vegetation umrahmt* ↑

# Abstecher

Gegen Ende des 19. Jahrhunderts war das Gebiet um den Miami River weitgehend unbebaut. Die Geschäftsfrau Julia Tuttle ermutigte 1896 Henry Flagler, die Florida East Coast Railroad bis in diese Region zu führen. In den folgenden Jahrzehnten expandierte die Gegend um Miami, viele Investoren kamen mit der Aussicht auf Profit. Die Weltwirtschaftskrise verlangsamte das Wachstum zeitweilig, doch nach dem Zweiten Weltkrieg setzte es wieder ein.

Der Großraum Miami ist weniger berühmt als das Zentrum der Stadt und Miami Beach. Dennoch gibt es einige interessante Sehenswürdigkeiten, bemerkenswerte Kunstszenen und großartige Strände.

## Highlight
1. Ancient Spanish Monastery

## Sehenswürdigkeiten
2. North Beaches
3. Fairchild Tropical Botanic Garden
4. Key Biscayne
5. Wynwood Arts District
6. Little Haiti
7. Coral Castle
8. Institute of Contemporary Art
9. Gold Coast Railroad Museum
10. Wings Over Miami
11. Charles Deering Estate

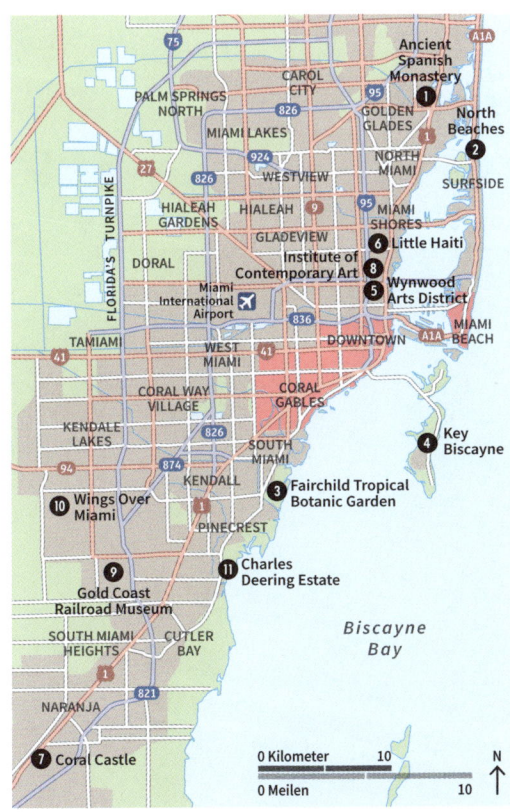

# Ancient Spanish Monastery

🏠 16711 W Dixie Hwy, N Miami Beach  📞 +1-305-945-1461  🚌 3, 93
🕐 Mo – Sa 10 –16:30, So 11 –16:30  🗓 Feiertage, einige Wochenenden (siehe Website)  🌐 spanishmonastery.com

**Das im 12. Jahrhundert in Spanien errichtete Anwesen wurde nach dem Transport über den Atlantik in North Miami Beach sorgfältig wiederaufgebaut. Die hier angelegten idyllischen Gärten sind eine wahre Oase.**

Der heute als Kirche dienende Klosterkreuzgang hat eine ungewöhnliche Geschichte. Er wurde 1133 – 41 in Spanien erbaut und Mitte des 19. Jahrhunderts als Getreidespeicher genutzt. 1925 erwarb ihn der Zeitungszar William Randolph Hearst. Die einzelnen Steine kamen in 35 000 Kisten nach Florida. Wegen einer grassierenden Maul- und Klauenseuche wurden diese geöffnet, um das Stroh darin zu prüfen, und die Steine falsch zurückgepackt. In New York lagerten sie dann, bis man 1952 beschloss, »das größte und teuerste Puzzle der Welt« in Florida als Attraktion zusammenzusetzen. Der Kreuzgang ähnelt inzwischen dem Original, obwohl man einige der Steine noch immer nicht zuordnen kann.

**Statue von Alfonso VII** – er war Schutzherr des Klosters.

→

*Ancient Spanish Monastery mit Gärten*

←

*Aus Originalsteinen des 12. Jahrhunderts errichteter Bogen*

Kapitelsaal

Die **Kapelle**, früher auch Speisesaal, dient heute für Messen.

Den **Kreuzgang** betritt man durch einen Bogen aus der Frühgotik.

Die ruhigen **Gärten** sind eine beliebte Kulisse für Hochzeitsfotos.

→ *Statue von Alfonso VII (1105–1157), ab 1135 Kaiser von Spanien*

# SEHENSWÜRDIGKEITEN

**2**

## North Beaches

🏠 Collins Ave 🚌 E (105), G (107), H (108), S (119), 120 Beach MAX
🔤 miamibeaches.com

Auf den Barriere-Inseln nördlich von Miami Beach dominieren exklusive Wohngebiete, an der Collins Avenue hingegen sind reizlose Ferienanlagen für Pauschalurlauber aneinandergereiht.

Ein Sandstreifen trennt Miami Beach zwischen der 79th und der 87th Street von Surfside. Die Gemeinde ist bei Besuchern aus dem frankofonen Kanada beliebt. An der 96th Street geht sie in Bal Harbour über, eine elegante Enklave, die wegen ihrer teuren Hotels und eines edlen Shopping-Centers bekannt ist. Nördlich davon liegt der Haulover Park mit Yachthafen und Sanddünen.

### Schon gewusst?

In vielen Lokalen in Little Haiti kann man karibische Küche probieren.

**3**

## Fairchild Tropical Botanic Garden

🏠 10901 Old Cutler Rd
📞 +1-305-667-1651
🚌 57, 136 (dann weiter zu Fuß) 🕐 tägl. Sonnenaufbis -untergang 🕐 25. Dez
🔤 fairchildgarden.org

Dieser schön gestaltete botanische Garten wurde 1938 gegründet und dient auch als bedeutendes botanisches Forschungsinstitut. Um eine Reihe künstlich angelegter Seen wächst eine der weltweit größten und interessantesten Palmensammlungen.

Bei einer 40-minütigen Führung per Bus erfahrt man, wie Pflanzen bei der Herstellung von Medikamenten oder Parfüms (z. B. Ylang-Ylang-Blüten in Chanel No. 5) eingesetzt werden. Sie sollten sich weitere zwei Stunden Zeit nehmen, um den Garten auf eigene Faust zu erkunden.

Direkt daneben liegt der **Matheson Hammock Park**. Einige Wander- und Radwege führen durch Mangrovensümpfe, doch Hauptattraktion ist der Atoll Pool, ein von Sand und Palmen umgebenes künstliches Salzwasserbecken an der Biscayne Bay. Hier gibt es auch einen Hafen

mit einer Segelschule und ein exzellentes Restaurant am Strand.

### Mattheson Hammock Park

🏠 9610 Old Cutler Rd, Coral Gables
📞 +1-305-665-5475
🕐 tägl. 7:30–16:30

**4**

## Key Biscayne

🏠 7 Meilen (11 km) südöstl. von Downtown 🚌 B (102)

Der Rickenbacker Causeway, der das Festland mit VIrginia Key und Key Biscayne verbindet, bietet den schönsten Blick auf Downtown. Key Biscayne hat einige der besten Strände der Stadt. Am beeindruckendsten ist der fünf Kilometer lange, sehr breite Strand im **Crandon Park** in der oberen Hälfte der Insel. Hier kann man unter Palmen picknicken.

Am südlichen Ende der Insel verbinden Wege durch die Dünen die Picknickzonen des **Bill Baggs Cape Florida State Park** mit einem etwas kürzeren Strand. Der Leuchtturm aus dem Jahr 1825 ist das älteste Gebäude im Süden Floridas und wurde restauriert.

*Farbintensive Street Art an einer Hauswand im Wynwood Arts District*

**Crandon Park**
📍 6747 Crandon Blvd
🕐 tägl. 🌐 miamidade.gov

**Bill Baggs Cape Florida State Park**
ⓐ ⓑ 📍 1200 Crandon Blvd 🕐 tägl.
🌐 floridastateparks.org

## Wynwood Arts District

📍 3 Meilen (4 km) nördl. von Downtown, östl. der I-95 🚌 2
🌐 wynwoodmiami.com

Das Kunstareal wurde in einem früheren Gewerbegebiet von Greater Miami eingerichtet und ist für seine lebhafte Szene bekannt. Die vorher grauen Fassaden zieren nun farbenprächtige Wandgemälde und Graffiti, in die ehemaligen Industriegebäude zogen Galerien sowie Restaurants und Cafés, Läden und Boutiquen ein, Open-Air-Bühnen geben dem Wynwood Arts District sein besonderes Flair.

Bei Kunstspaziergängen und Street-Food-Touren lernt man den kulturellen Hotspot kennen. Besuchermagnet im Zentrum des Kunstareals ist das namengebende Projekt – The Wynwood Walls.

## ⑥ Little Haiti

📍 46th bis 79th Street, östl. der I-95 🚌 2, 202 Little Haiti Connection

Seit den 1980er Jahren kommen viele haitianische Flüchtlinge in diesen Teil Miamis. Auf dem Caribbean Marketplace an der NE 2nd Avenue und der 60th Street gibt es Kunsthandwerk zu kaufen, interessanter sind die umliegenden, leuchtend bunt bemalten Läden. Aus einigen dröhnt haitianische Musik.

## Restaurants

**Phuc Yea**
Das Cajun-vietnamesische Fusions-Restaurant fasziniert auch mit seinem Dekor.
📍 7100 Biscayne Blvd 🕐 Di
🌐 phucyea.com
💲💲💲

**Malibu Farm Miami Beach**
Hier speist man direkt am Meer. Viele Gäste kommen schon zwischen 17 und 19 Uhr zum Genuss eines köstlichen Sundowners.
📍 4525 Collins Ave
🌐 edenrochotel miami.com
💲💲💲

**Estefan Kitchen**
Kubanisches Restaurant der Sängerin Gloria Estefan. Abends gibt es Livemusik, am Wochenende kubanisch inspirierten Brunch.
📍 140 NE 39th St
🌐 estefankitchen.com
💲💲💲

*Leuchtturm an der Spitze des Bill Baggs Cape Florida State Park*

↑ *Skulpturen aus Korallen von Edward Leedskalnin in Coral Castle*

**❼** ⛀ ♿

## Coral Castle

🏠 28655 S Dixie Hwy, Homestead 📞 +1-305-248-6345 Ⓜ Dadeland South, dann Bus Busway Max 🚌 38, 70 🕐 tägl. 9–18 🕐 25. Dez 🅦 coralcastle.com

Das Coral Castle ist zwar kein Schloss, aber dennoch eine der spannendsten Attraktionen in Miami. Von 1920 bis 1940 meißelte der Lette Edward Leedskalnin die schlossartigen Skulpturen aus Korallen ohne fremde Hilfe – mit Werkzeugen aus Autoteilen. Die meisten schuf er im 16 Kilometer entfernten Florida City und brachte sie hierher zurück.

Einige Werke reflektieren seine Leidenschaft für Astronomie. Ein herzförmiger Tisch erinnert an Leedskalnins Verlobte, die am Tag vor der Hochzeit entschied, ihn nicht zu heiraten.

**❽** ⓂⓂ 🛍 ♿

## Institute of Contemporary Art

🏠 61 NE 41st St 🚇 9 📞 +1-305-901-5272 🕐 Mi – So 12 –18 🅦 icamiami.org

Das Institute of Contemporary Art ist seit 2017 an seinem derzeitigen Standort im Design District untergebracht. Das metallverkleidete Gebäude mit geometrischer Struktur bietet große Ausstellungsflächen. Durch die von den spanischen Architekten Aranguren und Gallegos geschaffene Glaswand hat man einen Blick auf den bezaubernden Skulpturengarten.

Das von den in Miami ansässigen Milliardären Norman und Irma Braman gegründete Kunstzentrum widmet sich zeitgenössischer Kunst auf experimentelle Art. Es präsentiert eine Dauerausstellung mit Werken

europäischer und amerikanischer Künstler (von Tracey Emin und Louise Bourgeois über Chris Ofili und Julian Schnabel bis zu einheimischen Künstlern wie Hernan Bas und Mark Handforth). Die temporären Ausstellungen zielen oft auf provokante Vergleiche ab, in denen Werke weltbekannter Künstler wie Picasso und Lichtenstein denen weniger bekannter Talente aus Miami gegenübergestellt werden.

Der Eintritt ist frei. Besucher sollten Tickets jedoch im Voraus buchen, um zum gewünschten Zeitpunkt sicher Zutritt zu haben.

> **Das von den in Miami ansässigen Milliardären Norman und Irma Braman gegründete Kunstzentrum widmet sich zeitgenössischer Kunst auf experimentelle Art.**

**9**

## Gold Coast Railroad Museum

🏠 12450 SW 152nd St 📞 +1-305-253-0063 🚇 Dadeland North, dann Zoo-Bus
🚌 252 🕐 Mo, Mi, Fr 10–16, Sa, So 11–16 🌐 gcrm.org

Das Museum neben dem Zoo Miami ist ein Muss für Eisenbahnfans. Zu den Highlights gehören der Präsidentenwaggon »Ferdinand Magellan«, zwei kalifornische Zephyr-Waggons und drei alte Dampflokomotiven von der Ostküste. Am Wochenende ist auch eine Kindereisenbahn in Betrieb.

**10**

## Wings Over Miami

🏠 14710 SW 128th St
📞 +1-305-233-5197 🚌 136, 137 🕐 Mi – So 10–17
🔒 Feiertage

Das Museum widmet sich der Erhaltung alter Flugzeuge. In seinem Hangar befindet sich eine ausgezeichnete Sammlung mit Maschinen wie einer amerikanischen F-86 Sabre, einer russischen MiG 15, einem texanischen AT6D-Oldtimer von 1943, einer Douglas B-23 Dragon sowie anderen Exponaten wie einem Maschinengewehrturm. Am Wochenende des Memorial Day erheben sich die Flugzeuge in die Luft. Im Januar oder Februar, bei den »Wings of Freedom«-Feierlichkeiten, begleiten sie B-17- und B-24-Bomber.

**11**

## Charles Deering Estate

🏠 16701 SW 72nd Ave 📞 +1-305-235-1668 🕐 tägl. 10 – 17 🔒 Thanksgiving, 25. Dez
🌐 deeringestate.com

Während sein Bruder James den Luxus in Vizcaya genoss *(siehe S. 86f)*, zog sich der Geschäftsmann Charles Deering zwischen 1916 und 1927 regelmäßig in sein elegantes Winterdomizil an der Biscayne Bay zurück. Ein 180 Hektar großes Anwesen, das 1985 vom Staat erworben wurde, umrahmt eine Villa im neomediterranen Stil.

Das Haupthaus und das Richmond Cottage stammen aus dem 19. Jahrhundert. Letzteres war ein Gästehaus, das bei Eröffnung das südlichste Hotel der USA war.

Hauptanziehungspunkt ist das riesige Grundstück. Hier sieht man Mangroven- und Kiefernwälder, Salzmarschen, den wohl größten intakten Hartholzwald auf dem Festland der USA und eine weitläufige Lagerstätte von Fossilien. Am Wochenende werden verschiedene Programme und Kanutouren veranstaltet.

↑ *Charles Deering Estate – luxuriöses Anwesen im neomediterranen Stil*

# Bars

### Broken Shaker at Freehand Miami

Das Freehand Miami ist ein angesagtes Hostel mit einem Pool im Garten, sehr speziellem Dekor und der preisgekrönten Bar Broken Shaker, in der die besten Cocktails in Miami gemixt werden.

🏠 2727 Indian Creek Dr
🌐 thefreehand.com

### Brick

Craft-Biere und Whiskeys gibt es hier in großer Auswahl. Das Brick ist auch eine der angesagtesten Locations in Miami für DJ-Sound bis tief in die Nacht.

🏠 187 NW 28th St
🕐 brickmia.com

### El Patio

Diese schäbig-schicke lateinamerikanische Bar serviert Cocktails und Burger. Bei Livemusik ist die Tanzfläche regelmäßig voll.

🏠 167 NW 23rd St
🕐 elpatiowynwood. com

↑ *AT6D-Flugzeug – eine Attraktion im Hangar des Museums Wings Over Miami*

# FLORIDA
## ERLEBEN

An einem Strand von Fort Lauderdale (siehe S. 120–123)

# Gold und Treasure Coast

Die nach der wertvollen Fracht hier gestrandeter spanischer Galeonen benannten Gebiete Gold Coast und Treasure Coast (Schatzküste) zählen heute zu den wohlhabendsten des Bundesstaates Florida. Früher zog die Wärme nur die Reichen hierher, heute kommen Millionen von Urlaubern. Die meisten Urlaubsorte liegen auf den äußerst schmalen, vorgelagerten Barriere-Inseln zwischen herrlichen Sandstränden und dem Intracoastal Waterway.

Die Treasure Coast von Sebastian Inlet bis Jupiter Inlet ist noch recht ursprünglich und zeichnet sich durch große Weiten, Sandstrände und wohlhabende, jedoch unspektakuläre Orte aus.

Die Gold Coast zwischen Atlantik und Everglades erstreckt sich nördlich von West Palm Beach nach Süden bis Miami. Vor der Erschließung durch Flaglers East Coast Railroad Ende des 19. Jahrhunderts lebten hier Indianer und einige weiße Siedler. Seither gibt es in der Region eine rege Bautätigkeit. Die vielen Parks und Golfplätze sind grüne Oasen.

Lake Wales

*Lake Kissimmee*

Orlando und
Space Coast
*Seiten 170–203*

Micco

**Mel Fisher's
Treasure Museum**

Indian Lake
Estates

Frostproof

Yeehaw
Junction

Fellsmere

Avon Park

*Kissimmee River*

Sebring

Lorida

Crewsville

*Lake
Istokpoga*

Basinger

Lake Placid

Okeechobee

Taylor Creek

Golfküste
*Seiten 254–287*

Buckhead
Ridge

*Seminole Brighton
Reservation*

Lakeport

Indiantown

**9**
**Lake
Okeechobee**

Palmdale

Moore Haven

Pahokee

La Belle

Clewiston

Fort Myers
Shores

Lake Harbor

Belle Glade

South Bay

Lehigh Acres

*Graham*

*Marsh*

*Miami Canal*

Immokalee

*North New River Canal*

Everglades
und Keys
*Seiten 288–313*

*Big Cypress
Reservation*

**Gold und
Treasure Coast**

*Tamiami Trail
Reservation*

0 Kilometer          20

0 Meilen          20

N

Sebastian Inlet

A1A
Wabasso

Gifford

**21** Vero Beach

Indian River

kewood Park

Fort Pierce Inlet State Park

t. Lucie

**6** Fort Pierce

Fort Pierce South

White City

**14** Hutchinson Island

A1A

Port Saint Lucie

Jensen Beach

95

Stuart **12**

Saint Lucie Inlet

Port Salerno

Hobe Sound

FLORIDA'S

. Lucie Canal 76

TURNPIKE

**15** Jupiter Island

710

Jonathon Dickinson State Park

Jupiter Beach Park

**13** Jupiter

**23** Juno Beach

Palm Beach Gardens

North Palm Beach

95

Riviera Beach

**West Palm Beach**

**7**

**1** Palm Beach

Palm Beach International Airport ✈

Wellington

Palm Springs

**8** Lake Worth

Lantana

441

Sun Valley

Boynton Beach

**Arthur R. Marshall Loxahatchee N.W.R.**

95

**20**

Kings Point

**10** Delray Beach

Highland Beach

llsboro Canal

Mission Bay

**2** Boca Raton

Deerfield Beach

**Butterfly World** **11**

Coral Springs

A1A

**Pompano Beach**

Tamarac

Coconut Creek

Sunrise

95

Oakland Park

Lauderhill

**3** Fort Lauderdale

**Flamingo Gardens** **17** Davie **22**

Fort Lauderdale-Hollywood International Airport ✈

27

**18** Dania Beach

**Seminole Casinos** **19**

**16** Hollywood

Miramar

Hallandale

North Miami Beach

*A t l a n t i s c h e r*
*O z e a n*

---

# Gold und Treasure Coast

## Highlights
❶ Palm Beach
❷ Boca Raton
❸ Fort Lauderdale

## Sehenswürdigkeiten
❹ Sebastian Inlet
❺ Mel Fisher's Treasure Museum
❻ Fort Pierce
❼ West Palm Beach
❽ Lake Worth
❾ Lake Okeechobee
❿ Delray Beach
⓫ Butterfly World
⓬ Stuart
⓭ Jupiter
⓮ Hutchinson Island
⓯ Jupiter Island
⓰ Hollywood
⓱ Flamingo Gardens
⓲ Dania Beach
⓳ Seminole Casinos
⓴ Arthur R. Marshall Loxahatchee National Wildlife Refuge
㉑ Vero Beach
㉒ Davie
㉓ Juno Beach

**❶**

# Palm Beach

🅰 G5 🏔 8000 ✈ 🚍 🚌 ℹ 1751 Palm Beach Lakes Boulevard (+1-561-515-4400) 🆆 thepalmbeaches.com

**Palm Beach ist seit schon seit langer Zeit ein Mekka der Reichen Amerikas. Der Pionier Henry Flagler *(siehe S. 114)* gründete diesen Tummelplatz für den Jetset Ende des 19. Jahrhunderts. Heute wird Palm Beach ganzjährig besucht, ist aber immer noch vor allem Winterferienort.**

## ① Worth Avenue

Die Worth Avenue bietet einen guten Einblick in den Lebensstil von Palm Beach. Die sich über vier berühmte Blocks vom Lake Worth zum Atlantik erstreckende Straße ist die bekannteste Durchgangsstraße der Stadt. Mit dem exklusiven Everglades Club (1918) kamen auch Worth Avenue und die Architektur Addison Mizners in Mode. Der Club war das Ergebnis einer Zusammenarbeit zwischen Mizner und Paris Singer, dem Erben des Nähmaschinen-Imperiums, der den Architekten nach Florida eingeladen hatte. Ursprünglich war der Club als Krankenhaus für Offiziere aus dem Ersten Weltkrieg geplant, wurde aber stattdessen gesellschaftlicher Mittelpunkt der Stadt. Auch heute noch bilden die Loggien und Innenhöfe im spanischen Stil eine den Mitgliedern vorbehaltene Enklave.

Gegenüber liegen die Via Mizner und die Via Parigi mit bunten Läden und Restaurants. Die verkehrsberuhigten Seitenstraßen entwarf Mizner in den 1920er Jahren, sie sind ästhetische Höhepunkte der Worth Avenue. Inspiriert von spanischen Dörfern, haben sie Bogen, überdachte Treppenfluchten, Brunnen und Innenhöfe, überragt vom Büroturm und der Villa, die Mizner für sich selbst entwarf.

Eine Passage bildet den Eingang zur Einkaufszone der Via Mizner. Die moderneren Vias jenseits der Worth Avenue faszinieren durch die Fensterauslagen.

### Schon gewusst?

**Im Winter beträgt die mittlere Temperatur in Palm Beach 23 °C.**

### Mizners spanische Fantasie

Addison Mizner (1872 – 1933) kam 1918 von New York nach Palm Beach. Der Architekt entwarf schon bald Häuser, die das Gesicht von Florida und vor allem von Palm Beach verändern sollten. Indem er den Stil von alten spanischen Gebäuden der jeweiligen Lokalität anpasste, kreierte er einen neuen Ausdruck. Der Zusammenbruch von Floridas Bauboom Ende der 1920er Jahre traf ihn schwer.

*Palmengesäumter Abschnitt der Worth Avenue*

## Society of the Four Arts

🏠 **2 Four Arts Plaza** 📞 **+1-561-655-7226** 🕐 **siehe Website** 🌐 **fourarts.org**

Die 1936 gegründete Gesellschaft umfasst Bibliotheken, Ausstellungsflächen und ein Auditorium für Vorlesungen, Konzerte und Filme.

Imposant ist die Four Arts Library, die Maurice Fatio im italienischen Stil schuf. Im Park stehen Skulpturen.

## The Breakers

🏠 **1 South County Rd** 📞 **+1-561-655-6611** 🌐 **thebreakers.com**

Das Gebäude im italienischen Renaissance-Stil am ältesten Golfplatz Floridas ist bereits das dritte Hotel an diesem Ort. Das jetzige Hotel ist Zentrum des gesellschaftlichen Lebens der Stadt.

Südlich davon stehen drei Holzhäuser aus dem 19. Jahrhundert, Reste der Breakers Row. Die »Hütten« wurden während der Wintersaison an reichere Besucher von Palm Beach vermietet.

## ④ Palm Beachs Vororte

Die High Society von Palm Beach versteckt sich hinter hohen Hecken in millionenschweren Häusern. Einige bauten Addison Mizner und seine Nachahmer in den 1920er Jahren, doch seither entstanden Hunderte anderer in allen möglichen Stilrichtungen, vom Neoklassizismus bis Art déco.

Sehr gut zu sehen sind die Residenzen an der »Mansion Row«, einem Kamm entlang dem South Ocean Boulevard. Das großartigste Anwesen von Palm Beach ist Mar-a-Lago (Nr. 1100), acht Blocks weiter, mit 58 Schlafzimmern und drei Bunkern. Joseph Urban und Marion Wyeth bauten es 1927, 1985 richtete der spätere US-Präsident Donald Trump hier einen teuren Privatclub ein.

Abgelegener sind die Häuser der nördlichen Vororte. Die Nr. 1095 am North Ocean Boulevard war bis 1995 Winterresidenz der Kennedys.

Die Mindestgeschwindigkeit von 40 Kilometern pro Stunde unterbindet Versuche, einen Blick auf die Villen zu erhaschen.

# Shopping

Die Worth Avenue ist Inbegriff für ein luxuriöses Shopping in Palm Beach. Viele Juweliere sind auf hochwertige Imitationen spezialisiert. Besucher finden zudem ausgefallene Souvenirläden, Designer-Boutiquen und Luxuskaufhäuser.

**Saks Fifth Avenue**
🏠 **172 Worth Ave**
🌐 **saksfifthavenue.com**

**Tiffany & Co.**
🏠 **259 Worth Ave**
🌐 **tiffany.com**

**Giorgio's of Palm Beach**
🏠 **230 Worth Ave**
🌐 **giorgiosof palmbeach.com**

**Richter's of Palm Beach**
🏠 **224 Worth Ave**
🌐 **worth-avenue.com/ business/richters-of-palm-beach**

# Flagler Museum

🏠 Cocoanut Row u. Whitehall Way  📞 +1-561-655-2833  🕐 Di – Sa 10 –17, So 12 –17  🚫 1. Jan, Thanksgiving, 25. Dez  🌐 flaglermuseum.us

**Das Museum wurde im ehemaligen Wohnsitz der Familie Flagler eingerichtet, die mit dem Eisenbahnbau nach Florida ihr Vermögen verdient hatte. Das Gebäude zählt zu den imposantesten von Palm Beach. Besucher des Anwesens können noch heute den luxuriösen Lebensstil des Flaglers nachempfinden.**

Die als Whitehall bekannte Villa baute Henry Flagler, Erdölmagnat und Besitzer einer Eisenbahngesellschaft, im Jahr 1902. Flagler schenkte die Vier-Millionen-Dollar-Winterresidenz seiner dritten Ehefrau, Mary Lily Kenan, zur Hochzeit. Jedes Jahr fuhren die Flaglers in einem ihrer Privatwaggons hierher. Der Eisenbahnwaggon Nr. 91 ist jetzt im Flagler Kenan Pavilion im südlichen Teil des Anwesens zu sehen. Der Pavillon ähnelt einem Eisenbahnpalast des Goldenen Zeitalters. 1925, zwölf Jahre nach Flaglers Tod, baute man auf der Rückseite einen zehnstöckigen Turm an – aus Whitehall wurde ein Hotel. 1959 kaufte Jean Flagler Matthews das Gebäude ihres Großvaters und machte daraus ein Museum.

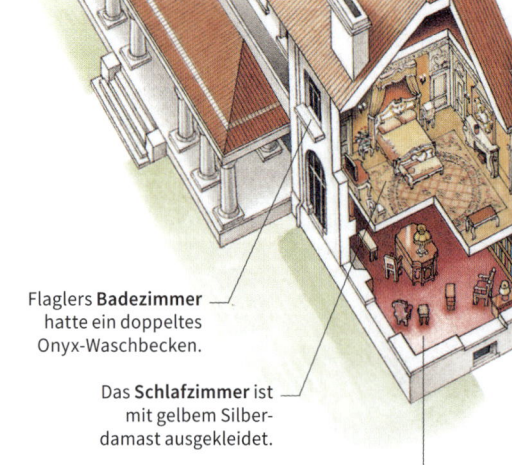

Das **Gelbe-Rosen-Schlafzimmer** hatte aufeinander abgestimmte Tapeten und Möbel.

**Billiardzimmer**

Flaglers **Badezimmer** hatte ein doppeltes Onyx-Waschbecken.

Das **Schlafzimmer** ist mit gelbem Silberdamast ausgekleidet.

In der roten, holzverkleideten **Bibliothek** mit in Leder gebundenen Büchern herrscht eine gemütliche Atmosphäre.

## Flaglers Palm Beach

Nach einem Schiffbruch 1878 landeten die geladenen Kokosnüsse am Strand bei Lake Worth, und schon bald wuchsen dort Palmen. Henry Flagler sah den palmengesäumten Strand und war von der Szenerie so fasziniert, dass er dort Land kaufte. Er eröffnete das Hotel Royal Poinciana und legte so den Grundstein für die Entstehung von Palm Beach.

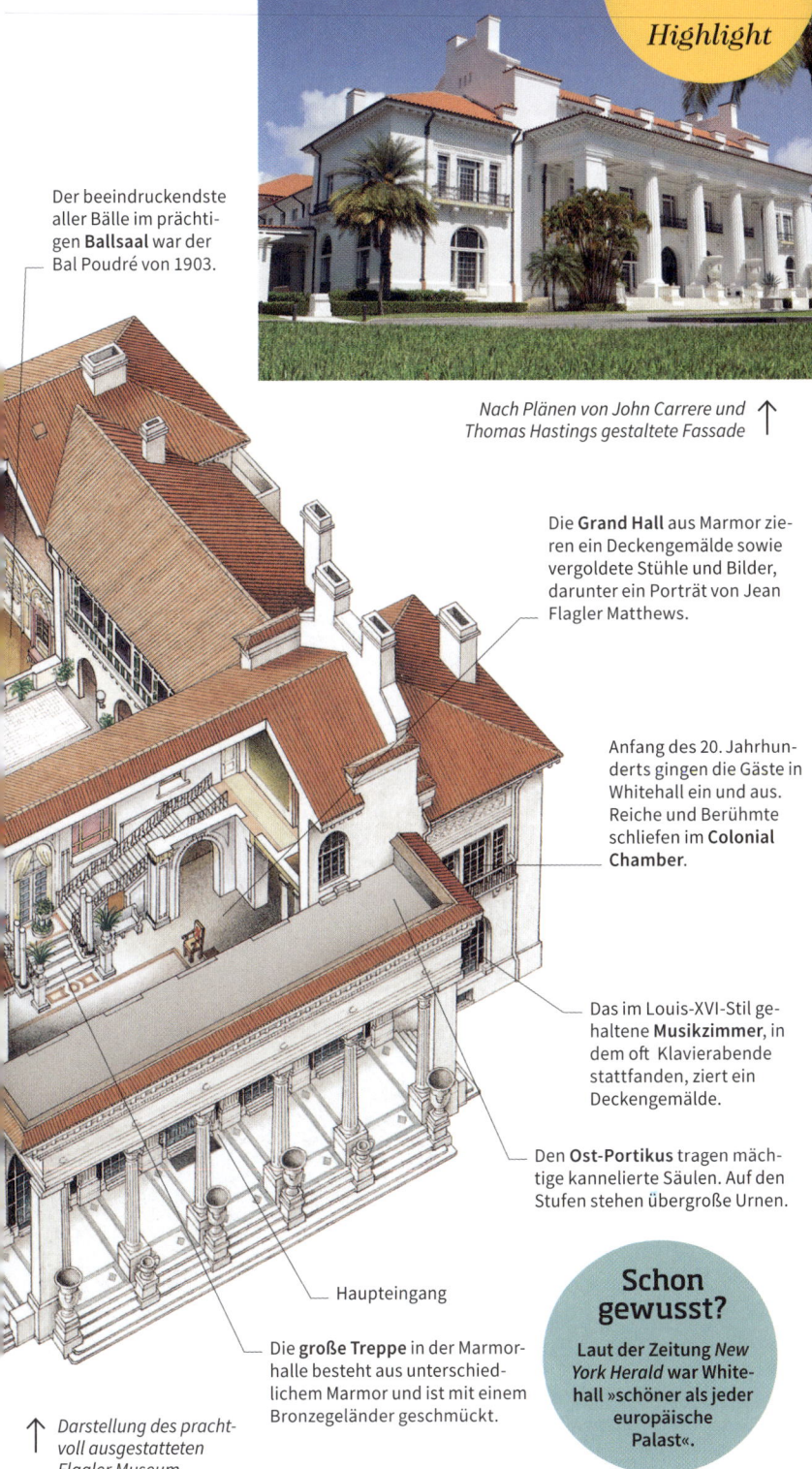

Der beeindruckendste aller Bälle im prächtigen **Ballsaal** war der Bal Poudré von 1903.

Nach Plänen von John Carrere und Thomas Hastings gestaltete Fassade ↑

Die **Grand Hall** aus Marmor zieren ein Deckengemälde sowie vergoldete Stühle und Bilder, darunter ein Porträt von Jean Flagler Matthews.

Anfang des 20. Jahrhunderts gingen die Gäste in Whitehall ein und aus. Reiche und Berühmte schliefen im **Colonial Chamber**.

Das im Louis-XVI-Stil gehaltene **Musikzimmer**, in dem oft Klavierabende stattfanden, ziert ein Deckengemälde.

Den **Ost-Portikus** tragen mächtige kannelierte Säulen. Auf den Stufen stehen übergroße Urnen.

Haupteingang

Die **große Treppe** in der Marmorhalle besteht aus unterschiedlichem Marmor und ist mit einem Bronzegeländer geschmückt.

↑ Darstellung des prachtvoll ausgestatteten Flagler Museum

## Schon gewusst?

Laut der Zeitung *New York Herald* war Whitehall »schöner als jeder europäische Palast«.

# Tour durch Palm Beach

**Länge** 4 Meilen (7 km) **Start** Fahren Sie am besten im Uhrzeigersinn, da die Worth Avenue eine Einbahnstraße ist **Rasten** Green's Pharmacy

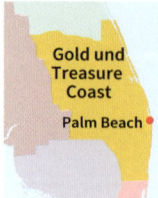

Gold und Treasure Coast
Palm Beach

**Zur Orientierung**
*Siehe Karte S. 110f*

Diese Fahrt deckt den Bereich zwischen South County und Cocoanut Row ab und somit alle wichtigen Sehenswürdigkeiten im Zentrum von Palm Beach, einschließlich Whitehall, der Residenz Henry Flaglers.

Der Abschnitt entlang dem Lake Drive South ist Teil einer malerischen Radtour durch Palm Beach, die am Lake Worth vorbei in die Vororte der Stadt führt *(siehe S. 113)*. Man kann mit dem Auto fahren oder Teile (oder sogar die ganze Strecke) mit dem Fahrrad, zu Fuß oder mit Inlineskates zurücklegen. Die entsprechende Ausrüstung kann man im Palm Beach Bicycle Trail Shop (www.palmbeachbicycle.com) ausleihen und von dort aus starten.

**Schon gewusst?**

**Palm Beachs öffentlicher Strand ist recht unspektakulär, dafür aber gebührenfrei.**

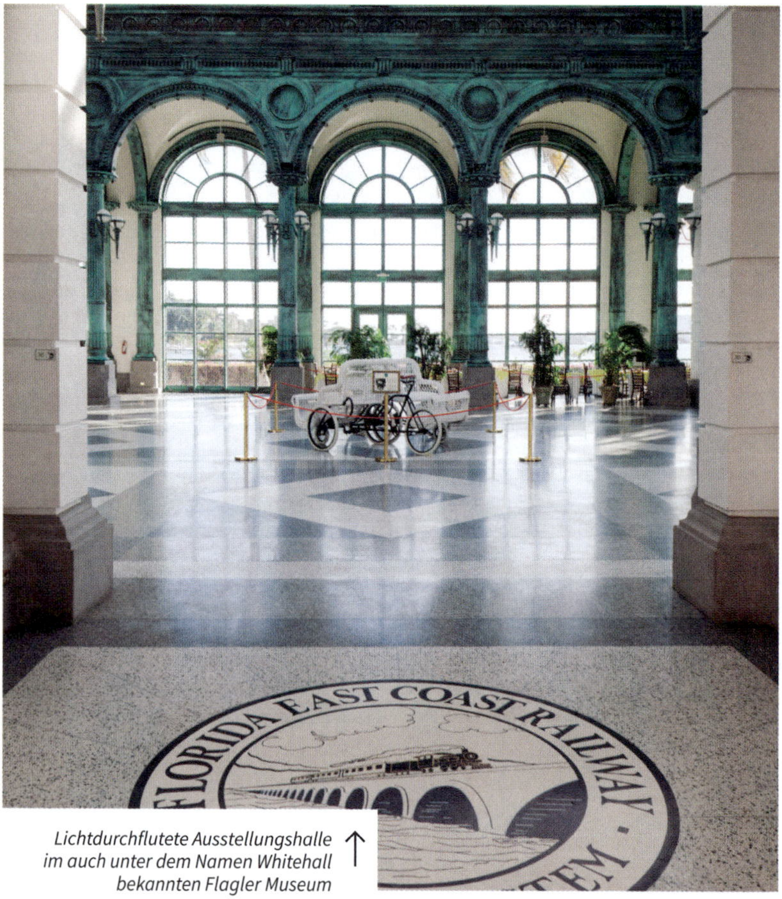
FLORIDA EAST COAST RAILWAY

*Lichtdurchflutete Ausstellungshalle im auch unter dem Namen Whitehall bekannten Flagler Museum* ↑

**St. Edward's Church** (1927) im spanisch-neugotischen Stil hat einen reich verzierten Barock-Glockenturm und -Eingang.

**Green's Pharmacy** von 1937 ist ein Drugstore mit Speiselokal. Die Gäste genießen ein riesiges Frühstück, Eisbecher und Burger.

Das **Hotel Royal Poinciana** mit 2000 Zimmern war einst Winterresidenz der Reichen. Es brannte 1935 ab.

St. Edward's Church

Green's Pharmacy

**The Breakers** war das vierte von Flaglers Hotels an der Ostküste.

Flaglers restauriertes Privatdomizil wurde zum **Flagler Museum** umgestaltet.

Hotel Royal Poinciana

Flagler Museum

**START**

See Gull Cottage

**Sea Gull Cottage** (1886) ist das älteste Gebäude von Palm Beach.

Royal Poinciana Chapel

**ZIEL**

Die **Bethesda-by-the-Sea Church** im neugotischen Stil hat einen Innenhof mit Kreuzgang.

Bethesda-by-the-Sea Church

Die **Royal Poinciana Chapel** baute Flagler 1896 für seine Gäste.

Society of the Four Arts

**Phipps Plaza** umfasst einige fantasievoll gestaltete Gebäude, u. a. im südwest-spanischen Stil.

PHIPPS PLAZA

Memorial Park

Town Hall

Casa de Leoni

*Öffentlicher Strand*

**Casa de Leoni**, die Nr. 450 der Worth Avenue, eines von Mizners schönsten Gebäuden, machte den venezianisch-gotischen Stil modern.

*Everglades Club Golf Links*

**The Breakers** — The Breakers

*The Breakers Golf Course*

SUNSET — SUNRISE AVENUE — AVENUE

ROYAL — POINCIANA WAY

COCOANUT ROW

NORTH COUNTY RD

SOUTH COUNTY ROAD

PINE WALK

VIA BETHESDA

BARTON AVENUE

CLARKE AVENUE

SEABREEZE AVENUE

SEASPRAY AVENUE

SEAVIEW AVENUE

SOUTH LAKE TRAIL

FOUR ARTS PLAZA

ROYAL PALM WAY

BRAZILIAN AVENUE

HIBISCUS AVENUE

AUSTRALIAN AVENUE

CHILIAN AVENUE

PERUVIAN AVENUE

COCOANUT ROW

LAKE DRIVE SOUTH

SOUTH COUNTY ROAD

SOUTH OCEAN BOULEVARD

WORTH AVENUE

WORTH AVE

GOLF ROAD

ISLAND DRIVE

ISLAND ROAD

SOUTH COUNTY ROAD

MIDDLE ROAD

SOUTH OCEAN BOULEVARD

BREAKERS ROW

0 Meter — 500
0 Yards — 500

N

↑ *Blick über Boca Raton Resort and Club in traumhafter Küstenlage*

# Boca Raton

 **G5** 84 000 1555 Palm Beach Lakes Blvd (+1-561-233-3000) Meet Me Downtown (März); Boca Festival (Aug); Holiday Boat Parade (Dez) myboca.us

Die vom Architekten Addison Mizner *(siehe S. 112)* konzipierte Stadt wurde zwar nicht zu dessen Lebzeiten vollendet, ist aber heute einer der mondänsten Orte Floridas. Viele Hightechfirmen sind hier ansässig. Anziehungspunkte sind vor allem die Country Clubs, die Shopping Malls und herrlichen Strandparks sowie die von Mizner inspirierten Wohnhäuser.

## ① Boca Raton Resort and Club

501 E Camino Real
+1-561-447-3000
bocaresort.com

Nachdem Addison Mizner die Erschließung von Palm Beach begonnen hatte, konzentrierte er sich auf eine Gemeinde im Süden. Anstelle seines angestrebten städtebaulichen Meisterwerks waren nur wenige Gebäude fertig, als Floridas Bauboom 1926 endete. Bis Ende der 1940er Jahre war Boca, wie der Ort heute oft genannt wird, nur ein kleiner Weiler. Kern von Mizners Vision war die Luxusherberge Clois-

ter Inn im spanischen Stil, die 1926 fertig wurde. Das Hotel am östlichen Ende der geplanten Hauptstraße, des Camino Real, gehört jetzt zum exklusiven Boca Raton Resort and Club, den Besucher nur bei einer Tour besichtigen können, die die Historische Gesellschaft in Boca Raton wöchentlich veranstaltet. Sie hat ihren Sitz in der Town Hall an der Palmetto Park Road, in der eine kleine Ausstellung die Geschichte der Stadt dokumentiert.

Gegenüber liegt der im Stil Mizners gestaltete Mizner Park, die vielleicht imposanteste, dem Lebensstil Bocas am ehesten entsprechende Shopping Mall der Stadt.

## ②  Lynn University Conservatory of Music

3601 N Military Trail
+1-561-237-9000
lynn.edu/music

Am Konservatorium für Musik der Lynn-Universität

---

**TOP 3** **Küstenabschnitte**

**Spanish River Park**
Der attraktive Strand hat angenehmen schattige Picknickplätze. Der schönste Platz ist eine Lagune am Intracoastal Waterway.

**Red Reef Park**
Bummeln Sie auf der Promenade oder über die Dünen, und schnorcheln Sie an einem vorgelagerten künstlichen Riff.

**Deerfield Beach**
Dank seiner Anlegestelle und des feinen Sands ist Deerfield Beach der einladendste Strand der Gegend.

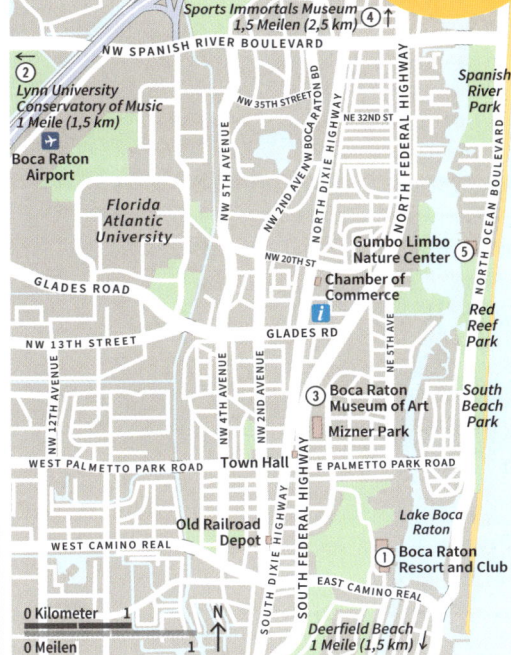

Sports Immortals Museum
1,5 Meilen (2,5 km) ④ ↑

NW SPANISH RIVER BOULEVARD

②
Lynn University
Conservatory of Music
1 Meile (1,5 km)

Boca Raton
Airport

Florida
Atlantic
University

GLADES ROAD

NW 13TH STREET

WEST PALMETTO PARK ROAD    Town Hall

Old Railroad
Depot

WEST CAMINO REAL

EAST CAMINO REAL

Spanish
River
Park

NE 32ND ST

Gumbo Limbo
Nature Center ⑤

Chamber of
Commerce

Red
Reef
Park

GLADES RD

③ Boca Raton
Museum of Art

Mizner Park

E PALMETTO PARK ROAD

South
Beach
Park

Lake Boca
Raton

① Boca Raton
Resort and Club

Deerfield Beach
1 Meile (1,5 km) ↓

0 Kilometer    1
0 Meilen        1    N ↑

---

wird nur eine streng ausgewählte Anzahl von Musikstudenten aus der ganzen Welt zugelassen. Sie erhalten hier eine erstklassige Ausbildung als Solisten, Kammer- und Orchestermusiker und werden später meist weltberühmt.

Das Konservatorium zieht mit seinen renommierten Studenten-, Fakultäts- und Gastauftritten jedes Jahr Tausende von Musikliebhabern an.

③

## Boca Raton Museum of Art

🏠 501 Plaza Real, Mizner Park 📞 +1-561-392-2500
🕐 Mi – So 🚫 Feiertage
🌐 bocamuseum.org

Das Museum hat eine spektakuläre Lage in Boca Ratons Mizner Park. Es zeigt Ausstellungen von Weltniveau sowie eine eindrucksvolle Sammlung zeitgenössischer Kunst.

④

## Sports Immortals Museum

🏠 6830 N Federal Hwy
🕐 Mo – Fr 10 –18, Sa,
So 11 –17 🚫 1. Jan, 25. Dez
🌐 sportsimmortals.com

Dieses renommierte Museum ist ein Muss für Sportfans, es präsentiert die weltweit größte und vielfältigste Sammlung sportlicher Erinnerungsstücke. Zu den rund 10 000 Exponaten zählen Babe Ruths Baseballschläger und Boxmäntel von Muhammad Ali. Teuerstes Stück ist ein Zigarettenbild im Wert von einer Million Dollar: Es wurde zurückgezogen, da der abgebildete Baseballspieler jegliche Verbindung zum Tabak von sich wies.

⑤

## Gumbo Limbo Nature Center

🏠 1801 North Ocean Blvd
🕐 Mo – Sa 9 –16, So
12 –16 🌐 gumbolimbo.org

Dieses erstklassige, informative Zentrum befindet sich neben dem Intracoastal Waterway im Red Reef Park. Besucher haben die Wahl zwischen mehreren Wanderwegen. Ein Naturpfad windet sich durch Mangrovenwälder und einen tropischen Hammock zu einem Turm, der einen tollen Ausblick bietet.

Ein weiteres Highlight ist das Programm zur Rehabilitation von Meeresschildkröten. Es konzentriert sich auf die Rettung von kranken oder verletzten Schildkröten in einem Umkreis von acht Kilometern.

Weitere Attraktionen für Tierfreunde sind ein Schmetterlingsgarten und ein Aquarium mit Tausenden von tropischen Fischen.

↑ Ausstellung mit Bildern von Andy Warhol im Boca Raton Museum of Art

**3**

# Fort Lauderdale

 G5  180 000    101 NE Third Avenue, Suite 100 (+1-954-765-4466) Winterfest Boat Parade (Dez) fortlauderdale.gov

Fort Lauderdale bestand im Zweiten Seminolenkrieg *(siehe S. 45)* aus kaum mehr als drei Forts. 1900 war es ein Handelsplatz am New River, der sich durch die jetzige Metropole windet. Heute ist Greater Fort Lauderdale Wirtschafts- und Kulturzentrum, beliebter Ferienort und riesiger Yachthafen. Den Charakter prägen immer noch die vielen Wasserwege.

**①**

## Fort Lauderdale History Center

219 SW 2nd Ave +1-964-463-4431 Mo – Fr 12 –16, Sa, So 9:30 –16 1. Jan, 4. Juli, 25. Dez historyfortlauderdale.org

Das 1905 aus Beton errichtete New River Inn in Old Fort Lauderdale beherbergt ein Museum, das die Geschichte der Region und das Wachstum der Stadt bis in die 1940er Jahre beschreibt. Ein Kino zeigt Stummfilme, die in der Blütezeit (1920er Jahre) der Filmindustrie in Süd-Florida entstanden.

**②**

## NSU Museum of Art

1 E Las Olas Blvd +1-964-525-5500 Di – So 11 –18 Feiertage nsuartmuseum.org

Das Museum hat seinen Sitz in einem imposanten postmodernen Gebäude. Es besitzt eine große CoBrA-Sammlung. »CoBrA« leitet sich von den Anfangsbuchstaben von Kopenhagen, Brüssel und Amsterdam ab, den Hauptstädten der Heimatländer einer Gruppe von Expressionisten. Zu sehen sind Werke von Künstlern wie Karel Appel, Pierre Ale-chinsky und Asger Jorn, den führenden Repräsentanten der Bewegung. Der neue William-Glackens-Flügel enthält Werke dieses amerikanischen Impressionisten.

**③**

## Museum of Discovery and Science

401 SW 2nd St +1-964-467-6637 Mo – Sa 10 –17, So 12 –17 mods.org

Dies ist eines der größten und besten naturwissenschaftlichen Museen in ganz Florida. Alle möglichen Tiere, darunter Alligatoren, Schildkröten oder Ottern, leben in rekonstruierten »Ökoräumen«. Im EcoDiscovery Center gibt es viele interaktive Exponate zum Ausprobieren. Das IMAX® Theater des Museums präsentiert Filme auf 18 Meter hohen Leinwänden.

### Schon gewusst?

Die Flugzeuge, die den Mythos des Bermuda-Dreiecks auslösten, starteten 1945 in dieser Stadt.

←

*Blick auf die Skyline und über einige Wasserwege von Fort Lauderdale*

## Stranahan House

🏠 335 SE 6th Ave
📞 +1-954-524-4736
🕐 nur zu Führungen (tägl. 13, 14, 15) 🚫 Feiertage
🌐 stranahanhouse.org

Das hübsche, vom Pionier Frank Stranahan 1901 aus Pinien- und Eichenholz errichtete Gebäude ist das älteste der Stadt. Das Haus wurde im Lauf der Zeit für verschiedene Zwecke genutzt. Als Handelsposten, Versammlungsraum, Post und Bank war es das Zentrum von Fort Lauderdale. Mobiliar und Fotografien, die Stranahan beim Handel mit den einheimischen Seminolen zeigen, lassen die Vergangenheit aufleben. Die Seminolen schafften Waren wie Alligatorhäute, Otterpelze und Reiherfedern, die damals sehr modern und begehrt waren, von den nahe gelegenen Everglades in ihren Einbaumkanus hierher.

⑤ 🍴 💻 🛍️

## Las Olas Boulevard

Der Abschnitt des Las Olas Boulevard zwischen 6th und 11th Avenue ist trotz des starken Verkehrs die hübscheste und geschäftigste Straße von Fort Lauderdale. Hier hat sich eine Mischung aus konventionellen, trendigen sowie eleganten Boutiquen und Lokalen angesiedelt. In den Läden findet man alles, vom Pelz bis zu Haiti-Kunst. Abends ist in den Bars und Restaurants viel los.

Auf dem Weg zum Strand führt der Boulevard über einige Inseln, die einen sehr guten Einblick in das luxuriösere Fort Lauderdale erlauben.

**TOP 3**

## Transport zu Wasser

### Jungle Queen Riverboat

Eine dreistündige Tour an Bord des nostalgischen Dampfers auf dem New River beinhaltet auch die Fahrt zu einer tropischen Insel.

### Carrie B Riverboat

Eine 90-minütige Fahrt mit einem Dampfer startet am Riverwalk und durchquert den Hafen.

### Wassertaxis

Wassertaxis, vergleichbar mit Sammeltaxis an Land, fahren den New River nach Downtown und Richtung Norden zum Oakland Park Boulevard entlang.

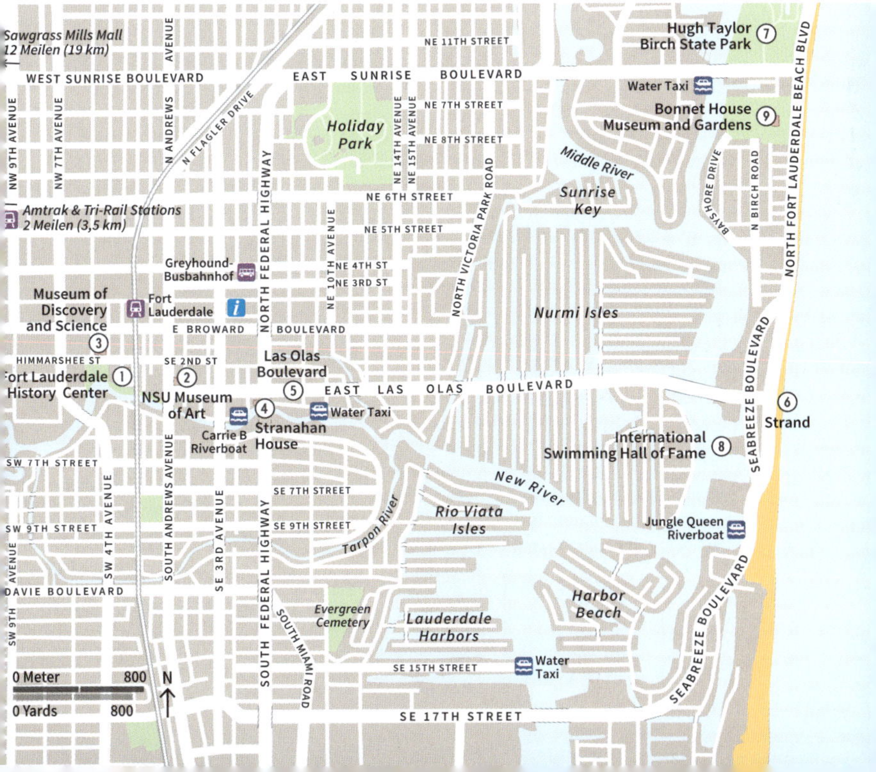

*Am Strand und an der Promenade spenden Palmen ein wenig Schatten*

ausgerichtet. Im Hugh Taylor Birch State Park kann man in einer Lagune gemütlich Kanu fahren, South Beach Parkl verfügt über einen schönen Sandstreifen mit Basketball- und Volleyball-feldern.

Neben vielfältigen sportlichen Aktivitäten gibt es in der Gegend zahlreiche weitere Attraktionen – auch wer Shopping liebt, kommt hier auf seine Kosten. Der **Swap Shop of Fort Lauderdale**, eine amerikanische Version eines orientalischen Basars, bietet auf 30 Hektar Schmuck, Sonnenbrillen und viele weitere Accessoires zu günstigen Preisen und ist somit ein Paradies für Schnäppchen-jäger. Viele der alljährlich rund zwölf Millionen Besucher kommen wegen der von den Gärtnereien angebotenen Zimmer-, Balkon- und Gartenpflanzen. Abends wird der Parkplatz zu einem riesigen Autokino.

**Swap Shop of Fort Lauderdale**
 🏠 3291 W Sunrise Blvd 📞 +1-954-791-7927 🕐 Mo–Mi, Fr 9–17, Do 8–17, Sa, So 7:30–17:30

## ⑥ Strand

Tausende von Studenten kamen alljährlich in den Frühjahrsferien nach Fort Lauderdale, bis die Behörden sie Mitte der 1980er Jahre vergraulten. Inzwischen hat die Stadt wieder ein besseres Image. Der ausgezeichnete Strand ist immer noch der meistbesuchte entlang der Gold Coast. Besonders stark frequentiert wird der Abschnitt am hinteren Teil des Las Olas Boulevard, wo Inlineskater entlang-fahren. Ansonsten ist Fort Lauderdale eher auf Familien

## ⑦  Hugh Taylor Birch State Park

🏠 3109 E Sunrise Blvd 📞 +1-954-564-4521 🕐 tägl. 8 bis Sonnenuntergang

Der Chicagoer Anwalt Hugh Taylor Birch kaufte 1894 auf einer fünf Kilometer langen Barriere-Insel das 70 Hektar große Grundstück.

Besucher können auf der Lagune Kanu fahren, einem Plankenweg folgen oder auf einem malerischen Rundweg laufen.

---

### Überblick: Downtown Fort Lauderdale

Downtown Fort Lauderdale ist mit seinen modernen, schlanken Bürohochhäusern das Geschäftszentrum der Stadt. Der Riverwalk am Nordufer des New River verbindet die meisten historischen Wahrzeichen und kulturellen Einrichtungen. Er beginnt beim Stranahan House (*siehe S. 121*), das an der Stelle des ersten Handelspostens der Stadt entstand, und führt durch eine Parkland-schaft zum Broward Center for the Performing Arts.

In Old Fort Lauderdale an der Southwest 2nd Avenue werden eine Reihe hübscher Gebäude aus dem frühen 20. Jahrhundert von der Historical Society verwaltet, deren Sitz das Fort Lauderdale History Center ist. Das 1907 am Südufer des Flusses errichtete King-Cromartie House wurde 1971 mit einem Lastkahn zum jetzigen Standort transportiert. Die Einrichtung verdeutlicht das einfache Leben der ersten Siedler. Hinter dem Haus steht eine Rekonstruktion der ersten Schule der Stadt (1899).

Im tropischen Garten wuchs früher die Hauben(»Bonnet«)-Wasserlilie – daher stammt der Name der Anlage. Heute gedeiht hier eine riesige Orchideensammlung.

## International Swimming Hall of Fame

🏠 1 Hall of Fame Dr
📞 +1-954-462-6536
🕐 Mo – Fr 9 –17, Sa 9 –14
🌐 ishof.org/museum

Das thematische Spektrum des Museums reicht von der Geschichte des Wassersports in Oman bis zur Entwicklung der Tauchpositionen. Die amüsanten Exponate reichen von alten wollenen Badeanzügen bis zu lustigen Puppen von Stars wie Johnny »Tarzan« Weissmuller, der 57 Schwimmweltrekorde aufstellte.

## Bonnet House Museum and Gardens

🏠 900 N Birch Rd
📞 +1-954-563-5393
🕐 Di – So 11 –16  🚫 Feiertage
🌐 bonnethouse.org

Das etwas eigenartig eingerichtete Haus am Meer ist vermutliche das interessanteste Gebäude von Old Fort Lauderdale.

*Terrasse des Bonnet House; von Wasserlilien bedeckter Teich (Detail)*
↓

## Highlight

# Shopping

**Sawgrass Mills Mall**
In Floridas zweitgrößter Shopping Mall mit über 300 Geschäften kann man den ganzen Tag verbringen. In den Colonnade Outlets bekommt man in 70 Boutiquen Designermode zu günstigen Preisen.

🏠 12801 W Sunrise Blvd  🌐 simon.com/mall/sawgrass-mills

Der Künstler Frederic Bartlett errichtete die plantagenartige Winterresidenz 1920. Beispiele seiner Arbeit sind überall zu sehen. Im tropischen Garten wuchs früher die Hauben (»Bonnet«)-Wasserlilie – daher stammt der Name der Anlage. Heute gedeiht hier eine riesige Orchideensammlung.

# SEHENSWÜRDIGKEITEN

**4**

## Sebastian Inlet

🅰 G4 🚌 Sebastian
ℹ 700 Main St, Sebastian
(+1-772-589-5969)
🆆 sitd.us

Bei Sebastian Inlet vermischt sich der Atlantik mit dem Brackwasser des Indian River am Intracoastal Waterway, einem Teil des **Sebastian Inlet State Park**, der mit seinen fünf Kilometer langen Stränden zu Floridas beliebtesten Nationalparks gehört.

Eine ruhige Bucht an der Nordspitze der Halbinsel eignet sich zum Schwimmen, denn hier fehlen die Wellen, die den südlichen Küstenabschnitt (auf Orchid Island) zu den besten Surfstränden der Ostküste Floridas machen. An Wochenenden finden hier oft Wettkämpfe statt. Der Park ist für seine reichen Fischgründe bekannt, in der Mündung der Halbinsel wimmelt es von Fischerbooten. Angler gehen auch zu den beiden in den Atlantik reichenden Hafendämmen und zum klaren Indian River.

## Schon gewusst?

In den Gewässern rund um den Sebastian Inlet State Park leben zahlreiche Tümmler.

An der Südspitze des Parks erzählt das **McLarty Treasure Museum** die Geschichte des Untergangs einer spanischen Schatzflotte. Am 1. Juli 1715 strandeten elf Galeonen bei Orkan auf den Riffen vor der seichten Küste zwischen Sebastian Inlet und Fort Pierce. Sie waren auf dem Rückweg von Havanna nach Spanien und fuhren, beladen mit Beute aus den Kolonien, auf dem warmen Golfstrom. Ein Drittel der 2100 Seefahrer starb. Die Überlebenden errichteten an dem Standort des McLarty Treasure Museum ein Lager.

Mithilfe der ansässigen Ais-Indianer retteten sie gleich danach etwa 80 Prozent der Ladung. Bis zur Wiederentdeckung eines der Wracks 1928 lag die Flotte hier unbehelligt. Seit erneuter Bergung zu Beginn der 1960er Jahre wurden wertvolle Schätze gehoben. Zu den Objekten gehören Gold- und Silbermünzen, Ringe, Knöpfe und Besteck.

**Sebastian Inlet State Park**
♿ 🅰 9700 S Hwy A1A, Melbourne Beach 🕐 tägl.
🆆 floridastateparks.com

**McLarty Treasure Museum**
♿ 🅰 13180 N Hwy A1A
📞 +1-772-589-2147
🕐 tägl. 10–16

**5** 

## Mel Fisher's Treasure Museum

🅰 G4 🅰 1322 US Hwy 1, Sebastian 📞 +1-772-589-9875 🚌 Sebastian
🕐 Mo–Sa 10–17, So 12–17
🚫 1. Jan, Ostern, Sep, Thanksgiving, 25. Dez
🆆 melfisher.com/Sebastian

Das Museum zeigt die Verwirklichung des amerikani-

→
*Der Anglerpier im Sebastian Inlet State Park ragt in den Atlantik hinaus*

↑ *Fassade des National Navy UDT-SEAL Museum nördlich von Fort Pierce*

## Zitrusindustrie am Indian River

Die Spanier brachten im 16. Jahrhundert Zitrusfrüchte nach Florida. Die Bedingungen dort waren ideal, vor allem am Indian River zwischen Daytona und West Palm Beach. Hier werden rund ein Drittel der Zitronenernte Floridas und 75 Prozent der Grapefruiternte produziert. Aus den Orangen wird meist Saft gewonnen. Wegen des warmen Klimas, des guten Bodens und des Regens sind die Orangen besonders süß und saftig.

schen Traums. Mel Fisher, der »größte Schatzsucher aller Zeiten«, starb 1998, sein Team aus Schatzsuchern (»Golden Crew«) arbeitet noch immer.

Gezeigt werden Schätze aus Wracks, u. a. eine Flotte von 1715 und aus der *Atocha*. Es gibt Juwelen, einen Goldbarren und Alltagsgegenstände zu sehen. Im Bounty Room kann man spanische *reales* und Kopien von alten Schmuckstücken kaufen. Auch das Mel Fisher Maritime Museum *(siehe S. 300)* in Key West lohnt einen Besuch.

**❻**
## Fort Pierce
🅰 G4 🗺 42 000 ✈ 🚌
ℹ **2300 Virginia Ave**
**(+1-772-462-1535)**
🌐 **cityoffortpierce.com**

Hauptattraktion der Stadt sind die vorgelagerten Inseln, die man über zwei den Intracoastal Waterway überspannende Brücken erreicht.

Der North Beach Causeway führt nach North Hutchinson Island, an dessen Südspitze der **Fort Pierce Inlet State Park** liegt. Nördlich hiervon steht das **National Navy UDT-SEAL Museum**. 1943–46 trainierten hier 3000 Froschmänner der Underwater Demolition Teams der US-Marine. In den 1960er Jahren wurde die als SEALs (Sea, Air, Land) bekannte Elite-Kampftruppe ausgebildet. Das Museum erläutert die Rolle der Froschmänner im Zweiten Weltkrieg, im Koreakrieg, im Vietnamkrieg und heute.

Auf der Halbinsel Jack Island leben in einem Reservat viele Vögel. Hier steht auch ein Aussichtsturm. Auf dem südlichen Damm, der Fort Pierce mit Hutchinson Island verbindet, zeigt das **St. Lucie County Historical Museum** interessante Funde aus den Wracks von 1715

sowie Nachbildungen eines Seminolenlagers und eines alten Ladens. Das benachbarte, 1907 erbaute »Cracker«-Haus *(siehe S. 32)* wurde 1985 hertransportiert.

Wieder an Land können Fans der amerikanischen Autorin auf dem **Zora Neale Hurston Dust Tracks Heritage Trail** pilgern.

**Fort Pierce Inlet State Park**
♿♿ 🏠 **905 Shorewinds Dr, N Hutchinson Island** 🕐 **tägl. 8 bis Sonnenuntergang** 🌐 **floridastateparks.org**

**National Navy UDT-SEAL Museum**
♿♿♿ 🏠 **3300 N Hwy A1A** 🕐 **Di–Sa 10–16, So 12–16** 🚫 **Feiertage** 🌐 **navysealmuseum.com**

**St. Lucie County Historical Museum**
♿♿ 🏠 **414 Seaway Dr** 🕐 **Di–Sa 10–16, So 12–16** 🚫 **Feiertage** 🌐 **stlucieco.gov**

**Zora Neale Hurston Dust Tracks Heritage Trail**
🏠 **Garden of Heavenly Rest Cemetery, Ecke Avenue S u. 17th St** 🌐 **stlucieco.gov/zora**

## ❼ West Palm Beach

Ⓐ G5 ⭒ 78 000 ✈ 🚉 🚌
ℹ 1555 Palm Beach Lakes
Blvd (+1-561-233-3000)
ⓦ palmbeachfl.com

Ende des 19. Jahrhunderts beschloss Henry Flagler *(siehe S. 114)*, die bescheidenen Häuser der Arbeiter und Dienstboten auf das Festland umzusiedeln. So entstand West Palm Beach, heute das Wirtschaftszentrum von Palm Beach County.

In Downtown ist vor allem in der Clematis Street und am Lake Worth immer viel los. Dort gibt es das ganze Jahr über Veranstaltungen. Auch Northwood Village lohnt einen Besuch, hier findet man u. a. Restaurants, Antiquitätenläden und Boutiquen.

Das **South Florida Science Center and Aquarium** spricht vor allem Kinder an. Es gibt interaktive Exponate, um Besuchern Themen wie Licht, Ton, Farbe und Wetter nahezubringen. Sie können selbst Wolken erschaffen und sogar einen Mini-Tornado spüren.

Das **Norton Museum of Art** wurde 1941 gegründet, mit etwa 100 Bildern aus dem Besitz des Stahlmagnaten Ralph Norton, der sich zwei Jahre zuvor in West Palm Beach niedergelassen hatte.

Vertreten sind französische Impressionisten und Post-Impressionisten, darunter Cézanne, Picasso, Braque, Matisse und Gauguin, dessen ergreifendes Bild *Christus am Ölberg* das berühmteste Gemälde des Museums ist. Ein weiteres beachtliches Werk aus Nortons beeindruckender Sammlung des 20. Jahrhunderts ist *Night Mist* (1945) von Jackson Pollock. Daneben sieht man auch Werke von Winslow Homer, Georgia O'Keeffe, Edward Hopper und Andy Warhol.

Ein weiterer Schwerpunkt sind Artefakte aus China, darunter Keramikfiguren von Tieren und Höflingen aus der Tang-Dynastie (4.–11. Jh.). Zudem sind moderne Skulpturen von Brancusi, Degas und Rodin zu bewundern.

Von den etwa 100 Tierarten im **Palm Beach Zoo at Dreher Park** beeindrucken vor allem Florida-Panther und Riesenschildkröten, die bis 200 Jahre alt werden können. In einer rekonstruierten südamerikanischen Pampa grasen Lamas, Nandus und Tapire. Man kann einem Plankenweg durch Buschwerk folgen oder auf einem See voller Pelikane fahren.

Bootsfahrten und Angeln sind beliebte Aktivitäten. In Palm Beach Shores kann man Sportfischerboote mieten, außerdem werden Bootsfahrten auf den Wasserwegen angeboten.

Im **John D. MacArthur Beach State Park** an der Nordspitze von Singer Island schlängelt sich eine Brücke über eine Bucht des Lake Worth zu einem hübschen Strand. Im Sommer hat man bei Nachtführungen die Gelegenheit, Meeresschildkröten zu beobachten.

*Norton Museum of Art: Fassade und Saal mit zeitgenössischen Skulpturen* (Detail) ↓

↑ *Von subtropischen Pflanzen gesäumter Plankenweg auf Singer Island*

Eine Alternative bietet die Shopping Mall The Gardens drei Kilometer landeinwärts in Palm Beach Gardens. Gehwege und Glasaufzüge verbinden die etwa 200 Läden.

### South Florida Science Center and Aquarium

⊗⊛ 🏠 4801 Dreher Trail N
🕐 Mo – Fr 9 –17, Sa, So 10 –18
🚫 Thanksgiving, 25. Dez
🌐 sfsciencecenter.org

### Norton Museum of Art

⊗⊗⊗⊕⊗⊛ 🏠 1451 South Olive Ave 🕐 Di – Sa 10 –17 (Do bis 21), So 11 –17
🚫 Feiertage 🌐 norton.org

### Palm Beach Zoo at Dreher Park

⊗⊝⊕⊛ 🏠 1301 Summit Blvd 🕐 tägl. 9 –17
🚫 Thanksgiving, 25. Dez
🌐 palmbeachzoo.org

### John D. MacArthur Beach State Park

⊗⊕⊛ 🏠 A1A, 2 Meilen (3 km) nördl. von Riviera Bridge 🕐 tägl. 8 –17
🌐 macarthurbeach.org

### ❽ Lake Worth

🅰 G5 ⬜ 🛈 501 Lake Ave (+1-561-582-4401)
🌐 cpbchamber.com

Lake Worth ist ein Ferienort mit öffentlichem Strand. Die Gemeinde hat viel getan, um das Flair des alten Florida zu erhalten und übermäßige Neubebauung zu begrenzen. Hier prägen etwa ein Dutzend Antiquitätenläden an Lake und Lucerne Avenue, dem Zentrum der Innenstadt, das Bild. Ein ehemaliges Artdéco-Kino ist nun ein Ort für Kunstausstellungen. Zudem findet man Kunstgalerien, Clubs mit Livemusik, ein Amphitheater, Parks, Restaurants und Cafés.

## Hotels

### The Colony Hotel

Hotel im Kolonialstil mit Pool in der Form von Florida.

🅰 G5 🏠 155 Hammon Ave, Palm Beach
🌐 thecolony palmbeach.com
$$$

### The Brazilian Court Hotel

Suiten mit Whirlpool und Innenhof.

🅰 G5 🏠 301 Australian Ave, Palm Beach
🌐 thebraziliancourt. com
$$$

### The Chesterfield Palm Beach

Eines der besten Hotels der Stadt. Genießen Sie zum Essen Livemusik.

🅰 G5 🏠 363 Cocoanut Row, Palm Beach
🌐 chesterfieldpb.com
$$$

↑ *Fischer auf dem wegen seiner Größe auch »Big O« genannten Lake Okeechobee*

## ❾ Lake Okeechobee

 F5  Palm Trans Bus nach Pahokee  115 E Main St, Pahokee (+1-561-924-5579)
 okeechobee.uslakes.info

Der Okeechobee, das »Große Wasser« in der Sprache der Seminolen, ist der zweitgrößte Süßwassersee der USA. Der auch als »Big O« bekannte See ist vor allem für seinen beachtlichen Fischreichtum berühmt.

**Roland Martin Marina** und andere Marinas verleihen Boote, Führer, Angelausrüstung und Picknickzubehör. Mit drei Yachthäfen und einigen Hotels versorgt Clewiston Besucher am besten.

Für Nicht-Angler hingegen ist der See weniger interessant. Das Ufer bietet zwar eine große Vogelvielfalt, doch schon wegen seiner Größe ist der See nicht sehr malerisch und außerdem aufgrund eines Damms, der das Land vor Überflutungen schützt, von der Straße aus nicht zu sehen. Von Pahokee ist das Gewässer gut zu erreichen. Hier kann man die schönsten Sonnenuntergänge sehen und eine mehr-

## Schon gewusst?

Der Lake Okeechobee hat eine Fläche von 1942 Quadratkilometern.

stündige Bootstour mit Captain JP Boat Cruises unternehmen.

Das Wohlergehen der eher düsteren Arbeiterorte am Südufer hängt vom Zucker ab. Die Hälfte des Zuckerrohrs in den Vereinigten Staaten wird in den Ebenen um Belle Glade und Clewiston (»die süßeste Stadt Amerikas«) angebaut, wo der nährstoffreiche Boden dunkler als Schokolade ist.

Frühere Pläne der Regierung, die Zuckerrohrfelder südlich des Lake Okeechobee zu kaufen und wieder in Sumpfland zu verwandeln, damit die Everglades sauberes Wasser erhalten, wurden verworfen.

**Roland Martin Marina**
 920 E Del Monte Ave, Clewiston  tägl. 5:30–17
 rolandmartinmarina.com

## ❿ Delray Beach

 G5  50 000  
 2 South Ocean Blvd (+1-561-278-0424)
 delraybeachfl.gov

Das durchaus noble, jedoch erfreulicherweise nicht versnobte Delray Beach ist der urlauberfreundlichste Ort zwischen Palm Beach und Boca Raton.

An vielen Stellen weisen Nationalflaggen auf die Auszeichnung für besondere Bürgernähe hin. Der lange, sehr ruhige Strandabschnitt mit direktem Zugang ist hervorragend und eignet sich für einen Tagesausflug. Von November bis April bietet **Delray Yacht Cruises** jeden Tag Ruderbootfahrten auf dem Intracoastal Waterway an. Auch die Agentur Drift Fishing Boats organisiert Fahrten.

Delrays Zentrum ist die palmengesäumte Atlantic Avenue mit Cafés, Antiquitätenläden und Galerien, die Laternen abends in sanftes Licht tauchen. Am Old School Square stehen einige hübsche Gebäude aus den 1920er Jahren. Das **Cason Cottage** in der Nähe wurde getreu seinem Aussehen von 1915 restauriert.

Das **Morikami Museum and Japanese Gardens** ist das einzige Museum in den USA, das sich ausschließlich japanischer Kultur widmet. Es befindet sich auf einem Grundstück, das der Farmer George Morikami zur Verfügung stellte, einer der japanischen Pioniere, die 1905 die Yamato-Kolonie (bezeichnet nach dem Ur-Japan) an der Nordspitze von Boca Raton *(siehe S. 118f)* gründeten. Mit dem Geld eines Bauunternehmens von Henry Flagler *(siehe S. 114)* wollten sie Reis, Tee und Seide anbauen. Das Projekt wurde nicht realisiert, und die Kolonie verschwand.

Die Yamato-kan-Villa auf einer kleinen Insel in einem See erzählt die Geschichte der Siedler und der japanischen Kultur anhand von Nachbildungen eines Badezimmers, eines japanischen Schüler-Schlafzimmers und Restaurants inmitten sechs historischer Gärten und Kiefernwälder.

In einem Gebäude auf der anderen Seeseite sind Ausstellungen über Japan, ein Café mit japanischer Küche und ein traditionelles Teehaus, in dem einmal im Monat klassische Teezeremonien abgehalten werden, untergebracht. Das Museum organisiert Veranstaltungen – von Handwerks- und Kochworkshops bis zu Filmreihen und Vorträgen. Highlights sind jedoch die authentischen Festivals wie etwa Hinamatsuri.

**Delray Yacht Cruises**
🏠 801 East Atlantic Ave
🌐 delraybeachcruises.com

**Cason Cottage**
Ⓢ Ⓢ Ⓢ Ⓑ 🏠 5 NE 1st St
Ⓒ nur zu Führungen
(Nov – Apr: Do – Sa 11 –15)
🌐 delraybeachhistory.org/cason_cottage

**Morikami Museum and Japanese Gardens**
Ⓢ Ⓔ Ⓑ 🏠 4000 Morikami Park Rd 📞 +1-561-495-0233 Ⓒ Di – So 10 –17 🗓 Feiertage 🌐 morikami.org

↑ *Schmetterlinge in der Butterfly World*

**⑪** ⊗
## Butterfly World
🄰 G5 🏠 3600 W Sample Rd, Coconut Creek 🚉 Deerfield Beach (Amtrak u. Tri-Rail) 🚌 Pompano Beach Ⓒ Mo – Sa 9 –17, So 11 –17 🗓 Ostern, Thanksgiving, 25. Dez 🌐 butterflyworld.com

In riesigen, begehbaren Volieren voll tropischer Blumen schwirren Tausende von Schmetterlingen aus der ganzen Welt umher.

Da Schmetterlinge Sonnenenergie tanken, sind sie an warmen, sonnigen Tagen besonders aktiv. Entsprechend sollten Sie Ihren Besuch planen.

Es werden aber auch zahlreiche verpuppte Raupen und Insekten in Schaukästen ausgestellt, darunter etwa die bemerkenswerten Morphofalter mit ihren metallisch blauen Flügeln sowie Käfer und Grashüpfer von der Größe einer Erwachsenenhand. Draußen kann man in den Gärten spazieren gehen.

←
*Morikami Museum and Japanese Gardens: Blick über die Außenanlagen*

**12** **Stuart**

🅰 G4 🗺 17 000 ℹ 101 SW Flagler Ave, Stuart, Martin County (+1-772-287-1088) 🌐 discovermartin.com

Von Hutchinson Island führt ein Damm über den insel-reichen Indian River zum Hauptort von Martin County. Die Stadt inmitten luxuriöser Küstenorte und Golfanlagen hat ein bezaubernd saniertes Stadtzentrum, das die ver-kehrsreichen Küstenstraßen umfahren. Entlang Flagler Avenue und Osceola Street südlich der Roosevelt Bridge gibt es einen kurzen Prome-nadenweg, eine Reihe hüb-scher Backstein- und Stuck-gebäude aus den 1920er Jahren und zahlreiche Kunst-galerien. Am Abend dringt Livemusik aus den gut be-suchten und stilvoll dekorier-ten Restaurants und Bars.

*Das Jupiter Inlet Light-house ragt aus einem Wäldchen auf* ↑

**13** **Jupiter**

🅰 G5 🗺 58 000 ℹ 800 N US Hwy 1, Palm Beach County (+1-561-694-2300) 🌐 jupiter.fl.us

Die Kleinstadt ist bekannt für ihre Strände und das Früh-jahrstraining der Miami Mar-

lins und St. Louis Cardinals. Der Strand des John D. Mac-Arthur State Park auf Singer Island zählt zu den schöns-ten Floridas *(siehe S. 126f).*

**Umgebung:** Auf der Südseite von Jupiter Inlet zieht die idyllische Jupiter Beach Park Angler und Pelikane an und bietet als Attraktionen einen wunderschönen, schokola-denfarbenen beaufsichtigten Sandstrand, Picknickareale, Spielplätze, Ruheräume, eine Mole für Angler und Blick auf das **Jupiter Inlet Lighthouse** (1860). Wer in diesem ältesten Leuchtturm des Bezirks hinaufsteigt, wird mit einer grandiosen Aussicht belohnt.

Am Fuß des Turms, in einem alten Ölhaus, ist ein Museum untergebracht: Das 1896 eröffnete Dubois House Museum ist für Besucher sonntags geöffnet. Führun-gen sind gratis.

In der Nähe liegt der **Carlin Park**. Auf Spielfeldern, Ten-nisplätzen, in Picknickberei-chen, einer Snackbar und an einem beaufsichtigten Strand ist immer viel los.

**Jupiter Inlet Lighthouse**
◈ 🏠 500 Captain Armour's Way 🕐 Di – So 10 – 17 🔒 Feiertage 🌐 jupiterlighthouse.org

**Carlin Park**
🏠 400 South State Rd A1A ☎ +1-561-966-6600 🕐 tägl. 7 – 19:30 (der Strand ist von 9 – 17:20 Uhr bewacht)

**14** **Hutchinson Island**

🅰 G4 🗺 5000 ℹ 1900 Ricou Jensen Beach (+1-772-334-3444) 🌐 jensenbeach.biz

Die 32 Kilometer lange Insel besticht durch ihre atem-beraubenden Strände. Im

**Floridas Meeres-schildkröten**

Von Mai bis September kriechen die Weibchen nachts auf den Strand und legen Eier in den Sand. Zwei Monate spä-ter schlüpfen die Jung-tiere und laufen nachts zum Meer. Die Schildkrö-ten sind auch bedroht, weil die Jungen wegen der Gebäudelichter die Orientierung verlieren.

Auskünfte erhalten Sie bei der örtlichen Cham-ber of Commerce, z. B. in Juno Beach.

→

*Die langen Strände von Jupiter Island sind auch bei Familien sehr beliebt*

in dem pittoresken Holzhaus zeigen, wie schwer es die ersten Rettungsleute hatten.

Draußen ist die Kopie eines bei Rettungsaktionen eingesetzten »Surfbootes« (1840) zu sehen. Gegenüber liegt der Bathtub Beach. Ein vorgelagertes Sandsteinriff schafft hier ein natürliches Becken.

### Elliott Museum
⊛ ⓰ 🏠 825 NE Ocean Blvd
📞 +1-772-225-1961 🕐 tägl. 10–17 🚫 1. Jan, Ostern, 4. Juli, Thanksgiving, 25. Dez

### Gilbert's Bar House of Refuge Museum
⊛ ⓰ 🏠 301 SE MacArthur Blvd 📞 +1-772-225-1875
🕐 Mo – Sa 10 –16, So 13 –16
🚫 1. Jan, Ostern, 4. Juli, Thanksgiving, 25. Dez

### ⑮ Jupiter Island
🅰 G5 🖼 600 🛈 800 N US Hwy 1, Martin County (+1-772-546-4724)
🌐 townofjupiterisland.com

Die lange, schmale Insel ist eine Wohnsiedlung für Wohlhabende mit Stränden.

Im **Hobe Sound National Wildlife Refuge** locken ein fünf Kilometer langer Strand, Mangroven und Dünen. Die andere Hälfte des Reservats, ein mit Sandkiefern bestan-

Süden strömen Sonnenanbeter zum Sea Turtle Beach und zum benachbarten Jensen Beach Park nahe der Kreuzung von 707 und A1A. Stuart Beach, am Damm über den Indian River nach Stuart, ist auch sehr beliebt.

In der Nähe dieses Strands präsentiert das im Jahr 1961 zu Ehren des Tüftlers Sterling Elliott errichtete **Elliott Museum** einige seiner seltsamen Erfindungen. Seit der Umgestaltung des Gebäudes vor einigen Jahren zeigt das Museum vielfältige Exponate aus den Bereichen Kunst, Geschichte und Technik.

1,5 Kilometer südlich steht das **Gilbert's Bar House of Refuge Museum** (1875), eine von zehn Rettungsstationen der Ostküste, die der Lifesaving Service (Vorgänger der amerikanischen Küstenwache) zur Bergung von Schiffbrüchigen errichtete. Die ausgesprochen spartanisch eingerichteten Räume

## Restaurant

**The Parisian**
Das Flair des authentisch französischen Bistros prägen lederbezogene Stühle und Accessoires aus Metall. Neben den Gerichten lässt auch die Weinkarte keine Wünsche offen.

🅰 G5 🏠 201 N, US Hwy 1, Jupiter
🌐 theparisian restaurant.com
$ $ $

dener Abschnitt am Intracoastal Waterway, ist ein Paradies für Vögel. An der Kreuzung US 1 und A1A gibt es ein Naturzentrum.

Das Blowing Rocks Preserve weiter südlich bietet einen Sandstrand. Bei heftigen Stürmen sprüht das Wasser durch Löcher in den Kalksteinsteilhängen gen Himmel – daher der Name.

### Hobe Sound National Wildlife Refuge
⊛ 🏠 13640 SE Federal Hwy
📞 +1-772-546-6141; Naturzentrum: +1-772-546-2067
🕐 Naturzentrum: Mo – Fr 9 –15

*Hutchinson Island – Insel mit schönen Stränden (siehe S. 130f)*

# Restaurants & Bars

**Le Tub Saloon**
Legendäre Biersorten und köstlicher Limettenkuchen in einer umgebauten Tankstelle.

🅰 G6 🏠 1100 N Ocean Dr, Hollywood
🌐 theletub.com
💲💲💲

**Jaxson's**
Gutes Mittagessen, Highlight ist aber die köstliche Eiscreme.

🅰 G5 🏠 128 S Federal Hwy, Dania Beach
🌐 jaxsonsicecream.com
💲💲💲

**Las Vegas Stirling - Hollywood**
Filiale einer lokalen Kette, die kubanische Spezialitäten anbietet.

🅰 G6 🏠 810 Stirling Rd, Hollywood 🌐 lasvegas cubancuisine.com
💲💲💲

---

**16**
# Hollywood
🅰 G6 🗺 150 000 🚉 🚌
ℹ 330 N Federal Hwy
(+1-954-923-4000)
🌐 hollywoodchamber.org

1920 kam der Kalifornier Joseph Young in den Süden Floridas, um dort eine Stadt zu bauen. Seine Vision wurde in Hollywood Wirklichkeit, und trotz großer Schäden durch einen Hurrikan 1926 ist Hollywood heute bei Urlaubern sehr beliebt – vor allem bei Frankokanadiern, die es im Winter hierherzieht, um der Kälte in der Heimat zu entfliehen.

Ein bedeutender kultureller Anziehungspunkt im historischen Kunstviertel um den Young Circle ist das **Art and Culture Center of Hollywood**, das für seine Ausstellungen sowie Theater-, Musik- und Tanzdarbietungen bekannt ist.

Versäumen Sie auf keinen Fall den Hollywood Beach Broadwalk, einen vier Kilometer langen Rad- und Wanderweg entlang dem Strand mit jeder Menge Livemusik und einigen familienfreundlichen Restaurants. Auch der Strand ist bei Familien beliebt.

Zum **Anne Kolb Nature Center** gehören ein fünfstö-

---

ckiger Aussichtspier, zwei Wanderwege, ein Amphitheater und ein Ausstellungssaal.

Der **Topeekeegee Yugnee Park** umfasst neben schattigen Picknickplätzen und Spielplätzen auch einen Wasserpark sowie Basketball-, Tennis- und Angelplätze.

**Art and Culture Center of Hollywood**
♿♿ 🏠 1650 Harrison St
🕐 Mo – Sa 10 –17, So 12 –16
🌐 artandculturecenter.org

**Anne Kolb Nature Center**
🏠 751 Sheridan St 🕐 tägl. 8 –18 🌐 broward.org/Parks

**Topeekeegee Yugnee Park**
🏠 3300 N Park Rd 🕐 tägl. 9 –17 🔒 Thanksgiving
🌐 broward.org

---

**17** ♿♿♿
# Flamingo Gardens
🅰 G5 🏠 3750 S Flamingo Rd, Davie 📞 +1-954-473-2955 🚉 🚌 Fort Lauderdale 🕐 tägl. 9:30 –17
🔒 Thanksgiving, 25. Dez
🌐 flamingogardens.org

Ursprünglich entstanden diese Gärten 1927 als Wochenendrefugium für die Wrays, eine Familie von

← Food-Truck am Hollywood Beach

Zitrusfarmern. Das Haus, eingerichtet im Stil der 1930er Jahre, lohnt einen Besuch, vor allem aber die ungewöhnlichen Gärten. Ein Aufenthalt hier ist ein ideales Kontrastprogramm zu einer Stadtbesichtigung.

Eine Tram fährt durch Zitronen-, Kumquat-, Eichen- und Banyanhaine. In den Gärten leben viele Vögel Floridas wie die seltenen Weißkopfseeadler und Flamingos. Enten-, Möwen-, Tauben- und Reiherarten, u. a. Rosalöffler, bewohnen eine begehbare Voliere, die in mehrere Lebensräume, z. B. Zypressenwald oder Mangrovensumpf, unterteilt ist. Nachmittags gibt es Wildlife Encounter Shows.

### Schon gewusst?

In den Flamingo Gardens leben 90 verschiedene Tierarten.

**18**
## Dania Beach
Ⓐ G5 ⛰ 15 000 🚗 🚌
ℹ 1500 SW 2nd Ave, Dania Beach (+1-954-926-2323)
Ⓦ daniabeachfl.gov

Dania geht nahtlos in das Ballungszentrum an der Küste über. Viele Menschen kommen nur hierher, um ein Jai-Alai-Spiel zu sehen. Die andere Hauptattraktion ist der **John U. Lloyd Beach State Park**. Im Süden lädt einer der schönsten piniengesäumten Strände der Gold Coast (3 km) zum Baden ein. Sie können mit Kanus den malerischen, mangrovengesäumten Fluss durch den Park entlangfahren. Der **Dania Beach Pier** wird Besucher ansprechen, die gern am Meer spazieren oder im Meer angeln. Der herrliche Blick auf die Küste vom Pier aus ist die kleine Eintrittsgebühr wert.

### John U. Lloyd Beach State Park
⊘ Ⓐ 6503 N Ocean Dr
📞 +1-954-923-2833 🕐 tägl.

### Dania Beach Pier
⊛ Ⓐ 300 N Beach Rd
🕐 tägl. 6 – 24
Ⓦ ci.dania-beach.fl.us

**19** (👜)
## Seminole Casinos
Ⓐ G6

Im Westen Hollywoods, an der Kreuzung von State Road 7/441 und Route 848/Stirling Road, liegt die Seminole Tribe of Florida Hollywood Reservation. Von der Legalisierung von Casinos profitiert das Reservat erheblich.

Das riesige, rund um die Uhr geöffnete **Seminole Classic Casino** bietet Poker, Bingo und andere Spiele. Hauptattraktion ist aber das **Seminole Hard Rock Hotel and Casino**. Das Ferienhotel hat ein riesiges Casino und einen tropischen Pool.

### Seminole Classic Casino
Ⓐ 4150 N State Rd 7
🕐 tägl. 24 Std. Ⓦ
seminoleclassiccasino.com

### Seminole Hard Rock Hotel and Casino
Ⓐ 1 Seminole Way
🕐 tägl. 24 Std. Ⓦ seminole
hardrockhollywood.com

← Flamingos an einem Teich in den nach ihnen benannten Flamingo Gardens

*Wanderweg im vogel-
reichen Loxahatchee
National Wildlife
Refuge; Falke* (Detail) ↑

**20** (symbols)
## Arthur R. Marshall Loxahatchee National Wildlife Refuge

**Ⓐ** G5 **🚊** Boynton Beach **🚌** Delray Beach **ℹ** 10216 Lee Rd, Boynton Beach (+1-561-732-3684) **🕐** tägl. 5–22 **🚫** Thanksgiving, 25. Dez **Ⓦ** fws.gov/loxahatchee

Das 572 Quadratkilometer große Reservat an der Nordspitze der Everglades zeichnet sich insbesondere durch eine eindrucksvolle, vielfältige Fauna aus. Am besten kommt man im Winter und besucht das Gelände frühmorgens oder spätabends, wenn zahlreiche Zugvögel aus dem Norden hier rasten.

Das Besucherzentrum an der 441 im Osten des Reservats, 16 Kilometer westlich von Delray Beach, bietet Informationen über das Ökosystem der Everglades. Hier beginnen auch zwei interessante Wanderwege. Der Cypress Swamp Boardwalk führt auf einer Strecke von 800 Metern in eine traumhaft schöne Naturlandschaft mit Guaven- und Wachsmyrtenbäumen sowie Epiphyten. Der längere Marsh Trail passiert Sumpfland, dessen Wasserstand geregelt wird, um Wat- und Wasservögeln die bestmögliche Umgebung zu sichern. An einem Winternachmittag bietet sich dem Beobachter ein buntes Schauspiel mit Reihern, Seetauchern, Ibissen, Schlangenhals- und anderen Vögeln sowie Schildkröten und Alligatoren.

Mit einem eigenen Kanu können Sie eine Tour unternehmen (9 km). Darüber hinaus werden zahlreiche naturkundliche Führungen angeboten.

> **An einem Winternachmittag bietet sich dem Beobachter ein buntes Schauspiel mit Reihern, Seetauchern, Ibissen, Schlangenhals- und anderen Vögeln.**

**21**
## Vero Beach

**Ⓐ** G4 **🏔** 18 000 **🚌** **ℹ** 1216 21st St, Indian River County (+1-772-567-3491) **Ⓦ** indianriverchamber.com

Der Hauptort von Indian River County, Vero Beach, und vor allem seine Ferienkolonie auf Orchid Island sind besonders bei Gutbetuchten beliebt. Uralte Eichen säumen die Straßen, die Gebäudehöhe ist auf vier Stockwerke beschränkt. In den Holzhäusern am Ocean Drive befinden sich Galerien, Mode- und Antiquitätenläden.

Das **Vero Beach Museum of Art** im Riverside Park auf Orchid Island präsentiert Kunstausstellungen und veranstaltet u. a. Seminare, Workshops und Performances. Schön gestaltet ist der Skulpturengarten. Bekannt ist die Stadt jedoch vor allem

## Expertentipp
### Ein Hauch von Wildem Westen

Tauchen Sie ein in die Welt der Cowboys: Grif's Western Wear in Davie (6211 South West 45th St) verkauft das passende Zubehör wie etwa Sättel, Hüte und Stiefel.

## 22
## Davie

G5 ▲ 70 000

ℹ 4185 Davie Rd, Broward County (+1-954-581-0790)
ⓦ davie-coopercity.org

Davie liegt an Orange Drive und Davie Road, ist von Weiden und Ställen umgeben. Es spiegelt die Cowboy-Tradition Floridas wider, die länger ist als die von Kalifornien. Vor den Holzhütten des Rathauses wachsen Kakteen, an der Rückseite von McDonald's steht eine Wagenburg.

Die wahre Atmosphäre der Stadt spüren Sie bei einem Rodeo in den **Bergeron Rodeo Grounds**. Weitere beliebte Veranstaltungen sind Konzerte, Zirkusvorstellungen sowie Truck- und Airboat-Shows.

**Bergeron Rodeo Grounds**
🖰 4271 Davie Rd
ⓦ davie-fl.gov

## 23
## Juno Beach

G5 ▲ 3000 ℹ 2195 Southern Blvd, West Palm Beach (+1-561-471-3995)
ⓦ thepalmbeaches.com

Die Sandstrände des kleinen Orts und der Strand nördlich von Jupiter Inlet gehören zu den weltweit größten Brutstätten von Meeresschildkröten. Im Loggerhead Park zwischen US 1 und A1A liegt das **Loggerhead Marinelife Center** mit Naturlehrpfad. Schildkröten, die von Schiffspropellern oder Angelschnüren verletzt wurden, erholen sich hier in Aquarien.

Ein Weg führt durch Dünen zu dem Strand, an dem die Schildkröten im Sommer ihre Eier ablegen. Er kann nur nach Voranmeldung besichtigt werden.

**Loggerhead Marinelife Center**
🖰 14200 US 1 ⏰ Mo – Sa 10 –17, So 11 –17
ⓦ marinelife.org

wegen ihrer Strände und der beiden Hotels. Das Driftwood Resort auf der Seeseite von Vero Beach entstand 1935 als Strandhaus. Ein exzentrischer Einheimischer errichtete es aus Treibholz und versah es mit Unmengen von Nippes.

Elf Kilometer nördlich am mit Muscheln übersäten Wabasso Beach, einem der besten Sandstrände von Orchid Island, befindet sich das Vero Beach Resort, das erste außerhalb von Orlando errichtete Disney-Hotel. Es zeichnet sich durch gediegene Eleganz aus.

Das **Indian River Citrus Museum** auf dem Festland zeigt alte Fotos und viele Objekte aus dem Anbau von Zitrusfrüchten, darunter beispielsweise Erntegeräte und Warenzeichen.

**Vero Beach Museum of Art**
🖰 3001 Riverside Park Dr ⏰ Mo – Sa 10 –16:30, So 13 –16:30
ⓦ vbmuseum.org

**Indian River Citrus Museum**
🖰 2140 14th Ave
⏰ Di – Fr 10 –16
ⓦ veroheritage.com

↑ *Abendstimmung am weit ins Meer reichenden Pier in Juno Beach*

# Walt Disney World® Resort

Seit seiner Eröffnung im Jahr 1971 hat sich das Walt Disney World® Resort aus einem einfachen Themenpark zu einem Reiseziel entwickelt, das jährlich rund 60 Millionen Besucher willkommen heißt. Trotz seiner gewaltigen Größe ist es dem Resort gelungen, seinen nostalgischen Charme zu bewahren und gleichzeitig Jahr für Jahr neue innovative Erlebnisse und Attraktionen zu ergänzen.

Herzstück der Anlage ist nach wie vor Magic Kingdom® mit seinem märchenhaften Flair und dem 58 Meter hohen Cinderella Castle. Doch auch abseits dieses berühmten Parks gibt es jede Menge zu entdecken und erleben. Viele Besucher entscheiden sich für einen längeren Aufenthalt, um auch die drei anderen Themenparks zu erkunden – Epcot®, Disney's Animal Kingdom® und Disney's Hollywood Studios®. Für jede dieser Welten sollte man mindestens einen ganzen Tag einplanen. So bleibt genügend Zeit für alle Highlights – von einer Safari bis zu den vielen aufregenden Fahrgeschäften.

Weitere Attraktionen auf dem Gelände sind zwei Wasserparks, vier Golfplätze sowie Disney Springs® mit Themenrestaurants, Disney-Souvenirläden und jeder Menge Entertainment.

# Walt Disney World® Resort

## Highlights
1. Magic Kingdom®
2. Disney's Hollywood Studios®
3. Epcot®
4. Disney's Animal Kingdom®

## Sehenswürdigkeiten
5. Disney Springs®
6. Disney's Blizzard Beach Water Park
7. Disney's Typhoon Lagoon Water Park

WINTER GARDEN ROAD

Lake Mabel

535

VINELAND ROAD

Disney's Fort Wilderness

Four Seasons Resort

WINTER

GARDEN

VINELAND ROAD

VISTA BOULEVARD

BONNET CREEK PKWY

BUENA VISTA DRIVE

535

EPCOT CENTER DRIVE

Disney's Port Orleans Resort

Hyatt Regency Grand Cypress

PALM PKWY

4

Disney's Beach Club Resort

Disney's Saratoga Springs Resort

Disney's Old Key West Resort

Disney Springs®

5

535

APOPKA VINELAND ROAD

Lake Bryan

3 Epcot®

World Showcase

Disney's BoardWalk

Cirque du Soleil®

BUENA VISTA DRIVE

4

Fantasia Gardens Miniature Golf

Disney's Riviera Resort

EPCOT CENTER DRIVE

7 Disney's Typhoon Lagoon Water Park

DRIVE

2 Disney's Hollywood Studios®

Disney's Caribbean Beach Resort

Waldorf Astoria

Disney's Pop Century Resort

536

INTERNATIONAL DRIVE

417

OSCEOLA PARKWAY

Disney's Art of Animation Resort

OSCEOLA PARKWAY

ESPN Wide World of Sports

4

IRLO BRONSON MEMORIAL HWY 192

Walt Disney World® Resort

417

4

# 7 TAGE
## *im Walt Disney World® Resort*

**Disney-Ferien kann man auf ganz unterschiedliche Weise machen. Unser Vorschlag für eine unvergessliche Woche ist die zauberhafte Mischung aus Attraktionen, die man sehen muss, extravaganten Shows und Begegnungen.**

### Tag 1

Kommen Sie früh ins Magic Kingdom® *(siehe S. 148–153)*, um langes Anstehen zu vermeiden. Starten Sie mit beliebten Attraktionen wie dem Seven Dwarfs Mine Train und Peter Pan's Flight. Bestellen Sie Ihr Mittagessen im Voraus, um Wartezeiten zu umgehen, und bestaunen Sie die prächtige Disney Festival of Fantasy Parade. In der Mittagshitze sehen Sie innen Shows wie Mickey's PhilharMagic. Nach dem Essen im Be Our Guest Restaurant *(siehe S. 152)* bleiben Sie noch bis zum tollen Feuerwerk Happily Ever After.

### Tag 2

Gehen Sie in die Hollywood Studios® *(siehe S. 154–159)* und das überlebensgroße Toy Story Land *(siehe S. 159)*. Nach Slinky Dog Dash und Toy Story Mania!® stärken Sie sich bei Woody's Lunch Box. Testen Sie Fahrgeschäfte wie The Twilight Zone Tower of Terror™ und den Rock 'n' Roller Coaster® Starring Aerosmith, ehe Sie im Sci-Fi Dine-In Theater Restaurant zu Mittag essen. Bei Indiana Jones™ Epic Stunt Spectacular und einer Fahrt mit Mickey & Minnie's Runaway Railway geht es weiter, ehe Sie im 50's Prime Time Café zu Abend essen und später die großartige Show Fantasmic! genießen.

### Tag 3

Frühstücken Sie mit Ihren Lieblingsfiguren im 1900 Park Fare in Disney's Grand Floridian Resort & Spa. Nehmen Sie die Monorail nach Epcot® *(siehe S. 160–163)*, und fahren Sie Soarin' Around The World™ und Test

1 *Parade im Magic Kingdom®* ↑
2 *Slinky Dog Dash*
3 *Bibbidi Bobbidi Boutique in Disney Springs®*
4 *Mickey-Brezel*
5 *Tree of Life im Animal Kingdom®*

Track®. Nachmittags in der Future World sehen Sie die interaktive Show Turtle Talk with Crush mit Figuren aus »Findet Nemo«. In der World Showcase – mit Pavillons verschiedener Länder – können Sie shoppen und essen. Versäumen Sie nicht das großartige Feuerwerk am Schluss.

## Tag 4

Je früher Sie in Disney's Animal Kingdom® *(siehe S. 164–167)* ankommen, desto besser: Der Avatar Flight of Passage ist ein Besuchermagnet. Nach einer kurzen Stärkung im Harambe Market locken die Kilimanjaro Safaris®, denn nachmittags sind die Tiere munterer. Nach dem Essen im Yak & Yeti™ fahren Sie die Expedition Everest – Legend of the Forbidden Mountain™ und bewundern dann die abendlichen Projektionen auf den Tree of Life®.

## Tag 5

Heute ist Erholung angesagt – entweder im Hotel oder in einem der zwei Wasserparks in Walt Disney World® *(siehe S. 168f)*. Am späteren Nachmittag schlendern Sie mit einem Snack durch Disney Springs® *(siehe S. 168)* und lassen sich in der Bibbidi Bobbidi Boutique aufhübschen. Buchen Sie Tickets für die Hoop-Dee-Doo Musical Revue am Abend, eine wilde Live-Show mit feinem Essen.

## Tag 6

Der Tag gehört Star Wars: Galaxy's Edge *(siehe S. 157)* in den Hollywood Studios®. Die 2019 eröffnete Attraktion lockt viele Besucher an, rechnen Sie also mit Warteschlangen. Zurück in Disney Springs® sollten Sie unbedingt in eines der tollen Restaurants gehen, etwa ins Morimoto Asia.

## Tag 7

Den letzten Tag verbringen Sie wieder im Magic Kingdom® *(siehe S. 148–153)*. Genießen Sie dort ein Frühstück im Crystal Palace. Danach probieren Sie die Fahrgeschäfte aus, die Sie beim ersten Mal ausgelassen haben, vielleicht die Pirates of the Caribbean®. In der Liberty Tree Tavern essen Sie wie zu Thanksgiving, und statt des Feuerwerks gönnen Sie sich noch eine Fahrt mit der Big Thunder Mountain Railroad.

### Fantastische Vorführungen

Die Kleinen lieben die fröhlichen Vorführungen, bei denen Disney-Figuren die Hauptrolle spielen. Bei den prächtigen Bühnenshows im Walt Disney World® Resort sind auch brandneue Songs zu hören wie etwa bei *Finding Nemo – The Musical*, für das die Komponisten von *Frozen (Die Eiskönigin)* Songs schrieben. Beeindruckend sind auch *For The First Time In Forever: A Frozen Sing-Along Celebration* und *Turtle Talk With Crush*, eine interaktive Show mit Figuren aus *Finding Nemo* und *Finding Dory*. Und natürlich muss man mindestens eine der Paraden gesehen haben – diese mitreißenden Darbietungen zaubern jedem Besucher ein Lächeln ins Gesicht.

→

*Mickey und Minnie Mouse auf einem Festwagen auf der Main Street, U.S.A.®*

# WALT DISNEY WORLD® RESORT FÜR
# FAMILIEN

**Das Walt Disney World® Resort ist einfach perfekt für Familien und garantiert Erlebnisse, die man nicht vergisst. Besonders schön sind die Momente, wenn die Lieblingsfiguren aus Film und Fernsehen plötzlich leibhaftig vor einem stehen. Viele großartige Shows rauben einem den Atem.**

### Heiß geliebte Figuren

Ein Treffen mit den Disney-Figuren ist ein zauberhaftes und einzigartiges Erlebnis. Gelegenheiten, ihnen die Hand zu schütteln, bieten sich an fast jeder Ecke. In den Parks werden Treffen etwa mit Prinzessinnen, Figuren aus *Star Wars* und natürlich mit Mickey und Minnie angeboten.

*Goofy, Donald Duck, Mickey und Minnie im Magic Kingdom®* ↑

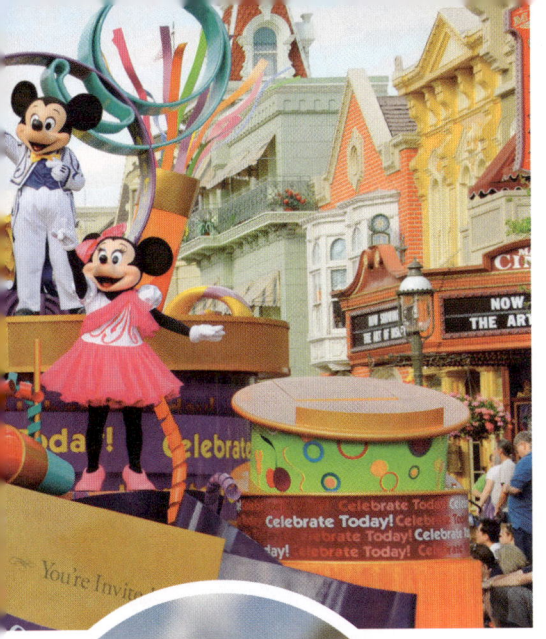

**TOP 5**

### Treffen mit Figuren

**Mickey Mouse**
Im Magic Kingdom®
Town Square Theater.

**Anna und Elsa**
Epcot® Norway Pavilion.

**Donald Duck**
Epcot® Mexico Pavilion.

**Mickey und Minnie Mouse und Goofy**
Im Epcot® Character Spot.

**Disney-Prinzessinnen**
In der Fairy Tale Hall des Magic Kingdom.

## Disney für Genießer ...

Brezeln und Eis in Mickey-Mouse-Form locken den Besucher an jeder Ecke. Essen Sie mit Prinzessinnen in Aschenputtels Schloss, dem Norwegen-Pavillon in Epcot® oder mittags mit Winnie The Pooh, Minnie Mouse oder Chip 'n' Dale. Im Restaurant Be Our Guest *(siehe S. 152)* in Disney's Magic Kingdom® kocht man französisch.

← *Kühl und saftig: Minnie Mouse am Stiel*

## ... und Abenteurer

Spannend sind in diesem Resort nicht nur die Achterbahnen: An jeder Ecke wartet ein neues, aufregendes Erlebnis, etwa eine Safari in Disney's Animal Kingdom® oder ein Flug rund um die Welt in Epcot®. Fantasyland® *(siehe S. 152)* im Magic Kingdom® ist vor allem für Familien geeignet. Dort warten viele Fahrgeschäfte auf die Kleinen.

↑ *Rasante Fahrt mit der Big Thunder Mountain Railroad*

### Edel speisen

In Disney Springs® *(siehe S. 168)* kochen die bekannten Köche José Andrés und Masaharu Morimoto. Stilvoll isst man auch im Tiffins im Disney's Animal Kingdom® *(siehe S. 166)* und dem Victoria & Albert's im Walt Disney World® Resort. Süßes bekommt man in Amorette's Patisserie.

*Wunderschön gedeckt: ↑*
*Speisesaal in einem der*
*Restaurants*

# WALT DISNEY WORLD® RESORT FÜR
# ERWACHSENE

**Walt Disney World® Resort gilt als großartiges Ziel für Familien, aber auch ohne Kinder kann man dort viel Spaß haben. Die Restaurants sind fantastisch, die Angebote für das Nachtleben unglaublich. Auch wer sich verwöhnen lassen will, kommt hier auf seine Kosten.**

### Nachtleben mal anders

Die thematische Ausstattung bei Disney zieht sich durch bis in Hotelbars und Lokale wie die AbracadaBar, die Wasserstelle eines Zauberers, wo Cocktails mit magischen Zutaten serviert werden, oder Trader Sam's Grog Grotto. Jede Menge Erlebnisse erwarten Erwachsene in Disney Springs® *(siehe S. 168)*, von Burlesque-inspirierter Unterhaltung im The Edison's bis zu großartigen DJs im STK. Livemusik hören Sie im Raglan Road oder dem House of Blues, mitreißende Klaviermusik im Jellyrolls im Disney's Boardwalk.

→

*Jock Lindsey's Hangar Bar*
*in Disney Springs® mit*
*»Indiana Jones«-Deko*

## Eine Auszeit nehmen

Auch wenn zahlreiche Familien dort unterwegs sind, findet man sein erholsames Plätzchen zum Entspannen. Buchen Sie einen Termin im bekannten Senses – A Disney Spa and Salon at Disney's Grand Floridian Resort. Oder nutzen Sie eines der besonderen Angebote, etwa eine Fahrt in der Pferdekutsche in Disney's Port Orleans Resort – Riverside, bei der Sie eine neue Perspektive erleben.

$\longrightarrow$

*Entspannung im Disney Spa and Salon at Disney's Grand Floridian Resort*

## Attraktionen und Events

Fahrgeschäfte wie der Rock 'n' Roller Coaster® Starring Aerosmith sind sehr gefragt. Das World Showcase in Epcot® *(siehe S. 162f)* serviert in seinen elf Pavillons Cocktails und Speisen – und das in herrlicher Lage am Wasser. Und Disney After Hours in Magic Kingdom®, Disney's Animal Kingdom® und Disney's Hollywood Studios® kann man spätabends mit Extraticket besuchen.

$\longleftarrow$

*Vor dem Eingang zum Rock 'n' Roller Coaster® Starring Aerosmith*

### Epcot®

Hier finden jedes Jahr vier große Festivals statt. Das Unterhaltungsangebot, die Menüs mit passendem Wein und das Schaukochen sind Weltklasse. Epcot® International Festival of the Arts geht meist von Mitte Januar bis Mitte Februar; Epcot® International Flower & Garden Festival von März bis Anfang Juni; Epcot® International Food & Wine Festival von Ende August bis November; Epcot® International Festival of the Holidays von Mitte November bis Jahresende.

❶ 🗺️ Ⓜ️ 🍴 🛍️ 🛍️ ♿

# Magic Kingdom®

🅰️ A6  🏠 1180 Seven Seas Dr, Lake Buena Vista  📞 +1-407-939-7679  🕐 siehe Website  🌐 disneyworld.disney.go.com

Alle sechs Themenbereiche in diesem Vorzeigepark des Walt Disney World® Resort sind voller Attraktionen, die bekannte Märchen und Filme zum Leben erwecken. Zwischen Cinderella Castle und dem nächtlichen Feuerwerk begeben sich Besucher in zauberhafte Traumwelten und werden Zeugen außergewöhnlicher Magie.

## ① Main Street, U.S.A.®

Die Main Street nimmt Besucher mit auf eine nostalgische Zeitreise und verkörpert Disneys Traum eines viktorianischen Amerika, das es so nie gab. Gleich am Eingang zu diesem Bereich startet die dampfbetriebene Walt Disney World® Railroad, die sich durch das Parkgelände schlängelt. Im Town Square Theater können Sie Mickey Mouse treffen oder Souvenirs kaufen.

Schon vor der offiziellen Öffnungszeit kann man sich in Main Street, U.S.A.® aufhalten, bei Starbucks® (in der Main Street Bakery) eine Tasse Kaffee trinken oder sich in der Main Street Confectionery verwöhnen lassen und sich somit die Zeit bis zum morgendlichen Start der Attraktionen vertreiben. Bei Dunkelheit wirkt das von Tausenden von Lichtern illuminierte Areal geradezu magisch.

## ② Liberty Square

Der Liberty Square – kleinster aller Themenbereiche – versetzt Besucher ins postkoloniale Amerika. Genießen Sie in der Liberty Tree Tavern ein Thanksgiving-Essen, oder unternehmen Sie mit der *Liberty Belle*, einem dampfbetriebenen Boot, eine Fahrt um Tom Sawyer Island in Frontierland®.

In der Hall of Presidents widmet sich eine Multimedia-Show allen 45 Präsidenten der USA. Eine unterhaltsamere Lektion in Sachen Historie bietet *The Muppets Present … Great Moments In American History*. Figuren wie Kermit der Frosch, Miss Piggy und andere Muppets erinnern an wichtige Ereignisse der US-Geschichte.
  Am Ende des Liberty Square erreicht man das leicht gruselige The Haunted Mansion®. Die Fahrt verläuft durch ein Spukhaus voller Nervenkitzel, das für Kinder jedoch nicht allzu unheimlich ist.

← *Denkmal für Walt Disney und Mickey Mouse an der Main Street*

↑ *Die Attraktionen in Main Street, U.S.A.® lassen Märchenträume wahr werden*

## Feiern im Magic Kingdom®

Von August bis Oktober steht der Park an manchen Abenden ganz im Zeichen von Halloween. Highlight der Mickey's Not-So-Scary Halloween Party, für die man ein spezielles Ticket benötigt, ist eine wundervolle Parade.

Im November und Dezember wird an einigen Abenden bei der gigantischen Mickey's Very Merry Christmas Party Weihnachtsstimmung verbreitet.

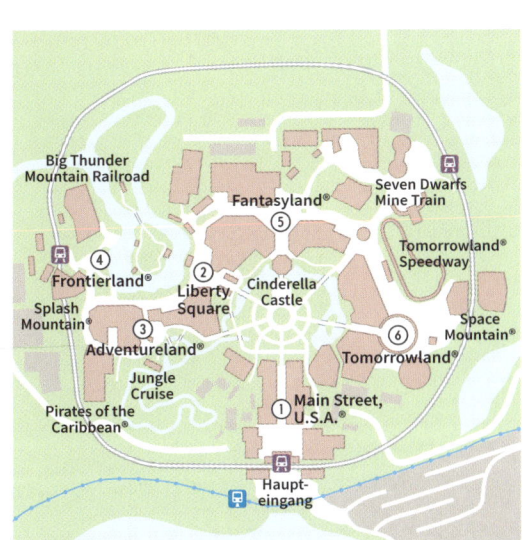

Big Thunder Mountain Railroad

Fantasyland®

⑤

Seven Dwarfs Mine Train

Tomorrowland® Speedway

④ Frontierland®

②

Liberty Square

Cinderella Castle

Splash Mountain®

Space Mountain®

③ Adventureland®

Tomorrowland®

⑥

Jungle Cruise

Pirates of the Caribbean®

① Main Street, U.S.A.®

Haupt-eingang

# ③ Adventureland®

Die aufregende und unterhaltsame Mischung von Exotischem und Tropischem ist einmalig. Am besten lernt man das Gebiet bei einer Jungle Cruise kennen, bei der die Gäste im Boot zu verschiedenen animierten Landschaften aus Afrika, Asien und Südamerika gebracht werden. Diese »Kreuzfahrten« sind besonders beliebt – hauptsächlich wegen des großen Unterhaltungswerts des »Kapitäns«. Ein Restaurant, die Jungle Navigation Co. LTD Skipper Canteen, serviert Gerichte aus einigen der »angefahrenen« Gegenden – z. B. *shu mai* (chinesische Teigtaschen) und *cachapas* (venezolanische Pfannkuchen).

Pirates of the Caribbean® ist eine unterhaltsame und äußerst detailgetreue Reise, in der Sie an schon ziemlich verfallenen, unterirdischen Gefängnissen und an heftig umkämpften Galeonen aus dem 16. Jahrhundert vorbeifahren und wilde Kampfszenen aus dieser Zeit bestaunen können. Beim Ausgang befindet sich ein Souvenirladen mit vielen Piraten-Accessoires – von Schwertern über Halstücher und Enterhaken aus Plastik bis zu Schätzen.

Für viele Besucher von Adventureland® zählt The Magic Carpets of Aladdin zu den Höhepunkten – nicht nur wegen der fantastischen Aussicht über das gesamte Areal. Wenn Sie das Glück haben, in der ersten Reihe zu fahren, können Sie sogar die Höhe Ihres fliegenden Teppichs steuern.

Abseits der großen Menschenmengen wartet der Themenbereich mit einem weiteren Spektakel auf: Der Enchanted Tiki Room ist eine amüsante und hervorragend animierte Attraktion, in der man auch der Hitze

*↑ Bunte Attraktionen entlang einer Straße im Adventureland®; Captain Jack Sparrow (Detail)*

entfliehen kann. Besucher können viele Songs mitsingen, darunter *The Tiki, Tiki, Tiki Room* von den Sherman-Brüdern, die auch für zahlreiche Filme von *Mary Poppins* bis *Dschungelbuch* Musik beisteuerten.

---

💬 Expertentipp
**Eiskalte Köstlichkeiten**

Für Naschkatzen hält Adventureland® zwei ganz besondere Spezialitäten bereit: Dole Whip (Ananas-Softeis) und Orange Swirl (Vanille-Orangen-Softeis). Lassen Sie sich diesen Genuss nicht entgehen!

---

> **Am besten lernt man das Gebiet bei einer Jungle Cruise kennen, bei der man im Boot zu verschiedenen animierten Landschaften aus Afrika, Asien und Südamerika gebracht wird.**

### Erkundung des Parks

Zu Fuß kommt man im Magic Kingdom® am besten vorwärts – besonders wenn man einen engen Zeitplan hat. Wenn Sie aber nicht in Eile sind, sollten Sie auch andere Varianten wählen. Mit einem Pferdewagen geht es die Main Street entlang, am Liberty Square starten Boote für eine Tour um Tom Sawyer Island. Sehr stimmungsvoll ist eine Fahrt mit dem Dampfzug, der auch Main Street, U.S.A.®, Fantasyland® und Frontierland® anfährt.

# ④ Frontierland®

Diese idealisierte Version des Wilden Westens präsentiert einige besonders abenteuerliche Attraktionen. Ein Klassiker im Magic Kingdom® ist die Big Thunder Mountain Railroad, die ihre Passagiere auf eine Reise durch den Wilden Westen mitnimmt. In dieser Achterbahn fährt ein etwas außer Kontrolle geratener Zug durch Minenschächte und Felslandschaften und vorbei an einem Dinosaurierskelett. Dieses Abenteuer birgt viele Überraschungen, machen Sie sich auf einiges gefasst. Besonders wild ist die Fahrt in den hinteren Wagen.

Splash Mountain® bietet ebenfalls viel Spaß – sofern man nicht wasserscheu ist. In einem ausgehöhlten Baumstamm geht es teils in rasantem Tempo hinab. Wer auf einem der vorderen Sitze Platz nimmt, sollte damit rechnen, nass zu werden, was im Sommer erfrischend sein kann. Kinder, die für diese Fahrt zu klein sind, können sich im Laughin' Place in der Nähe des Ausgangs des Splash Mountain® sehr gut die Zeit vertreiben.

Entsprechend seinem nostalgischen Flair bietet Frontierland® auch einige altmodisch anmutende Vergnügungen. Interessanterweise zählen genau diese vor allem bei Kindern zu den beliebtesten. Dazu gehören auch Country Bear Jamboree, eine Tiershow mit animierten Bären, und Tom Sawyer Island. Diese aufregende Insel ist nur mit dem Floß erreichbar und dient mit Festung, Brücken und Tunneln als traumhafter Abenteuerspielplatz.

*Felsenlandschaft auf der Strecke der Big Thunder Mountain Railroad* ↑

# ⑤ Fantasyland®

Das idyllische Wunderland aus Märchenschlössern und magischen Abenteuern bietet die höchste Dichte an Fahrgeschäften, von denen die meisten vor allem für kleinere Kinder geeignet sind. Mit dem FastPass+ vermeidet man lange Wartezeiten bei den gefragtesten Attraktionen. Dazu gehören die bei Familien beliebte Achterbahn Seven Dwarfs Mine Train und eine Fahrt mit einem magischen Piratenschiff bei Peter Pan's Flight.

Fantasyland® ist zweifellos Herz und Seele des Magic Kingdom®. Sein Wahrzeichen ist Cinderella Castle, das mit seinen Türmen alles überragt und daher ein guter Orientierungspunkt ist. Vor dem Schloss wird auf einer Bühne den ganzen Tag über die Mickey's Royal Friendship Faire Show aufgeführt. Am Abend wird Cinderella Castle zur Kulisse für Happily Ever After, ein überaus spektakuläres Multimedia-Feuerwerk.

Neben der Fassade des Schlosses beeindruckt auch sein Inneres, auf bunten Fenstern werden Szenen des Märchens *Cinderella* dargestellt. In der Bibbidi Bobbidi Boutique können sich Kinder schminken lassen. Wenn Sie im Voraus buchen, können Sie im Cinderella's Royal Table essen. Vielleicht läuft Ihnen hier eine Märchenprinzessin über den Weg.

Bei einer Erweiterung von Fantasyland® entstanden zwei neue, kleinere Schlösser: eines ist vom Märchen

## Restaurant

**Be Our Guest Restaurant**
Um in diesem französischen Restaurant einen Platz zu ergattern, sollten Sie mindestens ein halbes Jahr im Voraus reservieren. Das Interieur ist Beast's Castle aus *Beauty and the Beast* nachempfunden.

🏠 **Fantasyland®**
⑤⑤⑤

*Little Mermaid*, das andere von *Beauty and the Beast* inspiriert.

Weitere Highlights sind die Bootsfahrt »it's a small world®« durch eine bezaubernde Utopiewelt, Mickey's PhilharMagic 3-D-Movie, Princess Fairytale Hall und Dumbo the Flying Elephant.

← *Besucher vor dem Märchenschloss Cinderella Castle (Detail) in Fantasyland®*

# ⑥ Tomorrowland®

Bei einem Rundgang durch Tomorrowland® erlebt man einen Mix aus Retro-Flair und futuristischem Ambiente. So mögen amerikanische Filmemacher sich in den 1950er Jahren die Zukunft vorgestellt haben.

Dieser Themenbereich mit der Atmosphäre einer Mini-Metropole strotzt nur so vor Attraktionen wie dem Astro Orbiter und der Achterbahn TRON (Eröffnung: 2021), die einem Fahrgeschäft im Disney Resort in Shanghai nachempfunden ist.

Schnellste Attraktion in Tomorrowland® ist Space Mountain®, bei der Sie in einer Rakete von einer Startrampe in den Weltraum geschossen werden. Im All ist es, abgesehen von blinkenden Sternen, tiefschwarz, weshalb eine Kollision mit

↑ *Von der Central Plaza gelangt man über eine Brücke nach Tomorrowland®*

Asteroiden unvermeidbar scheint. Eine Fahrt ist eine absolutes Muss für Erwachsene und größere Kinder.

Auch andere Spektakel bieten Spaß für die ganze Familie. Wagen Sie sich an den Buzz Lightyear's Space Ranger Spin. Die Zweisitzer sind mit Steuerelementen ausgestattet, mit den man den Fahrspaß steigern kann. Das Herumballern mit den Laserkanonen ist auch bei Erwachsenen derart beliebt, dass dies eine der wenigen Attraktionen ist, von der die Kinder ihre Eltern wegziehen müssen.

Beim Abenteuer Monsters, Inc. Laugh Floor werden Sie mit Mike Wazowski, dem einäugigen Helden aus dem Film *Monster AG*, und seinen Comedy-Freunden herzhaft lachen und singen.

Eine weitere Attraktion ist das Walt Disney's Carousel of Progress. Diese 20-minütige Show illustriert die Entwicklung der Technologie in den USA des 20. und 21. Jahrhunderts, gibt einen Einblick in vergangene Epochen und präsentiert mit There's a Great Big Beautiful Tomorrow einen weiteren Hit der Sherman-Brüder.

Viele Besucher verpassen den Tomorrowland® Transit Authority PeopleMover – diese gemütliche, aber dennoch spannende zehnminütige Fahrt bietet einige der besten Aussichten im Park und die Möglichkeit, sich nach einem langen Rundgang zu entspannen. Steigen Sie in der Nähe des Astro Orbiter in den PeopleMover, um eine Reise zu unternehmen und einen Blick auf einige andere Attraktionen zu werfen.

## Schon gewusst?

Fantasyland® soll Walt Disneys Lieblingsbereich im ganzen Resort gewesen sein.

← *Auch in Fantasyland® reihen sich viele bunte Attraktionen aneinander*

---

📷 Fotomotiv
**Purple Wall**

Diese in Violetttönen gehaltene Wand auf dem Weg zwischen der Tomorrowland Terrace und dem Haupteingang wurde durch Instagram berühmt. Machen auch Sie hier ein paar Fotos.

FLORIDA ERLEBEN **Walt Disney World® Resort**

# Disney's Hollywood Studios®

🅰 A7  🏠 351 S Studio Dr, Lake Buena Vista  📞 +1-407-939-7679
🕐 siehe Website  Ⓦ disneyworld.disney.go.com

Mit farbenprächtigen Erlebniswelten wie etwa Toy Story Land und dem im Jahr 2019 eröffneten intergalaktischen Spektakel Star Wars: Galaxy's Edge ist dieser Themenpark ein Besuchermagnet, der sich ständig weiterentwickelt. Neben den neuesten Attraktionen faszinieren auch die bewährten – wie etwa Fantasmic! – jeden Gast. Erstklassige Shows und Fahrgeschäfte auf Basis der Filme und TV-Shows von Disney runden das Angebot ab. Erwachsene wie Kinder können hier nicht nur viel Spaß haben, sondern auch jede Menge lernen.

## ① Hollywood Boulevard

Helle Gebäude im Art-déco-Stil und ein Nachbau von Grauman's Chinese Theater präsentieren ein Hollywood, das es so eigentlich nie gab. Hier können Sie sich fotografieren lassen, einige Mitarbeiter verfolgen als Reporter oder Polizisten verkleidet berühmte Persönlichkeiten. An der Stelle von The Great Movie Ride eröffnete Anfang 2020 mit Mickey & Minnie's Runaway Railway das erste nach den Figuren benannte Fahrgeschäft. Teilnehmer werden zum Star ihres eigenen Mickey-Mouse-Cartoons.

Die Wonderful World of Animation, eine im Jahr 2019 eröffnete filmische Projektionsshow mit modernster Technologie, entführt die Besucher auf eine geradezu magische Reise durch fast ein Jahrhundert Disney-Animation.

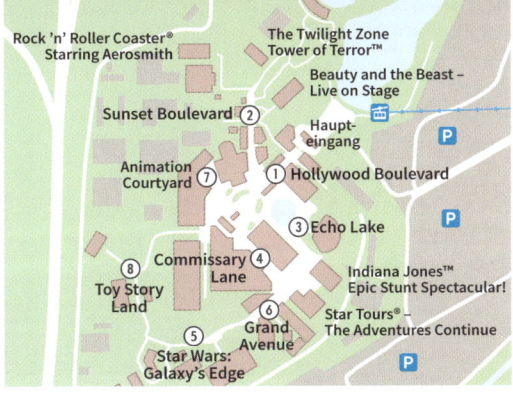

Rock 'n' Roller Coaster® Starring Aerosmith

The Twilight Zone Tower of Terror™

Beauty and the Beast – Live on Stage

Sunset Boulevard ②

Haupteingang

Animation Courtyard ⑦

① Hollywood Boulevard

③ Echo Lake

⑧ Commissary ④ Lane

Toy Story Land

Indiana Jones™ Epic Stunt Spectacular!

⑥ Star Tours® – The Adventures Continue

⑤ Grand Avenue

Star Wars: Galaxy's Edge

## ② Sunset Boulevard

Am Ende der Straße stehen zwei höchst spannende Fahrgeschäfte. Auf der linken Seite erwartet Sie Rock 'n' Roller Coaster® Starring Aerosmith, eine atemberaubende Indoor-Fahrt, bei der schon nach wenigen Sekunden auf 100 km/h beschleunigt wird. In der ersten Spirale wird das Fünffache der Erdanziehungskraft erreicht, spätestens dort hört man die im Hintergrund laufenden Hits der weltberühmten Band Aerosmith nicht mehr.

Von hier biegen Sie rechts ab in das vom Blitz zerstörte, heruntergekommene Hollywood Tower Hotel, Schauplatz der unheimlichsten Attraktion Orlandos: The Twilight Zone Tower of Terror™. Hier begeben Sie sich, eingesperrt in einen Lastenaufzug, auf eine Reise, die von der Fernsehserie *The Twilight Zone* aus den 1950er Jahren inspiriert wurde.

Entspannung vom rasanten Fahrvergnügen bietet die Show *Beauty and the Beast – Live on Stage*, eine im Stil der Broadway-Theater dargebotene Aufführung des berühmten Märchens. Große und kleine Autofans faszinieren die Lightning McQueen's Racing Academy mit den großen Stars der animierten Filmreihe *Cars*.

*Highlight*

## Restaurants

Ob Sie sich für ein elegantes Restaurant, das einer Hollywood-Institution nachempfunden ist, entscheiden, ein Drive-in-Lokal oder ein nachgebautes Diner aus den 1950er Jahren bevorzugen – es lohnt sich auf jeden Fall, für die Restaurants in den Disney's Hollywood Studios® schon frühzeitig zu reservieren. Buchen Sie telefonisch (+1-407-939-3463) oder online (www.disney world.disney.go.com).

**50's Prime Time Café**
🏠 Echo Lake
$$$

**The Hollywood Brown Derby**
🏠 Hollywood Boulevard
$$$

**Sci-Fi Dine-In Theater Restaurant**
🏠 Commissary Lane
$$$

**Mama Melrose's Ristorante Italiano**
🏠 Grand Avenue
$$$

**Fantasmic! Dessert & VIP Viewing Experience**
🏠 Echo Lake
$$$

← *The Twilight Zone Tower of Terror™ am Sunset Boulevard; Figur von Mickey Mouse (Detail)*

↑ *Jede Menge Action bei der Show Indiana Jones™ Epic Stunt Spectacular!*

## ③ Echo Lake

Das von einer zentralen, dem Echo Park Lake in Los Angeles nachempfundenen Lagune geprägte Gelände fasziniert schon von Weitem mit seinem großen Dinosaurier. Zu den Highlights gehört die Musikshow First Time in Forever: A Frozen Sing-Along Celebration.

Bei Indiana Jones™ Epic Stunt Spectacular! werden bekannte Szenen aus den Indiana-Jones-Filmen nach-

gestellt. Wagemutige Kämpfe und Special Effects fesseln jeden Zuschauer.

Der Bewegungssimulator Star Tours® – The Adventures Continue imitiert galaktische Schlachten und Schauplätze, mit Charakteren, die man aus diversen Filmen kennt. Weil hier gleiche mehrere Szenarien durchgespielt werden können, kommen Besucher immer wieder gern hierher.

Wenn Sie nach all der Aufregung Appetit bekommen – im entzückenden 50's Prime Time Café *(siehe S. 155)* oder im stilvollen Hollywood & Vine können Sie sich eine Pause gönnen.

> **Bei Indiana Jones™ Epic Stunt Spectacular! werden Szenen aus den Filmen nachgestellt.**

## ④ Commissary Lane

### TOP 4 Treffen mit Figuren

**Incredibles**
Begrüßen Sie die Familie am Pixar Place.

**Chewbacca**
Treffpunkt: Star Wars Launch Bay.

**Mickey & Minnie**
Treffen Sie das Duo an der Commissary Lane.

**BB-8**
Die Figur wartet an der Star Wars Launch Bay.

Dieser realtiv kleine Bereich ist der perfekte Ort für Entspannung und gutes Essen – vor allem im berühmten Sci-Fi Dine-In Theater Restaurant *(siehe S. 155)*. Hier sitzen die Gäste in provisorischen Autos und schauen auf Figuren aus alten Science-Fiction-Filmen. Wenn kein Tisch frei ist, gehen Sie ins ABC Commissary Restaurant, das einer Cafeteria im Stil eines Filmstudios nachempfunden ist.

Wer sich in diesem Bereich nicht allzu lange aufhalten will, sollte auf jeden Fall The Writer's Stop ansteuern. Dies ist nicht nur ein großartiger Ort für eine Erfrischung –

hier findet man auch eine riesige Auswahl an hübschen Disney-Souvenirs. Leseratten werden hier ebenfalls fündig, das Sortiment reicht von Kinderbüchern bis zu Thrillern.

Ein Highlight der Commissary Lane ist Mickey and Minnie Starring in Red Carpet Dreams am Ende der Straße nahe Sci-Fi Dine-In. Bewundern Sie Minnie im Film *Hollywood Dreams* in einem eleganten rosafarbenen Kleid auf dem roten Teppich. In seiner Rolle als Zauberlehrling aus dem Film *Fantastia* kann man Mickey sehen. Halten Sie Ihre Kamera bereit, und machen Sie Selfies mit den Figuren.

# ⑤ Star Wars: Galaxy's Edge

In einem Außenposten des fiktiven Planeten Batuu bietet Star Wars: Galaxy's Edge eine Fülle von Erlebnissen, die die Filmreihe *Star Wars* zum Leben erwecken. Bei dieser Show erlebt man eine Vielzahl von bekannten und weniger bekannten Charakteren – darunter natürlich jede Menge Außerirdische –, um eine Welt zu kreieren, die den legendären Filmen so nahe wie möglich kommt. Das Unternehmen startete 2016, drei Jahre später war die erste Phase vollendet. Für die Zukunft sind Updates geplant, auch ein Themenhotel soll gebaut werden.

Fans von *Thrawn: Alliances (Star Wars)* kennen den Planeten Batuu bereits. Auf die Weiterentwicklung dieses Bereichs dürfen Besucher gespannt sein. Dabei werden architektonische und kulturelle Inspirationen aus dem Orient – u. a. aus Istanbul und Städten aus Marokko – aufgegriffen.

Das Gelände bietet einzigartige Shopping-Erlebnisse und Themenrestaurants sowie zwei gewaltige Attraktionen. Millennium Falcon: Smugglers Run lässt Passagiere in einem Simulator Han Solos berühmtes Raumschiff steuern und im Rahmen einer geheimen Mission Feinde mit Laserkanonen bekämpfen. Bei Star Wars: Rise of the Resistance, dem zweiten Highlight, werden die Gäste Teil eines 28 Minuten langen Kampfs zwischen den Rebellen und der Ersten Ordnung.

> **Expertentipp**
> **Disneybounding**
> Kinder dürfen sich wie Disney-Figuren kleiden, Gäste über 14 Jahre aber keine Kostüme tragen. »Disneybounding« ist eine beliebte Alternative: Man trägt Alltagsoutfits, die in Style und Farbe von einem bestimmten Charakter inspiriert sind.

Auch nach dem Ende des Kicks dieser Spektakel können Besucher weiter in der Welt von Star Wars bleiben und sich mit einer speziellen App auf dem Planeten Batuu bewegen.

Natürlich begegnet man auch in Galaxy's Edge vielen berühmten Charakteren, zu den Höhepunkten zählen Treffen mit Chewbacca und BB-8. Weitere beliebte Fotomotive – auch für Selfies – sind die Sturmtruppen der Ersten Ordnung.

← *Kämpfer der Sturmtruppen in typischer weißer Kampfmontur*

↑ *Darth Vader und AT-AT-Walker – Faszination wie im Kinosaal*

## ⑥ Grand Avenue

Das von Los Angeles Downtown inspirierte Viertel war als Muppets Courtyard bekannt. Seinen besonderen Charme bewahrt es durch einen Souvenirladen, das Restaurant PizzeRizzo sowie die 3-D-Theaterattraktion Muppet*Vision. In diesem überaus unterhaltsamen Slapstick-3-D-Film mit den Muppets springen Objekte wie Posaunen, Autos und Steine optisch aus der Leinwand – so realitätsnah, dass Kinder nach den Gegenständen greifen. Danach kann man sich eine Pause gönnen.

Mama Melrose's Ristorante Italiano bietet italienische Küche, BaseLine Tap House offeriert über ein Dutzend kalifornische Biere vom Fass, Weine und Snacks. Über die Grand Avenue erreicht man auch Star Wars: Galaxy's Edge *(siehe S. 157)*, entsprechend groß ist der Andrang.

> **BaseLine Tap House offeriert über ein Dutzend kalifornische Biere vom Fass, Weine und Snacks.**

## ⑦ Animation Courtyard

Im Themenbereich Animation Courtyard können die Besucher nicht nur einen Einblick in die Geschichte und den Prozess der Trickfilm-Animation gewinnen, sondern auch bei der Entstehung animierter Disney-Filme zusehen.

Walt Disney Presents beherbergt ein kleines Museum zur Geschichte der Disney World und dient zudem als Treffpunkt mit bekannten Figuren. 2019 waren hier etwa Mike Wazowski und

James P. »Sulley« Sullivan – Stars in *Monster AG* – zu sehen. Am Pixar Place ließen sich auch Mitglieder der Familie *The Incredibles* gern fotografieren.

Animation Courtyard ist auch bekannt für seine kunterbunte Gesangs- und Tanzshow Little Mermaid, die zu den gefragtesten Shows im

ganzen Resort gehört. Hier erlebt man das gelungene Zusammenspiel von Zeichentrickfiguren, elektronisch gesteuerten Figuren und Menschen. An Kinder und Jugendliche richtet sich Disney Junior Dance Party! – eine Tanzshow mit Charakteren aus Shows wie Vampirina und The Lion Guard.

↑ *Animation Courtyard: The Magic of Disney Animation*

Expertentipp
**Play Disney Parks App**

Die digitale App wurde mit der Eröffnung von Toy Story Land im Jahr 2018 gestartet. Am meisten Spaß macht sie in der Warteschlange vor der Attraktion, dann wartet man sehr gern auch ein wenig länger.

←
*Brunnen mit Muppets-Figuren vor der 3-D-Attraktion Muppet\*Vision*

# ⑧ Toy Story Land

In diesem großen Gelände voller überdimensionaler Spielsteine und Alltagsgegenstände haben Besucher das Gefühl, nur so klein wie eine Spielzeugfigur zu sein. Schon kurz nach der 2018 erfolgten Eröffnung hat sich Toy Story Land vor allem unter Familien eine große Fangemeinde aufgebaut. Hier genießt neben den Fahrgeschäften auch die einmalig fotogene Kulisse.

Nehmen Sie Platz in einem Wagen der spritzigen, aber nicht furchterregenden Achterbahn Slinky Dog Dash, und rauschen Sie vorbei an Spielzeug aus Andys Kinderzimmer. Danach geht

es mit Alien Swirling Saucers ähnlich flott weiter. Während einer Fahrt mit The Toy Story Mania! 4D durch verschiedene Minispiele ist Treffsicherheit gefragt. Man wirft mit Ringen, Bällen oder Eiern auf unterschiedliche Ziele.

Halten Sie zwischendurch Ausschau nach dem Green Army Drum Corps, einer Gruppe von in grünen Uniformen gekleideten Trommlern, die durch die Straßen ziehen

und bekannte Rhythmen spielen. Sicher laufen Ihnen auch berühmte Figuren der Toy-Story-Reihe wie Woody, Jessie und Buzz Lightyear über den Weg.

Für eine Pause bietet sich Woody's Lunch Box an. Das familienfreundliche Lokal ist zu Frühstück, Mittag- und Abendessen geöffnet und bietet köstliche Snacks, darunter auch eine Auswahl an Sandwiches, an.

←
*Woody am farbenprächtigen Eingang zu Toy Story Land*

**Schon gewusst?**

Zu den Effekten der Spiele bei Toy Story Mania! 4D gehören auch Wasserfontänen.

↑ *Mickey Mouse mit Freunden am Eingang von Epcot® beim jährlichen Gartenfest*

③ 🛠 🍴 🖥 🛍 ♿

# Epcot®

🅰 A6 🏠 200 Epcot Center Dr 🚌 🚆 📞 +1-407-939-7679
🕐 siehe Website 🅦 disneyworld.disney.go.com

Epcot® steht für *Experimental Prototype Community of Tomorrow* (Prototyp einer Stadt von morgen) und verkörpert Walt Disneys Traum von einer hochtechnologischen und doch lebenswerten Stadt. Das Areal sollte eine utopische Vision darstellen, doch schon vor der Eröffnung 1982 wurden verschiedene Änderungen vorgenommen, sodass Epcot® schließlich als Informations- und Messezentrum eröffnet wurde. Der rund 100 Hektar große Themenpark umfasst zwei Bereiche: *Future World* konzentriert sich auf Unterhaltung und Bildung, *World Showcase* zeigt die künstlerische, kulturelle und kulinarische Vielfalt verschiedenster Länder der Welt.

## ① Future World East

Dieser Bereich von Epcot® bietet Nervenkitzel pur. Test Track® präsentiert modernste Fahrzeugtechnik. Hier sind Sie Passagier in einem Wagen, der vor der Produktion Tests für Bremsen, extreme Steigungen, scharfe Kurven und Beinahekollisionen durchläuft.

Mission: SPACE® nimmt Sie mit auf eine Reise durch das Weltall, an deren Ende eine Landung auf dem Mars steht. Angeboten werden zwei Varianten: Die grüne ist deutlich zahmer, bei der orangefarbenen Option werden die bei einem Raketenstart auftretenden Kräfte simuliert.

Spaceship Earth bietet eine äußerst reizvolle Reise durch die Geschichte der Technologie.

Das Gelände wird ständig weiterentwickelt. Zu den jüngsten Errungenschaften gehört das Mission: SPACE® Restaurant, für 2022 ist die Eröffnung der Achterbahn Guardians of the Galaxy vorgesehen.

↑ *Rasantes Vergnügen: Test Track® in Future World East*

# ② Future World West

Wenn Sie sich im Pavillon The Land aufhalten, sollten Sie in Soarin' Around The World™ keinesfalls einen Simulatorflug über die Chinesische Mauer oder den Eiffelturm verpassen. Diese atemberaubenden Fahrten gehören den gefragtesten Attraktionen im gesamten Resort. Die Reise Living with the Land sensibilisiert für Themen wie Umweltschutz und Nachhaltigkeit und informiert über entsprechende Ansätze in Restaurants auf dem Gelände. Den Fahrspaß ergänzt ein Aufenthalt im Garden Grill Restaurant.

Bei The Seas with Nemo & Friends werden Sie in einer

*Soarin' Around The World™: Flug über die Chinesische Mauer*

Präsentation auf Ihre Reise in die Tiefen des Ozeans vorbereitet, bevor Sie mit den »clamobiles« auf Tour durch ein erstaunliches Korallenriff gehen. Die Reise beginnt dort, wo der Spielfilm *Findet Nemo* endet: In dem riesigen Aquarium trifft man auf vertraute Charaktere wie Dory, Bruce, Marlin und Squirt sowie auf eine Vielzahl weiterer Meerestierarten. Das Aquarium SeaBase umfasst rund 22 Millionen Liter Wasser. Beobachten Sie diese kunterbunte Unterwasserwelt entweder aus nächster Nähe oder aus dem Coral Reef Restaurant.

Ein Spaß auch für kleine Kinder ist die gemütliche Journey Into Imagination With Figment. Diese farbenprächtige Attraktion führt Besucher durch eine Reihe von Labors, die die Vorstellungskraft anregen. Ein besonderes Highlight ist der interaktive Spielbereich, in dem alle Sinne der Kinder gefordert sind.

Im Epcot® Character Spot trifft man auch Berühmtheiten wie Mickey und Minnie sowie eine Reihe weiterer Comichelden.

## Schon gewusst?

Im Aquarium SeaBase leben insgesamt rund 4000 Meerestiere in allen Farben.

### Mickey Mouse

Mickey Mouse ist nicht nur im Themenpark Epcot®, sondern überall im Resort präsent. Wenn man genau hinsieht, erkennt man das Konterfei der von Walt Disney erfundenen Maus auch auf Fliesenmustern von Wegen und Restaurants sowie in Hotels u. a. auf Fußböden und sogar an Duschvorhängen.

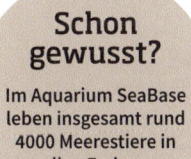

Haupteingang · Spaceship Earth® · The Seas with Nemo & Friends · Future World East · The Land · Future World West ② · Mission: SPACE® ① · Imagination! · Test Track® · Kanada · Showcase Plaza · Mexiko · Großbritannien · World Showcase ③ · Norwegen · China · Frankreich · Marokko · Japan · USA · Italien · Deutschland

TOP
**3** Souvenir-
läden

**The Puffin's
Roost, Norwegen**
Artikel aus dem hohen
Norden wie Holzspiel-
zeug und Wikinger-
helme.

**Trading Post, Kanada**
Gute Adresse für kana-
dischen Ahornsirup,
Holzfällerkleidung und
offizielle NHL-Artikel.

**Yong Feng Shandian
Shop, China**
Ein Ort für einzigartige
Gegenstände, darunter
chinesische Laternen
und Teekannen.

# ③ World Showcase

Die Tempel, Kirchen, Rathäuser und Schlösser dieser elf Pavillons oder Länder sind Kopien echter Gebäude oder im Landesstil gestaltet. World Showcase ist aber weitaus mehr als nur eine Aneinanderreihung architektonischer Stilelemente.

In jedem Pavillon verkaufen Bewohner des dargestellten Landes hochwertige landestypische Produkte und überaus gute Nationalgerichte. Restaurants wie Le Cellier Steakhouse (Kanada) und Monsieur Paul (Frankreich) zählen zu den besten Speiselokalen des Walt Disney World® Resort. Diverse Bars servieren köstliche Cocktails wie Avocado-Margaritas (Mexiko) oder Black and Tan (Großbritannien). Beliebte Snacks sind Eiscreme in großer Auswahl (Italien) und Hummus mit Pfefferminztee (Marokko).

Läden verkaufen hochwertige lokale Produkte. Bei Mitsukoshi (Japan) – dem Ableger einer Warenhauskette – etwa finden Sie Sake und Spielzeug.

> **In jedem Pavillon verkaufen Bewohner des dargestellten Landes hochwertige, landestypische Produkte und überaus gute Nationalgerichte.**

### Norwegen
▽ Für Fans von *Frozen* ein absolutes Muss. Im Restaurant Akershus erwarten Sie Disney-Prinzessinnen

### Deutschland
▽ Der Biergarten ist der wohl beste Ort auf dem Gelände, wenn man gemütlich ein Bier trinken möchte

Pavillons

### Mexiko
△ Dieser Pavillon – als einziger hier ohne Außenbereich – ist wie ein mexikanischer Marktplatz gestaltet

### China
△ Besucher genießen berauschende Akrobatik und den interessanten Film über die Geschichte Chinas

In allen elf Pavillons ist auch für beste Unterhaltung gesorgt. Zu den Highlights gehören Auftritte einer Akrobatiktruppe aus China und einer Mariachi-Band aus Mexiko. Dazu posieren Disney-Figuren. Im norwegischen Pavillon wird der Animationsfilm *Frozen* mit den Prinzessinnen Anna und Elsa zum Leben erweckt, dazu gehört auch eine Bootsfahrt. Bei der populären mexikanischen Gran Fiesta Tour begegnen Sie Caballeros. Zu den neuesten Attraktionen gehört das Fahrgeschäft Remy's Ratatouille Adventure hinter dem französischen Pavillon.

Zu den Höhepunkten im Verstaltungskalender gehören die saisonalen Feste und Events, darunter das Epcot® International Flower & Garden Festival im Frühling und das Epcot® International Food & Wine Festival im Herbst. Auf dem Programm stehen Themen- und Essensstände sowie Musikdarbietungen. Ein weiteres Highlight ist das Epcot® International Festival of the Arts (Jan – Feb).

↑ *Epcot®'s World Showcase: Norwegischer Pavillon*

💬 Expertentipp
**Erkundung**

Epcot® ist rund doppelt so groß wie Magic Kingdom®. Für einen Besuch sind ungefähr zwei Tage einzuplanen. Übrigens: Am späteren Nachmittag ist der Andrang an den Lokalen weniger stark.

## Marokko

▽ Der von marokkanischen Handwerkern gestaltete Pavillon bietet einen Einblick in das Leben im Orient

## Großbritannien

▽ Die vielen Gebäude – von Schlössern über Wohnhäuser bis zu klassischen Pubs – dokumentieren architektonische Vielfalt im Lauf der Zeit

## Japan

△ Matsuriza, eine Gruppe traditioneller Taiko-Trommler, begeistert in der Pagode täglich mit bester Unterhaltung

## Frankreich

△ Ein Mekka für Naschkatzen: Hier gibt es süße Snacks von Crêpes über Croissants bis zu Macarons

Highlight

④ 🏃 🍴 🖥 🛍 ♿

# Disney's Animal Kingdom®

🅰 A7 ⌂ 2901 Osceola Pkwy
📞 +1-407-939-7679 🕐 siehe Website
🌐 disneyworld.disney.go.com

Das ausgedehnte Areal – teils Themenpark, teils Tierschutzgebiet – ist in mehrere geografische Gebiete mit jeweils eigener Tier- und Pflanzenwelt gegliedert.

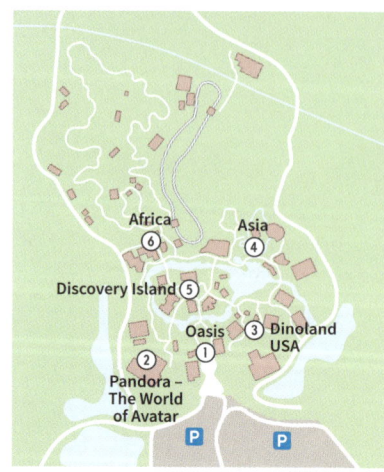

## ① Oasis

Der größte und in seiner Art einzigartige Disney-Park ist anders aufgebaut als die anderen Parks. Man erreicht ihn über eine der beiden kurvenreichen Straßen, die zum Haupteingang führen. Nach Passieren des Eingangs betreten Sie den Bereich Oasis. Er bietet jede Menge Überraschungen, die man aber nur allzu leicht übersieht, wenn man zu den größeren Attraktionen hetzt. Neben Wallabys, Ameisenbären, Hirschen und anderen Säugetieren birgt Oasis auch eine artenreiche Vogelwelt, darunter Störche und Kolibris. Mit malerischen Wasserfällen, diversen Hängebrücken, einer atemberaubenden Flora und ruhig dahinfließenden Bächen ist dieser Bereich perfekt, um Natur auf sich wirken zu lassen.

### Animal Kingdom® am Abend

Viele Stationen bleiben auch nach Sonnenuntergang geöffnet. Kilimanjaro Safaris® bietet abendliche Expeditionen und aufregende Erlebnisse mit beliebten Fahrten wie Kali River Rapids®. Verpassen Sie nicht die Projektionen auf The Tree of Life, einen 44 Meter hohen künstlichen Baum.

*Im Disney's Animal Kingdom® spenden viele Bäume Schatten* ↑

*Schwebende Berge in Pandora – The World of Avatar* ↑

## ② Pandora – The World of Avatar

Der 2017 eröffnete Bereich steht ganz im Zeichen des preisgekrönten Films *Avatar* von James Cameron. Die exotische Kulisse des Kassenschlagers mit schwebenden Bergen und dichtem Dschungel, biolumineszenten Bäumen und Flugwesen wird Kinogängern bekannt vorkommen. Das Tal von Mo'ara ist tagsüber wunderschön und nach Einbruch der Dunkelheit geradezu magisch.

Zu den größten Attraktionen von Pandora – The World of Avatar gehört zweifellos Flight of Passage *(siehe Kasten)*: Bei diesem Flugsimulator hat man das Gefühl, auf dem Rücken eines Banshee über die fantastischen Landschaften von Pandora zu schweben. Ein angegliederter Souvenirladen verkauft Banshee-Puppen, die zu den Bestsellern zählen.

Bei der Na'vi River Journey, einer kurzen Bootsfahrt, gelangt man zum Dschungel, in dem Tiere und Pflanzen in den prächtigsten Farben erstrahlen. Tipp zum Mittagessen: Satu'li Canteen.

> 💬 Expertentipp
> **Avatar Flight of Passage**
>
> FastPass+ ist für solch eine Attraktion schwer zu erhalten. Treffen Sie 90 Minuten vor Parköffnung ein, um die langen morgendlichen Warteschlangen zu vermeiden.

## ③ Dinoland USA

Ein Traum für Dinofans: In diesem märchenhaften Land begeben sich Besucher auf eine Reise weit in die Vergangenheit, um Dinosaurier zu erleben.

Zu den wenigen Fahrgeschäften in Disney's Animal Kingdom® gehört DINOSAUR. Im beliebten Bewegungssimulator wird Besuchern der Eindruck vermittelt, sie müssten einen fleischfressenden Dinosaurier einfangen und dabei seinen Angriffen entgehen. Diese wilde Fahrt in fast völliger Dunkelheit eignet sich eher für größere Kinder. Für jüngere ist aber dennoch genügend geboten. Sie graben in The Boneyard® nach Knochen von Dinosauriern oder genießen im Dino-Rama, einem Minipark, rauschende Fahrten wie TriceraTop Spin und Primeval Whirl®.

*Witzige Figur am Eingang von Dinoland USA* →

# ④ Asia

In diesem eindrucksvollen Bereich können Sie u. a. exotische Vögel und Menschenaffen in den nachgebauten Ruinen einer Indianersiedlung sehen. Tapire, Komodo-

↑ *Expedition Everest – Legend of the Forbidden Mountain™*

warane und Fledermäuse finden Sie auf dem Maharajah Jungle Trek®, dessen Highlight die Sumatra-Tiger sind, die durch die Relikte eines Palasts streifen. Durch Glaswände können Sie diese faszinierenden Tiere aus nächster Nähe beobachten.

Expedition Everest – Legend of the Forbidden Mountain™ ist eine Zugfahrt in hohem Tempo über das zerklüftete Terrain und die vergletscherten Hänge des gewaltigen Himalaya. Höhepunkt ist eine unerwartete Begegnung mit einem mythischen Tier.

Bei Kali River Rapids® werden Sie in der Regel völlig durchnässt. Wenn nicht gerade eine große Welle über Ihnen zusammenbricht, haben Sie jedoch die Möglichkeit, die faszinierende Umgebung dieses Landes zu erleben.

## Restaurant

**Tiffins**

Für einen Besuch dieses etwas versteckt gelegenen Restaurants für Feinschmecker, einem der besten im Resort, sollte man vorher reservieren. Neben köstlichen Menüs mit einer großen Auswahl an Gerichten aus verschiedenen Küchen steht auch die Nomad Lounge mit kreativen Snacks zur Verfügung.

🗺 Discovery Island

$$⑤

← Eine Welt zum Staunen: Tree of Life® und seine grüne Umgebung

# ⑤ Discovery Island

Im Zentrum von Animal Kingdom® ragt der Tree of Life® Dieser 44 Meter hohe künstliche Baum gilt als Wahrzeichen dieses Parks. Er thront erhaben über bunten Läden und einer Vielzahl von Becken und Gärten, in denen zahlreiche Tiere leben. Unter den Zweigen des Baums verlaufen die Brücken zu den anderen Bereichen. Direkt am Baumstamm wird die Show It's Tough to Be a Bug® gezeigt. Dieser 3-D-Film ist nicht nur wegen seiner Spezialeffekte überaus spannend.

Die Discovery Island Trails mit vielen Spazierwegen und Fußgängerbrücken führen durch interessante Landschaften mit artenreichen Tierwelten – von Kängurus bis zu Papageien.

## TOP 3 Fotostopps

**Behind Tree of Life®**
Von dieser Straße zwischen den Bereichen Africa und Asia hat man einen tollen Blick über die Landschaft.

**Walkway in Asia**
Dieser Weg zur Expedition Everest bietet eine Sicht auf die Berge mit dem Discovery River im Vordergrund.

**Avatar Flight of Passage Line**
Nutzen Sie die Wartezeit für perfekte Aufnahmen der Umgebung.

# ⑥ Africa

Dieser Themenbereich, den man durch das Dorf Harambe betritt, ist größte im Park. Besucher können an Bord eines Transporters von Kilimanjaro Safaris® durch eine Nachahmung einer ostafrikanischen Landschaft fahren. Dies ist die beliebteste Attraktion des Parks, auch wenn es am Nachmittag ruhiger zugeht. Während der rund 20-minütigen Fahrt durch Schlammlöcher und über wackelige Brücken können Sie viele afrikanische Tiere erleben, die sich hier frei und vollkommen ungestört bewegen, darunter Nilpferde, Rhinozerosse, Giraffen und Elefanten. Es kann sogar durchaus passieren, dass sich ein Tier in die Nähe der Fahrzeuge traut, um daran herumzuschnuppern!

Am Gorilla Falls Exploration Trail, in einer Welt aus

↑ Truck von Kilimanjaro Safaris® auf dem Weg durch eine an Ostafrika erinnernde Savannenlandschaft

Flüssen und Wasserfällen, können Sie Gorillas aus der Nähe betrachten. Von einigen Aussichtspunkten sieht man, wie sich die Tiere von Baum zu Baum hangeln.

Das Festival of the Lion King im klimatisierten Auditorium ist eine Produktion mit extravaganten und farbenfrohen Kostümen und unglaublichen Akrobaten.

# SEHENSWÜRDIGKEITEN

**5** 🍴 🥤 🛍️

## Disney Springs®

⚠️ B6 🏠 1486 Buena Vista Dr, Orlando 🕐 So – Do 10 – 24 (Fr, Sa bis 2)
🌐 disneysprings.com

Shoppen, sehr gut essen sowie aufregende Shows und Konzerte besuchen: All das kann man in Disney Springs® (früher Downtown Disney®), wenn die anderen Parks ihre Pforten bereits geschlossen haben.

Besucher können kostenlose Musikdarbietungen, eine Bowlingbahn mit zwei Ebenen, fantastische VR-Erlebnisse, ein Kino und Konzerte im House of Blues® Orlando genießen – und das am Wochenende bis 2 Uhr morgens.

Auch World of Disney, der mit Abstand größte Shop im Walt Disney World® Resort, befindet sich in Disney Springs®. Hier können Sie sich nach Herzenslust mit Souvenirs und Mitbringseln eindecken.

**6** 🛷 🍴 🥤 🛍️

## Disney's Blizzard Beach Water Park

⚠️ A7 🏠 1534 Blizzard Beach Dr, Orlando 🕐 tägl. 10 – 17
🌐 disneyworld.disney. go.com

Bei den Attraktionen in diesem Wasserpark geht es zur Sache. Die Wildwasser-Floß-fahrt Teamboat Springs verläuft durch unruhiges Wasser. Auf der Rutschbahn Summit Plummet rauschen

mutige Besucher mit knapp 100 Kilometern pro Stunde hinab. Daneben gibt es die Snow-Stormers-Kanäle und Downhill-Double-Dipper-Rutschen. Bei Letzteren können zwei Rutschende gegeneinander antreten. Oder Sie fahren den Cross Country Creek hinab oder rutschen die gefahrlosen Cool Runners hinunter.

Wer Entspannung sucht, ist im Pool-Bereich Melt-Away Bay gut aufgehoben. Für kleine Kinder eignen

↑ *World of Disney – Shop mit Riesenauswahl an Artikeln rund um Disneys Figuren und Märchen*

← *Blick über den futuristisch wirkenden Themenpark Disney Springs®*

**7** 🤿 🍴 🖥 👜

## Disney's Typhoon Lagoon Water Park

🅰 B6 🏠 1145 East Buena Vista Dr, Orlando 🕐 tägl. 10–17 ⓦ disneyworld. disney.go.com

Während Blizzard Beach eher auf Neuheiten baut, setzt Typhoon Lagoon auf natürliche Schönheit, Meereslebewesen und ein riesiges Wellenbad. Im Mittelpunkt dieses Wasserparks steht das Schiffswrack »Miss Tilly«, das in einem schweren Sturm auf den Gipfel des Mount Mayday inmitten eines Tropenparadieses geschleudert wurde.

Einige Wasserrutschen bieten jede Menge Spaß, sind aber nicht ganz ohne. Nur Draufgänger sollten sich an Humunga Kowabunga wagen, wo man fast senkrecht hinabrauscht. Gangplank Falls, Miss Adventure Falls und Crush 'n' Gusher sind etwas weniger waghalsig, der Typhoon Lagoon Surf Pool eignet sich für Familien.

sich die vielfältigen Attraktionen im Bereich Tike's Peak.

Im Winter schließen Blizzard Beach und Typhoon Lagoon im Wechsel jeweils für ein paar Monate, ein Wasserpark ist immer geöffnet.

> **Nur Draufgänger sollten sich an Humunga Kowabunga wagen, wo man fast senkrecht hinabrauscht.**

*Highlight*

# Restaurants

In Disney Springs® gibt es einige Restaurants, die von Spitzenköchen betrieben werden. Hier eine kleine Auswahl:

**Wolfgang Puck Bar & Grill**
🏠 Zentrum
ⓦ wolfgangpuck.com
$$$

**Morimoto Asia**
🏠 The Landing
ⓦ patinagroup.com/ morimoto-asia
$$$

**Jaleo by José Andrés**
🏠 West Side
ⓦ jaleo.com
$$$

**Erin McKenna's Bakery NYC**
🏠 The Landing
ⓦ erinmckennas bakery.com
$$$

**Frontera Cocina**
🏠 Zentrum
ⓦ fronteracocina.com
$$$

*Typhoon Lagoon: In einem Kanal gleitet man durch dichten Tropenwald* ↑

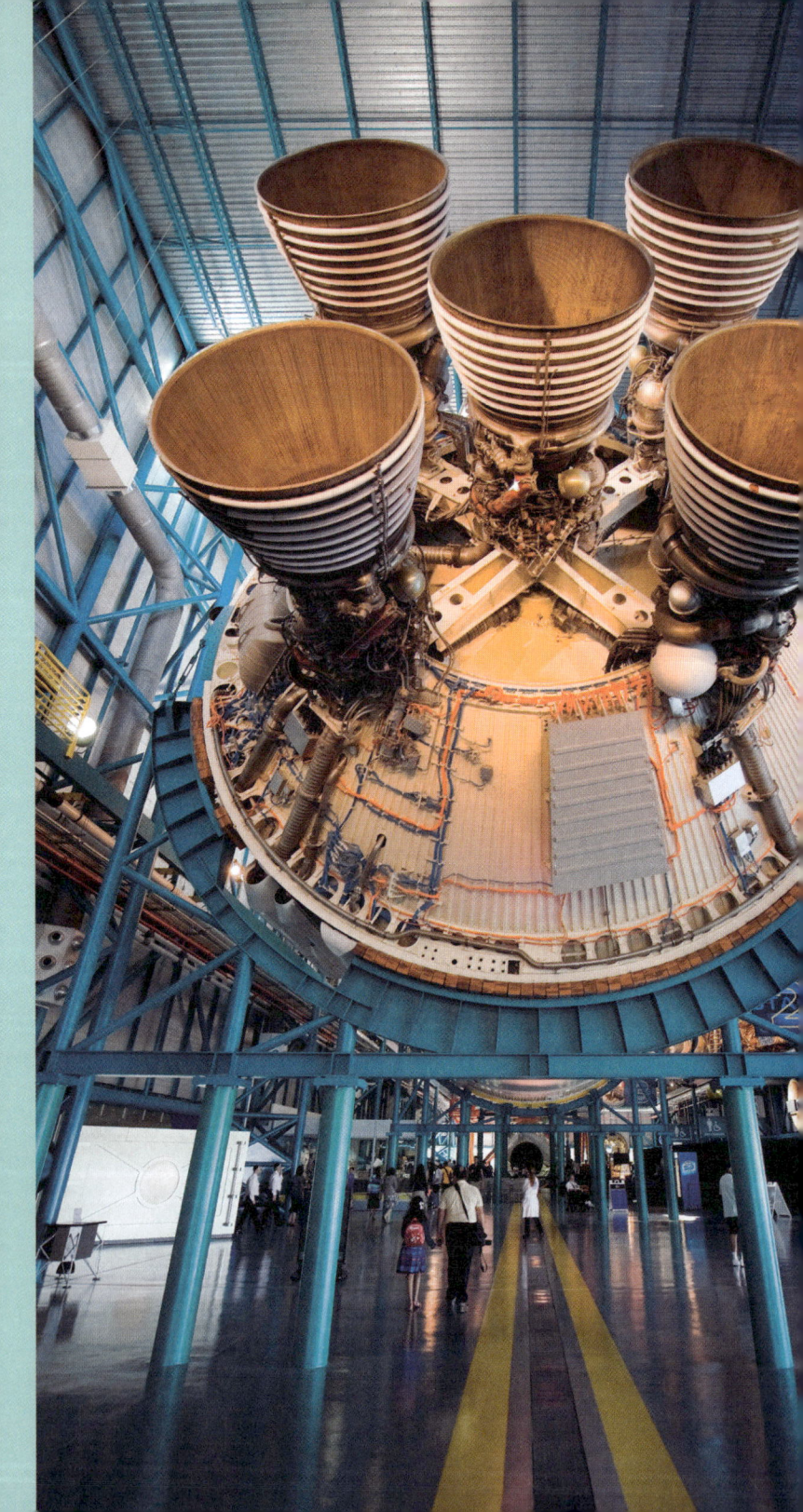

*Saturn-V-Rakete im Kennedy Space Center (siehe S. 190 – 195)*

# Orlando und Space Coast

Orlando war während der Seminolenkriege lediglich ein Außenposten. Es entwickelte sich eine Stadt, doch noch in der ersten Hälfte des 20. Jahrhunderts waren Orlando und Nachbarstädte wie Kissimmee nur kleine, verschlafene Orte, deren Bewohner von Viehzucht und Zitrusanbau lebten.

Das sollte sich jedoch in den 1960er Jahren ändern. Zunächst schuf das Weltraumprogramm am Cape Canaveral Arbeitsplätze. Später nahm Walt Disney World® Formen an: Der erste Themenpark wurde 1971 eröffnet. Dieser Erfolg hat eine boomende Unterhaltungsindustrie in Greater Orlando hervorgebracht. Immer mehr Attraktionen, Themen- und Freizeitparks entstanden. Die Gegend um Orlando hat sich damit zu einem grandiosen Urlaubsziel für Familien entwickelt.

Landschaftlich wird die Region von zahlreichen Seen mit teils bewaldeten Uferregionen sowie Agrarland geprägt. Auf den Barriere-Inseln gegenüber dem breiten Indian River gibt es jedoch endlos lange Sandstrände (116 km insgesamt) und zwei große Naturreservate mit einer reichen Vogelwelt.

DeLand

Orange City

Deltona

Lady Lake

**Nordosten**
*Seiten 204–229*

DeBary

Fruitland Park

Eustis

Sanford
International
Airport

Leesburg

*Lake Harris*

Mount Dora

Sanford

*Lake Harney*

Okahumpa

Astatula

Wekiva
Springs

Winter Springs

*Lake Jesup*

Altamonte Springs

Casselberry

Oviedo

Bithio

Mascotte

*Lake Apopka*

Lockhart

Maitland

Minneola

Winter
Garden

Pine Hills

**8** **Winter Park**

Clermont

Orlovista

**3** **Orlando**

*Green Swamp Wilderness Preserve*

**1** **Universal Orlando Resort™**

**9** **International Drive**

Conway

Sky Lake

Orlando
International Airport

**5** **Seaworld® Parks & Resorts Orlando**

Walt Disney World® Resort
*siehe S.138–169*

**Golfküste**
*Seiten 254–287*

Celebration

**Kissimmee** **6**

*East Lake Tohopekaliga*

Narcoossee

Loughman

Campbell

St. Cloud

Polk City

**10** **Fantasy of Flight**

**11** **Lake Toho**

Davenport

Poinciana

**14**

**Disney Wilderness Preserve**

Lake Alfred

Haines City

*Lake Hatchineha*

Auburndale

Inwood

Winter Haven

**Legoland®**

Lakeland

Eagle Lake

**2**

Waverly

*Lake Kissimmee*

Mulberry

Bartow

**13** **Bok Tower Gardens**

Lake Wales

Babson
Park

*Lake Weshyakapka*

Indian Lake
Estates

**Orlando und
Space Coast**

**Gold und
Treasure Coast**
*Seiten 108–137*

*Kissimmee
Prairie
Preserve
State Park*

0 Kilometer          15

0 Meilen             15

N

# Orlando und Space Coast

### Highlights

1. Universal Orlando Resort™
2. Legoland®
3. Orlando
4. Kennedy Space Center

### Sehenswürdigkeiten

5. SeaWorld® Parks & Resorts Orlando
6. Kissimmee
7. American Police Hall of Fame
8. Winter Park
9. International Drive
10. Fantasy of Flight
11. Lake Toho
12. Yeehaw Junction
13. Bok Tower Gardens
14. Disney Wilderness Preserve
15. Valiant Air Command Warbird Air Museum
16. Canaveral National Seashore und Merritt Island
17. Cocoa Beach
18. Cocoa

←

**1** *Trubel im Universal Orlando Resort™*

**2** *Stärkung im Restaurant The Leaky Cauldron™ in den Universal Studios Florida™*

**3** *Saturn-V-Rakete im Kennedy Space Center*

**4** *Ausstellung im Cornell Fine Arts Museum im Rollins College*

# 5 TAGE
## *Orlando und Space Coast*

### *Tag 1*
**Vormittags** Frühstücken Sie möglichst früh, damit Sie noch vor dem großen Andrang im bei Familien so beliebten Universal Orlando Resort™ *(siehe S. 178–185)* sind.

**Nachmittags** Nach jeder Menge Attraktionen und anschließendem Essen erholen Sie sich in Volcano Bay™ *(siehe S. 184)* mit Spaß im Wasser rund ums Thema Hawaii.

**Abends** CityWalk™ *(siehe S. 185)* hat lange geöffnet. Es erwarten Sie Restaurants, Clubs und Shows. Das alles zusammen bekommen Sie dort im weltgrößten Hard Rock Cafe.

### *Tag 2*
**Vormittags** Wieder sollten Sie früh aufbrechen, um in der Wizarding World of Harry Potter™ *(siehe S. 180f)*, die sich über zwei der Parks im Universal Orlando Resort™ erstreckt, nicht lange anstehen zu müssen.

**Nachmittags** Sie bleiben beim Thema, wenn Sie im Leaky Cauldron™ in der Diagon Alley™ essen. Danach geben Sie sich Hightech satt in Marvel Super Hero Island® und Jurassic Park River Adventure™ .

**Abends** Die fantastische Welt begleitet Sie beim Essen in den höhlenartigen Räumen von Mythos Restaurant™ *(siehe S. 185)*.

### *Tag 3*
**Vormittags** Heute können Sie ausschlafen und gemütlich frühstücken. Danach erkunden Sie das hochmoderne Orlando Science Center *(siehe S. 188f)*.

**Nachmittags** Nach dem Essen im gemütlichen White Wolf Cafe & Bar (1829 N Orange Ave) bummeln Sie durch die fantastischen Harry P. Leu Gardens *(siehe S. 188)*.

**Abends** Outlet-Freunde nutzen die langen Öffnungszeiten an Orlandos University Drive. Feiern Sie die Einkäufe mit einem italienischen Abendessen bei Vincenzo Cucina Italiana (www.vincenzosorlando.com).

### *Tag 4*
**Vormittags** Frühstücken Sie im Another Broken Egg Cafe (410 N Orlando Avenue) unweit von Orlandos Nachbarstadt Winter Park *(siehe S. 197)*.

**Nachmittags** Gönnen Sie sich Crêpes im Café de France (www.lecafedefrance.com), und schlendern Sie über den grünen Campus des Rollins College, wo Sie das Cornell Fine Arts Museum besuchen *(siehe S. 197)*.

**Abends** Verwöhnen Sie sich mit einem exzellenten Essen im Luma on Park (www.lumaonpark.com) und/oder einer Übernachtung im luxuriösen Alfond Inn at Rollins College (thealfondinn.com).

### *Tag 5*
**Vormittags** Etwas über eine Stunde fahren Sie zum Kennedy Space Center *(siehe S. 190–195)*. Die Tickets beinhalten eine zweieinhalbstündige Busrundfahrt, aber sicher wollen Sie danach auf eigene Faust noch mehr der großartigen Exponate sehen.

**Nachmittags** Vermutlich brauchen Sie nach dem Besichtigungsprogramm eine Pause. Fahren Sie zum Cocoa Beach *(siehe S. 203)*, und entspannen Sie sich in aller Ruhe.

**Abends** Großartiges Seafood bekommen Sie im Fat Snook (2464 S Atlantic Ave) am Wasser. Und zur Übernachtung lädt der Inn at Cocoa Beach ein, ein sehr angenehmes Motel (www.theinnatcocoabeach.com).

*Beeindruckend: Lichtspiele jenseits des Eola Lake* ↑

# ORLANDO
# JENSEITS
# DER PARKS

**Viele Gäste besuchen Orlando nur wegen der Themenparks. Doch auch die Stadt selbst will entdeckt werden. Downtown ist energiegeladen und bunt, bietet aber auch genügend wunderbare Möglichkeiten, sich von den anstrengenden Touren durch die Themenparks zu erholen.**

### Kultur in Orlando

Kultur bedeutet in Florida weit mehr als Filmfiguren und Fahrgeschäfte in den Themenparks. Das Amway Center – Heimat der Basketballmannschaft Orlando Magic – präsentiert eine ganze Reihe Musical- und Theateraufführungen. Das Orlando Museum of Art *(siehe S. 189)* beherbergt großartige Kunstsammlungen, und auch die Kunstgalerie CityArts (39 S Magnolia Ave) ist einen Besuch wert. Darüber hinaus locken zwei große Festivals viele Fans an: das Orlando Jazz Festival im September und das Mount Dora Arts Festival im Februar.

→

*Amway Center für Sport- und Kultur-Events in Zentrum von Orlando*

## Typisches Orlando

Downtown Orlando ist authentischer, als man glaubt. Alle Touristenattraktionen konzentrieren sich rund um die Themenparks, sodass das Stadtzentrum seinen typischen Florida-Charme bewahrt hat. Dort ist abends viel los, aber es gibt auch gute Gelegenheiten, sich zu entspannen. Zum Beispiel im Thornton Park mit seiner künstlerisch-lässigen Atmosphäre, witzigen Boutiquen und den mit Louisiana-moos bewachsenen Eichen oder im ruhigen Lake Eola Park mit vielen Springbrunnen und Schwanenbooten. Dort findet jeden Sonntag der Orlando Farmer's Market statt –perfekt, um für ein Picknick vor Ort einzukaufen. Oder Sie fahren ein Stück nach Norden zum Wekiwa Springs State Park. Dort erwartet Sie ein ausgedehntes, grünes Areal mit einigen schönen Wanderwegen.

### Tipps für Foodies in Orlando

Sich durch die Stadt zu futtern ist ein Vergnügen. Zum Frühstück im Se7en Bites (617 Primrose Dr) gibt es Klassiker aus dem Süden. Ein wunderbares Mittagessen bekommen Sie im The Rusty Spoon (55 W Church St), Bio-Bier bei Orlando Brewing (1301 Atlanta Ave). Abends essen Sie im Artisan's Table (55 W Church St Suite 128), den Absacker nehmen Sie in der The Hen House Bar (11 Wall St).

Überdachter Übergang an der Church Street Station ↑

Essen im Schatten der Bäume und Markisen in trendigen Restaurants ↑

## Essen und Trinken

Beim Besuch in Orlandos Themenparks isst man meist viel (zu viel) Fast Food – in Downtown dagegen locken hübsche Viertel mit köstlichen Alternativen. Die trendigsten Restaurants findet man im Milk District, wo künstlerisch ausgestaltete Cafés sorgfältig zusammengestellte Menüs anbieten, von südlich angehaucht über kreative Sandwiches bis zu veganen Speisen. Die Church Street im Herzen von Downtown Orlando lockt mit Gastropubs und sehr feinen Lokalen. Vielleicht fällt Ihr Besuch ja in die Zeit eines Food-Festivals – umso besser. Die größten sind das Downtown Food and Wine Fest (Februar) und das Seven Seas Food Festival (Mai).

# Universal Orlando Resort™

🅰 B5–6  🏠 6000 Universal Blvd  🚌 21, 37, 40 von Orlando  📞 +1-407-363-8000
🕐 siehe Website  🌐 universalorlando.com

Universal Orlando Resort™ verfügt mit Islands of Adventure™ und Universal Studios Florida™ über zwei Themenparks der Extraklasse. Hier werden berühmte Zeichentrickfiguren und Actionhelden mit modernsten Technologien zum Leben erweckt. Die Parks können mit denen des World of Disney® Resort durchaus konkurrieren. Star des Universal Orlando Resort™ ist Harry Potter.

Nippen Sie in Moes Taverne an einem Duff Beer, treffen Sie SpongeBob Schwammkopf, und kämpfen Sie mit der außerirdischen Figur Optimus Prime – hier werden virtuelle Erlebnisse scheinbar Realität. Das Angebot an Fahrgeschäften umfasst diverse Achterbahnen für alle Stufen von Nervenkitzel und richtet sich an jüngere wie ältere Besucher.

Mit etwas Glück erleben Sie auch Filmaufnahmen. Von September bis Dezember können nen Sie sogar im Publikum sitzen, wenn eine Fernsehsendung aufgezeichnet wird. Tickets für den jeweiligen Tag bekommt man im Studio Audience Center.

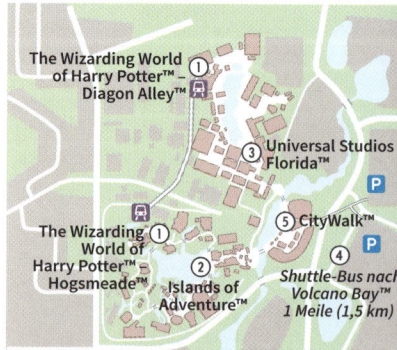

The Wizarding World of Harry Potter™ – Diagon Alley™ ①

③ Universal Studios Florida™

The Wizarding World of Harry Potter™ Hogsmeade™ ①

② Islands of Adventure™

⑤ CityWalk™

④ Shuttle-Bus nach Volcano Bay™ 1 Meile (1,5 km)

### TOP 4 Action und Spektakel

**Krakatau™ Volcano**
Im Vier-Personen-Kanu rauscht man einen Wasserfall hinunter.

**The Incredible Hulk Coaster®**
Die Mutigsten sitzen bei dieser rasanten Achterbahnfahrt in der ersten Reihe.

**Hollywood Rip Ride Rockit™**
Bei dieser Fahrt sorgen die Teilnehmer für den Soundtrack – einfach Songs auswählen.

**Jurassic Park River Adventure™**
In der gigantischen Welt der Dinosaurier stürzt man 26 Meter tief in eine Lagune.

←

*Bummel durch eine von Palmen gesäumte Straße im Universal Orland Resort™*

## Sommer

Bei den Feierlichkeiten am 4. Juli (Unabhängigkeitstag) wird fantastische Unterhaltung geboten. Bis tief in die Nacht genießt man Musik aus Filmklassikern. Bestes Essen und ein spektakuläres Feuerwerk runden das Angebot ab

## Winter

▽ In der Weihnachtszeit ist The Wizarding World of Harry Potter™ festlich geschmückt. In der Welt des Zauberlehrlings fließt Butterbier in Strömen. Ein weiteres Event ist die farbenfrohe Universal's Holiday Parade

*Saisonale Events*

## Frühling

△ Mardi Gras wird zwischen Februar und Anfang April auf dem gesamten Gelände mit Straßenkünstlern, Festivitäten im New-Orleans-Stil und Live-Konzerten von Superstars gefeiert

## Herbst

Die gruseligen Halloween Horror Nights™ bringen an machen Abenden von September bis Anfang November die Universal Studios Florida™ zum Spuken. Dazu werden Horrorfilme gezeigt

# ① The Wizarding World of Harry Potter™

**TOP 4**

## Genuss von Butterbier

**Soft Serve**
Die Mischung aus Butterbier und Eiscreme probiert man am besten bei Florean Fortescue in der Diagon Alley™ oder bei Three Broomsticks™ in Hogsmeade™.

**Frozen**
Die gefrorene Variante eignet sich für heiße Tage. Tipps: Hog's Head Pub™ in Hogsmeade™ und Leaky Cauldron™ in der Diagon Alley™.

**Potted Cream**
Die cremige Version mit einem Sahneklecks als Topping schmeckt besonders gut bei Three Broomsticks in Hogsmeade™.

**Hot**
Warm wird Butterbier nur in der kalten Jahreszeit angeboten – z. B. bei Leaky Cauldron in der Diagon Alley™.

Ein Muss für Fans der erfolgreichen Fantasy-Reihe ist der Besuch des Bereichs The Wizarding World of Harry Potter™, dessen Gelände sich über beide Themenparks erstreckt. Steigen Sie in den Hogwarts™ Express, und los geht's. Die Strecke verbindet die Bahnhöfe Hogsmeade™ im Themenpark Islands of Adventure™ und King's Cross mit dem Gleis 9¾™ in den Universal Studios Florida™. Allein schon die Fahrt ist ein aufregendes Erlebnis.

Wenn Sie die Zauberwelt durch den etwas versteckt gelegen Eingang The Wizarding World of Harry Potter™ – Diagon Alley™ betreten, fühlen Sie sich sofort wie in der originalen Filmkulisse mit einer Vielzahl vertrauter Lokale und Läden wie etwa Leaky Cauldron™ und Weasleys™ Wizard Wheezes.

Die Achterbahn Harry Potter and the Escape from Gringotts™ zählt zu den Hauptattraktionen, die Züge fahren an realen Kulissen und großformatigen Projektionsflächen vorbei. Auch eine Begegnung mit Lord Voldemort ist unvermeidlich.

Der feuerspeiende Drache auf der Zaubererbank Gringotts™ zieht die Blicke auf sich. Lassen Sie sich dadurch aber nicht von einem Besuch in der Eisdiele Florean Fortescue abhalten.

In Hogsmeade™ befinden sich u. a. das Restaurant Three Broomsticks™, das Pub Hog's Head™, der Süßwarenladen Honeydukes™ und andere Orte, die man aus den Büchern oder den

> **Hogwarts™ Express verbindet die Bahnhöfe Hogsmeade™ im Themenpark Islands of Adventure™ und King's Cross mit dem Gleis 9¾™ in den Universal Studios Florida™.**

↑ *The Wizarding World of Harry Potter™ – ein Muss für Fans des Roman- und Filmhelden*

**Schon gewusst?**

Um die ganze Welt von Harry Potter zu erleben, benötigt man ein Ticket für beide Parks.

Filmen kennt. Ein Besuchermagnet ist die Lightshow am Abend.

Auf dem kurvigen Weg zu Hogwarts™ Castle begegnen Sie Dementoren und anderen grausamen Gestalten. Eine Fahrt mit der Achterbahn Harry Potter and the Forbidden Journey™ treibt den Adrenalinspiegel weiter hoch, weniger rasant ist der

---

💬 Expertentipp
**Essen im Park**

Um The Wizarding World of Harry Potter™ authentisch zu halten, werden dort keine anderen Markenprodukte angeboten. Für den Verkauf im Themenpark werden eigene Getränke (sogar Bier), Eiscremesorten und Süßigkeiten kreiert. Zu den Ausnahmen gehören einige britische Snacks, die im Bahnhof King's Cross verkauft werden, und ausgewählte Craft-Biere.

---

Flight of the Hippogriff™ vorbei an Hagrids Hütte. Der Halbriese und Lehrer Harry Potters ist Hauptfigur der 2019 eröffneten Achterbahn Hagrid's Magical Creatures Motorbike Adventure™.

Die Magie von The Wizarding World of Harry Potter™ reicht bis zu den Souvenirs. Besonders gefragt sind Zauberstäbe mit überraschenden Spezialeffekten.

Versäumen Sie nicht die interaktive Show im Zauberstabladen Ollivanders™, und erleben Sie, wie sich der Zauberstab seinen Besitzer aussucht. Gäste können gekaufte Zauberstäbe gleich ausprobieren.

Das bei Schülerinnen und Schülern von Hogwarts™ beliebte süße (und alkoholfreie) Butterbier wird an vielen Ständen verkauft.

↑ *Hogwarts™ Castle – Highlight der Harry-Potter-Welt in exponierter Lage*

→

*Statue vor Gringotts™ Bank, Diagon Alley™*

## ② Islands of Adventure™

In acht Themenbereichen rund um eine zentrale Lagune drehen sich die meisten Erlebnisse hier um Figuren und Szenen aus Comics, Büchern und Blockbustern wie *Jurassic Park* und *King Kong*. In dem Park gibt es außer den kleinen Booten, die über den See fahren, keine Transportmittel. Wenn Sie schon bei Öffnung des Geländes da sind, schaffen Sie alle Attraktionen an einem Tag.

Im Uhrzeigersinn gelangen Sie zuerst zu Marvel Super Hero Island®, wo sich alles um die Stars aus den Marvel-Comics dreht. Viel Spaß bieten Fahrgeschäfte wie The Amazing Adventures of Spider-Man® und vor allem The Incredible Hulk Coaster®. Diese Achterbahn katapultiert ihre Passagiere in 45 Meter Höhe und jagt in rasendem Tempo (über 100 km/h) durch insgesamt sieben Loopings. Für viele Besucher ist dies die spektakulärste Achterbahn in Florida.

Etwas weniger waghalsig, aber trotzdem spannend, geht es bei den Attraktionen Skull Island: Reign of Kong und Jurassic Park® zu. Skull Island signalisiert die Rückkehr der fiktiven Affenkreatur in den Themenpark. Besucher fahren u. a. durch dichten Dschungel, einen

*Eingangsbereich von Seuss Landing™; The Incredible Hulk Coaster® (Detail)*

antiken Tempel und einige Höhlen, bevor sich King Kong persönlich um sie kümmert. Regisseur Peter Jackson wirkte bei der Gestaltung mit. Jurassic Park River Adventure® endet mit einem 26 Meter tiefen Fall in eine Lagune, bei dem Sie nicht allzu nass werden.

Sehr beliebt sind auch die Fahrgeschäfte von Seuss Landing™. An heißen Tagen sind die Wildwasserbahnen auf Toon Lagoon Island stark frequentiert.

> **Auf Skull Island fahren Besucher u. a. durch dichten Dschungel, einen antiken Tempel und einige Höhlen.**

### TOP 4 Fahrgeschäfte

**Revenge of The Mummy™**
Indoor-Achterbahn, die durch eine Welt der Finsternis führt.

**The Amazing Adventures of Spider-Man®**
3-D-Abenteuer mit raffinierten Spezialeffekten.

**Transformers: The Ride-3D**
Besucher werden Zeuge spektakulärer Kampfszenen.

**Harry Potter and the Forbidden Journey™**
Bei dieser rasanten Fahrt scheint man über Hogwarts™ zu fliegen.

# ③ Universal Studios Florida™

Der Themenpark umfasst mehrere Bereiche, von denen einige nach Städten benannt sind (New York, San Francisco), andere heißen etwa World Expo oder Woody Woodpecker's Kid-Zone. Besucher werden viele gute Bekannte aus Comics, Film und Fernsehen treffen. Zu den Stars vieler Kinder gehören Hello Kitty sowie Protagonisten aus *The Secret Life of Pets* (u. a. Duke und Gidget). Weitere Attraktionen widmen sich den Helden aus *Despicable Me, Shrek, The Fast and The Furious, Transformers* und *The Tonight Show starring Jimmy Fallon*. Ein Highlight für Filmliebhaber ist die abendliche Cinematic Celebration™.

Auch jede Menge Fahrspaß ist geboten. Men in Black™ – Alien Attack™ zählt genauso zu den Favoriten wie Revenge of The Mummy™, wo die Besucher versuchen, dem Zorn von Imhotep aus dem Horrorfilm *The Mummy* zu entkommen.

E.T. Adventure® basiert auf dem 1982 produzierten Science-Fiction-Film. Ein fliegendes Fahrrad befördert Sie zum Heimatplaneten des Außerirdischen.

Mit vielen farbenfrohen Details aus der Zeichentrickserie ist Simpsons Land ein wahres Highlight. Besucher können im Supermarkt Kwik-E-Mart einkaufen, die Duff Brewery besichtigen oder die Familie Simpson und Krusty den Clown treffen, bevor sie bei der Bewegungssimulatorfahrt The Simpsons Ride™ direkt nach Springfield gebracht werden.

In Woody Woodpecker's KidZone können Kinder in Fievel's Playland mit übergroßen Objekten spielen. Weitere Top-Highlights sind die Universal's Superstar Parade™ und die Character Party Zone. Dort können Sie Selfies mit Figuren wie Gru und Agnes aus *Despicable Me* sowie Stars aus *SpongeBob Schwammkopf* und der Serie *Dora the Explorer* machen.

## Hotels

Für längere Aufenthalte im Universal Orlando Resort™ stehen mehrere Hotels zur Auswahl. Somit können Sie die Attraktionen bis spät in den Abend in vollen Zügen genießen.

**Hard Rock Hotel®**
🏠 5800 Universal Blvd
⑤⑤⑤

**Universal's
Aventura Hotel**
🏠 6725 Adventure Way
⑤⑤⑤

**Universal's Endless
Summer Resort –
Surfside Inn
and Suites**
🏠 6200 International
Dr
⑤⑤⑤

Lisa, Bart, Marge und Homer begrüßen Besucher bei The Simpsons Ride™ ↑

# ④ Volcano Bay™

Mit langen Wasserrutschen und Wildwasserflüssen punkten viele Wasserparks in Florida. Volcano Bay™ verfügt über ein Alleinstellungsmerkmal – den 60 Meter hohen »Vulkan« Krakatau™ im Zentrum. Mit diesem Markenzeichen und der nachgebildeten, an polynesische Inselwelten erinnernden tropischen Landschaft ist dies der eindrucksvollste Wasserpark in Orlando.

Neben landschaftlichem Zauber und Wasserspaß bietet er auch einige beliebte Fahrgeschäfte, die es durchaus in sich haben. Beachten Sie, dass Sie für Volcano Bay™ ein eigenes Ticket benötigen, das nicht für die anderen Themenparks in Orlando gültig ist.

Volcano Bay™ ist technologisch auf dem allerneuesten Stand – nicht nur bei den hochmodernen Attraktionen, sondern auch, was die Abläufe angeht. Lange Warteschlangen gibt es hier dank der kostenlosen Tapu-Tapu™-Armbänder *(siehe Kasten)* nicht.

Zu den spektakulärsten Fahrvergnügen zählen Honu ika Moana™ und Ko'okiri Body Plunge™, am populärsten ist aber der Krakatau™ Aqua Coaster. Diese auch durch den »Vulkan« verlaufende, aufregende Fahrt bietet einen wahren Adrenalinschub.

Kinder können in drei Lagunen planschen, während Erwachsene sich auf dem Kopiko Wai Winding River™ gemütlich treiben lassen oder durch das Innere des Vulkans spazieren können, um die malerische Aussicht zu genießen. Zum entspannten Baden eignet sich vor allem der Waturi Beach an einer tropischen Lagune.

**Expertentipp
TapuTapu™**

Mit diesem Armband vermeiden Sie Schlangestehen bei Vulcano Bay™. Einfach antippen – Ihr TapuTapu™-Armband meldet sich, wenn Sie an der Reihe sind.

Tipp für Naschkatzen: Toothsome Chocolate Emporium & Savory Feast Kitchen™

## ⑤ CityWalk™

Die Strecke zwischen dem Parkhaus des Universal Orlando Resort™ und dem Eingang zu den Themenparks Islands of Adventure™ und Universal Studios Florida™ ist voller Läden, Restaurants, Cafés und Clubs. Besucher haben hier die Möglichkeit, ihren Aufenthalt auf dem Gelände auch dann noch zu genießen, wenn die Parks schon längst geschlossen sind. Das Design des Komplexes wurde von weltbekannten Künstlern wie Bob Marley inspiriert.

### Schon gewusst?

Am Stand Hot Dog Hall of Fame® finden Sie alle nur denkbaren Varianten von Hotdogs.

 ←

Entspannung mit Blick auf den Vulkan Krakatau™; Wasserspaß (Detail)

Beliebte Restaurantketten wie Bubba Gump Shrimp Co.™ und Jimmy Buffett's Margaritaville® betreiben hier Filialen. Viele Familien schätzen das Angebot der The Cowfish® Sushi Burger Bar, Toothsome Chocolate Emporium & Savory Feast Kitchen™ hat ebenfalls viele Fans. Reservierungen sind in diesem Himmel für Chocoholics nicht möglich. Warten Sie, bis ein Tisch frei wird, oder holen Sie sich einfach einen Milkshake.

Erwachsene gehen gern zu VIVO Italian Kitchen™ oder Antojitos Authentic Mexican Food™ mit ihrer riesengroßen Auswahl an Speisen und Getränken.

Entertainment zu späterer Stunde bieten u. a. das Kino Universal Cinemark, Performances der Blue Man Group und Konzerte im Hard Rock Live Orlando. Ein Genuss ist die Piano-Livemusik bei Pat O'Brien's®, beliebte Locations für Nachtschwärmer sind the groove™ und Red Coconut Club™. Süße Snacks für zwischendurch bietet Voodoo Doughnut's.

**Highlight**

## Restaurants

Die meisten der besten Restaurants im Universal Orlando Resort™ befinden sich im Bereich CityWalk™. Das breite Angebot reicht von mediterraner bis zu japanischer Küche – für jeden Geschmack ist etwas dabei. Ein paar der empfehlenswertesten Lokale finden Sie in dieser Liste.

**Fusion Bistro Sushi & Sake Bar™**
🏠 CityWalk™
⑤⑤⑤

**NBC Sports Grill & Brew ™**
🏠 CityWalk™
⑤⑤⑤

**Red Oven Pizza Bakery™**
🏠 CityWalk™
⑤⑤⑤

**Capone's Dinner and Show**
🏠 CityWalk™
⑤⑤⑤

**Pirate's Dinner Adventure**
🏠 CityWalk™
⑤⑤⑤

**Medieval Times**
🏠 CityWalk™
⑤⑤⑤

**Mythos Restaurant™**
🏠 Islands of Adventure™
⑤⑤⑤

# Legoland®

**F4**  1 Legoland Way, Winter Haven  +1-877-350-5346
siehe Website  legoland.com/florida

**Dieser familienfreundliche Themen- und Wasserpark begeistert mit bekannten Figuren und Nachbildungen von Bauwerken aus Legosteinen. Shows und Fahrgeschäfte runden das Erlebnis ab.**

Nervenkitzel pur versprechen Achterbahnen wie Flying School, The Dragon Roller Coaster und The Great LEGO® Race mit spannenden VR-Elementen. Bei Kindern sehr beliebt ist auch LEGO® NINJAGO® The Ride, ein interaktives Spiel, bei dem man sich in einer kleinen Gruppe mit Feuerbällen und Blitzen gegen Bösewichte wehrt und dabei Punkte sammelt.

Die 2019 eröffnete LEGO® Movie™ World bietet Läden, Restaurants und neue Fahrgeschäfte. An Bord einer Triple Decker Flying Couch erleben Sie eine Reise durch Filmszenen, Bauchkribbeln erzeugt auch ein Fahrt mit Unikitty Disco Drop. Für eine kleine Stärkung nach all der Aufregung eignet sich das Restaurant Taco Everyday. An Wochenenden sollten Sie auf keinen Fall die Battle for Brickbeard's Bounty Ski Show im Pirates' Cove Stadium verpassen – Action ist garantiert.

Im hinteren Bereich erstreckt sich der Legoland® Water Park, für den separat Eintritt erhoben wird. Zu den Attraktionen gehören Wellenbecken, Wasserrutschen, Planschbecken und ein Fluss zum Raften. Ein wundervolles Stück Natur in Legoland® ist der erholsame botanische Garten.

 Fotomotiv
**Figuren der Legowelt**

Der große rote Dinosaurier direkt hinter dem Eingang von Legoland® ist ein wahrer Publikumsliebling, viele Kinder lassen sich gern mit ihm fotografieren. Doch auch vor Pepper & Roni's Pizza Stop warten fantastische Fotomotive – ob für Selfies oder als Schnappschüsse einzelner Figuren.

↑ Nachbildung der Skyline
der Metropole New York
aus Legosteinen

# Hotel

**Legoland® Hotel**
Das Themenhotel ist
der perfekte Standort
für einen mehrtägigen
Aufenthalt in dem be-
rühmten Park. Hier sind
Sie nur wenige Schritte
vom Geschehen ent-
fernt und können doch
bestens entspannen.
Die in fünf unterschied-
lichen Stilen eingerich-
teten Zimmer erweitern
das Urlaubserlebnis.
»Pirate« bietet Himmel-
betten mit Piratensym-
bolen wie gekreuzten
Knochen; »Adventure«
entführt auf eine Zeit-
reise ins Ägypten des
Altertums; in »Friends«
ist man von Stars aus
Legoland® umgeben;
»Kingdom« bietet mit-
telalterliches Ambiente;
»*The LEGO® Movie™*
World« ist von Film-
kulissen inspiriert.

$⑤$$⑤$$⑤$

**1** *Im Park trifft man viele gute
Bekannte, darunter Wyldstyle,
President Business und Emmet
aus* The LEGO® Movie™ *.*

**2** *Ein Aufenthalt im kunterbun-
ten LEGOLAND® Hotel rundet
den Besuch des Parks ab.*

**3** *Spaß an einem heißen Tag im
Wasserpark*

Downtown Orlando erstreckt sich um den Lake Eola ↑

 **3**

# Orlando

 **F3** ⛰ 240 000 ✈ 🚉 🚌 ℹ 8723 International Drive (+1-407-363-5872) 🌐 visitorlando.com

Bis in die 1950er Jahre war Orlando eine verschlafene Provinzstadt. Doch dies änderte sich durch die Errichtung des Kennedy Space Center und der Themenparks. Das Geschäftsviertel in Downtown Orlando ist nur am Abend wirklich einladend, wenn Einheimische wie Besucher die Bars und Restaurants an der Orange Avenue bevölkern. Tagsüber kann man in dem Park am Lake Eola spazieren. Hier bekommt man einen Eindruck von Orlandos frühester Geschichte.

## ① 🛹 ♿ Harry P. Leu Gardens

🏠 1920 N Forest Ave 📞 +1-407-246-2620 🕐 tägl. 9 – 17 🚫 25. Dez 🌐 leugardens.org

In dem 20 Hektar großen Park laden Gärten zum Spazieren ein. Einige Bereiche, wie der größte Rosengarten Floridas, sind formal angelegt, andere sind mit Eichen, Ahornbäumen und Zypressen bewachsen. Der Floral Clock Lawn ahmt eine ähnliche Rasenfläche in Edinburgh nach. Sie können das Leu House besichtigen, das der einheimische Geschäftsmann Harry P. Leu der Stadt 1961 vermachte.

## ② ♿ Maitland Art Center

🏠 231 W Packwood Ave 📞 +1-407-539-2181 🕐 Art Center: Do – So 11 – 16; Gelände: tägl. 🚫 Feiertage 🌐 artandhistory.org

Das in den 1930er Jahren von André Smith für Künstlerfreunde gestaltete Kunstzentrum im Vorort Maitland birgt Ateliers und Wohnräume. Die Gebäude mit Innenhöfen und Gärten zieren Motive der Maya und der Azteken.

Eine Galerie zeigt (Wander-)Ausstellungen zeitgenössischen amerikanischen Kunsthandwerks.

③

## Orlando Science Center

🏠 777 East Princeton St 📞 +1-407-514-2000 🕐 So – Fr 10 – 17, Sa 10 – 20 🌐 osc.org

Ziel des Centers ist es, eine stimulierende Umgebung für wissenschaftliches Lernen zu kreieren. Zu diesem Zweck organisiert es interaktive

## Hotel

### Grand Bohemian Hotel Orlando

Das luxuriöseste Hotel in Downtown bietet seinen Gästen elegante Annehmlichkeiten wie eine Piano-Lounge und ein Spa. Ein Highlight ist auch die hoteleigene Galerie für zeitgenössische Kunst.

🏠 325 S Orange Ave 🌐 kesslercollection. com/bohemian-orlando

$$$

> Im Loch Haven Park finden Festivals statt, besonders populär ist das Orlando Fringe Festival im Frühling.

Ausstellungen. Attraktionen sind Dr. Phillips CineDome, in dem man nicht nur beeindruckende Bilder und Filme, sondern auch den Sternenhimmel bewundern kann. Die »DinoDigs«-Ausstellung mit Dinosaurierfossilien ist vor allem bei Kindern sehr beliebt, dies gilt ebenso für die Orange Packing Plant, in der man Plastikorangen pflücken und verpacken kann.

Das Originalmuseum wurde 1960 in Loch Haven Park eröffnet. Das heutige Gebäude ist sechsmal größer als der Vorgängerbau und wurde im Februar 1997 eröffnet.

④ ♿
## Loch Haven Park
🏠 N Mills Ave an Rollins St

In dem Park drei Kilometer nördlich von Downtown gibt es drei Museen. Das **Orlando Museum of Art** zeigt neben Wechsel- auch drei Dauerausstellungen: präkolumbische Artefakte, afrikanische Kunst und amerikanische Gemälde (19./20. Jh.).

Im Park befindet sich das Orlando Shakespeare Theater. Hier finden Festivals statt, besonders populär ist das Orlando Fringe Festival im Frühling.

**Orlando Museum of Art**
◈ 🕐 Di – Fr 10 –16, Sa, So 12 –16 🌐 omart.org

⑤ ♿
## Orange County Regional History Center
🏠 65 E Central Blvd
📞 +1-407-836-8500
🕐 Mo – Sa 10 –17, So 10 –17
🚫 Feiertage
🌐 thehistorycenter.org

Die in einem 1927 errichteten Gebäude untergebrachte Sammlung dokumentiert auf drei Etagen die Geschichte Floridas. Die Objekte decken einen Zeitraum von rund 12 000 Jahren ab.

↑ *Sandfarbene Fassade des Orlando Science Center, eines wichtigen Ausstellungszentrums*

**4**

# Kennedy Space Center

🅰 F3 📍 Brevard Co. 🚌 📞 1-855-433-4210 🕙 tägl. ab 10 Uhr (Schließ-
zeiten variieren je nach Jahreszeit) 🌐 kennedyspacecenter.com

**Die NASA (National Aeronautics and Space Administration) ist seit
Ende der 1960er Jahren in Florida präsent. In dem beeindruckenden
Besucherzentrum erlebt jeder sein eigenes Weltraumabenteuer.**

Das von Orlando nur eine Autostunde entfernte Kennedy Space Center ist weltberühmt. Mit
dem Start von *Apollo 11* im Juli 1969 begann
Präsident J. F. Kennedys Traum von der Landung auf dem Mond wahr zu werden. Die
Space Shuttles (bemannte Raumfähren;
*siehe S. 194*) der NASA starteten von
1981 bis 2011 von einer der Rampen.
Heute lockt der Visitor Complex mit
vielen Attraktionen, Veranstaltungen und interaktiven Programmen,
die informieren und unterhalten.

Highlight im
**Apollo/Saturn V
Center** ist eine
Saturn-V-Rakete.

**Astronaut
Encounter**

**Children's
Play Dome**

Jede im **Rocket Garden**
aufgestellte Rakete spie-
gelt eine Periode Raum-
fahrtgeschichte wider.

Die Ausstellung Heroes &
Legends birgt auch die
**Astronauts Hall of Fame**.

Information

Eingang

*Chronik*

**1958**
Der erste US-Satel-
lit, *Explorer 1*,
startet (31. Jan)

**1969**
◁ Neil Armstrong
und Buzz Aldrin
*(Apollo 11)* betreten
den Mond (21. Juli)

**1961**
◁ Alan Shephard:
erster Amerikaner
im All (5. Mai)

**1965**
Edward White:
erster Amerikaner
auf Weltraumspa-
ziergang (3. Juni)

**1981**
*Columbia* ist
das erste
Shuttle im
All (12. Apr)

**1986**
△ Explosion
der *Challenger*,
die Mannschaft
stirbt (28. Jan)

↑ *Im Rocket Garden sind Raketen diverser Generationen ausgestellt*

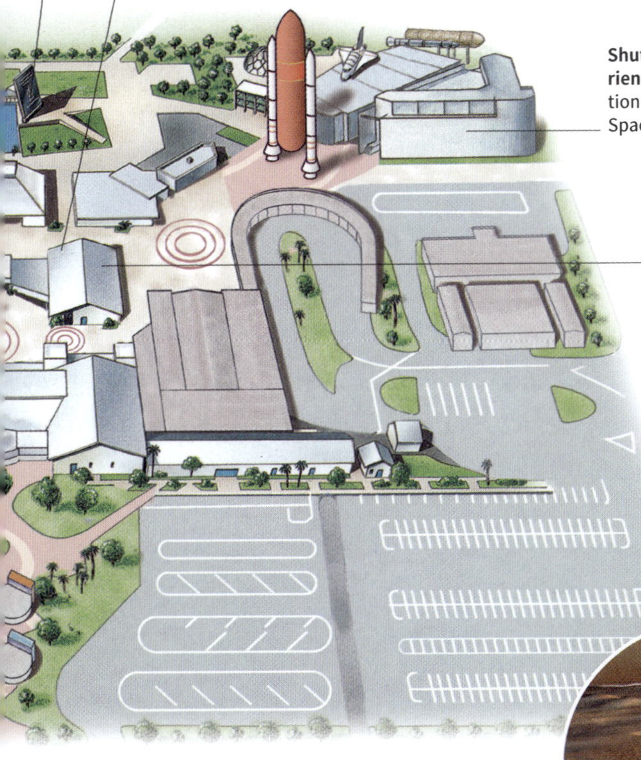

**Astronaut Memorial**

**Space Shop**

**Shuttle Launch Experience®** bietet Simulation des Starts eines Space Shuttle.

Abfahrt für Bustouren

← *Visitor Complex: schematische Darstellung*

**1988**
Erster Start der *Discovery* nach der *Challenger*-Katastrophe (29. Sep)

**1990**
Start des Hubble-Teleskops (24. Apr)

**2001**
▽ Dennis Tito ist der erste Weltraumtourist

**2003**
*Columbia* explodiert, die sieben Astronauten sterben (1. Feb)

**2008**
▷ Die Raumsonde *Phoenix* sendet Bilder vom Mars

**2012**
Erstes privates Unternehmen übernimmt Versorgung der ISS

**2015**
NASA bereitet Kapsel *Orion* für Weltraumeinsatz vor

# Visitor Complex

Das Kennedy Space Center wurde 1967 für Astronauten und deren Familien erbaut. Heute wird der gewaltige Visitor Complex jedes Jahr von fast zwei Millionen Menschen besucht. Die etwa 340 Quadratkilometer große Anlage bietet Informationen über den Weltraum sowie exzellente IMAX®-Filme, Live-Action-Shows, Treffen mit Astronauten und das Apollo/Saturn V Center – der Höhepunkt der Bustour mit Videoerklärungen. Mit dem All-inclusive-Ticket kann man die KSC-Tour, die IMAX®-Weltraumfilme, die US Astronauts Hall of Fame und alle Ausstellungen besuchen.

Die meisten Besucher strömen hier zuerst zu Shuttle: A Ship Like No Other. Von einer Aussichtsrampe hat man einen guten Blick auf das Shuttle *Atlantis*. Ein weiteres Highlight ist Shuttle Launch Experience®, Simulation des Starts eines Space Shuttle. Bei dem Erlebnis wird man auch in den Zustand der Schwerelosigkeit versetzt.

Spannend ist auch ein Besuch im IMAX® Theater, in dessen Kinos imposante Filme gezeigt werden.

Zu den Attraktionen zählt auch *Hubble 3D*, ein IMAX®-Film, bei dem Leonardo DiCaprio über die Errungenschaften des Weltraumteleskops Hubble erzählt. Es bescherte der Menschheit unvergleichliche Einsichten ins Universum. Ein weiterer IMAX®-Film ist *Journey to Space*. Eindrucksvolles Bildmaterial erläutert die Pläne der NASA, weiter in den Weltraum vorzudringen. Der Eintritt ins IMAX®-Kino ist schon im Preis des Tickets für das Kennedy Space Center enthalten.

Das Astronaut Encounter Theater hat Platz für etwa 300 Zuschauer und bietet die Möglichkeit, Berichte ehemaliger Astronauten zu hören.

Die Astronauts Hall of Fame erinnert an Astronauten mehrerer Weltraumprogramme. Der »Space Mirror« verfolgt den Lauf der Sonne und reflektiert das Sonnenlicht auf die Namen, die im Astronaut Memorial eingraviert sind. Hier wird der 20 Astronauten gedacht, die auf den Weltraummissionen ihr Leben ließen.

> ⛰ Schöne Aussicht
> **Raketenstart**
>
> Der Kennedy Space Center Visitor Complex ist nur wenige Kilometer von den Startrampen entfernt und der beste Ort, um das Abheben von Raumfahrzeugen zu beobachten. Tickets gibt es online.

> **Ein Highlight ist Shuttle Launch Experience®, Simulation des Starts eines Space Shuttle. Bei dem Erlebnis wird man auch in den Zustand der Schwerelosigkeit versetzt.**

*Raketen werden im Visitor Complex sehr eindrucksvoll in Szene gesetzt*

# Ausstellungen und Bustour im KSC

Die KSC-Tourbusse fahren alle 15 Minuten vom Visitor Complex ab und bieten einen Überblick über die Haupteinrichtungen, u. a. das Apollo/Saturn V Center. Dabei werden die Funktionsweisen der Einrichtungen erklärt. Die Besucher können sich so viel Zeit lassen, wie sie möchten, um alles zu sehen.

Das Eingangstor führt Besucher zur Plaza, wo man Tickets löst. Hier befinden sich auch ein Informationszentrum, ein Restaurant und ein Laden. Bei einem Rundgang wird die umfassende Geschichte der wichtigsten Weltraummissionen erläutert.

Der gläserne Rundbau führt zur Ausstellung Early Space Exploration, die die bedeutendsten Persönlichkeiten in den Anfangstagen der Weltraumfahrt zeigt.

Im Mercury Mission Control Room können Besucher das Beobachtungsdeck, die Instrumente und die Konsolen betrachten, mit denen die ersten acht bemannten Missionen überwacht wurden. Ein absolutes Highlight sind hier Aufnahmen und Interviews mit Mitgliedern der Crew. Nebenan sind einige Teile der Raumschiffe *Mercury* und *Gemini* ausgestellt, sodass Besucher die Weltraumerforschung hautnah erleben können.

↑ *Junge Besucher bei einer Ausstellung im Apollo/ Saturn V Center*

# Space Complex Tour

Wenn Sie die Einrichtungen der KSC-Tour lieber auf eigene Faust erforschen möchten, kann dies jeweils zwischen zwei und drei Stunden in Anspruch nehmen.

Im Apollo/Saturn V Center bekommen Sie eine echte 110 Meter lange Saturn-V-Mondrakete zu sehen. Im Firing Room Theater läuft ein Film über den historischen Start von *Apollo 8*, der ersten bemannten Mission zum Mond. Danach kann man sich im Lunar Theater einen weiteren Film ansehen, der Aufnahmen der Mondlandung präsentiert.

Die ebenso spannende Apollo Treasures Gallery geht auf das Apollo-Programm ein, das von der NASA zwischen 1961 und 1972 betrieben wurde. Hier sieht man die originale Kommandokapsel von *Apollo 14* sowie Ausrüstungen und Raumanzüge der Astronauten einiger Mondmissionen. Im Moon Rock Café haben Sie die Möglichkeit, direkt neben echtem Mondgestein zu essen.

Darüber hinaus werden weitere Touren angeboten: Die Cape Canaveral: Then & Now Tour etwa führt über die *Mercury-*, *Gemini-* und *Apollo-*

Abschussrampen sowie zum Air Force Space and Missile Museum. Die KSC Up-Close Tours vermitteln detailliertes Wissen über das gesamte Weltraumprogramm. Die drei hier angebotenen Touren (The Vehicle Assembly Building, Launch Pad und Launch Control Center) sind häufig ausgebucht, Sie sollten Ihre Tickets daher möglichst frühzeitig reservieren. Ideal ist es, für das gesamte Programm zwei Tage vorzusehen.

→ *Apollo-14-Kapsel in der Apollo Treasures Gallery*

# Space Shuttle

Ende der 1970er Jahre waren die Kosten für die Entsendung von Astronauten ins All nicht mehr tragbar. Die Apollo-Missionen verschlangen Milliarden Dollar. Wiederverwendbare Raumfahrzeuge waren nötig, die mehrere Jahre benutzt werden konnten. Die Antwort war das Space Shuttle *Columbia*, das am 12. April 1981 ins All startete. Es konnte verschiedenste Satelliten und Sonden ins Weltall transportieren. Außerdem beförderte es Material zur International Space Station (ISS). Das Space-Shuttle-Programm endete 2011.

### Zukunft der US-Raumfahrt

Nach dem Ende der Space-Shuttle-Ära suchte die NASA in der Privatindustrie Partner für die Entwicklung von Raumkapseln zur Vesorgung der ISS. Unternehmen wie SpaceX und Blue Origin übernahmen von der NASA Aufgaben wie etwa die Konstruktion von Shuttle-Nachfolgern, wofür sie von der Weltraumbehörde finanzielle Mittel und Einrichtungen des Kennedy Space Center zur Verfügung gestellt bekamen. So starten hier die von privaten Raumfahrtunternehmen entwickelten Raketen. Besucher können die Starts verfolgen, die besten Beobachtungspunkte finden Sie im Kasten unten.

Das von Amazon-Gründer Jeff Bezos im Jahr 2000 gestartete Raumfahrtunternehmen Blue Origin entwickelt Raumfahrzeuge wie *New Shepard* für suborbitale Flüge. Für die nähere Zukunft sieht Blue Origin im Transport von »Weltraumtouristen« ein Geschäftsfeld.

Auch nach Beginn der Kooperation mit der Privatindustrie verfolgt die NASA eigene Raumfahrtprojekte. Zu den aktuellen gehören die unbemannte Mission Exploration Flight Test 1 (EFT 1) mit dem Raumfahrzeug *Orion*. Das Projekt zielt auf die Entwicklung bemannter Raumschiffe für ISS-, Mond-, Mars- und Asteroidenflüge.

↑ *Start von* Delta II, *Cape Canaveral Air Force Station*

 **TOP 5 Aussichtspunkte**

**Titusville**
⌂ Hinter der Lagune

**Marina Park**
⌂ 501 Marina Rd

**Sand Point Park**
⌂ 101 N Washington Ave (US 1)

**Space View Park**
⌂ 8 Broad St

**Manzo Park**
⌂ 3335 S Washington Ave (US 1)

Der **Crawler** brachte das Shuttle zur Rampe.

**Crawlerway**, die 55 Meter breite, zweigleisige Kriechspur, wurde so konstruiert, dass sie dem Gewicht des Shuttle und der Kettenfahrzeuge standhielt.

Auf **Gleisen** wurde der Turm vor dem Abschuss entfernt.

→ *Startrampe im Kennedy Space Center*

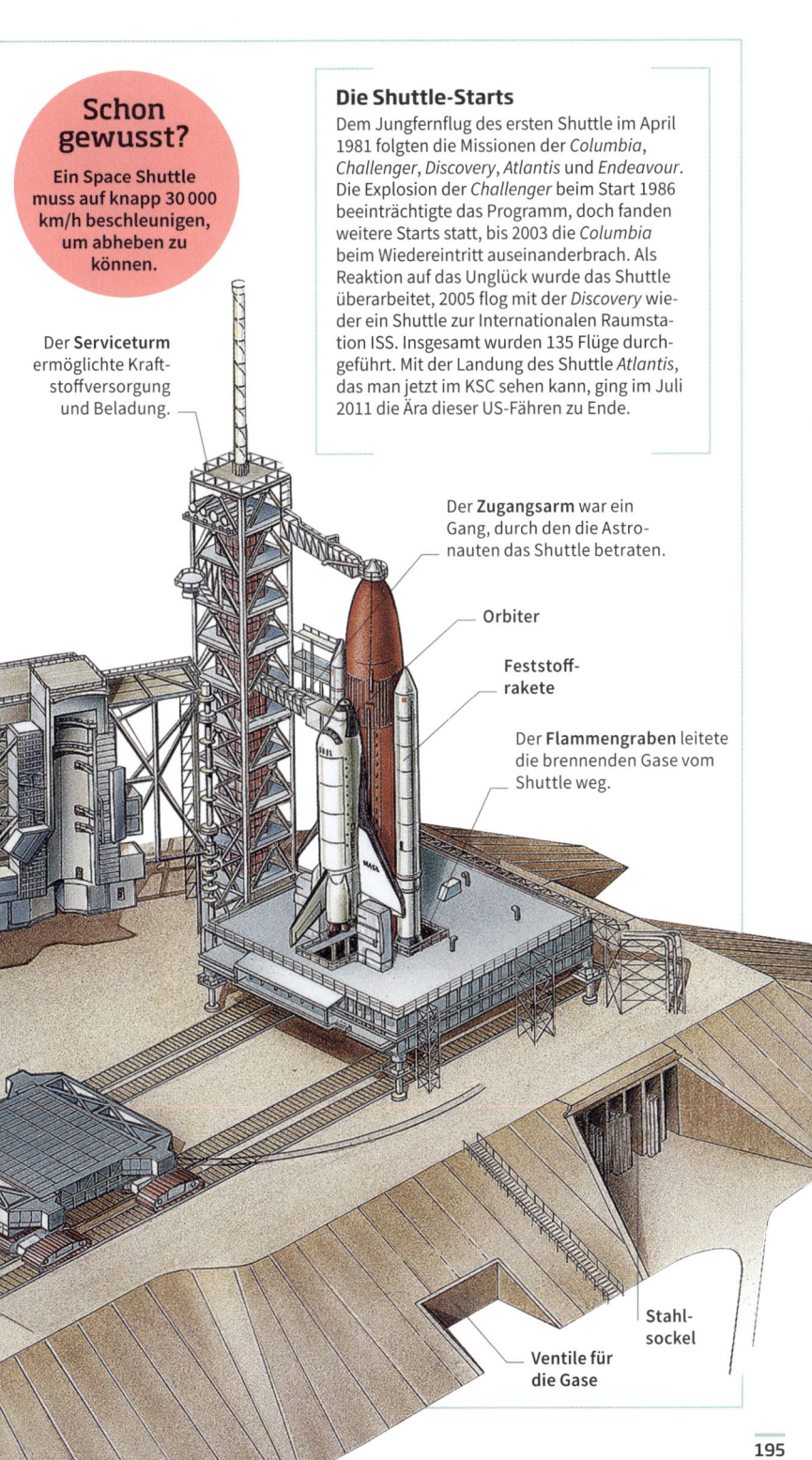

## Die Shuttle-Starts

Dem Jungfernflug des ersten Shuttle im April 1981 folgten die Missionen der *Columbia*, *Challenger*, *Discovery*, *Atlantis* und *Endeavour*. Die Explosion der *Challenger* beim Start 1986 beeinträchtigte das Programm, doch fanden weitere Starts statt, bis 2003 die *Columbia* beim Wiedereintritt auseinanderbrach. Als Reaktion auf das Unglück wurde das Shuttle überarbeitet, 2005 flog mit der *Discovery* wieder ein Shuttle zur Internationalen Raumstation ISS. Insgesamt wurden 135 Flüge durchgeführt. Mit der Landung des Shuttle *Atlantis*, das man jetzt im KSC sehen kann, ging im Juli 2011 die Ära dieser US-Fähren zu Ende.

Der **Serviceturm** ermöglichte Kraftstoffversorgung und Beladung.

Der **Zugangsarm** war ein Gang, durch den die Astronauten das Shuttle betraten.

Orbiter

Feststoffrakete

Der **Flammengraben** leitete die brennenden Gase vom Shuttle weg.

Stahlsockel

Ventile für die Gase

Bei Wildwasserfahrten in SeaWorld® Orlando sind Spaß und Nervenkitzel garantiert

# SEHENSWÜRDIGKEITEN

## 5
### SeaWorld® Parks & Resorts Orlando

🅰 B6 🏠 7007 SeaWorld Dr 📞 +1-407-545-5550 🕐 siehe Website 🅦 seaworld.com

Der Entertainment-Komplex umfasst drei unterschiedlich konzipierte Parks, die jede Menge Unterhaltung bieten.

SeaWorld® Orlando ist der populärste Bereich. In diesem Mix aus Vergnügungspark und Delfinarium stehen neben rasanten Fahrgeschäften auch Begegnungen mit Tieren auf dem Programm. Hauptattraktionen sind die Achterbahnen Kraken® und Mako sowie der Themenbereich Antarctica: Empire of the Penguin. Dort erforscht man bei einer Reise durch die Antarktis den Lebensraum von Pinguin Puck, der die Expeditionsteilnehmer als »Reiseleiter« begleitet. Wer Schildkröten liebt, besucht die Pflegestation Turtle Point mit verletzten und kranken Tieren. Die perfekte Aussicht hat man vom 122 Meter hohen Sky Tower, zu dem eine sechsminütige Fahrt hinaufführt.

SeaWorld® Orlando unterhält auch ein Rehabilitationszentrum für gestrandete und verletzte Meerestiere. Dort werden die Tiere gepflegt, nach ihrer Genesung kehren sie in die Natur zurück.

Unvergessliche Erlebnisse bietet Discovery Cove. Sie können das Leben unter Wasser direkt erleben, mit Delfinen schwimmen oder durch ein künstliches Korallenriff schnorcheln.

Dritter Park ist Aquatica, SeaWorld's Waterpark®. Dieses Wasserpardies bietet Lagunen, Wellenbecken, Strömungskanäle, Wasserrutschen und Fahrgeschäfte.

## 6
### Kissimmee

🅰 B7 🕒 41 000 🏠 Osceola County 🚉 🚌 ℹ 1925 E Irlo Bronson Memorial Hwy bzw. 5770 W Irlo Bronson Mem Hwy, Old Town 🅦 experiencekissimmee.com

Anfang des 20. Jahrhunderts liefen die Rinder in diesem Zentrum der Viehwirtschaft noch frei herum. Heute kann man sie meist nur noch zweimal im Jahr beim Rodeo in der Silver Spurs Arena von Kissimmee sehen. Die meisten Besucher kommen aber wegen der Nähe zu Walt Disney World®. Billige Motels liegen an der US 192. Nach einem Tag im Themenpark fühlen Sie sich vielleicht eher

### Kritik an SeaWorld® Orlando

In die Kritik geriet SeaWorld® Orlando nach Erscheinen des Dokumentarfilms *Blackfish* (2013), der ethische Fragen zur Tierhaltung aufwarf und Gefahren, die sich aus der Gefangenschaft von Tieren ergeben, thematisierte. Nach der Veröffentlichung wurde vor allem die Behandlung der Killerwale gerügt, die Besucherzahlen in den Themenparks gingen zurück. SeaWorld® Orlando stellte daraufhin sein Zuchtprogramm für Orcas ein.

in der Old Town wohl. In dieser Fußgängerzone mit vielen älteren Gebäuden bieten viele ausgefallene Geschäfte psychologische Literatur, Tattoos, irisches Leinen, Kerzen und mehr an. Außerdem finden Sie ein bescheidenes Geisterhaus und einen kleinen, nostalgischen Rummelplatz.

**Warbird Adventures** beim Stadtflughafen von Kissimmee bietet Besuchern die Gelegenheit, in einem T-6 Navy Trainer aus dem Zweiten Weltkrieg oder in einem MASH-Hubschrauber mitzufliegen. Passagiere dürfen hier an die Steuerknüppel.

**Silver Spurs Arena**
⊗ & ⌂ Osceola Heritage Park ⌚ für Shows
☒ silverspursrodeo.com

**Warbird Adventures**
⊗ & ⌂ N Hoagland Blvd ⌚ Mo – Sa 9 –17 ☒ warbird adventures. com

↑ *Buntes Nachtleben in der Fußgängern vorbehaltenen Old Town von Kissimmee*

**7**

# American Police Hall of Fame
⌂ F3 ⌂ 6350 Horizon Dr
☎ +1-321-264-0911
⌂ Titusville ⌚ tägl. 10 –16
⌚ Thanksgiving, 25. Dez
☒ aphf.org

Wohl kaum ein Besucher bleibt ungerührt angesichts der riesigen marmornen Ruhmeshalle der amerikanischen Polizei, in der mehr als 5000 Namen von Polizisten, die im Dienst getötet wurden, eingraviert sind.

Einige der hier präsentierten Ausstellungsstücke sind faszinierend, andere hingegen blutrünstig und geschmacklos. Der weibliche Robocop, Schlagringe und als Lippenstifte oder Regenschirme getarnte Waffen wirken eher langweilig.

**8**

# Winter Park
⌂ C4 ⌂ 25 000 ⌂ ⌂
ⓘ 150 N New York Ave
(+1-407-644-8281)
☒ winterpark.org

Die feine Gegend entstand um 1880, als sich wohlhabende Nordstaatler hier ihre Winterresidenzen errichten ließen. Aus den überaus exklusiven Läden und Cafés an der Park Avenue strömt der Duft teurer Parfüms und Kaffees. Das

**Charles Hosmer Morse Museum of American Art** am Nordende der Straße beherbergt die wohl weltweit schönste Sammlung von Louis Comfort Tiffany. Das **Cornell Fine Arts Museum** ist bekannt für seine erlesene Sammlung von Renaissance-Gemälden italienischer Künstler.

**Charles Hosmer Morse Museum of American Art**
⊗ ⌂ 445 Park Ave N
⌚ Di – Sa 9:30 –16, So 13 – 16 ☒ morsemuseum.org

**Cornell Fine Arts Museum**
⌂ 1000 Holt Ave ⌚ Di – Fr 10 –16, Sa, So 12 –17
☒ rollins.edu/cfam

# Bars

**The Porch**
Diese Sportbar besticht durch ihr industrielles Design. An Spieltagen wird es sehr voll.

⌂ C4 ⌂ 643 N Orange Ave, Winter Park
☒ theporchwinterpark. com
⑤⑤⑤

**The Parkview**
Die Auswahl an offenen Weinen birgt manche Überraschung.

⌂ C4 ⌂ 136 S Park Ave, Winter Park
☒ theparkviewwp.com
⑤⑤⑤

**The Geek Easy**
Die Bar ist bekannt für ihre Quizabende.

⌂ C4 ⌂ 114 S Semoran Blvd #6, Winter Park
☎ +1-321-972-8207
⑤⑤⑤

*In WonderWorks werden die Folgen eines Erdbebens simuliert; Besucher in einer Ausstellung (Detail)* ↑

## 9 🍴 🛍

### International Drive

🅰 B6 🏠 Orange County 🚌 🚇 Orlando ℹ️ 8723 International Drive (+1-407-363-5872) 🌐 international driveorlando.com

Wohl jeder Besucher Orlandos, der mit dem Auto unterwegs ist, wird diese Straße befahren. Vom International Drive sind es nur wenige Minuten zu Walt Disney World®, mit Universal Studios® und SeaWorld® flankieren einige andere der größten Attraktionen Floridas die Straße. Allein wegen dieser Besuchermagneten wurde der International Drive angelegt.

»I-Drive«, wie er im Volksmund heißt, ist ein fünf Kilometer langer Streifen von Restaurants, Hotels, Läden und Theatern. Highlight ist ICON Orlando 360™ mit vielen Attraktionen für Familien.

Man kann Tickets für einzelne Stationen kaufen, günstiger ist jedoch ein Sammelticket für mehrere.

Größter Anziehungspunkt von ICON Orlando 360™ ist **ICON Orlando™ Observation Wheel**, ein Riesenrad, von dessen 30 transparenten Gondeln man einen wundervollen Blick über Teile Floridas genießt. An klaren Tagen sieht man auch das Kennedy Space Center.

In **Madame Tussauds Orlando** stehen Wachsfiguren berühmter Persönlichkeiten aus Musik, Film, Fernsehen, Kunst, Wissenschaft, Geschichte und Sport. Neil Armstrong und Audrey Hepburn sind nur einige von vielen Stars.

Das im selben Gebäude untergeberachte **SEA LIFE**

**Aquarium Orlando** bietet einen wundervollen Einblick in die so artenreiche wie farbenprächtige Unterwasserwelt. Mehr als 5000 Meerestiere tummeln sich in den Tanks, die verschiedenen Ozeanen nachempfunden sind. In einem schwimmen Schwärme von Sardinen über die Köpfe der Besucher hinweg, in einem Unterwassertunnel kommt man Haien und Rochen ganz nahe.

**SKELETONS: Museum of Osteology** zeigt Skelette von mehr als 500 Tieren. Wesentlich lauter geht es beim **7-D Dark Ride Adventure** zu, wo in sieben Dimensionen (einschließlich Wind, Ton und Bewegung) scharf geschossen wird.

Eine besondere Attraktion ist **Ripley's Believe It or Not!** mit absurden Gegenständen, Illusionen und Filmmaterial über seltsame Meisterwerke. Es gehört zu einer internationalen Kette von Museen, die auf der Weltausstellung in Chicago 1933 durch das

> **Größter Anziehungspunkt ist ICON Orlando™ Observation Wheel, ein Riesenrad, von dessen 30 transparenten Gondeln man einen wundervollen Blick über Teile Floridas genießt.**

sogenannte Odditorium entstanden, eine Schöpfung des amerikanischen Zeichners Robert Ripley, der Verrücktes und Wunderbares suchte.

**WonderWorks** bietet interaktiven Spaß für die ganze Familie mit Erdbebensimulationen und spannenden Lasershows.

**Titanic – The Experience** ist die weltweit größte Titanic-Ausstellung. Hier kann man sich originale Filmrequisiten und andere Artefakte sowie original große Nachbauten der Schiffsräume und des Treppenhauses ansehen.

**Pointe Orlando**, eine ultramoderne Shopping Mall, lockt mit gehobenen Restaurants, exklusiven Clubs, B.B. King's Blues Club, einem IMAX®-Kino und natürlich jeder Menge Läden.

Das Official Visitor Information Center von Orlando hält Coupons für viele der Top-Attraktionen, Hotels und Restaurants in Orlando bereit. Es lohnt sich auf jeden Fall, hier vorbeizuschauen, weil diese Coupons viel Geld sparen helfen.

### ICON Orlando™ Observation Wheel
⊘ 🎫 8401 I-Drive
🕐 tägl. 10 – 2
ⓦ iconorlando.com

---

💬 Expertentipp
**I-Ride Trolleys**

Mit Bussen kommt man auf dem International Drive am besten (und günstigsten) vorwärts. Sie sind täglich im Einsatz (8 – 22:30), der Fahrpreis beträgt 2 US-Dollar, für Kinder bis neun Jahre die Hälfte.

---

→

*Die verglasten Gondeln des ICON Orlando™ Observation Wheel bieten eine wundervolle Aussicht*

---

### Madame Tussauds Orlando
⊘ ☺ 🎫 8387 I-Drive
🕐 tägl. 10 – 22 (Fr, Sa bis 23)
ⓦ madametussauds.com/orlando

### SEA LIFE Aquarium Orlando
⊘ ☺ 🎫 🎫 849 I-Drive
🕐 tägl. 10 – 21
ⓦ visitsealife.com/orlando

### SKELETONS: Museum of Osteology
⊘ ♿ 🎫 8441 I-Drive
🕐 tägl. 10 – 22
ⓦ skeletonmuseum.com

### 7-D Dark Ride Adventure
⊘ 🎫 8401 I-Drive 🕐 tägl. 10 – 22 (Fr, Sa bis 24)
ⓦ 7dadventure.com

### Ripley's Believe It or Not!
⊘ ♿ 🎫 8201 I-Drive
🕐 tägl. 9 – 24
ⓦ ripleysorlando.com

---

**Schon gewusst?**

Das ICON Orlando™ Observation Wheel ist 122 Meter hoch.

### WonderWorks
⊘ ♿ 🎫 9067 I-Drive
🕐 tägl. 9 – 24 ⓦ
wonderworksonline.com

### Titanic – The Experience
⊘ 🎫 7324 I-Drive 🕐 tägl. 11 – 22 (letzter Einlass 21)
ⓦ premierexhibitions.com/exhibitions

### Pointe Orlando
⊘ ☺ 😊 ♿ 🎫 9101 I-Drive
🕐 Mo – Sa 12 – 22, So 12 – 20
ⓦ pointeorlando.com

**10** 🚶 Ⓜ️ ♿

# Fantasy of Flight

🅰️ E3 🏠 Polk County
1400 Broadway Blvd SE,
Polk City 📞 +1-863-984-
3500 🚆 🚌 Winter Haven
🕐 siehe Website
🌐 fantasyofflight.com

Begehbare Ausstellungs-
stücke versetzen Sie in eine
B-17 Flying Fortress aus dem
Zweiten Weltkrieg während
eines Bombardements und
in Gräben bei einem Luft-
angriff im Ersten Weltkrieg.

In einer Kampfflugzeug-
Simulation aus dem Zweiten
Weltkrieg erleben Sie einen
Nahkampf über dem Pazifik.
Im Cockpit erhalten Sie An-
weisungen vor dem Flug und
Mitteilungen vom Kontroll-
turm über Start, Landung
und feindliche Flugzeuge.
In einem Hangar mit alten
Flugzeugen stehen das erste
viel genutzte Flugzeug der
USA – die Ford Tri-Motor aus
dem Jahr 1929, die in dem
Film *Indiana Jones und der
Tempel des Todes* eingesetzt
wurde – und die Roadair 1,
eine Kombination aus Flug-
zeug und Auto, die 1959 nur
einmal flog.

Wer sich näher mit der
Theamtik auseinanderset-
zen möchte, kann an einer
der angebotenen Führungen
teilnehmen. Dabei können
Besucher einen Blick hinter
die Kulissen der riesigen
Lagerhallen werfen oder
einen Restoration Shop
besuchen, in dem man auf
Experten trifft, die die alten
Maschinen reparieren.

Besucher können auch in
einer privaten Luftschau
die Flugkünste der
Piloten bestaunen
– oder sogar
selbst in die
Luft gehen.

*Blaureiher finden am
Lake Toho geeigneten
Lebensraum*

↑ *Besucher beim Einstieg in ein Verkehrsflugboot
Short Sunderland (1944), Fantasy of Flight*

**11**

# Lake Toho

🅰️ F3 🏠 Osceola Co. 3 Meilen (5 km) südl. von Kissimmee 🚆 🚌 Kissimmee
🚌 vom Big-Toho-Yachthafen,
Lakeshore Blvd, Kissimmee

Der im Quellgebiet der Everglades gelegene Lake Tohopekaliga – von den Einheimischen Toho genannt – ist
für seinen gewaltigen Arten-
reichtum bekannt. Die Insel
Makinson Island in der Mitte
ist ein 55 Hektar großes
Naturschutzgebiet, in dem
Besucher eine große Vielfalt
an Tieren und Pflanzen in
ihrer natürlichen Umgebung
erleben. Alligatoren, See-
adler, Fischadler, Reiher und
viele andere Tierarten kann
man bei einer
rund drei
Kilome-
ter lan-
gen Wan-
derung von
einem Weg
beobachten, der
um das Reservat
führt. Den Transport
zur Insel muss man indi-
viduell organisieren. Etwa
ein Drittel des Sees wird
von Maidencane-Gras und
Rohrkolben bedeckt.
Angler kommen
aus aller Welt zum

Lake Toho – einem der besten Orte Floridas, um Barsche zu fangen – und treten
bei dreitägigen Wettkämpfen
gegeneinander an.

**12** ♿

# Yeehaw Junction

🅰️ F4 🏠 Osceola County

Yeehaw Junction war einst
nur als Raststation für Holz-
fäller und Cowboys bekannt,
die ihr Vieh von Zentralflorida zu den Reservaten und
Plantagen an der Küste trie-
ben. Das **Desert Inn**, das an
der Kreuzung zwischen dem
Florida's Turnpike und dem
Highway 441 liegt, bietet sich
als Zwischenstopp an. Hier
gibt es Alligatoren- und
Schildkrötenburger, einen
Souvenirladen und ein großes Freigelände für Partys
und Barbecues.

Das Holzgebäude aus dem
späten 19. Jahrhundert wurde in das National Registry of
Historical Places aufgenommen. Hier erhalten Sie einen
tiefen Einblick in die überaus
interessante Geschichte von
Cracker Country.

**Desert Inn**
🍷 🍴 🏠 5570 South
Kenansville Rd
🕐 tägl. ab 8:30
🌐 desertinnrestaurant.com

**13**

## Bok Tower Gardens

🅐 F4 🏠 Polk County, 1151 Tower Blvd, Lake Wales 📞 +1-863-676-1408 🚉 Winter Haven 🚌 Lake Wales 🕐 tägl. 8–18 🌐 boktowergardens.org

Edward W. Bok kam 1870 im Alter von sechs Jahren aus Holland in die USA und wurde hier ein einflussreicher Verleger. Kurz vor seinem Tod 1930 öffnete er den wunderschön bewaldeten Park dem Publikum »als Dank für seinen Erfolg, den er der Öffentlichkeit schuldet«. Das Gelände erstreckt sich am höchsten Punkt der Halbinsel Florida – 91 Meter über dem Meeresspiegel. Das Zentrum bildet der Singing Tower mit Boks Grab.

### Schon gewusst?

Im Disney Wilderness Preserve wurden auch gefährdete Florida-Panther gesichtet.

Sie können den Turm nicht besteigen, sollten sich aber das 45-minütige Glockenspiel um 15 Uhr anhören.

**14**

## Disney Wilderness Preserve

🅐 F4 🏠 2700 Scrub Jay Trail, 12 Meilen (18 km) südwestl. von Kissimmee 📞 +1-407-935-0002 🚉 🚌 Kissimmee 🕐 Apr–Okt: Mo–Fr 9–16:30; Nov–März: tägl. 9–16:30 🕐 Juni–Sep: Sa, So 🌐 nature.org

Orlandos gepflegtestes Naturreservat ist ein wunderbar ruhiger Ort, an dem man sich von den Massen der weiter nördlich gelegenen Attraktionen zurückziehen kann. Das 50 Quadratkilometer große Reservat, das an einen der schönsten Seen Floridas grenzt, wurde 1992 für die Öffentlichkeit zugänglich gemacht. Seine Seen und Sümpfe sind wahre Paradiese für Pflanzen und Tiere.

Zu den etwa 160 hier wild lebenden Spezies gehören auch Florida-Kranich, Buschblauhäher und Sherman-Fuchshörnchen.

### Alligatoren

Rund eine Million Alligatoren leben in Floridas Gewässern (Seen, Flüssen und sogar Teichen von Golfplätzen). Trotz ihrer großen Anzahl gelten Alligatoren als gefährdet. Tödliche Angriffe auf Menschen sind äußerst selten, treten jedoch gelegentlich auf – zum letzten Mal im Jahr 2018.

Im Gegensatz zu den anderen Disney-Attraktionen werden hier keine Fahrgeschäfte geboten, dennoch gibt es viel zu unternehmen. So kann man auf drei Wegen zum Lake Russell wandern. Die kürzeste Variante ist der »Interpretive Trail« (1,2 km), auf dem man viel über die hiesige Natur erfährt.

Längere Wege sind teilweise der Sonne ausgesetzt, nehmen Sie also vor allem bei einem Besuch des Geländes im Sommer auf jeden Fall Sonnenschutzmittel und genügend Wasser mit.

Sie können auch an einer Offroad-Buggy-Tour teilnehmen, die mit einer 20-minütigen Video-Einführung über das Reservat beginnt, ehe Sie sich mit Führer auf den Weg durch Sümpfe machen.

→

*Der imposante Singing Tower im Zentrum von Bok Tower Gardens*

← *Waldstorch – ein typischer Vertreter der Vogelwelt auf Merritt Island*

## 15 Valiant Air Command Warbird Air Museum

🅰 F3  🏠 6600 Tico Rd, Titusville, Brevard County
📞 +1-321-268-1941
🚌 Titusville  🕐 Fr – So 9 – 17
🚫 Thanksgiving, 25. Dez
🌐 valiantaircommand.com

In einem Hangar sind liebevoll restaurierte Militärflugzeuge aus dem Zweiten Weltkrieg und späteren Zeiten zu sehen. Prunkstück ist eine Douglas C-47, die *Tico Belle*. Bevor das Flugzeug offizielles Transportmittel der dänischen Königsfamilie wurde, tat es im Zweiten Weltkrieg Dienst.

Jedes Jahr im März werden in einer Flugshow Nahkampfdemonstrationen präsentiert.

## 16 Canaveral National Seashore und Merritt Island

🅰 F3  🏠 Brevard County
🚌 Titusville  🌐 nps.gov

In diesen benachbarten Reservaten gibt es eine beachtliche Vielfalt an Tierarten und dank des Zusammentreffens von gemäßigtem und subtropischem Klima viele Lebensräume, darunter Salzwasserbuchten, Sümpfe, Pinienhaine und Hammocks. Man kann Alligatoren und gefährdete Tierarten wie Seekühe sehen, beherrschend ist jedoch die Vogelwelt.

Zum **Canaveral National Seashore** gehört eine Barriere-Insel mit Floridas größtem naturbelassenem Strand – ein herrlicher, 39 Kilometer langer Sandstrand. Apollo Beach im Norden ist von der A1A, Playalinda Beach im Süden über Route 402 zu erreichen. Dazwischen gibt es keine Straßenverbindung. Die Strände eignen sich sehr gut zum Sonnenbaden, Schwimmen kann jedoch gefährlich sein – es gibt keine Rettungsschwimmer.

Hinter dem Apollo Beach errichteten Timucua-Indianer zwischen 800 und 1400 einen zwölf Meter hohen Muschelhügel. Ein Plankenweg führt hinauf, wo man einen herrlichen Blick über die Mosquito Lagoon mit ihren vielen Mangroveninseln hat.

Die Route 402 nach Playalinda Beach bietet ebenfalls eine schöne Aussicht – auf die Abschussrampen des Kennedy Space Center, die aus dem Wasser herausragen. Diese Straße kreuzt auch das 570 Quadratkilo-meter große **Merritt Island National Wildlife Refuge**, das größtenteils im Kennedy Space Center liegt und daher unzugänglich ist.

Die beste Möglichkeit, die Tierwelt zu erleben, bietet der zehn Kilometer lange Black Point Wildlife Drive.

Das östlich an der Route 402 in Richtung Playalinda gelegene Merritt Island Visitor Information Center erläutert die Lebensräume und die einzigartige Flora und Fauna des Reservats. Etwa 1,5 Kilometer weiter östlich führen auf dem Oak Hammock und dem Palm Ham-

↑ *Ausstellungshalle im Valiant Air Command Warbird Air Museum*

← Surfer und Schwimmer genießen den Wellengang vor Cocoa Beach

mock Trail Plankenwege durch Sumpfgebiet. Hier kann man Vögel beobachten und fotografieren.

### Canaveral National Seashore
 🏠 Route A1A, 20 Meilen (32 km) nördl. von Titusville 📞 +1-321-267-1110 🕐 Sommer: tägl. 6 – 20; Winter: tägl. 6 – 18 🌐 nps.gov

### Merritt Island National Wildlife Refuge
🏠 Route 406, 4 Meilen (6,5 km) östl. von Titusville 📞 +1-321-861-0667 🕐 tägl. 🌐 merrittisland.fws.gov

### ⑰ Cocoa Beach
🅰 G3 🏔 14 000 🚌 Merritt Island 🅸 400 Fortenberry Rd (+1-321-459-2200) 🌐 cityofcocoabeach.com

> Cocoa Village prägen Gebäude, die um 1880 entstanden (einige von ihnen beherbergen einfache Boutiquen), Gaslaternen und Kopfsteinpflaster.

Der überaus beliebte Ferienort bezeichnet sich als das Surfzentrum der Ostküste. Surfpartys, Bikini- und Bier-Wettkämpfe geben auf dem Pier den Ton an.

Zahlreiche Motels, Filialen von Restaurantketten und Kneipen prägen das Bild der Hauptdurchgangsstraße, der **Ron Jon Surf Shop** stellt jedoch alle in den Schatten. Der Neonpalast bietet Surfbretter in rauen Mengen (Verkauf und Verleih) und eine riesige Auswahl an T-Shirts. Vor den blinkenden Türmen stellen Skulpturen verrückte Strandsportler dar.

### Ron Jon Surf Shop
🏠 4151 N Atlantic Ave 📞 +1-321-799-8888 🕐 tägl. 24 Stunden

### ⑱ Cocoa
🅰 F3 🏔 20 000 🚌 🅸 400 Fortenberry Rd, Merritt Island (+1-321-459-2200) 🌐 cocoafl.org

Cocoa ist der attraktivste Ort auf dem Festland an der Space Coast. Wo die Route 520 den Indian River bei Cocoa Beach überquert, liegt der als Cocoa Village

Expertentipp
**Vogelwelt der Space Coast**

Die prächtige, artenreiche Vogelwelt der Space Coast kann man am besten in den frühen Morgenstunden oder kurz vor Einbruch der Dunkelheit beobachten. Vor allem zwischen November und März wimmelt es in den Sümpfen und Lagunen nur so von Zugvögeln.

bekannte historische Bezirk mit Gebäuden, die um 1880 entstanden (einige von ihnen beherbergen einfache Boutiquen), Gaslaternen und Kopfsteinpflaster.

In der Delannoy Avenue am östlichen Ende steht das Classical Revival **Porcher House**, 1916 aus Coquina-Stein gebaut. Achten Sie auf die in den Säulengang eingravierten Karo-, Herz-, Pik- und Kreuzsymbole: Mrs. Porcher spielte begeistert Bridge.

### Porcher House
🚫 🏠 434 Delannoy Ave 📞 +1-321-633-0806 🕐 Mo – Fr 8 –17

# Nordosten

In dieser Region erinnern beschauliche Fischerdörfer, überwucherte Plantagen und malerische Städte an das Florida vergangener Zeiten. Floridas geschriebene Geschichte beginnt an der First Coast im Nordosten. Juan Ponce de León landete hier erstmals 1513, und spanische Siedler bauten das noch gut erhaltene St. Augustine, bewacht von dem mächtigen Fort San Marcos.

Mit den Dampfschiffen kamen im 19. Jahrhundert die ersten Urlauber. Damals war Jacksonville das Tor Floridas, und Dampfer befuhren den St. Johns River und seine Nebenflüsse. In den 1880er Jahren erreichte die Eisenbahn die Ostküste, danach strömten reiche Urlauber in die Luxushotels von St. Augustine und Ormond Beach.

Breite Sandstrände säumen den beliebten Ferienort Daytona, ein Synonym für Autorennen, seit Männer wie Henry Ford und Louis Chevrolet in ihrem Winterurlaub am Strand Autorennen veranstalteten.

Ein Stück weiter im Landesinneren erstreckt sich westlich des St. Johns River der Ocala National Forest. Dahinter werden die Wälder allmählich immer lichter und gehen schließlich in das hügelige Weideland der Milliarden Dollar schweren Vollblutpferdezucht des Marion County über. Die bezaubernden Provinzstädte und Dörfer wie Micanopy blieben von den Entwicklungen des 20. Jahrhunderts praktisch unberührt.

# Nordosten

## Highlights
1 Jacksonville
2 St. Augustine

## Sehenswürdigkeiten
3 Fernandina Beach
4 Fort Caroline National Memorial
5 Kingsley Plantation
6 Talbot Island State Parks
7 Daytona Beach
8 Marineland® Dolphin Adventure
9 Washington Oaks Gardens State Park
10 Bulow Plantation Ruins Historic State Park
11 Daytona International Speedway
12 Ponce de León Inlet Lighthouse
13 Sanford
14 Gainesville
15 Silver Springs State Park
16 Marjorie Kinnan Rawlings Historic State Park
17 Ocala National Forest
18 Ocala
19 Mount Dora
20 Micanopy
21 Ormond Beach
22 Blue Spring State Park

*Wolkenkratzer in Downtown spiegeln sich im St. Johns River* ↑

# ❶

# Jacksonville

🅰 F2 🏙 880 000 ✈ 🚇 🚌 *i* 550 Water St (+1-904-798-9148) 🅦 visitjacksonville.com

**Jacksonville wurde 1822 gegründet und nach General Andrew Jackson benannt. Die Stadt erlebte Anfang des 19. Jahrhunderts einen Boom als Hafen und Eisenbahn-Endstation. Das Geschäftszentrum mit vielen Restaurants und Läden liegt zu beiden Seiten des St. Johns River.**

## ①
### Jacksonvilles Strände

🏠 Duval Co, St. Johns Co
🚌 🚌 Jacksonville
🚌 BH1, BH2, BH3
🅦 jacksonvillebeach.org

Östlich von Downtown erstrecken sich ein halbes Dutzend Strände. Im Süden ist der Ponte Vedra Beach wegen seines Sportangebots (v. a. Golf) bekannt. Jacksonville Beach ist der überlaufenste und lauteste Strand. Adventure Landing bietet hier ganzjährig Unterhaltung. Neptune Beach und Atlantic Beach im Norden sind familienfreundlich. Am schönsten ist der **Kathryn Abbey Hanna Park** mit langem weißen Sandstrand, Wanderwegen, einem Süßwassersee zum Angeln und Baden sowie Campinganlagen. Der Park liegt südlich von Mayport. Hier gibt es eine Krabbenkutterflotte, auch ein Flugzeugträger der US Navy ist hier beheimatet.

### Kathryn Abbey Hanna Park

♿♿ 🏠 500 Wonderwood Dr 📞 +1-904-249-4700
🕐 Apr – Okt: tägl. 8 – 20 (Nov – März: tägl. 8 –18)

## ② ♿♿
### Cummer Museum of Art and Gardens

🏠 829 Riverside Ave
📞 +1-904-356-6857
🕐 Di – So 🕐 Feiertage
🅦 cummermuseum.org

Das ausgezeichnete Museum in einem herrlichen Park am St. Johns River präsentiert in zwölf Galerien 4000 Kunstwerke, die von klassischen und präkolumbischen Skulpturen und Keramiken über Renaissance-Gemälde bis zur Wark-Sammlung mit frühem Meissener Porzellan reichen.

Weiter sind die *Grablegung Christi* (ca. 1605) von Rubens und eine Sammlung japanischer Exponate zu sehen. Auch Werke amerikanischer Impressionisten sowie Bilder von Künstlern des 19. und 20. Jahrhunderts wie John James Audubon sind hier ausgestellt.

↑ *Griechische Vase (6. Jh. v. Chr.) im Cummer Museum of Art*

### Museum of Science and History

🏠 1025 Museum Circle 📞 +1-904-396-6674 🕐 siehe Website 🌐 themosh.org

Hier wird die 12 000 Jahre alte Kultur der Timucua-Indianer und deren Vorgänger mit Werkzeugen, Pfeilspitzen, Töpferwaren und anderen Funden verdeutlicht. Es gibt Abteilungen zu Ökologie und Geschichte des St. Johns River und der *Maple Leaf*, eines 1864 gesunkenen Dampfschiffs aus dem Bürgerkrieg.

Im Bryan Gooding Planetarium finden freitags und samstags Lasershows statt.

### Jacksonville Zoo and Gardens

🏠 870 Zoo Parkway
📞 +1-904-757-4463
🕐 tägl. 9–17 🕐 25. Dez
🌐 jacksonvillezoo.org

Der 1914 eröffnete Zoo liegt nördlich der Stadt an der I-95.

↑ *Löwen gehören zum reichen Tierbestand im Jacksonville Zoo*

Hier leben etwa 1000 Tiere, von Ameisenbären bis Zebras, in natürlichen Lebensräumen. Im afrikanischen Buschland streifen Löwen, Elefanten und Kudus umher, Weißwedelhirsche, afrikanische Krokodile und Stachelschweine kann man am Okavango Trail beobachten. Sehenswert sind auch die größte Jaguar-Population der USA und die Magellan-Pinguine. Einen sehr guten Überblick bietet die 15-minütige Fahrt mit einer Miniaturbahn.

### Museum of Contemporary Art Jacksonville

🏠 333 North Laura St
📞 +1-904-366-6911
🕐 siehe Website
🌐 mocajacksonville.org

Dieses geräumige Museum im Herzen der Stadt zeigt in fünf Galerien die größte Sammlung moderner Kunst im Südosten der USA.

## Süßwaren

### Sweet Pete's Candy Factory

Ein Besuch hier ist ein absolutes Muss für Naschkatzen: Sweet Pete's ist einer der größten unabhängigen Süßwarenhersteller des Landes. Nehmen Sie sich ein wenig Zeit, um einige der vielen handgefertigten Süßigkeiten an der Dessertbar zu kosten und zu kaufen. Hier finden Sie leckere Mitbringsel.

🏠 400 N Hogan St
🕐 siehe Website 🌐 sweetpetescandy.com

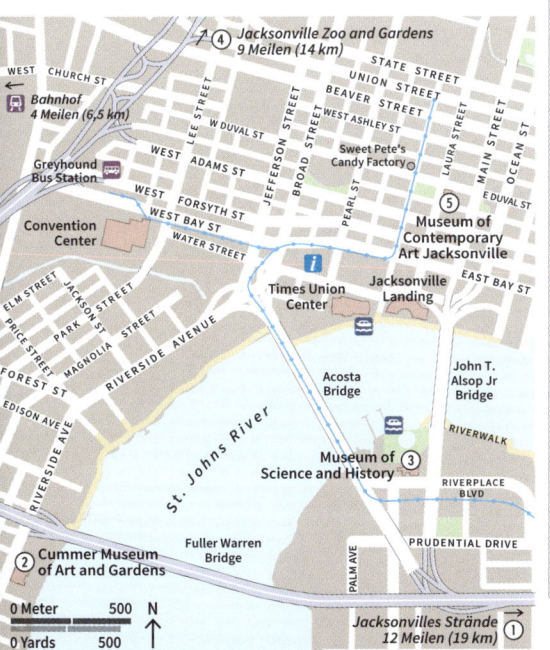

Jacksonville Zoo and Gardens
9 Meilen (14 km)

WEST CHURCH ST
← Bahnhof
4 Meilen (6,5 km)

STATE STREET
UNION STREET
BEAVER STREET
WEST ASHLEY ST
W DUVAL ST
Sweet Pete's Candy Factory
WEST ADAMS ST
Greyhound Bus Station
WEST FORSYTH ST
WEST BAY ST
Convention Center
WATER STREET
Museum of Contemporary Art Jacksonville ⑤
E DUVAL ST
Times Union Center
Jacksonville Landing
EAST BAY ST
ELM STREET
PRICE STREET
PARK STREET
JACKSON STREET
MAGNOLIA STREET
FOREST ST
RIVERSIDE AVENUE
Acosta Bridge
John T. Alsop Jr Bridge
RIVERWALK
EDISON AVE
RIVERSIDE AVE
St. Johns River
Museum of Science and History ③
RIVERPLACE BLVD
Fuller Warren Bridge
PRUDENTIAL DRIVE
PALM AVE
② Cummer Museum of Art and Gardens

0 Meter 500 N
0 Yards 500

Jacksonvilles Strände
12 Meilen (19 km) ①

**2**

# St. Augustine

 F2 🏛 16 000 🚌 ℹ 10 Castillo Drive (+1-904-824-0709) 🎭 Arts & Crafts Spring Festival (Apr) 🌐 visitstaugustine.com

Amerikas älteste von Europäern besiedelte Stadt gründete Pedro Menéndez de Avilés 1565 am Tag der heiligen Augustina. 1702 brannte die Stadt nieder, sie wurde jedoch bald wieder aufgebaut. Viele der malerischen, engen, mit hübschen Steingebäuden gesäumten Altstadtgassen stammen aus dieser frühen Zeit. Zahlreiche Besucher zieht es an die schönen Strände und an den Yachthafen.

**①** 

## Colonial Quarter

🏠 33 St. George St 📞 +1-904-342-2857 🕐 So – Do: 11 – 20, Fr, Sa 11 – 22 🗓 25. Dez und bei Veranstaltungen 🌐 colonialquarter.com

Im Altstadtviertel wird das Leben der Menschen dokumentiert, die zwischen dem 16. und 18. Jahrhundert in St. Augustine lebten – von den indianischen Kulturen über europäische Siedler bis zu afrikanischen Sklaven. Mehrmals am Tag werden Führungen veranstaltet, darüber hinaus werden von

Zeit zu Zeit historische Ereignisse nachgestellt.

Im Colonial Quarter sind Reste des ersten hier errichteten Forts erhalten, Hand-

werkstraditionen wie Bootsbau und Schmieden werden zum Leben erweckt. Vom Aussichtsturm genießt man einen sehr beeindruckenden Blick auf das Castillo de San Marcos und die Bucht.

**②**

## Oldest Wooden Schoolhouse

🏠 14 St. George St 📞 +1-904-824-0192 🕐 tägl. 10 – 17 🗓 25. Dez 🌐 oldestwoodenschoolhouse.com

Das vor 1788 errichtete Gebäude ist angeblich das älteste Schulhaus Amerikas.

*Vor dem Rathaus erstreckt sich ein hübscher Platz mit Palmen*

Holznägel und gusseiserne Bolzen halten die Wände aus Zypressen- und Zedernholz zusammen. Zudem umgibt das Haus eine massive Kette, die es bei Sturm auf dem Boden halten soll. Innenräume und Garten sind für Besucher zugänglich.

③
### Peña-Peck House
🏠 143 St. George St 📞 +1-904-829-5064 🕐 Mo – Sa 10:30 –17, So 12:30 –17 🌐 penapeckhouse.com

Das restaurierte Haus entstand um 1740 für den königlichen Schatzmeister Juan de Peña. 1837 wurde es Wohnhaus von Dr. Seth Peck. Die Pecks lebten hier fast 100 Jahre lang. 1931 wurde es der Stadt übertragen. Das Haus ist im Stil um 1850 eingerichtet, viele Gegenstände sind Familienerbstücke.

*Holzfassade des Oldest Wooden Schoolhouse in St. Augustine*

④
### Museum of History and Archaeology at the Government House
🏠 48 King St 📞 +1-904-825-5079 🕐 tägl. 10 –17 🕐 25. Dez 🌐 staugustine.ufl.edu

Das Government House zieren Loggien im spanischen Stil, die man nach einem Gemälde (17. Jh.) des Originalgebäudes kopierte. Das Museum beleuchtet die Zeit der Gründung von St. Augustine.

⑤
### Spanish Military Hospital
🏠 3 Aviles St 📞 +1-904-342-7730 🕐 tägl. 9 –17 🕐 25. Dez 🌐 spanishmilitaryhospitalmuseum.com

Eine Apotheke, eine Liste von patientenfreundlichen

Krankenhausvorschriften, altes Operationsbesteck und diverse blutbefleckte Arztberichte vermitteln einen Einblick in die Pflege der Soldaten Ende des 18. Jahrhunderts.

---

## Bar

**A1A Ale Works Restaurant & Taproom**
Die Craft-Biere der hauseigenen Brauerei haben viele Fans. Am Wochenende gibt es Livemusik.

🏠 1 King St 🌐 a1aaleworks.com

---

## ⑥
### Prince Murat House

- 🏠 246 St. George St
- ☎ +1-904-823-9722
- 🕐 tägl. 9–17
- 🌐 thecollectorinn.com

In diesem Gebäude lebte 1824 Fürst Achille Murat, ein Neffe von Napoléon Bonaparte.

Als eines von neun historischen Gebäuden bietet das Prince Murat House Ausstellungen, interaktive Stationen und Objekte, die die historische und kulturelle Entwicklung Floridas dokumentieren.

## ⑦
### St. Augustine Lighthouse

- 🏠 81 Lighthouse Ave
- ☎ +1-904-829-0745
- 🕐 tägl. 9–18
- 🌐 staugustinelighthouse.com

Der immer noch betriebene, schon von Weitem

→

*St. Augustine Lighthouse dient neben seiner ursprünglichen Funktion auch als Kulturzentrum*

sichtbare Leuchtturm bietet eine gute Aussicht über die Stadt. Hier erhält man Informationen über Themen wie Fischerei und Bootsbau sowie über die Veränderung der Küstenlandschaft. Zudem werden diverse Workshops und Aktivitäten für Kinder angeboten.

## ⑧
### Ximenez-Fatio House

- 🏠 20 Aviles St
- ☎ +1-904-829-3575
- 🕐 siehe Website
- 🔒 Feiertage
- 🌐 ximenezfatiohouse.org

Das Haus entstand 1797 als Domizil eines spanischen Kaufmanns. Heute ist das von der National Society of Colonial Dames geführte Museum eine Rekonstruktion einer Pension um 1830, als Invalide, Stadtplaner und Abenteurer nach Florida kamen, um dem harten Winter im Norden zu entkommen.

Die Innenräume des Gebäudes sind mit Kunstwerken und Möbeln früherer Epochen eingerichtet.

## ⑨
### Oldest House

- 🏠 14 St. Francis St
- ☎ +1-904-824-2872
- 🕐 tägl. 10–17
- 🔒 Ostern, Thanksgiving, 25. Dez
- 🌐 oldesthouse.org

Die Geschichte des auch als Gonzáles-Alvarez-Haus bekannten Gebäudes lässt sich über fast 300 Jahre verfolgen. Die Stelle war erstmals um 1600 bebaut, das jetzige Gebäude ist erst durch den englischen Angriff von 1702 dokumentiert.

Die Coquina-Mauern waren Teil des ursprünglich eingeschossigen Hauses des spanischen Artilleriesoldaten Tomás González, der hier lebte. Unter englischer Besatzung (1763–83) kam eine zweite Etage hinzu, später gab es noch weitere Ergänzungen.

In dem Gebäude, dessen Interieur Stile mehrerer Epochen widerspiegelt, ist heute ein von der St. Augustine Historical Society betriebenes Museum untergebracht, Führungen finden halbstündlich statt.

## ⑩
### Fort Mose Historic State Park

- 🏠 15 Fort Mose Trail
- ☎ +1-904-823-2232
- 🕐 tägl. 9–17
- 🌐 floridastateparks.org

Auf diesem Areal wurde 1738 die erste Siedlung geflohener afrikanischer Sklaven gegründet. Besucher können das Gelände besichtigen, auf dem auch ein Museum und ein Informationszentrum eingerichtet wurden.

An jedem ersten Samstag im Monat gibt es Darbietungen mit alten Waffen (u. a. Musketen). Wenn die Teilnehmer Kostüme aus dem 18. Jahrhundert tragen, ist dies eine hervorragende Gelegenheit zum Fotografieren.

## Villa Zorayda

🏠 83 King St 📞 +1-904-829-9887 🕐 Mo – Sa 10 –16, So 11 –16 🚫 Ostern, Thanksgiving 🌐 villazorayda.com

Dies ist die Kopie eines Teils der Alhambra in Granada im Maßstab 1 : 10. Eine Ausstellung präsentiert Kunst und Artefakte aus dem Nahen Osten, darunter den möglicherweise ältesten Teppich der Welt. Das Gebäude wurde im Jahr 1883 mit 40 Fenstern unterschiedlicher Größe, Form und Farbe errichtet.

Besucher können sich auf eine selbst geführte Audiotour in englischer oder spanischer Sprache durch die Räumlichkeiten begeben.

## Fort Matanzas National Monument

🏠 8635 A1A South 🕐 tägl. 9 –17.30 🚫 25. Dez

Die Spanier errichteten die Festung 1740– 42, um von hier die Küste zu überwachen und sich nähernde feindliche Schiffe frühzeitig zu sichten.

Das Fort hat eine lange und blutige Geschichte. Heute dient die Anlage als architektonisches Dokument der spanischen Kolonialzeit in dieser Region. Regelmäßig – vor allem im Sommer – werden hier wichtige historische Ereignisse nachgestellt.

Das im Küstengebiet gelegene Schutzgebiet umfasst mehrere Naturräume wie Salzmarschen und Buschland – entsprechend vielfältig ist die Tier- und Pflanzenwelt.

*Fassade und Rotunde (Detail) des Ponce de León Hotel, heute Teil des Flagler College* ↑

## Lightner Museum

🏠 75 King St 📞 +1-904-824-2874 🕐 tägl. 9 –17 🚫 25. Dez

Das im spanisch-maurischen Stil von Henry Flagler errichtete Alcazar Hotel ist Sitz des Museums für Floridas Goldenes Zeitalter. Den Standort wählte der Chicagoer Verleger Otto C. Lightner, der seine Sammlungen viktorianischer Kunst nach St. Augustine verlegte, ehe er im Jahr 1948 das Museum eröffnete. Zu bestaunen sind dort neben Glasarbeiten (u. a. von Louis Tiffany) und Möbeln auch Gemälde, Skulpturen und Musikinstrumente.

## Flagler College

🏠 King St Ecke Cordova St 📞 +1-904-829-6481 🕐 tägl. 🌐 flagler.edu

Bei seiner Eröffnung im Jahr 1888 wurde Flaglers Ponce de León Hotel als »weltweit bestes Hotel« angepriesen. Speisesaal und Foyer sind zugänglich.

Das Hotel wurde 1968 Teil des Flagler College. Bemerkenswerte Motive, die Spanien und Florida symbolisieren, zieren eine vergoldete Stuckkuppel: Sehr schön sind die goldene Maske des Sonnengottes der Timucua und das Lamm, das die spanische Ritterschaft symbolisiert.

> **Die Villa Zorayda ist die Kopie eines Teils der Alhambra in Granada im Maßstab 1 : 10. Eine Ausstellung präsentiert Kunst und Artefakte aus dem Nahen Osten.**

⑮

# Castillo de San Marcos

⌂ 1 South Castillo Dr, St. Augustine  📞 +1-904-829-6506
🕐 tägl. 9–17:15  🗓 Thanksgiving, 25. Dez  🌐 nps.gov/casa

**Das beeindruckende Anwesen aus dem späten 17. Jahrhundert bietet Einblick in die Vergangenheit Floridas. Die Nachstellungen historischer Ereignisse umfassen auch Vorführungen alter Waffen.**

Obwohl St. Augustine dem Schutz spanischer Flotten auf ihrem Weg zurück nach Europa diente, bestanden seine Vorläufer nur aus Holz. Erst nach mehreren Piratenangriffen und Überfällen wie etwa des englischen Freibeuters Sir Francis Drake errichteten die Spanier 1672 eine Festung aus Stein. Nach 23 Jahren war das Castillo de San Marcos fertiggestellt, das größte und besterhaltene spanische Fort Amerikas. Nach der Übernahme Floridas durch die Amerikaner 1821 hieß es vorübergehend Fort Marion. Im 19. Jahrhundert diente es hauptsächlich als Militärgefängnis und Lager.
    Die Festung ist eine historische Sehenswürdigkeit, in der Sie die alten Kasernen erkunden oder einfach nur den Blick auf den Fluss genießen können.

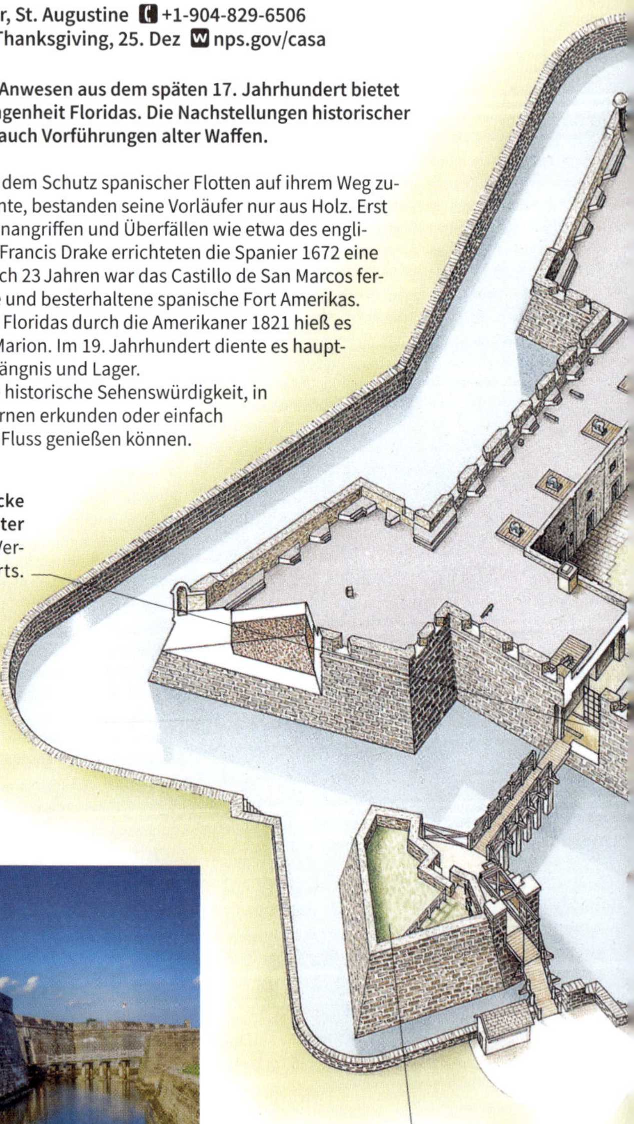

Die innere **Zugbrücke** und das **Fallgitter** waren die letzte Verteidigung des Forts.

↑ *Der Graben um das Fort wurde ursprünglich trocken gehalten*

Die **Vorschanze** schützte den Eingang vor feindlichen Angriffen.

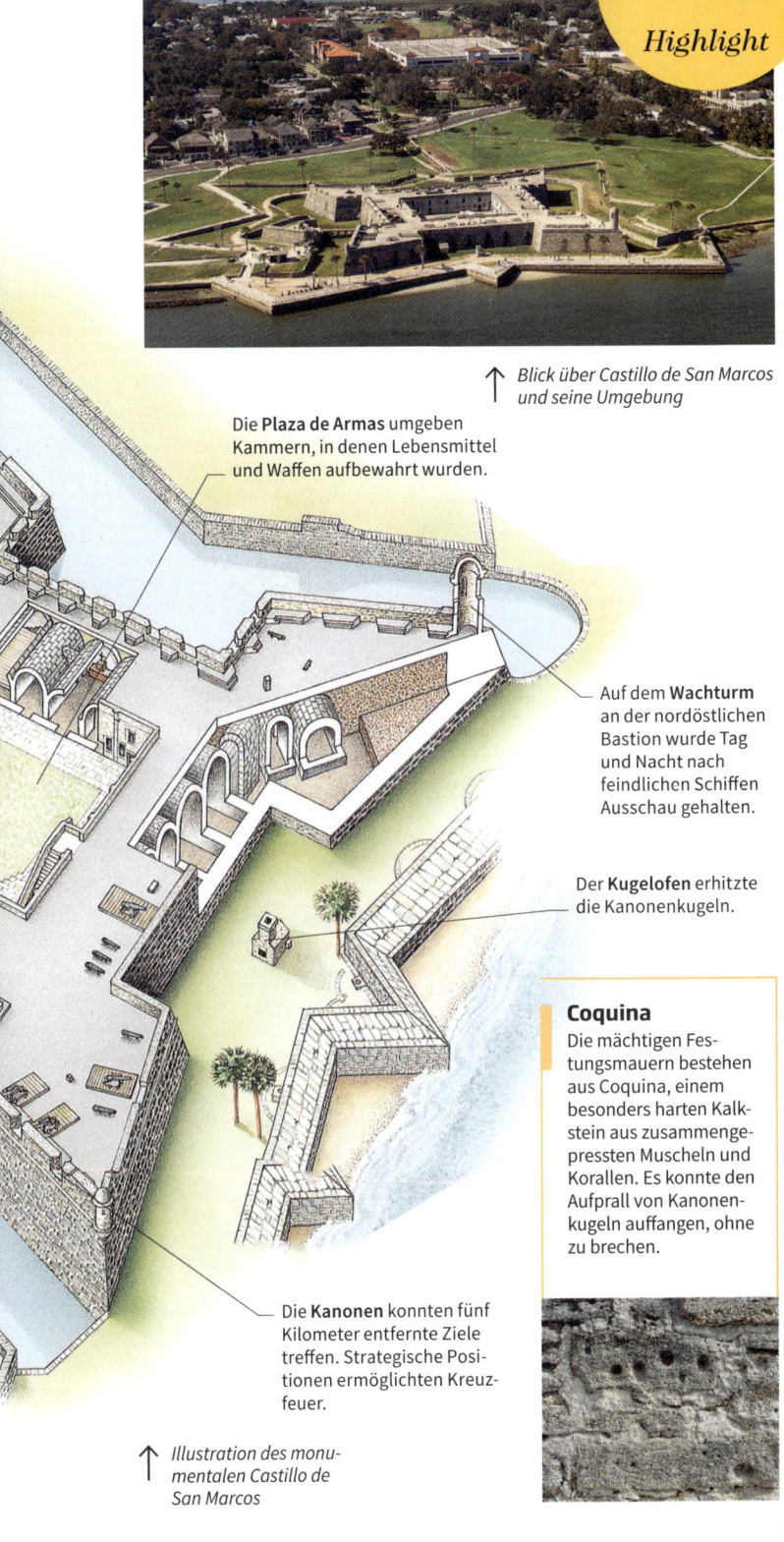

Blick über Castillo de San Marcos und seine Umgebung

Die **Plaza de Armas** umgeben Kammern, in denen Lebensmittel und Waffen aufbewahrt wurden.

Auf dem **Wachturm** an der nordöstlichen Bastion wurde Tag und Nacht nach feindlichen Schiffen Ausschau gehalten.

Der **Kugelofen** erhitzte die Kanonenkugeln.

### Coquina

Die mächtigen Festungsmauern bestehen aus Coquina, einem besonders harten Kalkstein aus zusammengepressten Muscheln und Korallen. Es konnte den Aufprall von Kanonenkugeln auffangen, ohne zu brechen.

Die **Kanonen** konnten fünf Kilometer entfernte Ziele treffen. Strategische Positionen ermöglichten Kreuzfeuer.

Illustration des monumentalen Castillo de San Marcos

# Spaziergang durch St. Augustine

**Länge** 2 km **Dauer** 25 Min.

St. Augustines übersichtliches historisches Zentrum ist leicht zu Fuß zu erkunden. So kann man den geschäftigen Hauptstraßen entkommen und in die schattigen Seitenstraßen flüchten, in Innenhöfe spähen und ruhige Ecken entdecken, in denen Katzen ein Sonnenbad nehmen und alte Immergrüne Eichen im graugrünen Schleier von Spanischem Moos harren.

Henry Flagler verbrachte 1883 in St. Augustine seine Flitterwochen und war von dem Ort so angetan, dass er später zurückkam und das Ponce de León Hotel errichtete (heute Flagler College). Schon bald strömten Besucher in Scharen herbei, und noch immer ist St. Augustine bei Urlaubern beliebt.

Fliesen und andere spanische Elemente charakterisieren die Architektur des **Flagler College**.

**START**

GRANADA STREET

KING STREET

*Cleopatra* (um 1890) von Romanelli ist eines der Exponate aus dem Goldenen Zeitalter Floridas im **Lightner Museum**.

Die **Casa Monica** war das dritte Hotel Flaglers in der Stadt (1888).

Im **Government House** ist das Museum of History and Archaeology untergebracht. Die Ausstellung »First Colony: Our Spanish Origins« dokumentiert die Gründung von St. Augustine.

**ZIEL**

ARTILLERY LANE

AVILES STREET

Das **Ximenez-Fatio House** (1797) wurde um 1850 in ein Gasthaus umgewandelt.

← *Imposante Marmorstatuen an der Bridge of Lions*

↑ *Stimmungsvoll beleuchteter Platz vor dem Rathaus der Stadt*

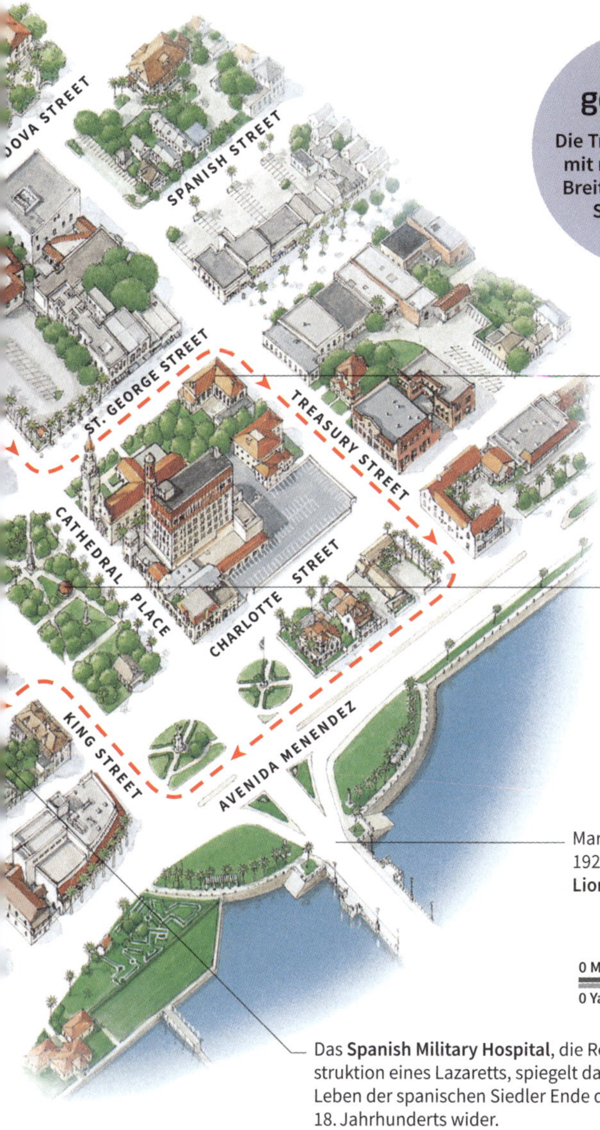

Das **Peña-Peck House** (um 1740) ist das schönste Haus der Stadt aus der ersten spanischen Periode.

Herz der spanischen Niederlassung ist die baumbestandene **Plaza de la Constitución** mit Government House und Kathedrale. Gelegentlich finden hier Konzerte statt.

Marmorlöwen bewachen die 1927 eröffnete **Bridge of Lions** über die Matanzas Bay.

| 0 Meter | 75 | N |
|---------|-----|---|
| 0 Yards | 75 | |

Das **Spanish Military Hospital**, die Rekonstruktion eines Lazaretts, spiegelt das karge Leben der spanischen Siedler Ende des 18. Jahrhunderts wider.

# SEHENSWÜRDIGKEITEN

**③**

## Fernandina Beach

🅰 F1 🏙 10 000 🚉 🚌
ℹ️ 961687 Gateway Blvd,
Nassau County (+1-904-261-
3248) 🌐 ameliaisland.com

Fernandina Beach auf Amelia Island liegt an der Grenze zu Georgia und war bis zu Beginn des 19. Jahrhunderts ein Piratennest. Der strategisch günstige Hafen zog viele fremde Armeen und Abenteurer an, deren Nationalitäten Amelia Island den Spitznamen »Insel der acht Flaggen« einbrachten. Heute ist Fernandina Badeort und Floridas wichtigste Quelle für die süßen Atlantik-Krabben, von denen jedes Jahr mehr als 900 000 Kilogramm gefangen werden.

### Schon gewusst?

Am ersten Wochenende im Mai findet in Fernandina Beach ein Krabbenfestival statt.

Die ursprüngliche spanische Siedlung entstand bei Old Fernandina, einem ruhigen Provinznest nördlich der heutigen Stadt. Um 1850 zog die Stadt Richtung Süden zur östlichen Endstation der Eisenbahn. Der Umzug und aufkommender Fremdenverkehr um 1870 *(siehe S. 46)* lösten einen Bauboom aus, durch den das viel bewunderte Herz des heutigen Fernandina, der 50 Blocks umfassende Historic District, entstand.

Erinnerungen an das Goldene Zeitalter Fernandinas erweckt vor allem der Silk Stocking District, der über die Hälfte des Historic District ausmacht und seinen Namen dem Reichtum der früheren Bewohner verdankt. Kapitäne und Holzbarone bauten ihre Domizile in unterschiedlichen Stilen: Häuser im Queen-Anne-Stil mit Türmchen stehen neben italienischen Niederlassungen und Beispielen von chinesischem Chippendale, etwa dem Beech Street Grill.

Abends laufen die Krabbenkutter in den Hafen ein. Eine Statue am Ende der

Centre Street in der Innenstadt, wo einst Geschäfte Schiffsbedarf anboten, ist der Flotte gewidmet. In den Ziegelbauten sind jetzt Antiquitäten- und Souvenirläden untergebracht. An der mit handgeschnitzten Karyatiden verzierten Mahagoni-Theke im Palace Saloon (1878) wird noch Pirate's Punch serviert. Das Florida House Inn von 1857 an der 3rd Street ist das älteste Ferienhotel Floridas. Das **Amelia Island Museum of History** weiter südlich ist im früheren Gefängnis untergebracht. Die 90-minütigen Führungen erzählen von der Zeit der indianischen Bewohner bis ins 20. Jahrhundert. Auch Stadtführungen sind möglich (vorher buchen).

**Amelia Island Museum of History**
♿🎫♿ 🏛 233 S 3rd St
🕐 Mo – Sa 10 –16, So 13 –16
🌐 ameliamuseum.org

→

*Sonnenuntergang an einem Strand in den Talbot Island State Parks*

*Von Läden gesäumte Straße in Fernandina Beach auf Amelia Island*

## 4   ♿
## Fort Caroline National Memorial

🅰 F1   🏠 12713 Fort Caroline Rd, Jacksonville, Duval County   📞 +1-904-641-7155   🕒 tägl. 9–17   🚫 1. Jan, Thanksgiving, 25. Dez   🌐 nps.gov

Der eigentliche Standort von Fort Caroline wurde um 1880 beim Ausbaggern des St. Johns River weggespült. Das Fort Caroline National Memorial, eine Rekonstruktion der Festung aus dem 16. Jahrhundert, zeigt den Stil der ersten europäischen Forts in der Neuen Welt. Drei französische Schiffe mit rund 300 Männern segelten den St. Johns hinauf, bauten etwa acht Kilometer landeinwärts ein Lager und meldeten Anspruch auf Nordamerika an.

Die Timucua-Indianer halfen, das Holzfort zu bauen, das sie zu Ehren von König Charles IX von Frankreich La Caroline nannten. Im folgenden Jahr brachte Jean Ribault Verstärkung. Aber die Spanier besetzten das Fort und machten die Ansprüche der Franzosen zunichte.

## 5   🍽 🛍 ♿
## Kingsley Plantation

🅰 F1   🏠 11676 Palmetto Ave, Fort George, Duval County   📞 +1-904-251-3537   🕒 tägl. 9–17   🚫 1. Jan, Thanksgiving, 25. Dez   🌐 nps.gov

Auf der Kingsley Plantation im Timucuan Ecological and Historic Preserve befindet sich das älteste Plantagenhaus Floridas. 1798 entstand es an der Nordspitze von Fort George Island, der Name stammt von Zephaniah Kingsley, der hier 1814 einzog. Er kaufte zwischen Lake George beim Ocala National Forest und St. Marys River im Norden knapp 13 000 Hektar Land. Ursprünglich umfasste das Gebiet vier große Plantagen. Allein auf der Kingsley Plantation arbeiteten hundert Sklaven im Baumwoll-, Mais- und Zuckerrohranbau.

Für die damalige Zeit war Kingsley liberal. Er unterstützte zwar die Sklaverei, gewährte den Sklaven aber gewisse Freiheiten. Er selbst heiratete die Sklavin Anna Jai, erklärte sie für frei und lebte mit ihr bis 1839 im Plantagenhaus.

Auf dem Gelände werden kostenlose Führungen angeboten. Bekannt ist die Plantage vor allem wegen der 23 Sklavenhütten in den Wäldern beim Eingangstor. Diese aus *tabby*, einer Art Beton, errichteten Unterkünfte sind noch erhalten, eine wurde renoviert.

## 6   🚴 ♿
## Talbot Island State Parks

🅰 F1   🏠 12157 Heckscher Dr, Jacksonville, Duval County   📞 +1-904-251-2320   🕒 tägl. 8 bis Sonnenuntergang   🌐 floridastateparks.org

Ein Großteil von Amelia Island und der Nachbarinseln Big Talbot, Little Talbot und Fort George im Süden ist unerschlossen und ein Paradies für Tiere. Hier leben u. a. Otter, Sumpfhasen, Winkerkrabben, Reiher und Lachmöwen, in den Wäldern Rotluchse, an den Küsten Seekühe. Im Sommer legen Schildkröten am Strand Eier ab *(siehe S. 130)*, im Herbst bringen Wale vor der Küste ihre Jungen zur Welt.

**❼**

# Daytona Beach

**Ⓐ** F3 **🏙** 63 000 **✈** 🚌
**ℹ** 126 E Orange Ave, Volusia
County (+1-386-255-0415)
**🌐** daytonabeach.com

Südlich von Ormond Beach
erstreckt sich der laute und
ausgelassene Ferienort Daytona Beach, in den jedes
Jahr – trotz des Widerstan-
des vor Ort – 200 000 Studenten zum Spring Break ein-
fallen.

Der berühmte Strand
(37 km) ist einer der wenigen
in Florida, auf dem Autos
fahren dürfen, Überbleibsel
aus jenen Tagen, als Rennsportfans hier Wettrennen
veranstalteten *(siehe S. 223)*.

Daytona ist traditionell ein
Mekka für Fans des Motor-
sports. Massen strömen zur
Rennstrecke *(siehe S. 222)*, im
Februar zu den Speedweeks
und zu den Motorcycle
Weeks im März und Oktober.

Jenseits des Halifax River
liegt Downtown Daytona,
auch »Mainland« genannt.
Der meiste Betrieb ist auf der
mit Hotelbunkern gesäum-
ten Strandseite. Am Boardwalk, der ein paar seiner
Arkaden erhalten hat, wirkt

das Flair wie auf dem Rummelplatz. Auch der Daytona
Lagoon Waterpark zieht viele
an. Unten am Strand sind
Wasserskier, Surfbretter,
Buggys und Strandfahrräder
zu leihen.

Im restaurierten Innen-
stadtbezirk jenseits des
Halifax River präsentiert das
**Halifax Historical Museum** in
einem imposanten Bankge-
bäude von 1910 mit Stütz-
pfeilern und Wandgemälden
ein Modell des Boardwalk
von ca. 1938 mit Palmen,
einem Riesenrad und Minia-
turfiguren.

Im exzellenten **Museum
of Arts and Sciences** westlich der Innenstadt ist ein
breites Spektrum an Gegenständen zu sehen. Die prä-
historische Abteilung über
Florida dominiert ein vier
Meter großes Skelett eines
Riesenfaultiers. Arts in America zeigt Werke von 1640 bis
1920. Außerdem gibt es kubanische und afrikanische
Sammlungen sowie ein Pla-
netarium.

Der für James N. Gamble
von Procter & Gamble 1907
erbaute Gamble Place unter-
steht der Leitung des Museums. Diese Jagdhütte steht
auf einer Klippe über dem
Spruce Creek und ist von

offenen Veranden umgeben.
Führungen bietet das Museum nach Vereinbarung.
Sie zeigen auch eine Kopie
des Hauses aus Disneyland,
das 1937 für Gambles Ur-
enkel gebaut wurde.

### Halifax Historical Museum

⊘& **🏠** 252 S Beach St
**🕐** Di – Fr 10:30 –16:30,
Sa 10 –16
**🌐** halifaxhistorical.org

### Museum of Arts and Sciences

⊘& **🏠** 1040 Museum Blvd
**🕐** Mo – Sa 10 –17, So 11 –17
**🌐** moas.org

**❽** ⊘ 🛍 &

# Marineland® Dolphin Adventure

**Ⓐ** F2 **🏠** 9600 Ocean Shore
Blvd, Marineland, Flagler
County **☎** +1-904-471-
1111 **🚌** St. Augustine
**🕐** tägl. 8:30 –16:30
**🌐** marineland.net

Der Meerespark entstand
1938 als Filmgelände, auf
dem Szenen mehrerer

## Schon gewusst?

Alexander Winton
stellte 1903 in Daytona
Beach mit 109 km/h
einen neuen Welt-
rekord auf.

↑ *Pavillon inmitten dichter Vegetation im Washington Oaks Gardens State Park*

sind. Sie ähneln den mysteriösen Überresten eines südamerikanischen Tempels aus längst vergangenen Zeiten.

**Umgebung:** Etwa 16 Kilometer nördlich der Bulow Plantation liegt **Flagler Beach**, ein charmantes Städtchen mit Angelsteg, Museum und einigen Restaurants direkt am Wasser.

**Flagler Beach**
🏠 20 Airport Rd, Suite C, Palm Coast
Ⓦ cityofflaglerbeach.com

berühmter Streifen – darunter auch *Tarzan* – gedreht wurden. Mittlerweile stehen Delfine im Fokus des Interesses, eine Begegnung mit diesen Tieren bleibt unvergessen.

In der atemberaubenden Umgebung kann man u. a. Kajak- und Bootstouren unternehmen.

**⑨** 🏞 ♿
## Washington Oaks Gardens State Park
🅰 F2 🏠 6400 N Ocean Shore Blvd, Flagler County
☎ +1-386-446-6780
🚇 St. Augustine ⏰ tägl. 8 bis Sonnenuntergang
Ⓦ floridastateparks.org

Unter dem Blätterdach von Eichen und Palmen entstand auf 162 Hektar früheren Plantagenlands ein herrlicher Park mit Hortensien, Azaleen, üppigem Farn und Rosengarten. Wanderwege verlaufen durch einen Hammock zum Matanzas River. Auf der anderen Seite der A1A führt ein Holzsteg zum Strand mit Coquina-Findlingen *(siehe S. 215)* und Gezeitenbecken.

←

*Der Boardwalk in Daytona Beach mit Achterbahn und Riesenrad*

Der State Park ist der perfekte Ort für einen Spaziergang, ein Picknick am Nachmittag oder um einen Tag am Strand zu verbringen.

**⑩** 🏞 ♿
## Bulow Plantation Ruins Historic State Park
🅰 F2 🏠 3501 Old Kings Rd S, Flagler Beach, 3 Meilen (5 km) südl. der SR 100 ☎ +1-386-517-2084 🚇 Daytona Beach ⏰ Do – Mo 9 –17
Ⓦ floridastateparks.org

In der Nähe von Flagler Beach sind die Ruinen dieser Plantage aus dem 19. Jahrhundert im Wald versteckt. Früher wuchs hier Zuckerrohr. Major Charles Bulow kaufte das 1890 Hektar große Gelände am Fluss 1821. Sklaven rodeten es zur Hälfte und pflanzten Reis, Baumwolle und Zuckerrohr an. Nach Indianerangriffen im Seminolenkrieg *(siehe S. 45)* wurde die Plantage aufgegeben.

Im Rahmen von Kanutouren auf dem Bulow Creek kann man das Gelände erkunden. Am Flussufer befinden sich noch die Fundamente des Herrenhauses. Ein zehnminütiger Waldspaziergang führt von hier zu einer Lichtung, auf der die Ruinen der Zuckermühle zu sehen

# Hotels

### The Shores Resort & Spa
Die lichtdurchfluteten Zimmer dieses Resorts haben einen besonderen Charme, der durch Himmelbetten und herrlichen Meerblick verstärkt wird. Weitere Pluspunkte sind der Spa-Bereich und die stimmungsvolle Bar.

🅰 F3 🏠 2637 S Atlantic Ave, Daytona Beach
Ⓦ shoresresort.com
Ⓢ Ⓢ Ⓢ

### Streamline Hotel
Für Fans des Retro-Looks ist dieses dreistöckige mintgrüne Art-déco-Gebäude aus den 1940er Jahren die richtige Wahl. Das Hotel zählt zu den ältesten in Daytona Beach und wurde 2017 komplett renoviert. Die Aussicht von der Cocktailbar auf dem Dach ist einfach bezaubernd.

🅰 F3 🏠 140 S Atlantic Ave, Daytona Beach
Ⓦ streamlinehotel.com
Ⓢ Ⓢ Ⓢ

**11**

## Daytona International Speedway

🅰 F3 🏛 1801 W International Speedway Blvd, Volusia County 📞 +1-866-761-7223 🚌 9 🕐 tägl. 9–17 🚫 25. Dez 🌐 daytona internationalspeedway.com

Daytonas »World Center of Racing«, der 1959 eröffnete Daytona International Speedway, zieht Jahr für Jahr an bedeutenden Rennwochenenden jeweils Scharen von Motorsportfans aus der ganzen Welt an. Das Publikumsinteresse ist gewaltig. Auf den zum Teil recht steilen Tribünen dieser Anlage der Superlative finden bis zu 160 000 Zuschauer Platz.

Im Angebot sind Rennen der NASCAR-Serie (National Association for Stock Car Auto Racing) sowie Sportwagen-, Motorrad- und Gokartrennen.

Das berühmteste und prestigeträchtigste der hier veranstalteten Events der NASCAR-Serie ist das Daytona 500. Dieses über 500 Meilen (805 Kilometer) führende Rennen findet jedes Jahr in der zweiten Februarhälfte statt und wird wegen seiner Bedeutung als »Great American Race« bezeichnet. Es ist ein absolutes Muss für alle Rennsportfans und ein wahrer Besuchermagnet. Die Tickets für das Daytona 500 sind sehr begehrt.

Das Coca-Cola 3D IMAX® Theatre zeigt den Film *NASCAR 3D: The IMAX® Experience*, der auf faszinierende Art über die Abläufe hinter den Kulissen informiert und Fahrer und Teams vorstellt.

An den Tagen ohne Rennen finden 30-minütige Besichtigungstouren an der Rennstrecke statt. Zudem werden weitere zwischen einer halben Stunde und drei Stunden dauernde Führungen angeboten. Dabei gelangt man auch ins Velocitorium mit Sir Malcolm Campbells *Bluebird*. Mit diesem Rennwagen wurde 1935 im nahe gelegenen Ormond Beach ein Geschwindigkeitsweltrekord aufgestellt.

Als Beifahrer kann man in einem Wagen Geschwindigkeiten bis 165 km/h erleben und bekommt einen lebhaften Eindruck davon, welchen Situationen Rennfahrer ausgesetzt sind.

Das berühmteste und prestigeträchtigste der hier veranstalteten Events der NASCAR-Serie ist das Daytona 500 – ein Muss für alle Rennsportfans.

**12**

## Ponce de León Inlet Lighthouse

🅰 F3 🏛 4931 S Peninsula Dr, Volusia County 📞 +1-386-761-1821 🕐 tägl. 10–18 🚫 25. Dez 🌐 ponceinlet.org

Der imposante 53 Meter hohe Leuchtturm (1887) aus rotem Backstein wacht an der Spitze der Daytona-Halbinsel über den gefährlichen Küstenabschnitt. Das Signal ist 30 Kilometer weit zu sehen. Das windumtoste Aussichtsdeck, das man über 203 Stufen erreicht, bietet einen weiten Ausblick. Eines der Wärtergebäude wurde entsprechend seinem Aussehen um 1890 restauriert, in einem anderen ist das Museum of the Sea. In einem dritten Gebäude steht eine fünf Meter hohe Fresnel-Linse.

→
*Ponce de León Inlet Lighthouse; Treppenhaus zum Aussichtsdeck* (Detail)

# Daytona: Geburtsort der Geschwindigkeit

Die innige Beziehung zwischen Daytona und dem Automobilsport begann 1903 mit den ersten Rennen auf dem Strand von Ormond Beach, dem offiziellen »Geburtsort der Geschwindigkeit«. Die Autorennen waren immer gut besucht und wurden bis 1935, als Malcolm Campbell den letzten Weltrekord am Strand fuhr, fortgesetzt. Im Jahr 1936 fuhren in Ormond Beach die ersten Stockcars, 1937 fand das erste Daytona 200 für Motorräder statt. Wegen Bauarbeiten musste man die Rennstrecke 1948 verlegen. 1959 öffnete der Daytona International Speedway. Danach gab es am Strand keine Rennen mehr.

## Rennen am Strand

1902 stellte ein Gast des Ormond Hotel fest, wie leicht sein Auto auf dem harten Sandstrand fuhr. Am Ormond Beach veranstaltete er die ersten Rennen.

Olds' *Pirate* fuhr 1902 als erstes Auto auf dem Ormond Beach. Im ersten Rennen trat 1903 Olds gegen Alexander Winton und Oscar Hedstrom auf dem Motorrad an. Winton gewann in seinem Wagen *Bullet No. 1*.

Mit dem *Bluebird Streamliner* stellte Malcolm Campbell 1935 in Ormond Beach einen neuen Weltrekord auf. Der von einem Rolls-Royce-Motor angetriebene Wagen erreichte sagenhafte 444 Kilometer pro Stunde.

## »World Center of Racing«

1953 erkannte Bill France, Teilnehmer am ersten Stockcar-Rennen, dass das Wachstum von Daytona Beach den Strandrennen ein Ende setzen würde. Er schlug den Bau des Daytona International Speedway vor, heute eine der weltweit führenden Rennstrecken.

Der amerikanische Motorsportverband NASCAR *(siehe S. 222)* organisiert zahlreiche Rennen. Weltberühmt ist Daytona 500, das seit der Eröffnung des Daytona International Speedway 1959 veranstaltet wird.

## Lee Petty

1959 gewann Lee Petty das erste Daytona 500 auf dem Daytona International Speedway. Er schlug seinen Gegner Johnny Beauchamp um 50 Zentimeter. An dem Wettkampf waren 59 Autos beteiligt. 41 000 Fans schauten zu.

↑ *Autos auf dem Daytona International Speedway kurz vor dem Startschuss*

## ⓭ Sanford

🅰 F3 🗻 50 000 🚌 🚐
ℹ 400 E 1st St, Seminole
County (+1-407-322-2212)
🌐 sanfordfl.gov

Das während der Seminolenkriege *(siehe S. 45)* errichtete
Fort Mellon war die erste
Siedlung am Lake Monroe.
1870 entstand in der Nähe
Sanford. Dank der Schaufelraddampfer, die später auch
abenteuerlustige Urlauber
brachten, entwickelte es sich
zu einem wichtigen Binnen-
hafen.

Die Innenstadt entstand
um 1880, in der Blütezeit der
Dampfschifffahrt. In einigen
restaurierten Ziegelgebäu-
den (selten in Florida) sind
Antiquitätenläden untergebracht. Der Bezirk ist zu Fuß
in wenigen Stunden erkun-
det, Ausflugsfahrten auf dem
Fluss sind möglich. Die meisten Besucher Sanfords kommen heute per Autoreisezug
oder SunRail-Zug.

# Restaurants

### Bolay

Diverse Vollwertgerich-
te (u. a. Veggie-Bowls).

🅰 E2 🏠 2905 SW 42nd
St #80, Gainesville
🌐 bolay.com

### La Cocina de Abuela

Kolumbianisches Res-
taurant mit heimeligem
Ambiente.

🅰 E2 🏠 125 NW 23rd
Ave, Gainesville
📞 +1-352-204-5561
🕐 So, Mo

### Beque Holic

In dem koreanischen
Restaurant können Sie
Fleisch selber grillen.

🅰 E2 🏠 3812 W New-
berry Rd, Gainesville
🌐 bequeholic.com

### The Top

Burgerlokal, das auch
vegetarische Gerichte
anbietet.

🅰 E2 🏠 30 N Main St,
Gainesville 🌐
thetopgainesville.com

## ⓮ Gainesville

🅰 E2 🗻 130 000 ✈ 🚐
ℹ 300 E University Ave,
Alachua County
🌐 visitgainesville.com

Die Universitätsstadt Gainesville, kulturelle Hauptstadt
im nördlichen Zentralflorida
und Heimat der Football-
mannschaft Gators, bietet
eine angenehme Mischung
aus Jung und Alt. In der historischen Innenstadt beherbergen Backsteingebäude
(1820–1920) Cafés und Restaurants. Auf dem Campus
stehen zwei Museen.

Für das **Florida Museum of
Natural History** sollten Sie
viel Zeit einplanen. Neben
dem naturwissenschaftli-
chen Teil mit über zehn Millionen Fossilienarten gibt es
erstklassige Schmetterlings-
und Muschelsammlungen.
Zudem lernt man die Land-
schaftsformen Floridas kennen und unternimmt eine
Reise durch die Geschichte
des Bundesstaates bis ins
19. Jahrhundert.

Das **Harn Museum of Art**
gehört zu den größten Uni-
versitäts-Kunstmuseen der
Vereinigten Staaten. Die
Sammlung besticht durch
asiatische Keramik, afrikanische Zeremonienobjekte,

↑ *Schöne Gebäude flankierten die 1st Street
in Sanfords historischem Zentrum*

↑ *Fahrt mit dem Glasbodenboot auf dem Silver River im Silver Springs State Park*

japanische Holzschnitte sowie eine Sammlung europäischer und amerikanischer Gemälde.

**Umgebung:** Die **Kanapaha Botanical Gardens** südwestlich der Stadt sind besonders von Juni bis September sehr lohnenswert, doch auch im Frühling blühen hier unzählige Azaleen. Ein Wanderweg führt um das abschüssige Gelände (25 ha), dessen Schönheit erstmals der Botaniker William Bartram zu Beginn des 19. Jahrhunderts entdeckte. Weitere Bereiche sind ein Wüstengarten, ein Sumpfpark an einem See und ein Kolibrigarten.

**Florida Museum of Natural History**
♿ 🅰 Hull Rd (bei SW 34th St) ⏰ Mo – Sa 10 –17, So 13 –17 🔒 Thanksgiving, 25. Dez 🌐 flmnh.ufl.edu

**Harn Museum of Art**
🅰 Hull Rd (bei SW 34th St) ⏰ Di – Fr 11 –17, Sa 10 –17, So 13 –17 🔒 Feiertage 🌐 harn.ufl.edu

**Kanapaha Botanical Gardens**
🅰 4700 SW 58th Dr (bei Route 24) ⏰ Fr – Mi 9 –17 🌐 kanapaha.org

**15** ♿

# Silver Springs State Park
🅰 E3 🅷 5656 E Silver Springs Blvd 📞 +1-352-236-7148 ⏰ tägl. 8 bis Sonnenuntergang 🌐 silversprings.com

Seit 1878 kann man in Silver Springs mit Glasbodenbooten die natürlichen Wunder der weltweit größten artesischen Quellen entdecken, die jeden Besucher in Staunen versetzen.

Das Areal war früher Floridas älteste kommerzielle Besucherattraktion, im Jahr 2013 wurde es wegen seiner Bedeutung zum State Park erklärt. Noch heute werden hier vielfältige Freizeitaktivitäten angeboten, die auch einen mehrtägigen Aufenthalt lohnen. Zu den beliebtesten gehören Bootsfahrten durch den Busch, in dem die ersten Tarzan-Filme mit Johnny Weissmuller gedreht wurden.

**Umgebung:** Im wesentlich ruhigeren **Silver River State Park** drei Kilometer östlich führt eine sehr angenehme 15-minütige Wanderung durch einen Hartholz-Hammock und ein Zypressen-Sumpfgebiet zu einem idyllisch gelegenen Badeplatz an einer Krümmung des kristallklaren Flusses.

**Silver River State Park**
🅰 1425 NE 58th Ave, Ocala ⏰ tägl. 8 bis Sonnenuntergang 🌐 floridaparks.com

---

### Floridas sprudelnde Quellen

Der überwiegende Teil der 320 bekannten Quellen Floridas befindet sich im Norden des Bundesstaats und ist meist artesischen Ursprungs, d. h., das Wasser wird von unterirdischen Gerinnen (Wasser enthaltenden Felslagern) häufig durch tiefe Spalten nach oben gedrückt. Quellen mit einer Ausschüttung von mehr als drei Kubikmetern pro Sekunde gelten als sehr ergiebig.

Das vom Fels gefilterte Wasser ist klar und in manchen Fällen salz- und mineralhaltig. Auch die Schönheit der Quellen lockt Besucher an.

Kristallklares Wasser der Silver Glen Springs im Ocala National Forest

## Marjorie Kinnan Rawlings Historic State Park

**A** E2 **⌂** S CR 325, Cross Creek, Alachua County **☎** +1-352-466-3672 **▣** Ocala **⏰** Gelände: tägl. 9–17; Haus: Okt–Juli: Do–So 10–16 **W** floridastateparks.org

Die Autorin Marjorie Kinnan Rawlings kam 1928 in den kleinen Ort Cross Creek. Ihr verschachteltes Farmhaus in einem Zitrushain, vor dem Hühner picken und Enten vom Orange Lake heraufwatscheln, ist nahezu unverändert.

Die Schriftstellerin wohnte hier in den 1930er Jahren und kam bis zu ihrem Tod 1953 immer wieder zu Besuch. Personen und Landschaften dieser Gegend bestimmen ihren autobiografischen

Schreibmaschine der Autorin Marjorie Kinnan Rawlings

Roman *Cross Creek* (1942). *The Yearling* (1938) über einen Jungen und seinen Pfau ist von der Buschlandschaft im Süden inspiriert.

Führungen zeigen die um 1880 im Cracker-Stil erbaute Heimstätte, die fantasievoll restauriert wurde und Originalmobiliar der Rawlings enthält: Bücherregale mit Werken von Autoren wie John Steinbeck und Ernest Hemingway, ein geheimes Likörfach, eine Schreibmaschine und einen Sonnenhut auf der Veranda. Alles erweckt den Eindruck, als ob die Besitzerin nur kurz in den Garten gegangen sei.

## Ocala National Forest

**A** E3 **⏰** tägl. 24 Std. **i** 45621 State Rd 19, Altoona (+1-352-236-0288) **W** fs.usda.gov

Zwischen Ocala und dem St. Johns River erstreckt sich ein rund 150 000 Hektar großer Pinienwald, den viele Wanderwege durchziehen. Das Gelände ist eines der letzten Rückzugsgebiete des bedrohten Schwarzbären und Heimat anderer Tiere wie Hirsche, Otter und Vögel (u. a. Weißkopfseeadler).

Die Wege sind unterschiedlich lang, von Planken- und Rundwegen unter einem Kilometer bis zum 106 Kilometer langen Abschnitt des National Scenic Trail. In vielen Seen werden Barsche geangelt.

An mehreren Stellen gibt es Kanus zu leihen. Die von der **Juniper Springs Recreation Area** ausgehende, elf Kilometer lange Kanutour den Juniper Creek hinunter zählt zu den schönsten in Florida. Sie sollten sie im Voraus buchen. Am Salt Springs Trail kann man besonders gut

Stelzvögel beobachten, und auf dem Lake Dorr versammeln sich Brautenten.

Im Hauptbesucherzentrum im Westen des Waldes sowie in den kleineren Zentren bei Salt Springs und Lake Dorr, jeweils an der Route 19 gelegen, erhalten Sie nähere Informationen.

**Juniper Springs Recreation Area**
🏠 26701 State Rd 40, Astor
🕐 tägl. 8 – 20
🌐 recreation.gov

## 18 Ocala

🅰 E3 🏙 58 000 🚌 🚇
ℹ Chamber of Commerce, 110 E Silver Springs Blvd, Marion County (+1-352-629-8051) 🌐 ocalacc.com

Ocala, Verwaltungssitz von Marion County und Floridas Zentrum der Vollblutpferdezucht, umgibt hügeliges Weideland. Das mit kalkhaltigem Quellwasser angereicherte Gras und das kalziumhaltige Weideland tragen zu den leichten, starken Knochen der Pferde bei. Florida brachte viele Champions hervor.

Viele der Vollblut-Gestüte und spezialisierten Zuchtzentren bei Ocala können besucht werden. Auf den Farmen sind Araber, Paso Finos und Zwergponys zu sehen. Wer eine Farm besuchen möchte, erhält bei der Handelskammer von Ocala hierzu aktuelle Informationen.

Sehenswert ist auch das **Appleton Museum of Art** östlich von Ocala. Das 1984 von dem Industriellen und Pferdezüchter Arthur I. Appleton aus italienischem Marmor errichtete Museum zeigt Kunstwerke aus aller Welt, darun-

ter präkolumbische und europäische Artefakte sowie Meissener Porzellan. Ein Schwerpunkt des Museums liegt auf europäischer Kunst des 19. Jahrhunderts.

**Appleton Museum of Art**
♿ 🏠 4333 NE Silver Springs Blvd 📞 +1-352-291-4455 🕐 Di – So 10 –17
🚫 1. Jan, 25. Dez

## 19 Mount Dora

🅰 F3 🏙 13 000 ℹ 341 N Alexander St, Lake County (+1-352-383-2165)
🌐 mountdora.com

Die Stadt in den Zitrushainen des Lake County ist einer der schönsten viktorianischen Orte Floridas. Ihren Namen verdankt sie der relativ hohen Lage von

56 Metern. Ursprünglich hieß die Stadt Royellou nach Roy, Ella und Louis, den Kindern des ersten Postmeisters.

Die hübschen, mit Bäumen gesäumten Straßen Mount Doras liegen auf einer Klippe oberhalb des Seeufers. In der Handelskammer ist eine Karte über eine historische Route (5 km) erhältlich. Sie enthält eine landschaftlich schöne Strecke durch ruhige Gegenden mit schindelgedeckten Häusern (19. Jh.) sowie die restaurierte historische Innenstadt mit Geschäften und Antiquitätenläden.

Das Donnelly House, jetzt eine Freimaurerloge, ist mit seinen Türmchen und der Kuppel ein Paradebeispiel für die dekorative Steamboat-Architektur.

Das **Mount Dora History Museum** in der alten Feuerwache, die später als Gefängnis genutzt wurde, widmet sich der Stadtgeschichte. Am Lake Dora kann man angeln und Wassersport betreiben.

**Mount Dora History Museum**
♿ 🏠 450 Royellou Lane 🕐 Di – So 13 –16
🌐 mountdorahistory museum.com

→ *Donnelly House: eines der auffallendsten Gebäude im Zentrum von Mount Dora*

↑ *Herlong Mansion in Micanopy –*
*Anwesen mit markanten Säulen*

## ⑳ Micanopy

🅰 E2 🏛 1000 ℹ 30 E University Ave, Gainesville, Alachua County (+1-352-374-5260)
🆆 micanopytown.com

Die zweitälteste Niederlassung von Weißen (1821) war erst ein Handelsposten namens Wanton auf Indianergebiet. 1826 wurde das hübsche Dorf nach einem Indianerhäuptling in Micanopy umbenannt und ist jetzt ein Paradies für Regisseure und Antiquitätenliebhaber. An der mit vielen moosbewachsenen Immergrünen Eichen gesäumten Hauptstraße, Cholokka Boulevard, stehen viktorianische Häuser und historische Läden mit Backsteinfront, die Antiquitäten und Kunsthandwerk verkaufen. Das imposanteste Gebäude Micanopys ist Herlong Mansion mit vier korinthischen Säulen. Das im 19. Jahrhundert von einem Holzbaron errichtete Haus bietet heute Bed-and-Breakfast.

Der 1825 angelegte malerische Friedhof liegt jenseits der Seminary Road in Richtung I-75. Samtenes Moos bedeckt diese Oase der Ruhe mit Schatten spendenden Immergrünen Eichen und Zedern.

**Umgebung:** Im 17. Jahrhundert befand sich eine der größten spanischen Rinderfarmen Floridas nördlich vom heutigen Micanopy. Einst grasten Rinder, Pferde und Schweine auf dem üppigen Grün des **Paynes Prairie Preserve State Park**, wo heute eine kleine Herde amerikanischer Bisons und über 200 Arten einheimischer Vögel und Zugvögel zu sehen sind.

Der Gainesville – Hawthorne State Trail (27 km) folgt einer einstigen Bahnlinie und ist bei Wanderern, Reitern und Radfahrern beliebt.

> 💬 Expertentipp
> **Fundgrube für Antiquitäten**
>
> Micanopy ist einer der besten Orte in Florida zum Einkaufen von Antiquitäten. Viele Läden gibt es am Cholokka Boulevard und in der Antique City Mall (17020 Southeast, Co. Rd 234).

### Paynes Prairie Preserve State Park

⊗ 🏠 100 Savannah Blvd, US 441, 1 Meile (1,6 km) nördl. von Micanopy
🕐 tägl. 8 bis Sonnenuntergang
🆆 floridastateparks.org

## ㉑ Ormond Beach

🅰 F2 🏛 38 000 🚌 ℹ 110 E Granada Blvd, Ormond Beach, Volusia County (+1-386-255-0415)
🆆 ormondbeach.org

Dies war einer der ersten Winterferienorte an Flaglers Eisenbahnlinie. In dem nicht mehr existenten Ormond Hotel wohnten auch Berühmtheiten wie John D. Rockefeller und Henry Ford.

Gegenüber dem Hotel erwarb Rockefeller 1918 ein Haus. Trotz seines Reichtums war der Chef von Standard Oil sehr sparsam. Seine Wintervilla, **The Casements**, wurde renoviert und beherbergt heute Museum und Kulturzentrum mit Erinnerungsstücken aus der Rocke-

**Schattige Wege winden sich um Seerosenteiche, in denen Schildkröten leben. Das Ormond Memorial Art Museum zeigt Ausstellungen zeitgenössischer Künstler.**

feller-Epoche, darunter auch der Strandkorb des großen Mannes mit verglasten Bullaugen. Es gibt auch ein im Stil der Zeit eingerichtetes Zimmer und eine zusammengewürfelte Ausstellung ungarischer Volkskunst.

In der Nähe von The Casements liegt in einem Park das **Ormond Memorial Art Museum**. Schattige Wege winden sich um Seerosenteiche, in denen Schildkröten leben. Das Museum zeigt Ausstellungen zeitgenössischer Künstler.

### The Casements
🚻♿ 📍 25 Riverside Dr
🕐 Mo – Sa 8 –17
Ⓦ thecasements.net

### Ormond Memorial Art Museum
♿♿ 📍 78 E Granada Blvd
🕐 Mo – Fr 10 –16, Sa, So 12 –16 Ⓦ ormondart museum.org

### Blue Spring State Park
🅐 F3 📍 2100 W French Ave, Orange City (+1-386-775-3663) 🕐 tägl. 8 bis Sonnenuntergang
Ⓦ floridastateparks.org

Eine der größten und bedeutendsten artesischen Quellen spendet täglich 450 Millionen Liter Wasser. Dank konstanter Temperatur von 20 °C ist der Park ein beliebtes Winterquartier für Seekühe *(siehe S. 279)*, die zwischen November und März aus dem St. Johns River kommen. Sie sind von den erhöhten Plankenwegen des Parks aus zu beobachten.

*Brücke im Blue Spring State Park; Seekuh (Detail)*
↓

In dem türkisfarbenen Wasser kann man schnorcheln und tauchen, auf dem St. Johns Kanufahren.

**Umgebung:** Von Hontoon Landing fährt eine kostenlose Fähre zum bewaldeten **Hontoon Island State Park**, etwa drei Kilometer weiter nördlich des Blue Spring State Park. Hier gibt es einen 24 Meter hohen Aussichtsturm, Camping- und Picknickplätze sowie einen Naturlehrpfad. Kanus kann man leihen.

1955 wurde hier ein seltener hölzerner Eulen-Totempfahl der Timucua-Indianer gefunden.

### Hontoon Island State Park
♿ 📍 2309 River Ridge Rd, DeLand 🕐 tägl. 8 bis Sonnenuntergang
Ⓦ floridastateparks.org

# Panhandle

Man sagt in Florida, je weiter man nach Norden fahre, umso südlicher würde das Ambiente. Tatsächlich stehen sowohl Geschichte als auch Lebensart des »Pfannenstiels« den Südstaaten der USA weit näher als den Küstengebieten. Abgesehen von Geografie und Geschichte unterscheidet sich dieser faszinierende Teil auch in Klima und Zeit vom restlichen Florida – der Panhandle ist eine Stunde hinterher.

Die Besiedlung Floridas durch die Spanier begann im Norden. 1559 wurde in der Nähe des heutigen Pensacola eine Siedlung errichtet, die jedoch nach einem Hurrikan verlassen wurde. Nach dem Wiederaufbau musste sie ihren Rang als wichtigste Siedlung der Region um 1824 an Tallahassee abtreten.

Holz- und Baumwollhandel bescherten der Region wiederholte Phasen des Reichtums, doch durch den Eisenbahnbau in anderen Teilen Floridas fand sich der Panhandle bald auf einem Nebengleis. Touristisch wurde er erst relativ spät erschlossen, obwohl die weißen Sandstrände ihresgleichen suchen.

# Panhandle

## Highlights
1 Pensacola
2 Tallahassee

## Sehenswürdigkeiten
3 Perdido Key
4 Steinhatchee
5 Gulf Breeze
6 Santa Rosa Island
7 Panama City Beach
8 Destin
9 Seaside
10 Blackwater River
11 Eden Gardens State Park
12 Fort Walton Beach

13 Alfred B. Maclay Gardens State Park
14 Underwater Museum of Art
15 Monticello
16 Wild Willy's Adventure Zone
17 Torreya State Park
18 Florida Caverns State Park
19 Cedar Key
20 Wakulla Springs State Park
21 St. Joseph Peninsula State Park
22 Manatee Springs State Park
23 Apalachicola
24 Suwannee River State Park
25 St. Vincent, St. George und Dog Islands

↑ *Bunte Fassaden im beliebten Stadtviertel Seville Quarter*

**❶**

# Pensacola

 A1 🏙 55 000 🚆 🚌 ℹ️ 1401 E Gregory St
(+1-800-874-1234) 📷 Fiesta of Five Flags (Juni)
🌐 visitpensacola.com

Die Stadt am Wasser wurde 1559 von Spaniern gegründet. Ein Großteil des heutigen Stadtbilds entstand während einer wirtschaftlichen Blütezeit im 19. Jahrhundert. Die Innenstadt bietet zahlreiche Sehenswürdigkeiten, die durch zwei Brücken mit dem Festland verbundene Insel Pensacola Beach ist ein beliebtes Ausflugsziel.

**①**

### T.T. Wentworth, Jr. Florida State Museum

🏠 330 S Jefferson St 📞 +1-850-595-5990 🕐 Di – Sa 10 – 16, So 12 – 16 🗓 Feiertage 🌐 historicpensacola.org

Das Museum befindet sich im einstigen Rathaus der Stadt, einem imposanten Gebäude im spanischen Neorenaissance-Stil. Unter den vielfältigen Exponaten sind Stücke aus dem Westen Floridas und Kuriositäten aus der ganzen Welt: das bunte Sammelsurium reicht von präkolumbischen Pfeilspitzen über Schrumpfköpfe bis zu einer Telefonvermittlung aus den 1930er Jahren und Cola-Flaschen.

Historische Schautafeln und Dioramen illustrieren die Stationen von Pensacolas Colonial Archaeological Trail mit Befestigungsanlagen (1752–1821). Eine der Ausstellungen widmet sich Pensacolas rund 450-jähriger Geschichte.

**②**  ♿

### Pensacola Museum of Art

🏠 407 S Jefferson St 📞 +1-850-432-6247 🕐 Di – Do 10 –17, Fr, Sa 10 –19, So 12 –16 🗓 1. Jan, 4. Juli, Thanksgiving, 25. Dez 🌐 pensacolamuseum.org

In den weiß getünchten Zellen des alten Stadtgefängnisses hängen nun die Exponate des Museums hinter den Original-Eisengittern. Präsentiert werden immer wechselnde Ausstellungen, z. B. präkolumbische Keramiken, satiniertes Glas aus dem 19. Jahrhundert oder Pop-Art von Roy Lichtenstein.

**③**  🛍️

### Pensacola Children's Museum

🏠 115 E Zaragoza St 📞 +1-850-595-1559 🕐 Di – Sa 10 –16 🗓 Feiertage

Das von der West Florida Historic Preservation, Inc. betriebene Museum in einem zunächst als Gulf Saloon bekannten Gebäude (1885) vermittelt Stadtgeschichte auf spielerische Art. Zu den behandelten Themen gehören u. a. die Entwicklung von

**Schon gewusst?**

Die Old Christ Church (1832) ist eine der ältesten Kirchen Floridas.

Seefahrt, Holzwirtschaft und Kultur. Die auf Kinder zugeschnittenen Sammlungen umfassen auch nachgebaute Gebäude (u. a. ein Fort und eine Post).

Im zweiten Stock richten sich die Objekte eher an Jugendliche und Erwachsene.

## ④ North Hill Preservation District

Dieses historische Viertel (ca. zehn Blocks ab Wright Street nördlich vom Historic Pensacola Village) zeichnet sich durch elegante Häuser (Ende 19., Anfang 20. Jh.) aus, die auf dem Gebiet der britischen und spanischen Forts gebaut wurden. Noch heute findet man in den schattigen Gärten zuweilen Kanonenkugeln.

Alle Häuser sind in Privatbesitz. Eines der schönsten ist das McCreary House in der North Baylen Street in der Nähe der Kreuzung mit der De Soto Street.

↑ *In der Old Christ Church ist heute ein Museum untergebracht*

## ⑤ Historic Pensacola Village

🏠 Tivoli House, 205 E Zaragoza St
📞 +1-850-595-5985
🕐 Di – Sa 10 – 16  🚫 Feiertage
🌐 historicpensacola.org

Die Museen und historischen Gebäude im ältesten Viertel der Stadt befinden sich im Seville District. Bei einem gemütlichen Spaziergang durch die Gassen können Sie sich ins 19. Jahrhundert zurückversetzen lassen.

Genauere Einblicke gewinnen Sie bei einer der Führungen, die zweimal täglich am Tivoli House in der Zaragoza Street beginnen. In der Hochsaison tragen die Führer historische Kostüme. Die Route führt u. a. zum einfachen französisch-kreolischen Lavalle House (1805), zum edlen Dorr House (1871), zur Old Christ Church (1832) und zum Lear-Rocheblave House (1890). Mit einem Ticket können Sie an der Führung teilnehmen und innerhalb von einer Woche sämtliche Gebäude besichtigen. Es gilt auch für das Museum of Industry und das Museum of Commerce.

In einem Lagerhaus aus dem 19. Jahrhundert behandelt das Museum of Industry Themen wie Fischerei, Ziegelherstellung, Transportwesen und Holzhandel und vermittelt einen guten Eindruck von den Anfängen Pensacolas. Das ebenso interessante Museum of Commerce in der Zaragoza Street ist als viktorianische Straße mit Druckerei samt funktionierender Druckerpresse, Apotheke, Sattlerwerkstatt und nostalgischem Musikladen aufgebaut.

Den Seville Square überragt die Old Christ Church (heute ein Museum).

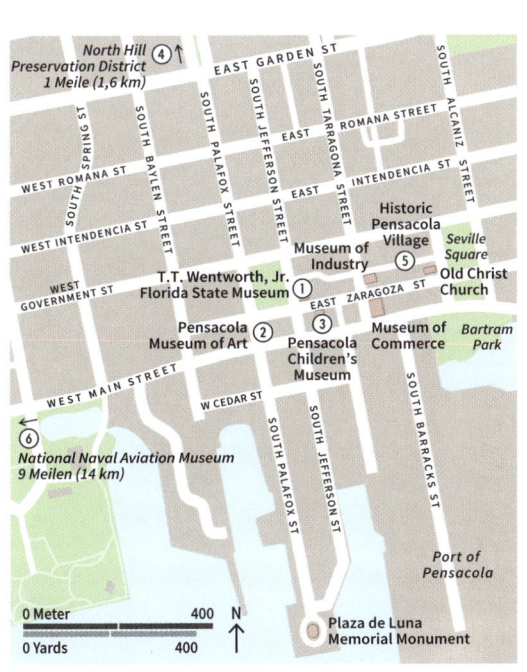

⑥ Ⓜ 🖥 🛍 ♿

# National Naval Aviation Museum

🏠 1750 Radford Blvd, NAS Pensacola 📞 +1-850-452-2894 🕐 tägl. 9–17
📅 1. Jan, Thanksgiving, 25. Dez 🌐 navalaviationmuseum.org

**Fans der Flugzeug- und Militärgeschichte sollten sich dieses Museum nicht entgehen lassen. Das Spektrum reicht von Flugzeugen aus dem Ersten Weltkrieg bis zu modernsten Simulatoren. Der Eintritt ist frei.**

Das 1963 eröffnete Museum wurde kontinuierlich erweitert und nimmt mittlerweile eine Fläche von rund 32 000 Quadratmetern ein. Damit ist es das größte Luftfahrtmuseum der Welt. Mit über 150 Flugzeugen und Raumfähren sowie themenbezogener Kunst und interaktiven Stationen wird die Entwicklung von Luft- und Raumfahrt anschaulich dokumentiert: von den ersten Doppeldeckern bis zu modernen Raketen. Jedes Jahr verzeichnet das Museum rund eine Million Besucher.

Das Museum erstreckt sich über zwei »Decks«, deren beide Flügel von einem Atrium verbunden werden. Der Westflügel ist fast ausschließlich dem Zweiten Weltkrieg gewidmet, während der Südflügel eher allgemein gehalten ist. Weitere Flugzeuge findet man im Hangar Bay One hinter dem Gebäude.

> 🔍 Entdeckertipp
> **Fort Barrancas**
>
> In der Nähe des Museums liegt Fort Barrancas, ein Teil der von den Spaniern im 17. und 18. Jahrhundert erbauten Befestigungsanlagen. Das Museum bietet Touren durch das Fort.

### Flying Boats

▽ Im Ersten Weltkrieg entwickelte die US-Marine »Flugboote«. Bevor sie einge-setzt werden konnten, war der Krieg be-reits beendet. 1919 startete eines dieser Flugzeuge, die NC-4, von Long Island über den Atlantischen Ozean – der erste erfolg-reiche Transatlantikflug.

Ein Tomcat-Kampfflugzeug vor dem Eingang zum Museum ↑

### Flying Tigers

▷ Die aufgemalten Hai-fischgebisse waren das Erkennungs-zeichen dieser Kampfflugzeuge (P-40B Toma-hawk) aus dem Zweiten Welt-krieg. Die frei-willigen Fly-ing-Tiger-Piloten flogen am Him-mel über China und Burma, waren für ihren Wagemut be-kannt und wurden für ihren Einsatz gerühmt.

### The Blue Angels

▽ Das Atrium zwischen den beiden Muse-umsflügeln ist das Herzstück der Anlage. Hier sind Flugzeuge der weltberühmten Blue Angels, des Kunstflugteams der US Navy. Blue Angels fliegen regelmäßig über das Museum. Die Zeiten variieren im Jah-resverlauf *(siehe Website)*.

↑ Eindrucksvolle Vielfalt an Flugzeugen im Luft-fahrtmuseum

# Spaziergang durch Pensacola

**Länge** 1 km **Dauer** 15 Min.

Pensacola wurde 1559 von spanischen Siedlern unter der Führung von Don Tristán de Luna gegründet, zwei Jahre später jedoch von einem Hurrikan zerstört. Die Spanier kamen zurück, doch Pensacola wechselte ständig den Besitzer: Innerhalb von 400 Jahren wehten hier die Flaggen der Spanier, Franzosen, Engländer, Konföderierten und schließlich der USA. Der Großteil des Zentrums stammt aus der Zeit des Aufschwungs nach 1880. Hier stehen Gebäude diverser Stilrichtungen: Häuschen aus der Kolonialzeit und klassizistische Gebäude aus der Blütezeit des Holzhandels (spätes 19. Jh.). Die vorgeschlagene Route konzentriert sich auf das Historic Pensacola Village *(siehe S. 235)*.

Mit einfachem Grundriss und bunten Farben war das **Lavalle House** auf den Geschmack seiner französisch-kreolischen Bewohner zugeschnitten.

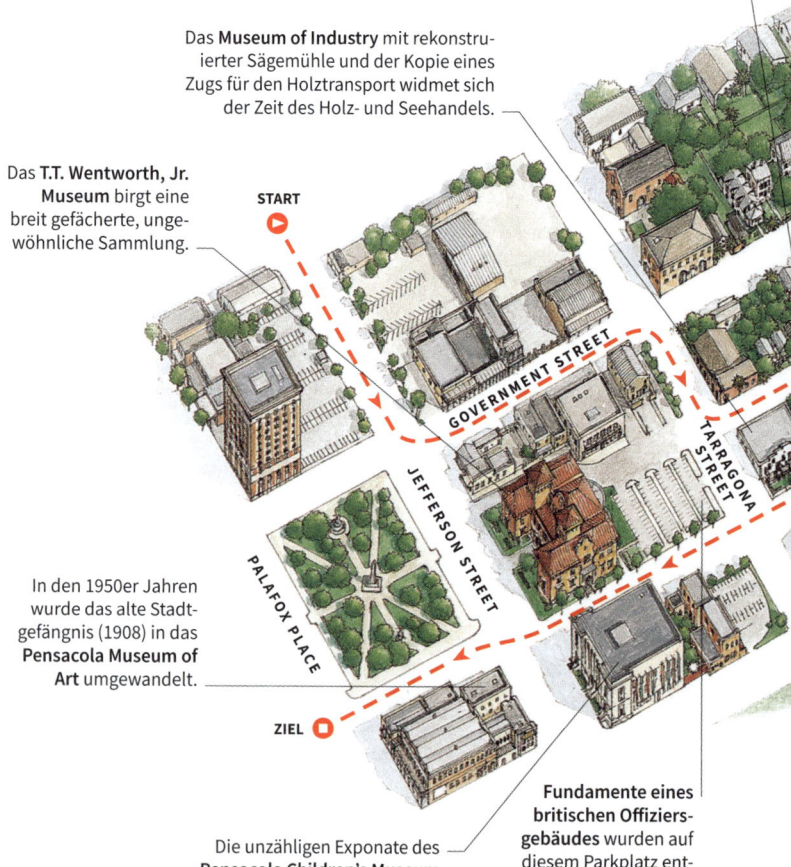

Das **Museum of Industry** mit rekonstruierter Sägemühle und der Kopie eines Zugs für den Holztransport widmet sich der Zeit des Holz- und Seehandels.

Das **T.T. Wentworth, Jr. Museum** birgt eine breit gefächerte, ungewöhnliche Sammlung.

START

GOVERNMENT STREET

TARRAGONA STREET

JEFFERSON STREET

PALAFOX PLACE

In den 1950er Jahren wurde das alte Stadtgefängnis (1908) in das **Pensacola Museum of Art** umgewandelt.

ZIEL

Die unzähligen Exponate des **Pensacola Children's Museum** dokumentieren die Geschichte der Region Pensacola.

**Fundamente eines britischen Offiziersgebäudes** wurden auf diesem Parkplatz entdeckt. Sie sind Teil des Colonial Archaeological Trail.

Expertentipp
**JazzFest**

Auf dem Sevilla Square finden viele großartige Festivals statt, darunter auch das JazzFest im April. Detaillierte Informationen dazu finden Sie im Internet (www.jazzpensacola.com).

Das **Steamboat House** in Form eines Dampfschiffs mit zwei »Decks« als Veranda stammt aus der Blütezeit der Dampfschiffe im 19. Jahrhundert,

**Dorr House** ist die letzte griechisch-klassizistische Villa im Westen Floridas.

0 Meter 100   N

0 Yards 100

GOVERNMENT STREET

Der **Seville Square** liegt mitten im Seville Quarter, das die Briten um 1770 anlegten.

ALCANIZ STREET

ADAMS STREET

URCH ST

ZARAGOZA STREET

**Fountain Square** ist nach seinem schön gestalteten Brunnen benannt.

BAYFRONT PARKWAY

Das **Museum of Commerce** wird geschickt in Form einer spätviktorianischen Straße präsentiert.

→

*Fassade des T.T. Wentworth, Jr. Museum*

↑ *Hinter dem Old Capitol ragt das neue Capitol in die Höhe*

**2**

# Tallahassee

 C1 190 000 106 E Jefferson St (+1-850-606-2305) Springtime Tallahassee (März – Apr) visittallahassee.com

Das Zentrum des »anderen Florida« liegt nur 23 Kilometer von der Grenze zu Georgia entfernt. Die einstige Indianersiedlung bot sich 1824 nicht unbedingt zur Gründung von Floridas Hauptstadt an, während der Zeit der großen Plantagen nahm die Stadt jedoch einen enormen Aufschwung. Die eleganten Häuser sind noch immer schön anzusehen.

## ① Historic District

Die Altstadt mit den schönen Häusern aus dem 19. Jahrhundert gruppiert sich um die Park Avenue und die Calhoun Street – ruhige, schattige Straßen mit alten Eichen und Magnolienbäumen.

Das Brokaw-McDougall House an der Meridian Street ist ein schönes Beispiel für amerikanischen Klassizismus. Ähnliche Einflüsse spürt man am Haus The Columns (1839) in der Duval Street, dem ältesten Gebäude der Stadt. Das Capitol liegt im Stadtzentrum. Das ehrwürdige Old Capitol wurde liebevoll restauriert,

sodass die weiße Kuppel und die gestreiften Markisen im Glanz von 1902 erstrahlen. Innen können der Saal des Obersten Gerichts, jener für Kabinettssitzungen und der Senat besichtigt werden. Das Old Capitol steht heute im Schatten des dahinter aufragenden New Capitol mit 22 Etagen. Der Blick über Tallahassee von ganz oben versöhnt mit der etwas düsteren Architektur der 1970er Jahre. Im Informationsbüro in der Jefferson Street gibt es Stadtpläne.

→

*Bradley Cooleys Indian Heritage Tableau vor dem Museum of Florida History*

**②** ♿

## Museum of Florida History

500 S Bronough St +1-850-488-1484 Mo – Fr 9 –16:30, Sa 10 –16:30, So 12 –16:30 Thanksgiving, 25. Dez museumofflorida history.com

Dieses Museum behandelt rund 12 000 Jahre Geschichte. Dioramen zeigen Szenen aus der paläoindianischen Kultur, Gürteltiere und ein Mastodonskelett aus Wakulla Springs *(siehe S. 251)*. Die

**Schon gewusst?**

**Tallahassee ist Standort des größten Magnetlabors der Welt.**

Objekte und Schautafeln geben einen Überblick von der Kolonisierung Floridas bis zum Tourismus der 1920er Jahre.

③

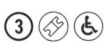

## Tallahassee Museum

**3945 Museum Dr +1-850-576-1636 Mo–Sa 9–17, So 11–17 1. Jan, Thanksgiving, 24., 25. Dez. tallahasseemuseum.org**

Fünf Kilometer südwestlich der Stadt steht das Tallahassee Museum, das besonders Kinder begeistert. Zentrales Element ist die Big Bend Farm, auf der das Farmleben des 19. Jahrhunderts mit Schauspielern in Originalkostümen, Ziegen und Gänsen inmitten von um 1880 entstandenen Gebäuden veranschaulicht wird.

Eine weitere Attraktion ist Bellevue, ein Plantagenhaus von 1830. Es gibt außerdem ein interaktives Discovery Center und einen Zoo.

④

## Knott House Museum

**301 East Park Ave**
**+1-850-922-2459**
**Mi–Fr 13–15, Sa 10–15**

Ungewöhnlich an diesem Haus ist die Tatsache, dass es 1843 von einem freien Schwarzen erbaut wurde – 20 Jahre vor Abschaffung der Sklaverei in Florida. Seinen Namen hat das herrlich restaurierte viktorianische Gebäude allerdings von den Knotts, die 1928 hier einzogen und das Haus völlig neu einrichteten. Viel erinnert an die ehemaligen Besitzer – die Gedichte, die Luella Knott über ihre Möbel schrieb und daran befestigte, sind noch immer an ihrem Platz.

*Highlight*

## Hotels

**Hotel Duval**
Das Boutique-Hotel verfügt über eine attraktive Bar auf dem Dach.
**415 N Monroe St**
**hotelduval.com**
$$$

**Governor's Inn**
Das Hotel in einem umgebauten Stall hat rustikales Interieur.
**209 S Adams St**
**govinntallahassee.com**
$$$

**Aloft Tallahassee Downtown**
Preiswertes Hotel mit originellem Design und Außenpool.
**200 N Monroe St**
**marriott.com**
$$$

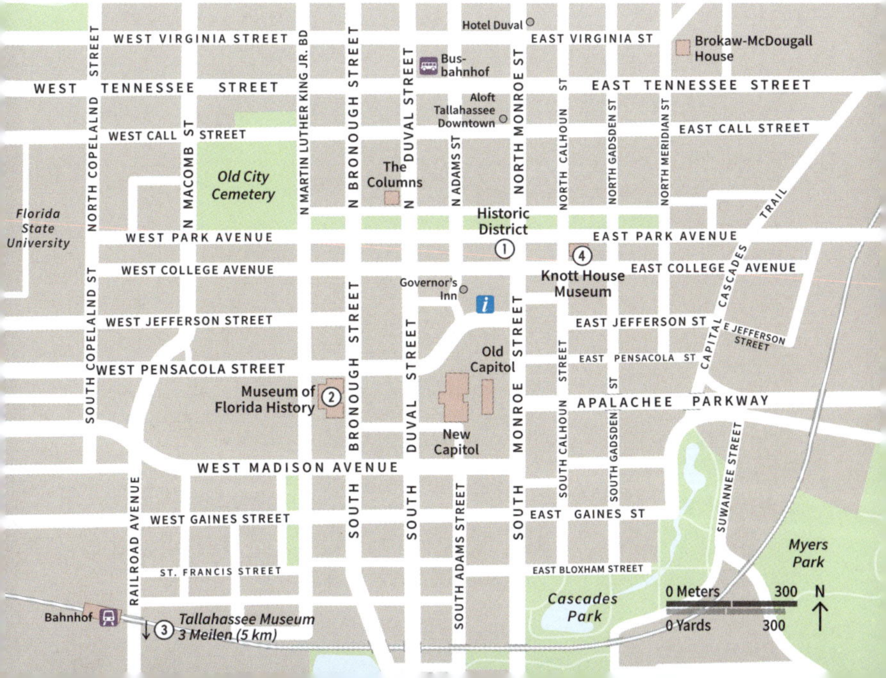

Hotel Duval
WEST VIRGINIA STREET
EAST VIRGINIA ST
Brokaw-McDougall House
Bus-bahnhof
WEST TENNESSEE STREET
EAST TENNESSEE STREET
Aloft Tallahassee Downtown
WEST CALL STREET
EAST CALL STREET
Old City Cemetery
The Columns
Florida State University
NORTH COPELALND STREET
N MACOMB ST
N MARTIN LUTHER KING JR. BD
N BRONOUGH STREET
N DUVAL STREET
N ADAMS ST
NORTH MONROE ST
NORTH CALHOUN ST
NORTH GADSDEN ST
NORTH MERIDIAN ST
Historic District
TRAIL
WEST PARK AVENUE
EAST PARK AVENUE
WEST COLLEGE AVENUE
EAST COLLEGE AVENUE
Knott House Museum
Governor's Inn
WEST JEFFERSON STREET
EAST JEFFERSON ST
E JEFFERSON STREET
CAPITAL CASCADES
Old Capitol
EAST PENSACOLA ST
WEST PENSACOLA STREET
Museum of Florida History
APALACHEE PARKWAY
New Capitol
SOUTH COPELALND ST
SOUTH BRONOUGH STREET
SOUTH DUVAL STREET
SOUTH MONROE STREET
SOUTH CALHOUN STREET
SOUTH GADSDEN ST
SUWANNEE STREET
WEST MADISON AVENUE
WEST GAINES STREET
EAST GAINES ST
RAILROAD AVENUE
SOUTH ADAMS STREET
ST. FRANCIS STREET
EAST BLOXHAM STREET
Myers Park
Cascades Park
Bahnhof
Tallahassee Museum 3 Meilen (5 km)
0 Meters 300
0 Yards 300
N

# SEHENSWÜRDIGKEITEN

**③**
## Perdido Key
🅰 A1  🅘 15500 Perdido Key
Dr, Pensacola (+1-850-492-
4600)  🅦 visitperdido.com

Nur 30 Autominuten süd-
westlich von Pensacola liegen die unberührten Strände
von Perdido Key, die regelmäßig unter den Top 20 der
USA rangieren. Es gibt Bars,
Restaurants und Optionen
zum Wassersport, Sie kön-
nen aber auch einfach Sonne
tanken und ein Bad nehmen.

Der Westen der Insel ist
nur zu Fuß erreichbar. Die
Straße hört bei der **Johnson
Beach Day Use Area** auf, östlich der Brücke vom Fest-
land. Die Strände erstrecken
sich über eine Gesamtlänge
von rund zehn Kilometern.

Am Festland gegenüber
bietet der **Big Lagoon State
Park** sowohl Sandstrände als
auch Marschen, in denen
man Vögel beobachten und
wandern kann. Vom Aus-
sichtsturm hat man herr-
lichen Blick auf die Küste.

Nur 30 Autominuten südwestlich von
Pensacola liegen die unberührten Strände von Perdido Key, die regelmäßig
unter den Top 20 der USA rangieren.

### Johnson Beach Day
### Use Area
♿ 🅰 13300 Johnson
Beach Rd 🕐 März – Okt:
tägl. 5 – 21; Nov – Feb:
tägl. 5 – 18 🅦 nps.gov

### Big Lagoon State Park
♿ 🅰 12301 Gulf Beach
Hwy 🕐 tägl. 8 bis
Sonnenuntergang
🅦 floridastateparks.org

**④**
## Steinhatchee
🅰 D2  🏔 1000  🅘 428 N Jefferson, Perry (+1-904-584-
5366)  🅦 steinhatchee.com

Das alte, etwas verschlafen
wirkende Fischerstädtchen
liegt vor der Mündung des
Steinhatchee River am Flussufer. Schlendern Sie zwi-

schen den Fischercamps,
Köderläden und den Booten
an den Zypressenholzdocks
umher. Hier angelt man nach
Forellen, kann aber auch auf
Krabbenfang gehen.

Etwa 42 Kilometer nord-
westlich von Steinhatchee
liegt der Ferienort Keaton
Beach.

**⑤**
## Gulf Breeze
🅰 A1  🏔 7000  🅘 409 Gulf
Breeze Parkway, Santa Rosa
County (+1-850-932-7888)
🅦 gulfbreezechamber.com

Die florierende Stadt Gulf
Breeze liegt am Westende
des Hügelzuges, der sich weiter gegen Süden zur Pensacola Bay ausdehnt. Östlich
der Stadt erstrecken sich
große Wälder, früher Teil des
riesigen Waldgebietes im
Süden, dessen Holz um 1820
zum Schiffsbau verwendet
wurde.

Die **Naval Live Oaks Reservation**, die sich nicht weit
von der US 98 erstreckt, war
ursprünglich eine staatliche
Holzfarm und setzt sich
heute für den Schutz der
Wälder ein. Hier findet man
Pfade durch rund 500 Hek-
tar Eichenwald, Sandhügel
und Sümpfe – wahre Vogel-
paradiese. Ein Informationszentrum bietet Wissenswer-
tes über die lokale Flora und
Fauna und zeigt darüber hinaus historische Ausstellungsstücke.

*Steg durch die Marschen
im Big Lagoon State Park
nahe Perdido Key*

*Weißer Sandstrand an der Küste von Santa Rosa Island* ↑

Im **Gulf Breeze Zoo** – ungefähr 16 Kilometer östlich von Gulf Breeze – leben mehr als 700 Tiere. Man hat die Wahl zwischen einer Zugfahrt mit der Safari Line durch zwölf Hektar Land, Elefant Ellies Show und einem Spaziergang durch den Botanischen Garten. Von einer Plattform kann man sogar einer Giraffe in die Augen schauen.

**Naval Live Oaks Reservation**
♿ 🏠 1801 Gulf Breeze Parkway 🕐 tägl. 8 bis Sonnenuntergang 🅦 nps.gov/guis

**Gulf Breeze Zoo**
🐾🚎🅿♿ 🏠 5701 Gulf Breeze Parkway 📞 +1-850-932-2229 🕐 März – Okt: tägl. 9 – 17; Nov – Feb: tägl. 9 – 16 🅦 gulfbreezezoo.org

**6**
## Santa Rosa Island
🅰 A1 ℹ 8543 Navarre Parkway, Navarre (+1-850-939-2691) 🅦 visitpensacolabeach.com

Der lange, schmale Sandstreifen von Santa Rosa erstreckt sich von Pensacola Bay bis Fort Walton Beach (70 km). **Fort Pickens** an der Westspitze ist das größte der vier amerikanischen Forts, die man im frühen 19. Jahrhundert zur Verteidigung der Pensacola Bay erbaute.

Von 1886 bis 1888 wurde in der Festung Apachenhäuptling Geronimo gefangen gehalten, und viele kamen, um ihn zu sehen. Vermutlich hatten die Behörden gegen diesen Besucheransturm nichts einzuwenden. Das Fort wurde von der US Army bis 1947 verwendet. Heute erkunden Besucher die geschichtsträchtigen dunklen Mauern und das hier eingerichtete Museum.

Santa Rosa hat einige weiße Strände. Beliebt sind Pensacola Beach und Navarre Beach, beide mit Fischersteg und Wassersportangeboten. Zwischen den Stränden erstreckt sich ein schöner, einsamer Abschnitt abseits des Trubels. Bei Fort Pickens im Westen gibt es einen Campingplatz.

**Fort Pickens**
🐾♿ 🏠 1400 Fort Pickens Rd (Route 399) 🕐 März – Okt: tägl. 5 – 21; Nov – Feb: tägl. 5 – 18 🅦 nps.gov

## Restaurants

**Aegean Breeze**
Das griechische Restaurant verwöhnt seine Gäste mit Seafood aus frischem Fang.

🅰 A1 🏠 913 Gulf Breeze Parkway #20, Gulf Breeze 🅦 myaegeanbreeze.com
⑤⑤⑤

**Café Tango**
Wer heimeliges Ambiente schätzt, ist hier genau richtig. Das Restaurant in einem weinberankten Cottage serviert u. a. Fisch in Chorizo-Kruste.

🅰 A1 🏠 14 Vicki St, Santa Rosa Beach 🅦 cafetango30-a.com
⑤⑤⑤

**The Jellyfish**
In diesem Restaurant dreht sich alles um Seafood. Spezialitäten sind Sushi und Shrimps.

🅰 A1 🏠 13700 Perdido Key Dr, Perdido Key 🅦 thejellyfishbar.com
⑤⑤⑤

## ❼ Panama City Beach

🅐 B2 🚗 🚌 ℹ️ 17001 Panama City Beach Parkway
📞 +1-904-234-3435 🌐 visitpanamacitybeach.com

Panama City Beach mit seinem 43 Kilometer langen »Miracle Strip« voller Hotels, Freizeitparks und Läden ist der beliebteste Ferienort am Panhandle. Während des Spring Break zieht er Horden junger Leute an, im Sommer beherrschen Familien das Bild. Das Sportangebot ist ausgezeichnet.

Panama City Beach, die »Schiffswrackhauptstadt«, ist als eines der besten Tauchziele am Golf von Mexiko bekannt. Neben Korallenriffen gibt es über 50 künstliche Tauchgärten. Tauchschulen bieten Trips und Kurse an. **Capt. Anderson's Marina** und **Treasure Island Marina** organisieren Rundfahrten in Glasbodenbooten und Touren zur Delfinbeobachtung.

Begegnungen mit Tieren sind die Hauptattraktion im **Gulf World Marine Park**. Aquarien und das Haibecken liegen in einem üppigen tropischen Garten mit einem Schwarm fröhlicher Papageien.

Das **Museum of Man in the Sea** gewährt Einblicke in die Geschichte des Tauchens und der Schiffsbergung. Unter den vielen Exponaten findet man u. a. alte Taucherhelme, aber auch Schätze der versunkenen spanischen Galeone *Atocha (siehe S. 300)*

## Die Strände des Panhandle

Zwischen Perdido Key und Panama City Beach liegen einige der schönsten Strände Floridas. Im Juni und im Juli sind die Strände sehr voll, doch das Wasser im Golf ist auch im November noch angenehm warm. Das Angebot reicht von ruhigen Stränden bis zu quirligen Ferienorten. Auch Tauch- und Wassersportmöglichkeiten sind gut.

**Gulf Islands National Seashore** bietet einen Campingplatz und einen Strand mit Wassersportmöglichkeiten

Einige Strände auf **Perdido Key** sind mit dem Auto nicht erreichbar und deshalb sehr ruhig.

Yellow River

Avalon Beach

Pensacola International Airport

Holley

East Bay

Fort Walton Bea

Pensacola

Pensacola Bay

Navarre

Gulf Breeze

**Gulf Islands National Seashore**

Okaloosa Island

Navarre Beach

*Pensacola Beach*

Perdido Key

**Pensacola Beach** mit kilometerlangem Sandstrand wird von Läden, Hotels und Bars gesäumt.

**Navarre Beach** ist einer der ruhigeren Strände der Insel. Gut ausgestattet, mit einem Pier zum Fischen.

0 km    15        N
0 Meilen        15    ↑

*Golf von Mexiko*

**Fort Walton Beach** ist ein gemütlicher, familienfreundlicher Ort mit gutem Wassersportangebot.

*Riesenspaß bei einer Achterbahnfahrt in Panama City Beach*

und U-Boote. Interessantestes Stück ist die *Moby Dick*, ein Walrettungsboot, das als Killerwal bemalt ist.

Im **Shipwreck Island Waterpark** wird Familien ein Tag nicht lang. Die 490 Meter lange Wasserrutsche rangiert bei allen ganz oben, doch auch für Abenteuerlustige ist gesorgt: mit Speed Slide (55 km/h), Raging Rapids oder der 110 Meter langen White Knuckle Rapids. Für die Kleinsten gibt es Rutschbahnen und Planschbecken.

Der **Coconut Creek Family Fun Park** hat zwei 18-Loch-Minigolfplätze unter dem Thema »Safari in Afrika« sowie ein Labyrinth von der Größe eines Fußballfeldes, in dem man von einer Insel zurnächsten reist.

## Capt. Anderson's Marina
🏠 5550 N Lagoon Dr
🕐 Mo–Fr 9–17
🌐 captandersonsmarina.com

## Treasure Island Marina
🏠 3605 Thomas Dr
🕐 tägl. 7:30–16
🌐 treasureislandmarina.net

## Gulf World Marine Park
◈ ◎ 🏠 15412 Front Beach Rd 🕐 tägl. 10–15 🌐 gulfworldmarinepark.com

## Museum of Man in the Sea
◈ ◎ 🏠 17314 Panama City Beach Parkway 🕐 nur Führungen (siehe Website)
🌐 maninthesea.org

## Shipwreck Island Waterpark
◈ ◎ ◎ 🏠 12201 Hutchison Blvd 🕐 siehe Website
🌐 shipwreckisland.com

## Coconut Creek Family Fun Park
◈ 🏠 9807 Front Beach Rd 🕐 tägl. 9–23:30
🌐 coconutcreekfun.com

# Bar

## No Name Lounge
Allein schon der Meerblick von der Terrasse der Bar lohnt einen Besuch. Jetzt noch einen schönen Drink und einen schmackhaften Snack – und dann einfach genießen.

⌂ B2 🏠 5555 W Hwy 98, Panama City
🌐 facebook.com/nonameloungepc

*Knallbunte Häuserfassaden am Harbor Walk in Destin*

**Santa Rosa Beach** geht in Dünen und Marschland mit reicher Fauna und Vogelwelt über.

**Destin** mit seinem herrlichen Strand zieht Sonnenanbeter und Hochseefischer an.

**Grayton Beach**, einen der schönsten Strände Amerikas, erreicht man über Holzstege.

Ferienwohnungen, Hotels und Freizeitparks säumen **Panama City Beach**.

**St. Andrews** hat einen herrlichen Strand, der nicht verbaut werden darf.

Santa Rosa Beach
Seminole
eville
halimar
Destin
Freeport
*Choctawhatchee Bay*
Santa Rosa Beach
Grayton Beach
Bruce
Ebro
Seagrove Beach
Rosemary Beach
West Bay
*West Bay*
Laguna Beach
Panama City Beach
St. Andrews
Lynn Haven
Panama City

## 8 Destin

🅰 A1  🗺 13 000  ✈  🚌
ℹ 4484 Legendary Dr,
Suite A, Okaloosa County
(+1-850-837-6241)
🆆 cityofdestin.com

Die Stadt zwischen Golf von
Mexiko und Choctawhatchee
Bay verläuft entlang der Küstenstraße US 98. 1845 als
Fischercamp gegründet, entwickelte sich Destin zum
»wohlhabendsten Fischer-
dorf der USA«. Hochsee-
fischen stellt die Attraktion
schlechthin dar, im Hafen
wimmelt es von Charterboo-
ten. Die Gewässer um Destin
sind dank eines 30-Meter-
Abbruchs, 16 Kilometer von
der Küste entfernt, sehr
fischreich. Mit Glück fängt
man hier sogar einen Silber-
könig oder Fächerfisch. Wettkämpfe und Veranstaltungen
auf diesem Gebiet finden
recht häufig statt.

Sehr berühmt ist das
Fishing Rodeo, das den
ganzen Oktober dauert,
auch das Destin Seafood
Festival Anfang Oktober
lockt Besucher in Scharen
an. Auf dem dort veranstalteten Markt für Meeresfrüch-
te werden alle Arten von
Muscheln, Shrimps und
Krabben angeboten.

Mit herrlichen Stränden
und der Emerald Coast ist
Destin auch beliebter Ferienort, an dem man gut tauchen
oder schnorcheln kann.

## 9 Seaside

🅰 B1–2  🗺 200  ℹ 25777
US Hwy 331 South, Walton
County (+1-850-231-4224)
🆆 seasidefl.com

Als Robert Davis Mitte der
1980er Jahre beschloss, hier
den Fremdenverkehr anzu-
kurbeln, hatte er Badeorte
seiner Kindheit vor Augen.
Dabei stellte er sich einen
nostalgischen Ferienort mit
Floridas traditionellen Holzhäusern mit Veranda, stei-
lem Dach und weißem Zaun
vor. Überladene Details,
Türmchen und Erker lassen
heute den Originalstil aber
kaum noch erkennen. Der
Charme der pastellfarbenen,
neoviktorianischen Häuser
erinnert an Disney World und
ist eine kurze Pause wert,
wenn Sie an der US 98 daran
vorbeikommen. Auch der
Strand ist nicht zu verachten.

**Umgebung:** 1,5 Kilometer
westlich von Seaside liegt
der **Grayton Beach State**

Park: Dieser Strand am
Panhandle findet sich regelmäßig ganz vorne in den Hit-
listen der US-Strände. Doch
nicht nur der breite Strand
mit seinem herrlichen, wei-

### Schon gewusst?

Seaside war Drehort
für *The Truman Show*
(1998) mit Jim Carrey
in der Hauptrolle.

→

*Wesley House, histo-
risches Anwesen im
Eden Gardens State Park*

*Boote im türkisfarbenen Wasser vor der Küste von Destin*

ßen Quarzsand lockt – man kann hier auch fischen, Boot fahren, wandern und campen. Im Sommer werden Ranger-Programme für die ganze Familie angeboten.

**Grayton Beach State Park**
🚲♿ 🏠 County Rd 30A, ab US 98, 1 Meile (1,6 km) westl. von Seaside ⏰ tägl. 8 bis Sonnenuntergang
🌐 floridastateparks.org

**❿** 🚲

## Blackwater River

🅰 A1 🏠 Santa Rosa County 🚉 🚌 Pensacola
ℹ 5247 Stewart St, Milton (+1-850-623-2339)
🌐 srcchamber.com

Der Blackwater entspringt in Alabama und fließt 95 Kilometer nach Süden in den Golf von Mexiko. Er schlängelt sich durch die Wälder und bildet dabei natürliche Dämme und Sandstrände. Hauptattraktion ist die Kanuroute: Die 50 Kilometer lange Strecke zählt zu den schönsten der USA. In Milton, Floridas selbst ernanntem Kanuzentrum, werden Kanu- und Kajaktouren angeboten, von halbtägigen Paddelrouten bis zu Drei-Tage-Marathons.

Im kleinen **Blackwater River State Park** am Ende der Kanuroute kann man schwimmen, picknicken oder auch das Flusssystem entlang der Nature-Trail-Route verfolgen, die sich etwa 1,5 Kilometer lang durch Wälder mit Eichen, Hickory, Magnolien und Ahorn schlängelt und in einer Reihe kleiner Seen mündet.

**Blackwater River State Park**
🚲♿ 🏠 7720 Deaton Bridge Rd, Milton ⏰ tägl. 8 bis Sonnenuntergang
🌐 floridastateparks.org

**⓫** 🚲

## Eden Gardens State Park

🅰 B1 🏠 181 Eden Gardens Rd, Santa Rosa Beach
📞 +1-850-267-8320 ⏰ tägl. 8 bis Sonnenuntergang
🌐 floridastateparks.org

Der State Park bietet Wanderwege und Wassersportmöglichkeiten, im **Wesley House** gibt es eine Ausstellung. Holzbaron William H. Wesley baute sich sein prachtvolles Anwesen im Jahr 1897 am Choctawhatchee River. Die Räume dieses zweistöckigen Gebäudes sind noch heute mit Originalmöbeln ausgestattet.

Am Ufer, wo sich einst das Sägewerk befand, stehen heute Picknicktische. Bäume trieb man von den Wäldern im Landesinneren hierher, wo man sie bearbeitete. Danach wurden die Stämme mit Kähnen auf dem Intracoastal Waterway nach Pensacola gebracht.

**Wesley House**
🚲🕐 🏠 181 Eden Gardens Rd ⏰ Do – Mo 10 –15
🌐 floridastateparks.org

**12**

## Fort Walton Beach

🅰 A1  🗺 20 000  ✈ 🚆 🚌
ℹ 34 Miracle Strip Parkway
SE, Okaloosa County (+1-
850-244-8191)  Ⓦ fwb.org

Fort Walton Beach liegt am
westlichen Ende der »Sma-
ragdküste«, die sich 40 Kilometer bis über Destin hinaus
erstreckt. Die US 98 mit zahlreichen Tauchläden und
Häfen verläuft an der Küste
und verbindet Fort Walton
mit Santa Rosa Island. Okaloosa Island, wie es die Einheimischen nennen, zieht
die meisten Besucher an.

In dem klaren Wasser
kann man schwimmen und
fischen. Auch andere Arten
von Wassersport werden hier
betrieben.

In der geschützten Choc-
tawhatchee Bay im Norden
können Sie ebenfalls baden
oder segeln. Zudem bieten
die Häfen Bootstouren an.
Wer lieber an Land bleibt,
hat die Auswahl zwischen
einem Dutzend Golfplätzen.

Delfine und Seelöwen
sind die Stars der täglichen
Shows im **Gulfarium**. Durch

die Glaswände der Aquarien
kann man Haie, Rochen und
riesige Meeresschildkröten
beobachten. Es gibt auch
Gehege für Seehunde, Otter
und Alligatoren sowie Volieren für exotische Vögel.

Das **Indian Temple Mound
Museum** befindet sich neben
einem Grabhügel, den die
Indianer um 1400 für Zeremonien und Bestattungen
errichteten. Besucher können Funde aus diesem Hügel
und anderen indianischen
Kultstätten besichtigen und
anhand dieser Exponate
rund 10 000 Jahre mensch-
licher Besiedlung im Gebiet
an der Choctawhatchee Bay
nachvollziehen.

Bei Shalimar, fünf Kilometer nördlich, liegt der Luft-
waffenstützpunkt Eglin Air
Force Base. Im **US Air Force
Armament Museum** sind
Flugzeuge und Waffen aus-
gestellt. Zu sehen sind u. a.
ein SR-71-»Blackbird«-Spio-
nageflugzeug und modernst-
te Laserwaffen.

### Gulfarium

🐬🐟👤♿  🏠 1010 Miracle
Strip Parkway  🕐 tägl.
9–16:30  Ⓦ gulfarium.com

### Indian Temple
### Mound Museum

🐚♿  🏠 139 SE Miracle
Strip Parkway  🕐 Mo–Fr
12–16:30, Sa 10–16:30
Ⓦ fwb.org

### US Air Force
### Armament Museum

🐚♿  🏠 100 Museum Dr
(Route 85)  🕐 Mo–Sa 9:30–
16:30  Ⓦ afarmament
museum.com

**13** ⊛

## Alfred B. Maclay
## Gardens State Park

🅰 C1  🏠 3540 Thomasville
Rd, Leon County  📞 +1-850-
487-4556)  🕐 tägl. 8 bis
Sonnenuntergang
Ⓦ floridastateparks.org

Die herrlichen Gärten, sechs
Kilometer nördlich von Tallahassee, wurden ursprünglich
um Killearn, das Winterhaus
des New Yorker Finanziers
Alfred B. Maclay, angelegt.
In den Gärten rund um den
Lake Hall findet man mehr
als 200 Pflanzenarten. Selbst
im Winter blühen Kamelien
und Azaleen (Jan–Apr).

Beliebte Aktivitäten sind
schwimmen, fischen oder
auf dem Big Pine Nature Trail
wandern.

**14**

## Underwater
## Museum of Art

🅰 B2  🏠 357 Main Park Rd,
Grayton Beach  🕐 Mo–Fr
12–21, Sa 10–22, So 10–21
Ⓦ umafl.org

Hier gehen Kunst und Tauch-
sport eine ganz spezielle Ver-

*Wundervolle Stimmung beim
Sonnenuntergang über dem
Pier am Fort Walton Beach*

Von dichter Vegetation umrahmter Teich im Alfred B. Maclay Gardens State Park

2018 wurden hier in 18 Metern Tiefe sieben große Skulpturen installiert, die mit Seefahrt und Meeresforschung in Verbindung stehen.

bindung ein: Das Underwater Museum of Art befindet sich knapp zwei Kilometer vor der Küste des Grayton Beach State Park *(siehe S. 246f)*. Im Jahr 2018 wurden hier in einer Tiefe von etwa 18 Metern sieben große Skulpturen installiert, die mit Seefahrt und Meeresforschung in Verbindung stehen und in regelmäßigen Abständen ausgetauscht werden. Zu den bisher präsentierten Objekten gehören u. a. ein Schiffspropeller und ein Tauchapparat.

Bei Auswahl und Installation der Stücke orientiert man sich an Umweltstandards. Die Skulpturen sollen Fischen als Lebensraum dienen, die sich daraus ergebenden Veränderungen der Stücke sind erwünscht.

Der Eintritt ins Museum ist kostenlos. Besucher müssen jedoch nachweisen, dass sie über entsprechende Tauchfähigkeiten verfügen.

### 🔟 Monticello

🅰 D1 🏙 13 000 ℹ 420 W Washington St, Jefferson County (+1-850-997-5552) 🅦 cityofmonticello.us

Das 1827 gegründete Monticello (sprich »Montisello«) ist nach der Heimat des US-Präsidenten Thomas Jefferson in Virginia benannt. Im Herzen von Floridas Baumwollanbaugebiet gelegen, florierte die Stadt und förderte den Bau eleganter Häuser. Einige von ihnen sind heute Gästehäuser, die sich als Stützpunkt für Ausflüge in die Umgebung von Tallahassee gut eignen.

Im Zentrum der Stadt steht an der US 90 das imposante Rathaus. Die Altstadt liegt im Norden, wo Sie auf Alleen und eine Vielzahl alter Gebäude stoßen, angefangen bei Häusern, die um 1850 vor dem Sezessionskrieg erbaut wurden, bis hin zu Queen-Anne-Häusern mit Holzverzierung und neugotischen Elementen.

Ende Juni findet das Watermelon Festival statt, eine Art Erntedankfest mit Festzügen, Tanz, Rodeos und dem traditionellen Wassermelonenkerne-Spuckwettbewerb.

### 🔟 Wild Willy's Adventure Zone

🅰 A1 🏠 1306 Miracle Strip Parkway SE, Fort Walton Beach 🕐 Mo – So 10 – 23 🅦 wwazone.com

Den Themenpark auf Okaloosa Island erreicht man von Destin aus mit dem Auto über die Midbay Bridge. Das Gelände bietet einen gelungenen Mix aus Outdoor- und Indoor-Aktivitäten. Aufregendste Attraktion ist die insgesamt 18 Meter hohe Tree Top Challenge mit fünf Ebenen, auf denen die Hindernisse mit der Höhe immer anspruchsvoller werden.

Die Redemption Arcade ist eine Halle mit einer großen Zahl von traditionelleren und moderneren Video-Spielen, von denen jedem interessierten Besucher einige durchaus bekannt vorkommen dürften.

Zu den Hightech-Vergnügungen gehören neben einem 3-D-Kino auch ein 4-D-Kino mit beweglichen Sitzen und anderen Spezialeffekten. Die Kinos bieten von Western bis zu Dinosaurierfilmen grandiose optische Erlebnisse. Auch die Trampoline sind stets begehrte Attraktionen.

*Bizarre Felsforma-*
*tionen im Florida*
*Caverns State Park* ↑

**17** ⊘ ♿

## Torreya State Park

🅰 C1 🏠 Liberty Co. Route
CR 1641, 13 Meilen (21 km)
nördl. von Bristol
🚌 Blountstown 📞 +1-850-
643-2674 🕐 tägl. 8 bis
Sonnenuntergang
🆆 floridastateparks.org

Etwas abseits der üblichen
Touristenrouten liegt dieser
Park, der einen Abstecher
wert ist. Seinen Namen erhielt er von einer Eibenart,
die hier früher häufig vor-
kam. Er liegt an einer reich
bewaldeten Flussschlinge.
Die hohen Steilufer, von
denen die Konföderierten
im Sezessionskrieg die geg-
nerischen Kanonenboote
beschossen, gehören zu den
wenigen natürlichen Aus-
sichtspunkten Floridas.

Das schöne neoklassizistische Gregory House (19. Jh.)
steht in 45 Metern Höhe auf
dem Steilufer. Es wurde 1935
von seinem ursprünglichen
Platz weiter flussabwärts
hierherversetzt und restauriert. Das Innere ist mit Originalmöbeln ausgestattet.

Zum Fluss und wieder
zurück braucht man etwa
25 Minuten, oder man folgt
dem elf Kilometer langen
Weeping Ridge Trail. Beide
Routen führen durch dichten
Wald, in dem man Vögel,
Rotwild, Biber und eine seltene Schildkrötenart beobachten kann, deren Panzer
eine landkartenartige Zeich-
nung aufweist.

**18** ⊘ 🏍 ♿

## Florida Caverns State Park

🅰 B1 🏠 Jackson Co. 3345
Caverns Rd, ab Route 166,
3 Meilen (5 km) nördl. von
Marianna 📞 +1-850-482-
1228 🕐 tägl. 8 bis Sonnenuntergang
🆆 floridastateparks.org

Der Kalkstein, der die Oberfläche der Halbinsel Florida
bestimmt, tritt in dem
Höhlensystem, das vom
Chipola River entwässert
wird, an die Oberfläche. Das
Regenwasser, das in Jahrtau-
senden durch das weiche
Kalkgestein sickerte, bildete
eine atemberaubende Höh-
lenlandschaft mit Stalagmi-
ten, Stalaktiten und Tropf-
steinsäulen. Ziehen Sie sich
warm an, die Temperatur
liegt dort zwischen 16 und
19 °C.

Im Park kann man auch
wandern und reiten, der
Chipola River bietet sich zum
Schwimmen und Fischen an.

### Schon gewusst?

Der Apalachicola River
im Torreya State Park
ist ein beliebtes
Angelrevier.

→

*Becken im dicht*
*bewaldeten Wakulla*
*Springs State Park*

Eine 84 Kilometer lange Kanuroute windet sich durch die hoch aufragenden Kalkklippen nach Süden zum Dead Lake, etwas westlich vom Apalachicola National Forest.

## Cedar Key
🅰 D3 🏞 1000 ℹ 450 2nd St, Cedar Key, Levy County (+1-352-543-5600)
🌐 cedarkey.org

Am Ende der Inselkette, die in den Golf von Mexiko hineinreicht und durch Brücken verbunden ist, liegt das malerische viktorianische Fischerdorf Cedar Key. Im 19. Jahrhundert nahm der Ort als Endstation der ersten Eisenbahn, die durch ganz Florida ging, und durch den Holzboom einen großen Aufschwung. Innerhalb kurzer Zeit waren die Zedern, die dem Ort ihren Namen gaben, abgeholzt. Einige der alten Lagerhäuser existieren als Läden und Restaurants weiter, doch im Allgemeinen ist Cedar Key angenehm ruhig.

Von den Docks fahren Boote zum Beispiel zum National Wildlife Refuge vor der Küste oder zu Touren entlang der Salzmarschküste, wo man Vögel beobachten kann.

Eine Alternative zu Bootsfahrten bietet das auch wegen seiner Vielfalt spannende **Cedar Key Historical Society Museum**, in dem versteinerte Tapirzähne, indianische Keramikscherben und Krabbenfallen zu sehen sind. Hier erhält man auch einen Plan mit den Sehenswürdigkeiten der Stadt.

### Cedar Key Historical Society Museum
♿🅱 🏠 Ecke D St und 2nd St 📞 +1-352-543-5549 🕐 So – Fr 13 – 16, Sa 11 – 17

## Wakulla Springs State Park
🅰 C2 🏠 Wakulla Co. 550 Wakulla Park Dr 📞 +1-850-926-0700 🕐 tägl. 8 bis Sonnenuntergang
🌐 floridastateparks.org

Expertentipp
**Fahrspaß in Cedar Key**
Ein besonderer Spaß ist eine Fahrt mit einem Gulf Kart genannten Vehikel. Infos bietet die Cedar Key Gulf Kart Company (www.gulf kartcompany.com).

Eine der ergiebigsten Süßwasserquellen der Welt pumpt hier rund 2,6 Millionen Liter pro Minute in das große Becken, das die wohl größte Attraktion des Wakulla Springs State Park darstellt. In dem kristallklaren Wasser kann man schwimmen, schnorcheln oder mit einem der Glasbodenboote fahren. Bei einem Ausflug auf dem Wakulla River hat man recht gute Chancen, Alligatoren, Fischadler oder Watvögel zu sehen.

Wanderer schätzen das Angebot an gut ausgebauten Wegen. Das Hotel Wakulla Springs Lodge (1930) wurde im spanischen Stil erbaut. Schönster Bereich ist die mit Marmorböden und -treppen versehene Lobby. Sehenswert ist auch der Art-déco-Aufzug.

## ㉑  ♿

## St. Joseph Peninsula State Park

🅰 B2 🏠 Gulf County Route 30E 📞 +1-850-227-1327 🕐 tägl. 8 bis Sonnenuntergang 🌐 floridastateparks. org

Wer Ruhe sucht, findet sie in diesem Park an der Spitze der Landzunge, die nördlich vom Cape San Blas in die St. Joseph's Bay reicht. Man kann auf dem Parkgelände schwimmen, schnorcheln und fischen. Vogelliebhaber sollten ihren Feldstecher dabeihaben, denn hier wurden mehr als 200 Vogelarten registriert. Man kann in Hütten mit Blick auf die Bucht übernachten, es gibt aber auch einen gut ausgestatteten Campingplatz.

Vom Strand können Sie einen Ausflug in die Palmen- und Nadelwälder unternehmen, wo Sie auf eine artenreiche Tierwelt (u. a. Rotwild, Waschbären, Luchse und Kojoten) treffen.

## ㉒

## Manatee Springs State Park

🅰 D2 🏠 11650 NW 115 St, Chiefland 📞 +1-352-493-6072 🕐 tägl. 8 bis Sonnenuntergang 🌐 floridastateparks.org

Rund 50 Kilometer nördlich von Cedar Key befindet sich der Manatee Springs State

Park, wo in einem azurblauen See eine Quelle in einer Tiefe von mehr als neun Metern in einer Unterwasserhöhle entspringt. Das klare, sprudelnde Quellwasser speist den Suwannee River und ist bei Tauchern und Schnorchlern sehr beliebt. Seekühe, die dem Park ihren Namen gaben und hier überwintern, sieht man eher selten, dafür aber Schildkröten, Fische, Silberreiher und Geier.

Im Parkgelände kann man schwimmen, ein Kanu mieten, Bootsfahrten unternehmen oder wandern, wobei Sie mit etwas Glück auch Gürteltiere aufstöbern.

## ㉓

## Apalachicola

🅰 C2 🏘 3000 🛈 122 Commerce St, Franklin County (+1-850-653-9419) 🌐 apalachicolabay.org

Die 1823 gegründete Stadt erlebte in den ersten rund 100 Jahren ihrer Existenz als Zollstation am gleichnamigen Fluss ihre wirtschaftliche Blütezeit. Mit dem Baumwollhandel nahm sie einen rasanten Aufschwung, später kamen Holzhändler und Schwammtaucher hier zu großem Reichtum. Die Nadel- und Hartholzwälder des Apalachicola National Forest reichen 19 Kilometer nördlich von Apalachicola bis zur Stadtgrenze von Tallahassee.

Nach dem Ende des Holzbooms in den 1920er Jahren wandte sich die Stadt dem Fisch- und Austernfang in der Mündung des Apalachicola River zu. Die Boote liegen noch immer hier am Kai, der mit Kühlhäusern und alten Baumwolllagerhallen gesäumt ist. In der Water Street bieten Läden frische Austern an.

Die schachbrettartig angelegte Altstadt hat zahlreiche nette Gebäude aus der Zeit des Baumwollbooms aufzuweisen. Im Stadtplan der Handelskammer wird auch auf einige private Schätze wie etwa das neoklassizistische Raney House (1838) hingewiesen.

Im **John Gorrie Museum State Park**, benannt nach dem berühmtesten Sohn der Stadt, steht ein Modell seiner Eismaschine. Ursprünglich zur Kühlung der Säle für Gelbfieberpatienten gedacht, legte Dr. Gorries Erfindung den Grundstein für die

← *Three Soldiers – Statue auf der Vietnam Veterans Memorial Plaza in Apalachicola*

←

*Schwimmen im Suwannee River im Manatee Springs State Park; einer Seekuh ganz nahe* (Detail)

Entwicklung von Kühlschränken und Klimaanlagen.

### John Gorrie Museum State Park
◎ 🏠 46 6th St (Gorrie Square) 🕐 Do – Mo 9 – 17 W floridastateparks.org

**24** ◈ ♿

### Suwannee River State Park
🅰 D2 🏠 3631 201st Path, Live Oak ☎ +1-386-362-2746 🕐 tägl. 8 bis Sonnenuntergang
W floridastateparks.org

Der Suwannee River, der durch Stephen C. Fosters Lied *Old Folks at Home* (1851) berühmt wurde, entspringt in Georgia. Nach 425 Kilometern mündet er in den Golf von Mexiko.

Der Park lockt mit einigen der schönsten Kanurouten Floridas. Im Kanu haben Sie gute Chancen, Wildtiere zu beobachten, z. B. Reiher und Schildkröten. Die Kanus kann man im Park mieten.

Der **Stephen Foster Folk Culture Center State Park** nahebei bietet ähnliche Aktivitäten sowie ein Museum.

### Stephen Foster Folk Culture Center State Park
◎ 🏠 11016 Lillian Saunders Dr, White Springs 🕐 Park: tägl. 8 bis Sonnenuntergang; Museum: tägl. 9 – 17
W floridastateparks.org

**25**

### St. Vincent, St. George und Dog Islands
🅰 C2 ℹ 122 Commerce St, Apalachicola, Franklin County (+1-850-653-9419)
W apalachicolabay.org

Die Inseln trennen die Apalachicola Bay vom Golf von Mexiko. St. George ist durch eine Brücke mit Apalachicola verbunden. 14 Kilometer Dünen am Ostende gehören zum Schutzgebiet **Dr. Julian G. Bruce St. George Island State Park**. Die meisten Strände liegen am Golf von Mexiko, sie werden jedes Jahr unter den besten der USA gelistet.

Das **St. Vincent National Wildlife Refuge** im Westen ist unbewohnt und nur von St. George aus erreichbar. **St. Vincent Island Shuttle and Fishing Charters** bieten Bootsfahrten an. Auf St. Vincent können Sie im Sommer Seeschildkröten, im Winter Zugvögel beobachten. Dog Island im Osten erreicht man per Boot von Carrabelle. Dort gibt es einen schönen Strand.

### Dr. Julian G. Bruce St. George Island State Park
◎ 🏠 1900 E Gulf Beach Dr, St. George Island 🕐 tägl. 8 bis Sonnenuntergang
W floridastateparks.org

### St. Vincent National Wildlife Refuge
🏠 St. Vincent Island 🕐 tägl. 24 Std. W fws.gov

### St. Vincent Island Shuttle and Fishing Charters
◎ 🏠 690 Indian Pass Rd, Port St. Joe
W stvincentisland.com

> **Der Suwannee River State Park lockt mit einigen der schönsten Kanurouten Floridas. Im Kanu haben Sie gute Chancen, Wildtiere zu beobachten.**

*Sonnenuntergang über Clearwater Beach (siehe S. 264)*

# Golfküste

Schon seit der spanischen Kolonisation konzentriert sich das Leben an der Golfküste um die Tampa Bay. Als natürlicher Hafen zog die Bucht im 19. Jahrhundert viele Pioniere an. Das günstige Klima bewog sogar einige dazu, hier Zucker anzubauen.

Nach dem Bürgerkrieg entwickelte sich die Golfküste zu einer wichtigen Handelsregion für den karibischen Raum. Zu verdanken war dies unter anderem der Eisenbahn von Henry Plant, die um 1880 von Virginia verlegt worden war. So florierte die Region um Tampa zu dieser Zeit wie nie mehr danach. Menschen aus aller Welt strömten hierher: von den griechischen Schwammtauchern, die sich in Tarpon Springs ansiedelten, bis zu wohlhabenden Amerikanern wie dem Zirkuskönig John Ringling.

Henry Plant lockte reiche Reisende aus dem Norden mit dem Anpreisen des sommerlichen Winterwetters hierher. Die viel zitierten 361 Sonnentage pro Jahr ziehen noch heute zahlreiche Urlauber an die großzügig verteilten Strände mit dem warmen Wasser des Golfs von Mexiko. In der Region liegen auch einige der interessantesten Städte Floridas sowie wunderschöne Naturräume.

Golf von
Mexiko

Inglis
19
98
Crystal River **9**
Homosassa Springs
Homosassa Springs **8**
Wildlife State Park

Weeki Wachee Springs **11**
Spring Hill
Hudson
Bayonet Point
Port Richey
589
Elfers
*Anclote Keys*
Tarpon Springs **10**
Palm Harbor
Caladesi Island State Park **15**
**12** Dunedin
Clearwater
Tampa International
Airport
Largo
St. Petersburg-Clearwater
International Airport
Seminole
Lealman
Pasadena **1** St. Petersburg
St. Petersburg Beach
Central Gulf Coast Beaches **2**
*Mullet Key*
*Tampa Bay*

De Soto National Memorial
*Anna Maria Island*
Bradenton Beach **17**
Sarasota-Bradenton International Airport
Ringling Museum Cà' d'Zan **6** **5** Ringling
**20** Bradenton
*Longboat Key* **7** Sarasota
*Siesta Key*
Vamo
*Casey Key*
Laurel
Venice **22**

Manasota
Englewood
Grove City

Gasparilla Island **23**
Boca Grande

Bookelia
Lee Island **4**
Coast
Captiva
*Captiva Island*
*Sanibel Island*

Dunnellon
75
Hernando
41
Homosassa Springs
Inverness
44
Floral City
Sumterville
Bushnell
301
Brooksville
50
41
Ridge Manor
98
Dade City
Land O'Lakes
54
Lutz
University
Carrollwood
Temple Terrace
**13** Hillsborough River
Tampa **3**
Brandon
60
Gibsonton
Riverview
Gibsonton
Ruskin
Sun City
Center
41
275
75
301
62
Gamble Plantation **18**
Historic State Park
**21** Myakka River
State Park
North Port
Port Charlotte
776
Punta Gorda
Cleveland

*Charlotte Harbor*
765
North
Fort Myers
*Pine Island*
Cape Coral
San Carlos Park
Koreshan State **14**
Historic Site
Bonita Springs

Nordosten
*Seiten 204–229*
Leesburg
*FLORIDA'S TURNPIKE*
44
Groveland
33
*Green Swamp Wilderness Preserve*
471
Zephyrhills
98
Polk City
Gibsonia
Lakeland
570
Plant City
4
**19** Florida Southern College
Mulberry
Bartow
39
Bradley Junction
Fort Meade
17
37
Bowling Green
62
Wauchula
Zolfo Springs
64
Myakka City
Gardner
70
72
**24** Arcadia
17
31
Fort Myers **16**
41
75

Golfküste

0 Kilometer    30
0 Meilen    30

N

# Golfküste

## Highlights

1. St. Petersburg
2. Central Gulf Coast Beaches
3. Tampa
4. Lee Island Coast
5. Ringling Museum of Art
6. Ringling Museum Cà' d'Zan

## Sehenswürdigkeiten

7. Sarasota
8. Homosassa Springs Wildlife State Park
9. Crystal River
10. Tarpon Springs
11. Weeki Wachee Springs
12. Dunedin
13. Hillsborough River
14. Koreshan State Historic Site
15. Caladesi Island State Park
16. Fort Myers
17. De Soto National Memorial
18. Gamble Plantation Historic State Park
19. Florida Southern College
20. Bradenton
21. Myakka River State Park
22. Venice
23. Gasparilla Island
24. Arcadia
25. Babcock Ranch Eco Tours

**Orlando und Space Coast**
*Seiten 170–203*

**Gold und Treasure Coast**
*Seiten 108–137*

**Babcock Ranch Eco Tours**

**Everglades und Keys**
*Seiten 288–313*

*Lake Okeechobee*

*Graham Marsh*

*Corkscrew Swamp*

**❶**

# St. Petersburg

 E4  250 000 ✈ 🚌 **i** 100 2nd Ave N (+1-727-821-4715)
📷 Festival of the States (März/Apr) **w** stpete.com

Die Stadt mit den breiten Avenues entstand im 19. Jahrhundert zur Zeit der Landspekulationen. Als der Farmer John Williams 1875 hier Land kaufte, träumte er davon, eine große Stadt zu gründen. Der adelige Exilrusse Peter Demens versorgte die Stadt bald mit einem Eisenbahnanschluss und gab ihr einen Namen – als Erinnerung an seine Geburtsstadt.

**①** ✍ ♿

### St. Petersburg Museum of History

🏠 335 2nd Ave NE **☎** +1-727-894-1052 🕐 Mo – Sa 10 –17, So 12 –17 🚫 1. Jan, Thanksgiving, 25. Dez
**w** spmoh.org

In diesem Museum wird die Geschichte der Stadt von prähistorischer Zeit bis in die Gegenwart nachgezeichnet: mit Mastodonknochen, Fossilien, Keramiken und einer lustigen Spiegelgalerie, in der sich die Besucher in

viktorianischen Kostümen sehen können.

In einem eigenen Pavillon ist das Wasserflugzeug *The Benoist* ausgestellt, das St. Petersburg als Geburtsort des kommerziellen Flugverkehrs kennzeichnet. In

diesem Flugzeug überquerte 1914 der erste zahlende Passagier die Tampa Bay.

**②**

### Florida Holocaust Museum

🏠 55 Fifth St S **☎** +1-727-820-0100 🕐 tägl. 10 –16 🚫 1. Jan, Thanksgiving, 25. Dez, jüdische Feiertage
**w** flholocaustmuseum.org

Das Holocaust Museum in Downtown St. Petersburg ehrt die Millionen Menschen, die im Holocaust litten und starben. Themen sind weniger die Grauen des Holocaust als vielmehr Toleranz, Menschlichkeit und die Geschichte des Antisemitismus.

→
*Besucher in einem Ausstellungssaal im Florida Holocaust Museum*

↑ *Die Skyline von St. Petersburg spiegelt sich im klaren Wasser der Tampa Bay*

> Im Morean Arts Center Glass Studio and Hot Shop produzieren Glasbläser einzigartige Stücke, die alle zum Verkauf angeboten werden.

Das Kunstmuseum in dem beeindruckenden neoklassizistischen Gebäude oberhalb der Bucht ist für seine umfangreiche Sammlung europäischer, amerikanischer, präkolumbischer und asiatischer Werke bekannt. Bei seiner Eröffnung 1965 war es das erste Museum in Downtown. Unter den Impressionisten sind *Waldlichtung* (1877) von Cézanne und Monets Klassiker *Parlament im Nebel – London* (1904) zu nennen. Weitere Werke: *Mohn* von Georgia O'Keeffe, *Die Lektüre* (1888) von Berthe Morisot und Auguste Rodins *Anrufung* (1886) im Skulpturengarten.

Eine Sammlung mit Fotografien vom frühen 20. Jahrhundert bis heute rundet die Präsentationen ab.

③ 🎨 ♿

## The Chihuly Collection

🏠 720 Central Ave 📞 +1-727-822-7872 🕐 Mo – Sa 10 –17, So 12 –17 🌐 moreanartscenter.org/chihuly

Die Sammlung zeigt Werke des weltberühmten Glaskünstlers Dale Chihuly. Gegenüber befindet sich das Morean Arts Center Glass Studio and Hot Shop, wo Glasbläser einzigartige Stücke herstellen, die alle zum Verkauf angeboten werden.

④ 🎨 🍴 ♿

## Museum of Fine Arts

🏠 255 Beach Dr NE 📞 +1-727-896-2667 🕐 Di – Sa 10 – 17 (Do, Fr bis 20), So 12 – 17 🔒 1. Jan, Martin Luther King, Jr. Day, Thanksgiving, 25. Dez 🌐 mfastpete.org

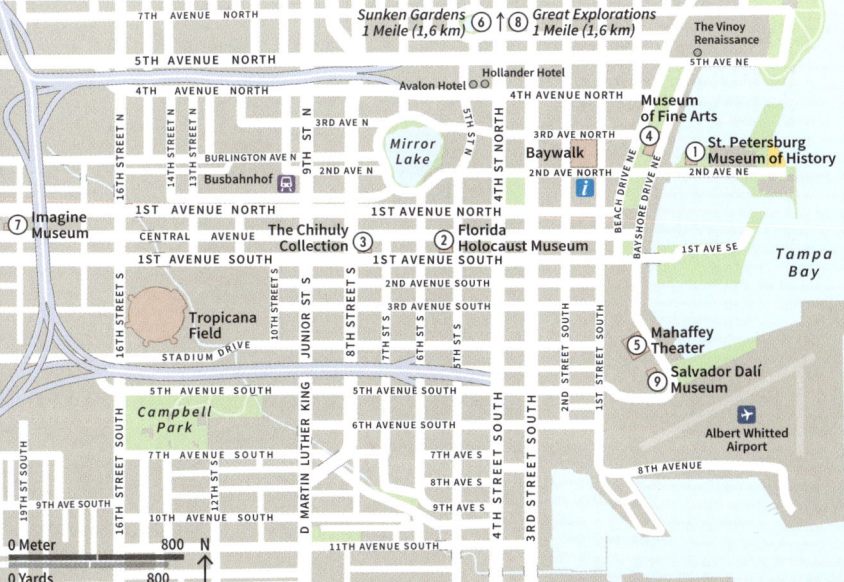

# Hotels

### Avalon Hotel St. Petersburg

Wer das besondere Etwas sucht, ist hier genau richtig: Das Boutique-Hotel präsentiert sich in zauberhaftem Art-déco-Look, die Zimmer werden mit Retro-Stil und subtilen Neon-Akzenten in Szene gesetzt. Käse- und Weinproben runden das Gesamtbild ab.

📍 443 4th Ave N
🌐 avalonst
petersburg.com

$$$

### Hollander Hotel

Das in einem gelungenen Stilmix gestaltete Hotel, ein Schwesterhotel des Avalon, überzeugt schon von außen mit seiner Terrasse und dem hübsch gestalteten Pool mit kleinen Hütten und Poolbar.

📍 421 4th Ave N
🌐 hollanderhotel.com

$$$

### The Vinoy Renaissance St. Petersburg Resort & Golf Club

Die rosafarbene Fassade des Gebäudes (1925) sticht am Hafen hervor. Das Hotel punktet mit einem glänzend ausgestatteten Spa-Bereich, einem Diner im Stil der 1920er Jahre und einem Golfplatz.

📍 501 5th Ave NE
🌐 marriott.com

$$$

## Mahaffey Theater

📍 400 1st St S  🕐 tägl.
🌐 mahaffeytheater.com

Von dem 1965 eröffneten, 2005 renovierten modernen Gebäude direkt am Ufer genießt man eine spektakuläre Aussicht über die Tampa Bay.

Das Haus hat ein sehr breit gefächertes Repertoire: Es wird vor allem als Konzerthalle für das renommierte Florida Orchestra genutzt, das im Städtedreieck St. Petersburg, Tampa und Clearwater jährlich rund 100 – immer sehr gut besuchte – Auftritte hat. Darüber hinaus ist das Theater Bühne für Musik- und Tanzaufführungen sowie für gastierende Broadway-Shows. Gelegentlich finden auch Wahlkampfveranstaltungen statt.

Hier gibt es über 2000 Plätze, von denen viele in Logen angeordnet sind. Benannt ist das Theater nach einer einflussreichen St. Petersburger Familie.

## Sunken Gardens

📍 1825 4th St N  📞 +1-727-551-3102  🕐 Mo – Sa
10 –16:30, So 12 –16:30

Tausende tropischer Pflanzen wuchern in dem Garten, der drei Meter unterhalb der vorbeiführenden Straße liegt.

Früher war hier eine mit Wasser gefüllte Doline – heute hält man den Boden mit einem Rohresystem trocken. Auf dem Gelände befindet sich ein seit mehr als 100 Jahren betriebenes Museum, das älteste der Stadt.

Schlendern Sie vorbei an Bougainvilleen und Hibiskus, und besuchen Sie den Orchideengarten oder die Flamingos. Es gibt auch ein Schmetterlingshaus.

### Schon gewusst?

St. Petersburg verzeichnete einmal 768 Sonnentage in Folge – Guinness World Record.

*Flamingos an einem Teich – Blickfang in den Sunken Gardens* ↑

↑ *Riesenspaß bietet das interaktive Museum Great Explorations*

⑦

## Imagine Museum

🏠 1901 Central Ave 🕐 Di – Sa 10 –17 (Do bis 20), So 12 – 17 🌐 imaginemuseum.com

In den 1960er Jahren begann Glaskunst in den USA popu-

lär zu werden. Es gibt jedoch noch heute nur wenige Museen, die sich dieser Kunstform widmen. Das im Jahr 2018 eröffnete Imagine Museum gehört zu den interessantesten. In seinen Ausstellungen werden sowohl Objekte von Künstlern aus den Vereinigten Staaten als auch anderer Ländern gezeigt. Das Spektrum reicht von relativ einfachen frühen Werken bis hin zu aufregenderen zeitgenössischen Stücken.

Die Präsentation der Exponate in stimmungsvollen Galerien ist überaus gelungen. Der Stilbogen reicht von realistischen Formen der Werke Brent Kee Youngs bis zu abstrakteren Designs von Glaskünstlern wie Mark Peiser und William Lequier. Bei der Gestaltung der Werke kommen neueste Technologien zum Einsatz. Der Vorstellungskraft der Künstler (und der Besucher) sind keine Grenzen gesetzt.

⑧

## Great Explorations

🏠 1925 4th Street N 📞 +1-727-821-8992 🕐 Mo – Sa 10:30 –16, So 12 –16 🌐 greatex.org

»Selber machen« ist das Motto dieses Museums, das zwar auf Kinder zugeschnitten, aber auch für Erwachsene faszinierend ist und somit Spaß für die ganze Familie bietet.

Die Exponate warten nur darauf, von neugierigen, kreativen Händen zum Leben erweckt zu werden. Die Kinder dürfen krabbeln, klettern und alles berühren. Sie können aber beispielsweise auch im beliebten Orange Grove Südfrüchte pflücken und verpacken, eine Pizza zubereiten oder selber ein Animationsvideo erstellen – alles in Teamarbeit.

In dem Kindermuseum wurde 2007 eine Vorschule eingerichtet.

Im Imagine Museum reicht das Spektrum an Glaskunst von relativ einfachen frühen Werken bis hin zu aufregenderen zeitgenössischen Stücken.

# Salvador Dalí Museum

🏠 1 Dalí Boulevard, St. Petersburg 🚌 4, 32 📞 +1-727-823-3767
🕐 So – Mi 10 –18, Do – Sa 10 – 21 🚫 Thanksgiving, 25. Dez 🌐 thedali.org

**Salvador Dalí gehört zu den berühmtesten Künstlern der Welt. Dieses Museum, auch bekannt als The Dalí, widmet sich seinem einzigartigen surrealistischen Stil sowie früheren Werken, die seine Vielseitigkeit demonstrieren.**

Das Museum besitzt die umfassendste Sammlung von Werken Salvador Dalís (1904 –1989) außerhalb Spaniens. Das erste Museum zu Ehren des Künstlers wurde 1982 eröffnet, 40 Jahre nach der ersten Begegnung Dalís mit Reynolds Morse, einem Geschäftsmann aus Ohio, der daraufhin Dalís Kunst zu sammeln begann. Nach einer landesweiten Suche nach einem neuen Standort für die Sammlung wählte Morse ein Gebäude in St. Petersburg, das dem Elternhaus des Künstlers im katalonischen Cadaqués ähnelt. 2011 zog das Museum in ein Anwesen, das auch Wirbelstürmen standhält, am Wasser um. Zur umfangreichen Sammlung aus allen Schaffensperioden Dalís gehören 96 Ölbilder, mehr als 100 Aquarelle und Zeichnungen, rund 1300 Grafiken, Skulpturen und andere Objekte. Die Exponate umfassen ein sehr breites Spektrum: von frühen figurativen Malereien über die ersten surrealistischen Experimente bis hin zu den großen Kompositionen Dalís.

*Vor den Betonwänden des Museums wölbt sich eine Glaskonstruktion* ↑

Schlanke Wendeltreppe im lichtdurchfluteten Museum

Attraktionen

### Frühe Werke

▷ Zu Beginn seines Künstlerlebens malte Dalí Stillleben wie *Der Brotkorb* (1926).

### Einflüsse

▽ Im Unterschied zu anderen Künstlern der 1930er Jahre vermied Dalí politische Aussagen. In *The Weaning of Furniture Nutrition* (1934) stellt er sein früheres Kindermädchen als Netzflickerin dar.

### Surrealismus

▷ In seinen surrealistischen Werken macht Dalí Rätselhaftes sichtbar. Zu den Schätzen des Museums aus jener Epoche gehört das Gemälde *Apparat und Hand* (1927).

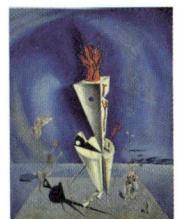

### »Nukleare Mystik«

▽ In den 1950er Jahren begann Dalí, sich Themen wie Religion und vor allem Wissenschaft zuzuwenden. Seine Gemälde aus dieser »nukleare Mystik« genannten Schaffensperiode wie etwa *Nature Morte Vivante* (1956) zeigen schwebende Objekte.

*Weite Abschnitte der Traum-
strände von Clearwater
Beach werden bewacht* ↑

# Central Gulf Coast Beaches

🅰 E4

Mit durchschnittlich 361 Sonnentagen pro Jahr zieht der Abschnitt zwischen St. Petersburg und Clearwater Urlauber in Scharen an. Insgesamt stehen nicht weniger als 45 Kilometer herrlicher Strände zur Verfügung. Neben klarem Wasser überzeugt auch die entspannte Atmosphäre.

## ① Clearwater Beach

🏠 Pinellas Co 🏔 23 000
✈ 🚌 Clearwater; ab Cleveland St 🛈 1130 Cleveland St (+1-727-461-0011)
🌐 clearwaterflorida.org

Mit dem Clearwater Beach beginnen die Ferienorte, die sich bis Tampa Bay aneinanderreihen. Das Bild prägen Hotels und Bars mit meist europäischen Gästen. Clearwater Beach hingegen konnte sich einen eigenen Charakter bewahren. Günstigere Hotels findet man am Intracoastal Waterway.

Der Sandstrand ist beeindruckend, das Wassersportangebot sehr gut. Am Hafen werden Bootstouren angeboten – von Tauchexpeditionen bis hin zum Sportfischen.

## ② Pass-a-Grille

🏠 Pinellas Co ✈ 🚉 Tampa
🚌 St. Petersburg 🛈 Tampa Bay Beaches Chamber of Commerce, 6990 Gulf Blvd
🌐 visitstpeteclearwater.com

Am südlichen Ende kann man in Pass-a-Grille  nach

den überfüllten Stränden von St. Pete Frischluft tanken. Der verschlafene Ort hat nette Häuser (frühes 20. Jh.) und unberührte Strände zu bieten. Achtung: viel Kleingeld für die Parkuhren mitnehmen!

## ③ ♿ Seaside Seabird Sanctuary

🏠 18328 Gulf Blvd, Indian Shores, 33785 📞 +1-727-391-6211 🕐 tägl. 9 bis Sonnenuntergang

Sand Key gegenüber von Clearwater Pass verläuft 19 Kilometer nach Süden. Sand Key Park an der Spitze hat einen schönen, palmengesäumten Strand (rangiert unter den Top 20 der USA), wo es etwas gemütlicher als im deutlich lebhafteren Clearwater Beach zugeht.

Beim noblen Wohnviertel Belleair mit einem Hotel von Henry Plant, elf Kilometer südlich, befindet sich das beliebte Seaside Seabird Sanctuary. Die im Jahr 1971 unter anderem Namen eingerichtete Station pflegt verletzte Vögel – pro Jahr sind es etwa 2500. Neben den zu pflegende Tieren gibt es im Sanctuary auch eine Reihe ständiger Bewohner. Man sieht Pelikane, Eulen, Reiher und Vertreter vieler weiterer Vogelarten.

## ④
### Madeira Beach
🏠 Pinellas Co ✈ 🚉 Tampa 🚌 St. Petersburg 🛈 Tampa Bay Beaches Chamber of Commerce, 6990 Gulf Blvd 🆆 visitstpeteclearwater.com

Südlich von Clearwater beginnen die St. Petersburg Beaches. Bis Madeira Beach bieten sie einen eher enttäuschenden Anblick. Wenn Sie die größeren Orte meiden wollen und auf der Suche nach gemütlicher Atmosphäre sind, sind Sie in Madeira Beach richtig. Das nachgebaute Fischerdorf John's Pass Village in der Nähe hat originelle Restaurants und Läden sowie einen Pier, an dem Fischer- und andere Boote anlegen.

## ⑤ ♿
### Pinellas County Heritage Village
🏠 11909 125th St N 📞 +1-727-391-6211 🕐 Di – So 🆆 pinellascounty.org/heritage

Der Ort ist die 13 Kilometer weite Fahrt ins Landesinnere nach Largo südöstlich von Clearwater wert. Die 16 historischen Gebäude des Dorfes stammen aus diversen Gegenden. Highlight ist zweifellos das McMullen-Block-haus, das Einblick in das Leben einer viktorianischen Familie gibt. Das Museum zeigt Fertigkeiten aus der Pionierzeit.

## ⑥
### St. Pete Beach
🏠 Pinellas Co ✈ 🚉 Tampa 🚌 St. Petersburg 🛈 Tampa Bay Beaches Chamber of Commerce, 6990 Gulf Blvd 🆆 visitstpeteclearwater.com

Südlich des Madeira Beach prägen recht monotone Hotelketten Treasure Island. St. Pete Beach (St. Petersburg wurde ganz offiziell zu St. Pete abgekürzt, weil man allgemein der Ansicht war, dass dieser Name eher nach Sonne, Spaß und Meer klingt) schließt daran an und hat einen sieben Kilometer langen Strand mit quirliger Szene. Am Südende thront das aus den 1920er Jahren stammende Don CeSar Resort, dessen illustre Gästeliste typisch für die Hotels dieser Zeit war.

↑ *Bummel über den Steg von John's Pass Village in der Nähe von Madeira Beach*

**3**

# Tampa

🅰 E4 🅰 380 000 ✈ 🚌 🚆 🚢 ℹ 401 E Jackson St
(+1-813-223-1111) 🎭 Gasparilla Festival (Ende Jan)
🌐 visittampabay.com

Tampa wächst so schnell wie nur wenige Städte Floridas.
Viele der alten Häuser mussten bereits riesigen Wolkenkrat-
zern Platz machen, dennoch stößt man hier und da noch auf
Spuren der bewegten Geschichte der Stadt – besonders im
ehemaligen Latino-Viertel Ybor City und in einigen Gebäuden
im Zentrum. Zu den Besuchermagneten gehört das moderne
Florida Aquarium.

① 🗺 ♿

## Henry B. Plant Museum

🏠 401 W Kennedy Blvd
📞 +1-813- 254-1891 🕐 Di –
Sa 10 –17, So 12 –17 🗓
1. Jan, Thanksgiving, 25.
Dez 🌐 plantmuseum.com

Die maurischen Türme des
früheren Tampa Bay Hotel
mit dem Henry B. Plant
Museum sieht man von überall in der Stadt.

Henry Plant gab das Ge-
bäude 1891 als Hotel für Passagiere seiner neuen Eisenbahn in Auftrag. Der Bau
verschlang drei Millionen
Dollar. Das Hotel hatte jedoch keinen Erfolg und war
nach Plants Tod 1899 dem
Verfall preisgegeben. Die
Stadt erwarb das Gebäude
1905, seit 1933 gehört es zur
University of Tampa. Südflügel und Erdgeschoss wurden
original belassen und bilden
heute das Museum.

Einrichtung und Exponate
des Museums stammen zu
rund 90 Prozent noch aus
dem Hotel. Wer nur um das
Gebäude herumspazieren
möchte, um dessen Größe zu
ermessen, kann dies gerne
tun: Es steht auf dem Univer-
sitätsgelände.

---

**Map of Tampa:**

Hillsborough River

Tampa Heights
Heights Public Market ③
Tampa Heights

↑② Museum of Science and Industry 9 Meilen (14 km)

Ybor City ⑧

WEST SPRUCE STREET
WEST MAIN STREET

EAST PALM AVE
EAST 7TH AVE

Water Works Park

SCOTT STREET
RAY CHARLES BLVD

Julain B. Lane Riverfront Park

WEST SPRUCE STREET

Tampa Bay Performing Arts Center

WEST CASS STREET

HARRISON ST
TYLER ST
CASS STREET

Busbahnhof

Bahnhof

TWIGGS ST

KENNEDY BOULEVARD

Tampa Theatre ⑤

Le Méridien Tampa

Tampa Museum of Art ⑥

University of Tampa

TAMPA RIVERWALK

Henry B. Plant Museum ①

The Westshore Grand 3 Meilen (5 km)
←

WEST KENNEDY BOULEVARD

JACKSON ST
WHITING ST

Ybor Channel

WEST CLEVELAND STREET
LEE ROY SELMON CROSSTOWN EXPRESSWAY

CHANNELSIDE DRIVE

WEST PLATT STREET

Tampa Convention Center

Amalie Arena

Cotanchobee Park

Florida Aquarium ⑦

Hyde Park ④

Old Hyde Park Village

Epicurean Hotel ↓ 2 Meilen (3 km)

The Westin Tampa Waterside

Harbour Island

0 Meter 500 N
0 Yards 500

↑ *Die Wolkenkratzer der Skyline spiegeln sich im Hillsborough River*

Henry Plant gab das Gebäude 1891 als Hotel für Passagiere seiner neuen Eisenbahn in Auftrag. Der Bau verschlang drei Millionen Dollar.

## Museum of Science and Industry

🏠 4801 E Fowler Ave
📞 +1-813-987-6100
🕐 tägl. 10–17  Ⓦ mosi.org

Das Museum soll 2022 ins Stadtzentrum verlegt werden. Die Größe der Ausstellungsfläche wurde daher verringert, das IMAX®-Kino ist geschlossen. Trotzdem lohnt sich ein Besuch, schon wegen des Sky Trail Ropes Course, auf dem man – gut gesichert – in der Höhe balanciert.

Im Saunders Planetarium des MOSI finden regelmäßig Vorführungen statt. An allen Freitag- und Samstagabenden werden auf dem Parkplatz, sofern es das Wetter zulässt, Teleskope aufgestellt, mit denen Besucher den nächtlichen Sternenhimmel beobachten können.

## Tampa Heights

Dieses historische Viertel im Norden der Innenstadt von Tampa hat in den letzten Jahren einen tiefgreifenden Wandel erfahren. 2017 wurden zwei Food Halls mit einer Reihe von Lokalen, Cafés und einer Mikrobrauerei eröffnet. Sehr spannend sind auch die vielen kleinen Läden.

Tampa Heights erreicht man auch vom Tampa Riverwalk aus.

## ④ Hyde Park

Hyde Park auf der anderen Seite des Flusses, südwestlich vom Zentrum am Bayshore Boulevard gelegen, ist geschichtlich sehr interessant. Das Viertel aus dem 19. Jahrhundert ist eine faszinierende Mixtur von Stilen, vom Kolonialstil bis zur Neogotik. Im Hyde Park Village mit exklusiven Läden und Restaurants in der Nähe der Snow Avenue werden Sie wahrscheinlich gerne aussteigen. Manchmal spielen hier auch Straßenmusikanten.

## Die Legende von Gaspar

Der Pirat José Gaspar überfiel im 19. Jahrhundert viele Schiffe und Orte zwischen Tampa und Fort Myers. Sein Stützpunkt waren Inseln der Lee Island Coast *(siehe S. 270f)*. Schließlich wurde er angeblich von einem amerikanischen Kriegsschiff in die Enge getrieben, worauf er sich lieber ertränkte, statt sich gefangen nehmen zu lassen. Tampa fiel Gaspar mehrmals zum Opfer und begeht nun jedes Jahr im Januar das Gasparilla Festival.

## Tampa Theatre

711 N Franklin St +1-813-274-8981 siehe Website tampatheatre.org

Zu seiner Zeit war das Tampa Theatre das modernste Kino der USA. John Eberson entwarf es 1926 mit zahlreichen Anklängen an die Mittelmeerarchitektur. Das Resultat gilt manchen als »andalusisches Bonbon«.

Um die Illusion von freiem Raum zu erzielen, stattete Eberson die Decke mit einem Sternenhimmel aus Lämpchen aus. Von Nebelmaschinen wurden künstliche Wolken produziert, spezielle Lichteffekte sollten die aufgehende Sonne simulieren.

Der einfachste Weg, das Kino zu besichtigen, ist der Besuch einer Vorstellung. Hier finden regelmäßig Filmfestivals, Theaterspiele und Veranstaltungen statt. Führungen mit einem Film über das Kino und einem kleinen Konzert auf der alten Kino-Orgel mit ihren 1000 Pfeifen gibt es nur zweimal im Monat.

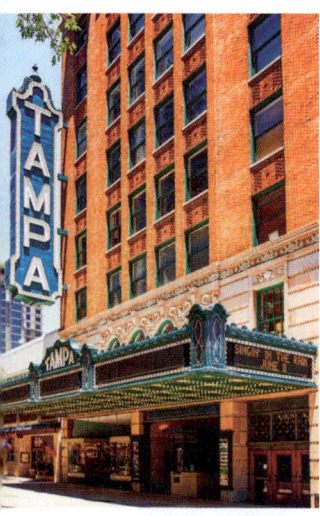

↑ Ein Stück Nostalgie im Straßenbild: Fassade des Tampa Theatre

↑ Besucher im Angesicht eines Hais im Florida Aquarium

## Tampa Museum of Art

120 W Gasparilla Plaza +1-813-274-8130 tägl. 10–17 (Do bis 20) 1. Jan, Ostern, Thanksgiving, 25. Dez tampamuseum.org

Das Museum genießt einen besonderen Ruf wegen der großen Vielfalt seiner Exponate: Zu sehen ist hier klassisch-griechische, römische und etruskische bis hin zu zeitgenössischer Kunst.

Das Museum wurde 2010 in ein neues Gebäude im Curtis Hixon Waterfront Park verlegt. Schon der Bau (Architekt: Stanley Saitowitz) gilt als Kunstwerk aus Aluminium, Glas und Fiberglas. Auf dem Gelände organisiert das Museum Outdoor-Events.

## Florida Aquarium

701 Channelside Dr +1-813-273-4000 Mo–Do 10:30–16, Fr–So 9:30–17 Thanksgiving, 25. Dez flaquarium.org

Das gigantische Aquarium liegt direkt am Wasser und ist mit der blauen, muschelförmigen Kuppel nicht zu übersehen. In dieser hochmodernen Interpretation eines Aquariums können Sie außer Fischen aller Arten auch Alligatoren, Vögel, Otter und viele andere Tiere in artgerechter Haltung bestaunen. Es wird auch eine rund 90-minütige Bootsfahrt in der Bay angeboten.

Das Konzept des Florida Aquarium besteht darin, den Besucher sämtliche Stationen auf dem Weg eines Wassertropfens von der unterirdischen Quelle bis zu seinem Ziel im Meer nachvollziehen zu lassen. Die Lebensräume dieser Stationen werden in Galerien vorgestellt. Die Florida Coral Reefs Gallery etwa entführt unter Wasser in ein Korallenriff mit farbenprächtigen tropischen Fischen. Es gibt Tonbänder mit Kommentaren von Experten auszuleihen, und in »hands-on-labs« können Sie sich mit speziellen Projekten und Aufgaben »befassen«, bei denen Ihnen Biologen und Botaniker helfen.

## Ybor City

Tampa-Ybor 1600 E 8th Ave (+1-813-241-8838) yborcity online.com

Der Spanier Don Vicente Martinez Ybor verlegte 1886 seine Zigarrenfabrik von Key West nach Tampa, wohin ihm etwa 20 000 Arbeiter –

größtenteils Kubaner und Spanier – folgten. Mit einem Hafen, in den regelmäßig Schiffe mit Tabak aus Kuba einliefen, war Tampa ein idealer Standort für die Herstellung von Zigarren. Um 1900 wurden in Ybor City über 111 Millionen Zigarren im Jahr produziert, jede war handgerollt.

Man spürt hier noch das Erbe des Zigarrenbooms vom Ende des 19. und Anfang des 20. Jahrhunderts. Die mit schmiedeeisernen Balkonen und reich mit Kacheln verzierten Fassaden spanisch angehauchte Hauptstraße 7th Avenue hat sich seit damals nur wenig verändert.

An der Stelle der früheren Zigarrenfabriken und Arbeiterhütten sind nun Läden, Restaurants und Clubs. Tagsüber ist es hier ruhig, doch abends erwacht Ybor City zum Leben.

# Hotels

### Le Méridien Tampa

Das zentral gelegene Hotel in einem ehemaligen Gerichtsgebäude überzeugt durch seine Architektur sowie einen Pool und ein französisch inspiriertes Bistro.

🏠 601 N Florida Ave
Ⓦ marriott.com

$ $ $

### Epicurean Hotel

Das Epicurean ist für seine renommierte Gastronomie bekannt. Neben dem Steakhouse umfasst es auch zwei Spitzenrestaurants, in denen selbst verwöhnte Gaumen auf ihre Kosten kommen.

🏠 1207 S Howard Ave
Ⓦ epicureanhotel.com

$ $ $

### The Westin Tampa Waterside

Das Hotel mit modernen Zimmern steht auf Harbour Island. Die hoteleigene Blue Harbor Eatery + Bar bietet einen schönen Blick auf die Bucht.

🏠 725 South Harbour Island Blvd
Ⓦ marriott.com

$ $ $

### The Westshore Grand

Ein modernes und luxuriöses Hotel mitten in Tampa. Der Pool auf dem Dach ist ein großartiger Ort, um Floridas Sonne ausgiebig zu genießen.

🏠 4860 West Kennedy Blvd Ⓦ westshore grand.com

$ $ $

## Schon gewusst?

In Tampa gelang Baseballstar Babe Ruth im Jahr 1919 mit 179 Metern sein längster Home Run.

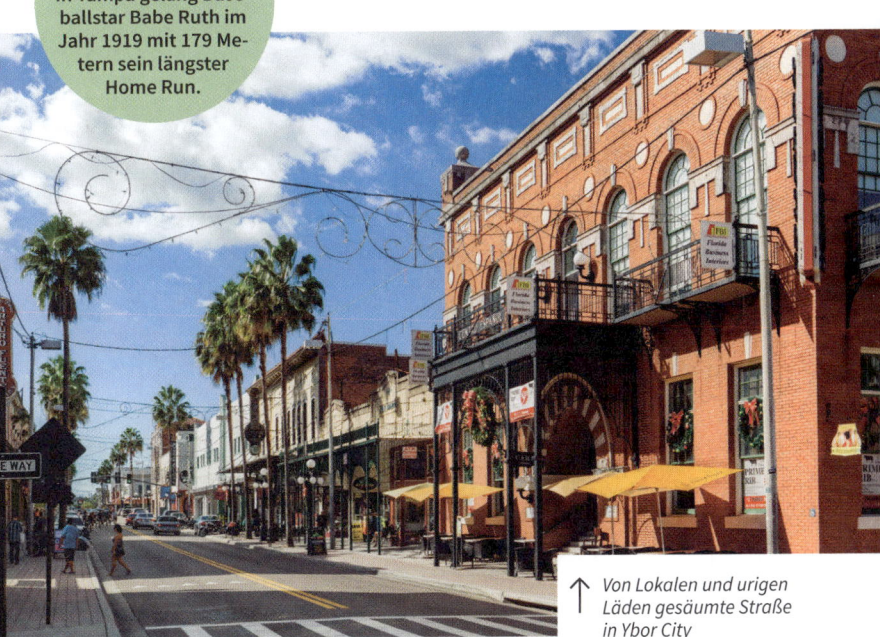

↑ *Von Lokalen und urigen Läden gesäumte Straße in Ybor City*

*Weißer Sand und türkis-
farbenes Wasser – Strand
auf Sanibel Island* ↑

**4**

# Lee Island Coast

 E5 ✈ 🚌 ℹ 1159 Causeway Rd, Sanibel
(+1-239-472-1080)

**Die Lee Island Coast ist eine wunderbare Mischung aus Sandstrand (berühmt für die Muscheln), exotischen Tieren, üppiger Vegetation und herrlichen Sonnenuntergängen. Ganz besonders beliebt sind Sanibel und Captiva Island mit ihren Ferienorten, Häfen und Golfplätzen. Ruhigere Inseln mit Strand und Natur pur sind leicht per Boot zu erreichen.**

① **Sanibel und Captiva Island**

Obwohl diese Inseln am leichtesten erreichbar sind, herrscht auf ihnen eine karibisch-entspannte Atmosphäre. Wer gerne relaxt und Muscheln sucht, ist hier richtig. Die meisten Besucher lassen sich bald vom Muschelfieber anstecken.

Die **Sanibel Captiva Conservation Foundation** bemüht sich um den Schutz eines Großteils des Sumpflands im Inneren von Sanibel Island. Die sechs Kilometer Plankenweg sind viel ruhiger als jene des bekannteren »Ding« Darling Refuge. Von einem Beobachtungsturm hat man eine tolle Aussicht. Die meisten öffentlichen Strände liegen am Gulf Drive.

Captiva Island ist weniger erschlossen als Sanibel, es gibt aber Ferienanlagen, z. B. das South Seas Plantation Resort mit einem eigenen Hafen – von hier fahren Boote nach Cayo Costa.

Besuchen Sie das **Bailey-Matthews National Shell Museum** auf Sanibel. Hier kann man angeblich ein Drittel der weltweit insgesamt 10 000 vorkommenden Arten bestaunen, die in der Hall of Shells nach Herkunft angeordnet sind.

Das **J.N. »Ding« Darling National Wildlife Refuge** nimmt ungefähr zwei Drittel der Fläche von Sanibel ein. Tiere wie Waschbären, Alligatorenbabys, Rosalöffler und Weißkopfseeadler bekommt man hier häufig zu Gesicht.

## Ein Traum für Muschelsammler

Die Strände von Sanibel und Captiva zählen zu den muschelreichsten der USA. Hier gibt es vor der Küste keine Riffe, an denen die Muscheln zerrieben würden. Das Wasser ist seicht und warm, der Meeresboden flach – ideale Bedingungen für Muscheln. Lebende Muscheln zu sammeln ist auf Sanibel strafbar, halten Sie sich an leere Muschelschalen.

**Expertentipp**
**Pine Island**

Die Insel wird eher von Mangroven als von Stränden umgeben und eignet sich sehr gut als Zwischenstation zu anderen Inseln. Bootsfahrten aller Art starten am Hafen von Bokeelia.

Der rund acht Kilometer lange »Wildlife Drive« kann mit Rad oder Auto zurückgelegt werden. Kanus, Boote und Räder kann man ausleihen.

**Sanibel Captiva Conservation Foundation**
🖉🅟 🏠 Mile Marker 1, Sanibel-Captiva Rd
🕐 Mai – Nov: Mo – Fr; Dez – Apr: Mo – Sa 🆆 sccf.org

**Bailey-Matthews National Shell Museum**
🖉🅑 🏠 3075 Sanibel-Captiva Rd 🕐 tägl. 10 –17
🆆 shellmuseum.org

**J.N. »Ding« Darling National Wildlife Refuge**
🖉🅟 🏠 1 Wildlife Dr
🕐 siehe Website
🆆 fws.gov/dingdarling

**②**
# Cabbage Key
🆆 cabbagekey.com

Die Autorin Mary Roberts Rhinehart ließ sich 1938 hier nieder. In ihrem Haus im Schatten zweier Lorbeerbäume liegt heute das Cabbage Key Inn. Berühmt ist das Restaurant wegen der rund 30 000 signierten Ein-Dollar-Scheine. Der erste Schein stammte von einem Fischer, der sicherstellen wollte, dass er sich auch beim nächsten Besuch etwas zu trinken leisten konnte. Das nächste Mal reichte das Geld aber auch so, und deshalb ließ er den Schein dort. Viele Gäste übernahmen die Idee. Vom zwölf Meter hohen Wasserturm blickt man über die Insel. Hier beginnt auch ein

↑ *Ein-Dollar-Noten an Decke und Wänden des Cabbage Key Inn*

Wanderpfad. Tropic Star von Pine Island und Captiva Cruises von Captiva Island bieten Fahrten nach Cabbage Key an.

**③** 🖉🅑
# Cayo Costa State Park
🏠 Cayo Costa Island
📞 +1-941-964-0375 🕐 tägl. 8 bis Sonnenuntergang

Cayo Costa Island ist eine der ursprünglichsten Inseln Floridas. Weite Teile sind mit Beständen von australischen Kiefern und brasilianischen Pfefferbäumen bedeckt. In den 1950er Jahren importierte man für Schatten und Holz diese für die Insel eher untypischen Bäume. Heute werden die Wälder ausgelichtet, um einheimischen Arten Platz zu machen.

Besucher können einige Mangrovensümpfe erkunden. Es gibt auch zahlreiche Vogelbeobachtungsposten.

Die Insel wird das ganze Jahr über von Booten angelaufen. Eine Bahn verbindet die Docks mit dem Golf von Mexiko.

**⑤** 🛝 🎭 🍴 🛍 ♿

# Ringling Museum of Art

🅰 E4 🏠 5401 Bay Shore Rd, Sarasota 📞 +1-941-359-5700 🕐 tägl. 10–17 (Do bis 20) 🚫 1. Jan, Thanksgiving, 25. Dez 🌐 ringling.org

Das weltweit bekannte, 1919 gegründete Unternehmen Ringling Circus war bis 2017 aktiv. Die Leidenschaft von John Ringling, einem der Ringling Brothers, für Kunst ließ dieses Museum entstehen. Das Anwesen rund um das Museum dokumentiert den Lebensstil der erfolgreichen Familie eindrucksvoll.

Der aus Iowa stammende John Ringling begann als Zirkusdirektor und brachte es mit seinen phänomenalen Erfolgen zum Multimillionär. 1925 entschloss er sich zum Bau eines Museums für seine umfangreiche Kunstsammlung, die er dem Bundesstaat Florida schenkte. In den folgenden sechs Jahren sammelten Ringling und seine Frau Mable neben europäischer Kunst (u. a. Werke der italienischen und flämischen Renaissance sowie des Barock) auch Kunst aus Asien, die im 2016 eröffneten Center for Asian Art präsentiert wird und die Bedeutung des Museums als Kunstzentrum weiter steigert.

> 1925 entschloss sich John Ringling zum Bau eines Museums für seine umfangreiche Kunstsammlung, die er dem Bundesstaat Florida schenkte.

### Center for Asian Art

▽ Die Dr. Helga Wall-Apelt Gallery of Asian Art umfasst ältere und zeitgenössische Werke

### Bayfront Gardens

▽ Sehr eindrucksvoll ist auch der 1913 angelegte Mable Ringling's Rose Garden

### Spanische Galerie

△ Die Ausstellung zeigt spanische Arbeiten aus dem 17. Jahrhundert, z. B. von El Greco und Velázquez

### Astor Rooms

△ Die eleganten Möbel aus dem 19. Jahrhundert stammen aus einem New Yorker Herrenhaus

## Schon gewusst?

John Ringling war einer von sieben Brüdern, von denen fünf den Ringling Circus gründeten.

↑ *Ausstellungssaal mit Gemälden und Skulpturen aus der Renaissance; Fassade und Gartenanlage* (Detail)

## Ulla R. und Arthur F. Searing Wing

▽ Dieser Flügel ist für Sonderausstellungen vorgesehen

## Skulpturen

△ Klassische Skulpturen stehen im Innenhof, der im Stil der Renaissance gestaltet ist

### Kurzführer

Die Räume reihen sich um einen Skulpturengarten. Man beginnt rechts vom Eingang und folgt den chronologisch angeordneten Räumen entgegen dem Uhrzeigersinn. Vertreten sind Werke von spätmittelalterlicher Malerei bis zu europäischer Kunst des 20. Jahrhunderts. Der Schwerpunkt liegt auf italienischen Werken aus dem 16. und dem 17. Jahrhundert. Moderne Kunst und Sonderausstellungen befinden sich im Searing Wing. Das prächtige hufeisenförmige Historic Asolo Theater wurde 1798 in Asolo bei Venedig erbaut, 1930 abgebaut und nach Sarasota verschifft.

# Ringling Museum Cà' d'Zan

**A** E4 **🏠** 5401 Bay Shore Rd, Sarasota **📞** +1-941-359-5700 **🕐** tägl. 10–17 (Do bis 20) **🔒** 1. Jan, Thanksgiving, 25. Dez **W** ringling.org/ca-dzan

**Das italienisch inspirierte Herrenhaus mit dem Glamour eines Fantasiepalastes war Ringlings Winterresidenz. In den wunderschönen Räumen gibt es viel zu bewundern.**

An diesem Gebäude manifestierten die Ringlings ihre Liebe zu Italien. Das Anwesen ist einem venezianischen Palast nachempfunden, obwohl man auch Anklänge an die französische und italienische Renaissance findet. Die Cà' d'Zan mit ihrer Marmorterrasse und dem charakteristischen Turm wurde 1926 nach zwei Jahren Bauzeit fertiggestellt. Ballsaal, Hof, Speisezimmer und Schlafräume geben einen guten Eindruck vom Leben der Superreichen dieser Zeit. Die Originalmöbel stehen großteils noch an ihrem Platz.

**FLORIDA ERLEBEN Golfküste**

### Schon gewusst?

**Das Anwesen trägt einen venezianischen Namen: Cà' d'Zan bedeutet »Johns Haus«.**

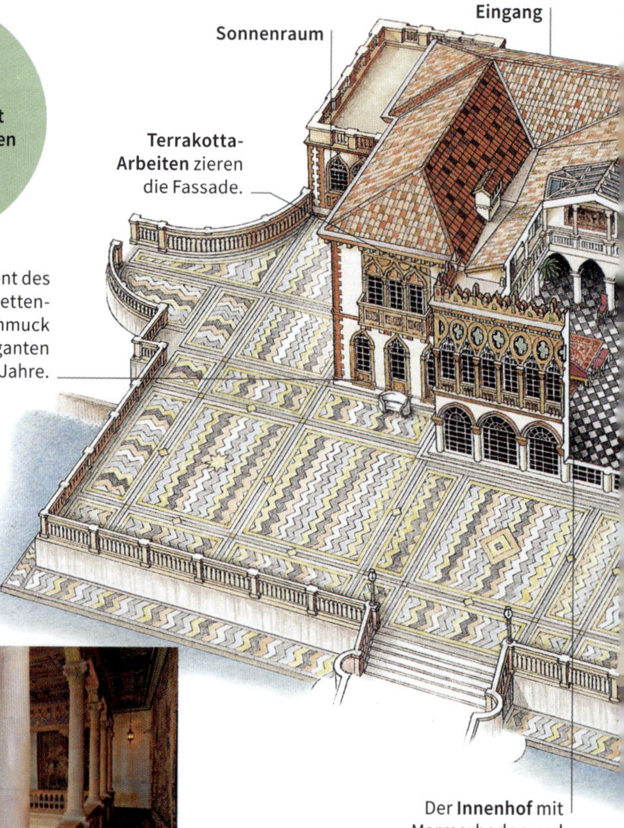

Dominantes Element des **Ballsaals** ist die Kassettendecke. Ihr Goldschmuck reflektiert den extravaganten Zeitgeist der 1920er Jahre.

→ *Reich geschmückte Fassade und Terrasse der Cà' d'Zan*

**Sonnenraum**

**Eingang**

**Terrakotta-Arbeiten** zieren die Fassade.

Der **Innenhof** mit Marmorboden und Onyxsäulen wurde als Wohnraum genutzt und ist das Herzstück des Hauses.

← *Von Säulen flankierte Galerie im Obergeschoss*

→

*Blick über die Villa mit der zum Wasser führenden Terrasse*

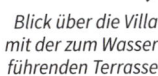

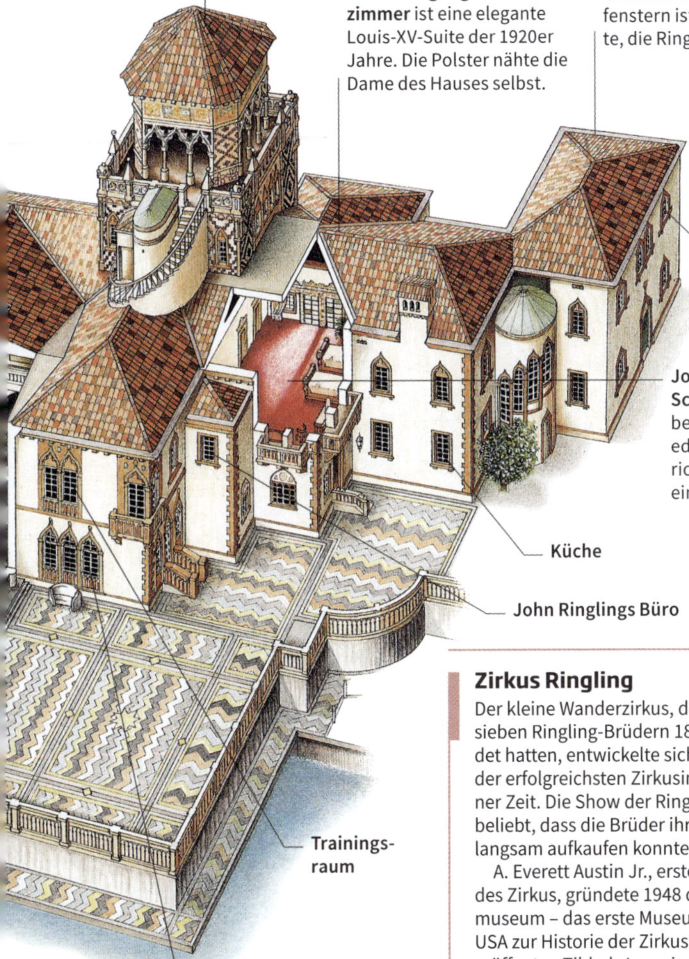

Highlight

Brannte im **Turm** Licht, waren die Ringlings zu Hause.

**Mable Ringlings Schlaf-zimmer** ist eine elegante Louis-XV-Suite der 1920er Jahre. Die Polster nähte die Dame des Hauses selbst.

Der **Schankraum** mit Gewölben und Buntglas-fenstern ist voller Objekte, die Ringling sammelte.

Dienstboten-zimmer

**John Ringlings Schlafzimmer** bekommt durch die edle Mahagoni-Ein-richtung (19. Jh.) ein elegantes Flair.

Küche

John Ringlings Büro

Trainings-raum

Der **Frühstücksraum** wurde hauptsächlich von der Fami-lie genutzt. Die Jalousien sind noch original.

### Zirkus Ringling

Der kleine Wanderzirkus, den fünf von sieben Ringling-Brüdern 1884 gegrün-det hatten, entwickelte sich zu einem der erfolgreichsten Zirkusimperien sei-ner Zeit. Die Show der Ringlings war so beliebt, dass die Brüder ihre Konkurrenz langsam aufkaufen konnten.

A. Everett Austin Jr., erster Direktor des Zirkus, gründete 1948 das Zirkus-museum – das erste Museum in den USA zur Historie der Zirkuswelt. Im 2006 eröffneten Tibbals Learning Center steht das Howard Bros. Circus Model, eine Miniaturversion des Ringling Circus.

*Sonnenbaden am Siesta Key Beach auf einer Sarasota vorgelagerten Insel* ↑

# SEHENSWÜRDIGKEITEN

## Sarasota

🅰 E4 🏠 52 000 🚍 🛈 1945 Fruitville Rd, Sarasota County (+1-941-957-1877) 🎪 Circus Festival (Jan) 🌐 visitsarasota.com

Die Stadt gilt als Floridas kulturelles Zentrum, was auch John Ringling zu verdanken ist. Man stößt überall auf seine Spuren, besonders natürlich in seinem Haus *(siehe S. 274f)* und der Kunstsammlung *(siehe S. 272f)*.

Zu den Attraktionen, die man ebenfalls nicht versäumen sollte, gehört auch das 1953 eröffnete **Sarasota Classic Car Museum**, eines der weltweit ältesten seiner Art. Heute zeigt es 120 Autoklassiker. Highlights der Sammlung sind ein seltenes Packard-Cabrio, Modell 120, von 1954, ein Rolls-Royce Silver Wraith von 1955, ein

DeLorean von 1981 und ein Cadillac-Kombi, von dem nur fünf Stück gefertigt wurden. Auch John Lennons Mercedes Roadster und Paul McCartneys geliebter Mini Cooper sind hier ausgestellt.

In den **Sarasota Jungle Gardens** auf dem Gelände einer ehemaligen Bananenplantage wachsen heute tropische Pflanzen, Bäume und Blumen aus aller Welt, Palmwälder, Hibiskusgärten, Farne, Rosen, Gardenien und Bougainvilleen. Sehr beliebt ist die Flamingolagune.

Nicht nur Hobbygärtner schwärmen von **Marie Selby Botanical Gardens**. Marie Selby plante die Anlage in den 1920er Jahren. Die Gärten erheben sich über der Bucht von Sarasota inmitten von Lorbeer und viel Grün. Noch heute steht der Bambus, den Marie als Sichtschutz gegen die Wolkenkratzer pflanzte.

In den Gärten wachsen mehr als 20 000 tropische Pflanzen, sie sind besonders für ihre Orchideen und Epiphyten berühmt. **Mote Aquarium und Mote Marine Laboratory** liegt auf City Island zwischen Lido Key und Longboat Key. Beliebt sind das Haibecken mit Unterwasserfenstern und das Streichelbecken, wo man die Tiere anfassen kann: von Krabben bis zu Wellhornschnecken und Stachelrochen.

Die Barriere-Inseln Longboat Key, Lido Key und Siesta Key sind wegen ihrer herrlichen Sandstrände auf der Golfseite äußerst beliebt. Die Inseln sind stellenweise verbaut, mit teilweise langen Apartmentanlagen. Es gibt aber auch ruhigere Plätze. Der Strand im South Lido Park auf Lido Key ist unter der Woche wenig frequentiert und hat einen schönen Wanderweg.

Der Siesta Key Beach ist immer voll. Ruhiger geht es am Turtle Beach zu. Longboat Key ist für seine Golfplätze bekannt. Alle Inseln bieten gute Wassersportmöglichkeiten.

> Auch John Lennons Mercedes Roadster und Paul McCartneys geliebter Mini Cooper sind im Sarasota Classic Car Museum ausgestellt.

**Sarasota Classic Car Museum**

⚐ 5500 N Tamiami Trail ⏰ tägl. 9–18 🔲 sarasotacarmuseum.org

**Sarasota Jungle Gardens**

⚐ 3701 Bay Shore Rd ⏰ tägl. 10–17 🔲 sarasotajunglegardens.com

→

*Flamingo in den Sarasota Jungle Gardens*

**Marie Selby Botanical Gardens**

⚐ 811 S Palm Ave ⏰ tägl. 10–17 🔲 selby.org

**Mote Aquarium und Mote Marine Laboratory**

⚐ 1600 Ken Thompson Parkway ⏰ tägl. 10–17 🔲 mote.org

**8**

## Homosassa Springs Wildlife State Park

🅰 E3 ⚐ 4150 South Suncoast Blvd, Homosassa ☎ +1-352-628-5343 ⏰ tägl. 9–17:30 🔲 floridastateparks.org

In diesem ausgedehnten Park mit seiner schwimmenden Beobachtungsstation kann man Seekühe wie kaum sonst aus allernächster Nähe betrachten. Hier werden auch verletzte Tiere – meist Verletzungen durch Bootsmotoren – behandelt, bevor man sie wieder freilässt. Im Pool befinden sich oft bis zu sechs Tiere, im Winter kommen die Seekühe bis zum Zaun des Parks: Sie genießen hier das warme Quellwasser.

## Restaurants

**Owens Fish Camp**

Lassen Sie den Fang des Tages nach Ihren Wünschen zubereiten.

🅰 E4 ⚐ 516 Burns Ct, Sarasota 🍽 mittags 🔲 owensfishcamp.com

$$⑤

**Dry Dock Waterfront Grill**

Das Hafenrestaurant überzeugt mit frischem Seafood und herrlicher Aussicht. Es gibt auch Fleisch- und Gemüsegerichte.

🅰 E4 ⚐ 412 Gulf of Mexico Dr, Longboat Key 🔲 geckosgrill.com/dry-dock-waterfront-grill

$$⑤

**The Cottage**

Asiatische Einflüsse finden Sie in Gerichten wie Thunfisch-Tacos und Hummerbrötchen.

🅰 E4 ⚐ 153 Avenida Messina, Sarasota 🍽 So–Do mittags 🔲 cottagesiestakey.com

$$⑤

## ⑨ Crystal River

Ⓐ E3 | 🏘 5000 | 🚌 | ℹ 28 NW
US 19, Citrus County
(+1-352-795-3149)
Ⓦ crystalriverfl.org

> Zwischen Januar und März tummeln sich Seekühe in großen Herden von bis zu 300 Tieren in den warmen Quellen von Crystal River.

Es gibt mindestens zwei gute Gründe, Crystal River zu besuchen: Zwischen Januar und März tummeln sich Seekühe in großen Herden von bis zu 300 Tieren in den warmen Quellen. Das **Crystal River National Wildlife Refuge** mit den Quellen und Buchten der nahen Kings Bay schuf man zum Schutz dieser Tiere. Auf morgendlichen Bootstouren sind die Tiere im klaren Wasser gut zu sehen (Touren sollte man im Voraus buchen).

Den **Crystal River Archaeological State Park** hingegen kann man das ganze Jahr hindurch besuchen. Der Komplex aus sieben indianischen Siedlungshügeln westlich der Stadt hat 1600 Jahre Siedlungsgeschichte (ca. 200 v. Chr. – 1400 n. Chr.) hinter sich. Er zählt zu den ältesten durchgehend bewohnten Gebieten Floridas. Etwa 7500 Indianer pilgerten alljährlich über große Distanzen zu ihren Zeremonien hierher. Ausgrabungen von 400 der etwa 1000 Gräber ergaben, dass die lokalen Stämme auch Handelsbeziehungen mit Stämmen in Nord-Florida unterhielten.

Von der Aussichtsplattform überblickt man das gesamte Gelände. Darunter liegt der Hügel mit dem Hauptheiligtum (600 n. Chr.).

Ganz in der Nähe flankieren Zeremoniensteine (440 n. Chr.) zwei Grabhügel. Der Stil ist charakteristisch für Mesoamerikas präkolumbische Kulturen, doch Beweise für eine Verbindung mit Crystal River konnten nicht erbracht werden.

Im Westen liegt ein Siedlungsgebiet mit zwei versteckten Hügeln. Im Informationszentrum sieht man ein Modell des Geländes und Keramiken.

### Crystal River National Wildlife Refuge

🏠 1502 SE Kings Bay Drive
🕐 tägl. 8–16 (Mai–Okt: Mo–Fr) Ⓦ fws.gov/crystalriver

### Crystal River Archaeological State Park

♿ 🏠 3400 N Museum Point
🕐 tägl. 8 bis Sonnenuntergang Ⓦ floridastateparks.org

## ⑩ Tarpon Springs

Ⓐ E4 | 🏘 24000 | 🚌 | ℹ 1 N
Pinellas Ave #B, Pinellas
County (+1-727-937-6109)
Ⓦ tarponspringschamber.com

Die Stadt, die sehr lebhaft wirkt, ist als Zentrum griechischer Kultur bekannt – ein Vermächtnis der griechischen Fischer, die in den 1920er Jahren von reichen Schwammvorkommen angelockt wurden. So stößt man hier auf griechische Restaurants und eine Athens Street.

An den Docks am Dodecanese Boulevard geht es hoch her – die Schwammbestände konnten sich nach dem Schwammsterben in

*Holztreppe auf den Haupt-
hügel des Crystal River
Archaeological State Park* ↑

↑ *Typische Auslage eines Ladens im Shopping-Komplex Sponge Exchange, Tarpon Springs*

den 1940er Jahren erholen. Die Schwammtaucher organisieren Bootsfahrten.

Das **Spongeorama**, ein Mix aus Museum und Shopping-Center, ist in alten Schuppen an den Docks untergebracht. Die Sponge Exchange ist ein Komplex mit Boutiquen, Galerien und Cafés.

Drei Kilometer südlich steht die **St. Nicholas Greek Orthodox Cathedral** (1943). Die neobyzantinische Kirche ist der Hagia Sophia in Istanbul nachempfunden. In ihr werden die Feiern zum Dreikönigsfest eröffnet.

**Spongeorama**

◉ 🏠 510 Dodecanese Blvd
🕐 tägl. 10–18
Ⓦ spongeorama.com

**St. Nicholas Greek Orthodox Cathedral**
🏠 36 N Pinellas Ave bei Orange St
Ⓦ stnicholastarpon.org

⓫ 🛠️ 🍴 🖥️
**Weeki Wachee Springs**

🅰 E3 🏠 6131 Commercial Way, Spring Hill, Kreuzung US 19 und SR 50, Hernando County 📞 +1-352-592-5656
🚌 Brooksville 🕐 tägl. 9–17:30 Ⓦ weekiwachee.com

Dieser traditionsreiche Themenpark wurde auf einer

der größten Süßwasserquellen Floridas errichtet. In den 1940er Jahren ließ der ehemalige Navy-Taucher Newton Perry Schwimmerinnen als Meerjungfrauen in Unterwassershows auftreten. Fünf Meter unter Wasser wurde ein Theater mit Luftröhren gebaut, die die Schwimmerinnen mit Sauerstoff versorgen.

Zu den weiteren Attraktionen zählen ein Wasserpark, die »Misunderstood Creatures Show« und eine Flussfahrt durch die Wildnis. Sie bietet die Möglichkeit, einheimische Tiere wie Weißkopfseeadler, Schildkröten und Reiher zu beobachten.

## ⓬ Dunedin

🅰 E4 🏘 38 000 🚌 ℹ 301 Main St, Pinellas County (+1-727-733-3197)
Ⓦ visitdunedinfl.com

Dunedin wurde vom Schotten John L. Branch gegründet. Er eröffnete hier 1870 einen Laden, der die Schiffe Richtung Key West versorgte. Schiffe und Eisenbahn brachten Handel und Wohlstand mit sich, der auch Branchs Landsleute überzeugte. Die schottischen Wurzeln zeigen sich in den jährlichen Highland Games Ende März oder Anfang April.

Die renovierten Gebäude im Viertel um die Main Street verbreiten Kleinstadtflair des frühen 20. Jahrhunderts. Das **History Museum** zeigt Exponate und Fotos aus den frühen Jahren der Stadt.

Die Railroad Avenue ist Teil des Pinellas Trail, eines asphaltierten Wander- und Radwegs, der 76 Kilometer entlang der alten Eisenbahnroute von Tarpon Springs bis St. Petersburg verläuft.

**History Museum**

◉ ⅙ ♿ 🏠 349 Main St
🕐 Do – Sa 10–16
Ⓦ dunedinmuseum.com

### Floridas Seekühe

Bis Anfang des 20. Jahrhunderts wurden Seekühe wegen ihres Fleisches oder als Sport gejagt. Heute sind sie durch die Zerstörung ihres Lebensraums bedroht. In den letzten Jahren haben sich die Bestände erholt, die Population stieg 2018 auf etwa 6100 Tiere. Die Seekühe werden bis zu drei Meter lang. Sie leben in seichten Gewässern in Küstennähe, Flüssen und Quellen und verbringen fünf Stunden täglich mit Fressen (v. a. Seegras).

*»Meerjungfrau« im Themenpark Weeki Wachee Springs* (siehe S. 279)

## ⓭ Hillsborough River

🅰 E4 🏠 Hillsborough County

Der Hillsborough River fließt durch das Gebiet im Nordosten nach Tampa. Ein Aufenthalt am Fluss stellt eine willkommene Abwechslung zur Hektik der Stadt dar. Beide Ufer sind mit dichten Wäldern mit Immergrünen Eichen, Magnolien und Mangroven bewachsen, von denen einst große Gebiete Floridas bedeckt waren.

Am unmittelbarsten erleben Sie den Hillsborough River auf einer Kanutour. **Canoe Escape** organisiert Touren auf einem Abschnitt, der etwa 15 Autominuten von Tampa entfernt liegt. Trotz dieser Nähe zur Stadt ist das Gebiet noch überraschend unberührt. Mit ein wenig Glück sehen Sie eines der zahlreichen hier lebenden Wildtiere wie Reiher, Alligatoren, Schildkröten oder Otter. Die Tour ist für Anfänger geeignet. Sie können zwischen drei Routen wählen, die etwa acht Kilometer lang sind und für die Sie zwei Stunden paddeln müssen. Dabei haben Sie genügend Zeit, die Natur zu genießen. Es werden auch Tagestouren angeboten.

Ein Abschnitt des Flusses ist Naturschutzgebiet – auch den **Hillsborough River State Park** erforschen Sie am besten mit dem Kanu. Es gibt Wanderwege, und Sie können fischen oder schwimmen. Auf dem Gebiet liegt auch ein ganzjährig geöffneter Campingplatz, zudem gibt es Picknickplätze an hübschen Stellen.

Der 1936 eröffnete Hillsborough River State Park zählt zu den ältesten Floridas, u. a. wegen der Bedeutung von Fort Foster, das im Zweiten Seminolenkrieg erbaut wurde, um eine Brücke am Zusammenfluss von Hillsborough River und Blackwater Creek zu sichern. Fort und Brücke wurden rekonstruiert, jeden März wird eine Schlacht nachgestellt. An Wochenenden fahren Busse vom Parkeingang dorthin.

**Canoe Escape**
✪ 🏠 John B. Sargeant Park 12702, US 301, Thonotosassa 🕐 siehe Website 🅦 canoeescape.com

**Hillsborough River State Park**
✪✪✪♿ 🏠 15402 US 301 N, 12 Meilen (19 km) nordöstl. von Tampa 🕐 tägl. 8 bis Sonnenuntergang 🅦 floridastateparks.org

## ⓮ ✪ ✪ Koreshan State Historic Site

🅰 E5 🏠 3800 Corkscrew Rd, Estero, 14 Meilen (23 km) südl. von Fort Myers 📞 +1-239-992-0311 🕐 tägl. 8 bis Sonnenuntergang 🅦 floridastateparks.org

1894 hatte der Gründer der Sekte, Dr. Cyrus Teed, eine Vision, nach der er seinen Namen in Koresh (hebräisch für Cyrus) ändern und in den Südwesten Floridas ziehen sollte, um dort eine Stadt zu gründen. Er wählte dafür ein Gebiet am Estero River. Die Sekte lebte in einer Art Kommune, mit gleichen Rechten für Frauen und Männer und gemeinsamem Eigentum.

Nach seinem Tod 1908 verließen viele der rund 250 Mitglieder die Sekte. Die letzten vier überließen 1961 das Gebiet dem Staat. Zwölf der 60 Häuser blieben stehen, darunter auch Cyrus Teeds Haus.

Durch den Park führen Wege, auf dem Fluss kann man Kanu fahren. Es gibt einen Campingplatz, geführte Touren und die Möglichkeit zu fischen.

## ⓯ ✪ ♿ Caladesi Island State Park

🅰 E4 🏠 1 Causeway Blvd 📞 +1-727-469-5918 🕐 tägl. 8 bis Sonnenuntergang 🅦 floridastateparks.org

Der Caladesi Island State Park liegt auf einer der wenigen noch weitgehend unberührten Inseln im Golf von Mexiko. Der fünf Kilometer lange Strand wird von Dünen gesäumt, ein fünf Kilometer langer Wanderpfad führt durch Zypressen- und Mangrovenwälder.

Man erreicht den Park mit der Fähre in 20 Minuten vom **Honeymoon Island State Park**, einem fünf Kilometer nördlich von Dunedin gele-

↑ *Der Natur ganz nah: entspannte Kanutour auf dem Hillsborough River*

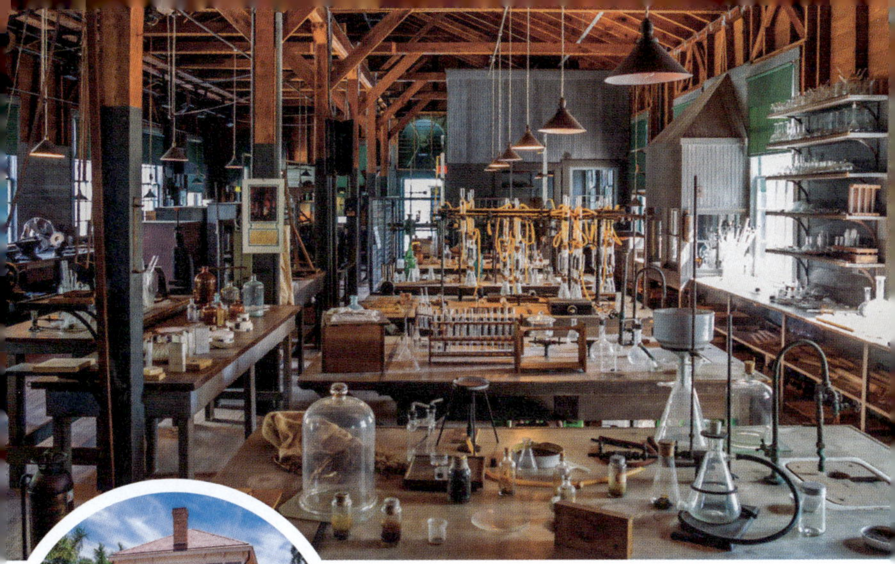

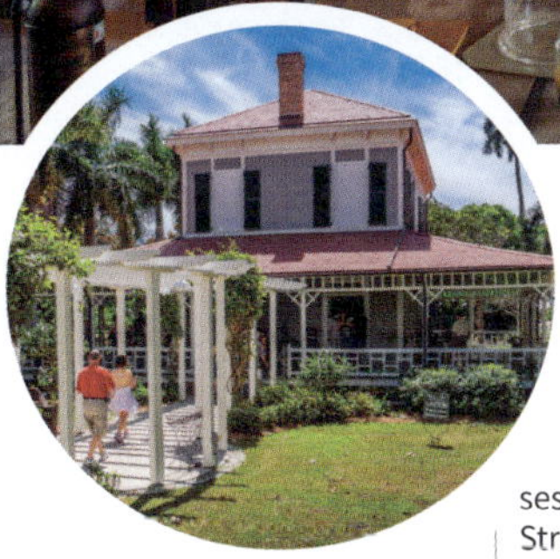

*Museum im Edison Winter Estate; Fassade des Anwesens* (Detail) ↑

genen Brutgebiet für Fischadler, oder von Clearwater Beach *(siehe S. 264)* aus.

**Honeymoon Island State Park**
**Route 586, 3 Meilen (5 km) nordwestl. von Dunedin +1-727-469-5942 tägl. 8 bis Sonnenuntergang floridastateparks.org**

## 16 Fort Myers

**E5 68 000**
**11000 Terminal Access Rd #8640, Lee County (+1-239-332-3624) fortmyers.org**

Der Weg über den Caloosahatchee River nach Fort Myers gibt bereits einen Vorgeschmack auf die schöne Stadt mit dem Flair vergangener Zeiten. Der palmengesäumte McGregor Boulevard folgt der Biegung des Flusses. Das Viertel um die First Street mit seinen vielen Läden und Restaurants ist sehr sehenswert. Ein Busservice verbindet die wichtigsten Sehenswürdigkeiten des Zentrums.

Der Erfinder Thomas Edison (1847–1931) machte Fort Myers in den 1880er Jahren bekannt, durch ihn entwickelte sich das kleine Fischerdorf zur Stadt. Sein Haus – ein Teil der **Edison and Ford Winter Estates** – ist das berühmteste Gebäude der Stadt. Edison baute es im Jahr 1886. Haus, Labor und botanischer Garten blieben größtenteils unverändert. Das zweistöckige Gebäude mit dem angrenzenden Gästehaus war eines der ersten Fertighäuser in den USA. Die einzelnen Teile wurden nach Edisons Vorgaben in Maine vorgefertigt und danach mit dem Schiff nach Fort Myers gebracht. Aus diesem Grund weist das Haus keine architektonischen Spielereien auf. Drinnen befindet sich noch ein Großteil der Originalmöbel.

Neben Edisons Haus (Besuch mit dem gleichen Ticket) steht das kleine Anwesen, das der Autohersteller Henry Ford 1916 kaufte.

Die Räume wurden mit Stilmöbeln ausgestattet und strahlen noch immer die Gemütlichkeit aus, die Clara Ford so schätzte. In der Garage stehen frühe Ford-Modelle.

**Edison and Ford Winter Estates**
**2350 McGregor Blvd tägl. 9–17:30 edisonfordwinterestates.org**

## Shopping

**The Shell Factory**
Der Laden ist bis unters Dach voll mit Muscheln und Schmuck – ideal für die Suche nach Mitbringseln. Hinter dem Gebäude erstreckt sich ein Park mit Zoo.

**E5 2787 N Tamiami Trail shellfactory.com**

**17**

## De Soto National Memorial

**A** E4 **⌂** 8300 De Soto Memorial Hwy, Bradenton **☎** +1-941-792-0458 **🕐** tägl. 9–17 **🗓** 1. Jan, Thanksgiving, 25. Dez **🌐** nps.gov/deso

Acht Kilometer westlich vom Zentrum Bradentons *(siehe S. 285)* erinnert das De Soto National Memorial an die Landung Hernando de Sotos im Jahr 1539. Auf der Suche nach Gold stieß der spanische Seefahrer in vier Jahren mit 600 Männern rund 6500 Kilometer in den Südosten der USA vor und entdeckte den Mississippi. De Soto und die Hälfte seiner Armee starben auf dem glücklosen Treck. Ein Denkmal erinnert an die gescheiterte Expedition.

Hier beginnt auch der De Soto Trail, der einem Teil ihrer Route folgt. Im Park wurde de Sotos Basislager nachgebaut. Kostümierte spanische Konquistadoren versetzen Besucher in den damaligen Alltag. Im Informationszentrum befinden sich ein Museum und ein Buchladen, darüber hinaus sind hier Waffen und Rüstungen aus dem 16. Jahrhundert zu sehen. Ein Wanderpfad (1 km) führt durch das Dickicht der Mangrovenwälder.

**18** 📷 ♿

## Gamble Plantation Historic State Park

**A** E4 **⌂** 3708 Patten Ave, Ellenton, Manatee County **☎** +1-941-723-4536 **🕐** tägl. 8 bis Sonnenuntergang **🗓** 1. Jan, Thanksgiving, 25. Dez **🌐** floridastateparks.org

In diesem State Park steht die Gamble Mansion, das einzige Wohnhaus im Süden Floridas aus der Zeit vor dem Bürgerkrieg. Das weiß getünchte Herrenhaus an der Straße nach Bradenton wurde von 1845 bis 1850 für Major Robert Gamble erbaut und gilt als architektonisch bedeutsam. Zu Beginn der 1850er Jahre lebten und arbeiteten hier fast 200 Sklaven, bevor die Zuckerplantage 1859 verkauft wurde. 1925 ging das Anwesen an den Staat Florida über.

Die noch original erhaltene Einrichtung der Gamble Mansion und der Garten mit moosbewachsenen Bäumen sind Südstaatenromantik pur. Die Plantage hatte ursprünglich eine Fläche von rund 1400 Hektar. An der Stelle der früheren Sklavenunterkünfte wurde inzwischen eine Schule errichtet.

### Schon gewusst?

Frank Lloyd Wright gilt als Wegbereiter einer nachhaltigen Architektur.

**19** ♿

## Florida Southern College

**A** E4 **⌂** 111 Lake Hollingsworth Dr, Lakeland, Pol County **☎** +1-863-680-4111 **🚉** 🚌 Lakeland **🕐** tägl. 9:30–16:30 **🗓** 1. Jan, 4. Juli, Thanksgiving, 25. Dez **🌐** flsouthern.edu

Das ein wenig abgelegene College stellt die umfassendste Ansammlung von Frank-Lloyd-Wright-Gebäuden dar. Erstaunlicherweise ließ sich der vielleicht bedeutendste Architekt der Moderne darauf ein, den Campus in Lakeland lediglich zu gestalten, um seine Ideen verwirklichen zu können – bezahlt würde er später, sofern man Geldgeber fand.

Mit dem Bau seines »Kinds der Sonne« begann Wright, bereits bekannt als Begründer der Organischen Architektur, im Jahr 1938. Zum Zweck, die Gebäude mit ihrer natürlichen Umgebung verschmelzen zu lassen, setzte er Glas ein, um das Sonnenlicht ins Innere zu integrieren. Von den 18 geplanten Gebäuden waren bei seinem Tod 1959 erst sieben fertig. Fünf weitere folgten später.

An der Annie Pfeiffer Chapel wird Wrights bemerkenswertes Konzept deutlich. Buntes Glas unterbricht die Monotonie der Mauern, anstelle des traditionellen Turms wurde ein spektakulärer Aufsatz errichtet. Wright selbst bezeichnete das Gebäude als »Schmuckschatulle«.

Der Campus wirkt hell und offen, wie Wright es geplant hatte. Die Gebäude werden durch überdachte Gänge, die zwei Kilometer langen »Esplanaden«, miteinander verbunden, deren Licht- und Schatteneffekte und unterschiedliche Höhen auch optische Übergänge schaffen.

Der Campus ist immer zugänglich, die Gebäude jedoch nur wochentags. Das Sharp Family Tourism and Education Center (tägl. 9:30–16:30) dient als Informationszentrum und präsen-

↑ *Tipp für einen Familienausflug: South Florida Museum in Bradenton*

tiert darüber hinaus eine permanente Ausstellung von Zeichnungen und Möbeln des Architekten sowie Fotos vom Bau des College. Touren (mit Führer oder per Audioguide) durch die Ausstellung werden angeboten.

## ⑳ Bradenton

🅰 E4 🗺 48 000 ✈ 🚌
ℹ 1 Haben Blvd, Palmetto, Manatee County (+1-941-748-3411) 🔘 bradenton gulfislands.com

Bradenton, die Hauptstadt von Manatee County, ist wegen der Nick Bollettieri Tennis Academy bekannt, in der Tennistalente wie Andre Agassi oder Pete Sampras zu Weltstars aufgebaut wurden.

Bevor Sie sich zu den schönen Stränden aufmachen, gibt es einiges zu sehen. Der **Manatee Village Historical Park** z. B. erzählt mit einer Sammlung restaurierter Häuser die Geschichte der Besiedlung Floridas vor 100 Jahren. Ob Bootshaus, Kramladen oder Wohnhaus eines der ersten Siedler – alle Gebäude sind noch

←

*Spaziergang am Ufer des Manatee River, De Soto National Memorial*

original eingerichtet und sehen aus wie damals.

Das **South Florida Museum** mit dem Thema »Von der Steinzeit in den Weltraum« ist unterhaltsam und lehrreich zugleich. Zu sehen sind Dioramen mit Dinosauriern, Häuser der spanischen Siedler aus dem 16. Jahrhundert in Originalgröße und frühe Autos. Im Bishop Planetarium gibt es Lasershows, das Parker Aquarium bietet Einblick in Floridas Unterwasserwelt.

**Manatee Village Historical Park**
♿ 🏠 1404 Manatee Ave E
📞 +1-941-749-7165
🕐 Mo – Fr, 2. u. 4. Sa im Monat 9–16

**South Florida Museum**
⬡♿ 🏠 201 10th St W
🕐 Di – Sa 10–17, So 12–17 📅 Nov: 1. Sa 🔘 southfloridamuseum.org

---

🔍 Entdeckertipp
**Anna Maria Island**

Zwei Brücken verbinden Bradenton mit Anna Maria Island, deren Sandstrände viele Surfer anziehen. Es gibt einige kleinere Ferienanlagen und einen schönen Pier.

**21**

# Myakka River State Park

**A** E4 **H** 13207 SR 72, 9 Meilen (14 km) östl. von Sarasota **C** +1-941-361-6511 **O** tägl. 8 bis Sonnenuntergang **W** floridastateparks.org

Trotz der Nähe zu Sarasota vermittelt der Myakka River State Park einen lebendigen Eindruck davon, wie die ersten Siedler die Region erlebten. Dichte Eichenwälder, Palmendickicht, Nadelwälder und trockene Prärie werden von Marschland, Seen und Sümpfen unterbrochen.

Das 11 300 Hektar große Gebiet erstreckt sich am Myakka River und rund um den Upper Myakka Lake. In diesem Naturreservat wurden über 200 Vogelarten registriert, u. a. Silber- und Blaureiher, Geier und Ibisse, aber auch Exemplare der seltenen Fischadler, Weißkopfseeadler und wilden Truthähne. Alligatoren und Rotwild sieht man oft. Beobachtungsstationen liegen im gesamten Park verstreut.

Für Naturliebhaber stehen 63 Kilometer markierte Wanderwege und 24 Kilometer Reitwege zur Verfügung. Zwischen Dezember und Mai, der günstigsten Zeit für einen Besuch, gibt es Führungen mit einer Kleinbahn.

Geführte Bootsfahrten werden das ganze Jahr über angeboten.

**22**

# Venice

**A** E5 **H** 22 000 **=** **i** 597 S Tamiami Trail, Sarasota County (+1-941-488-2236) **W** visitvenicefl.org

Venice ist ein gemütliches Städtchen am Meer, etwas abseits der Touristenrouten. Die Haupteinkaufsstraße, Venice Avenue, ist voller Blumen und Palmen. Es gibt auch einige liebevoll restaurierte historische Gebäude, zum Beispiel das hübsche

Venice Little Theatre aus dem Jahr 1927 an der Tampa Avenue.

Der palmengesäumte Caspersen Beach liegt am südlichen Ende des Harbor Drive. Hierher kommt man zum Schwimmen und Muschelsammeln, obwohl die Muschelstrände weiter südlich liegen *(siehe S. 270f)*. Das Gebiet ist berühmt für versteinerte Haizähne, die von der Flut angeschwemmt werden.

**23**

# Gasparilla Island

**A** E5 **=** Venice **i** 5800 Gasparilla Rd, Boca Grande, Charlotte County und Lee County (+1-941-964-0568) **W** bocagrandechamber.com

Gasparilla Island entdeckten zuerst die Fischer für sich, später flüchteten die Reichen vor dem Winter im Norden auf die Insel zwischen Sarasota und Fort Myers.

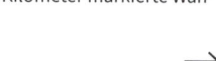

→ *Leuchtend rosafarbene Fassade des Venice Little Theatre (1927)*

← *Feuchtgebiet im von reicher Tierwelt geprägten Myakka River State Park; Blaureiher (Detail)*

Das Leben spielt sich um den Ort Boca Grande ab, der durch einen Damm mit dem Festland verbunden ist. Der restaurierte ehemalige Bahnhof, das San Marco Theatre und das großartige Gasparilla Inn erinnern an vergangene Zeiten. Zahlreiche Holzgebäude blieben erhalten und verleihen dem Ort durch ihre bunten Fassaden ein geradezu tropisches Antlitz. Die Fischerei hat sehr große Bedeutung – Boca Grande gilt als Tarpon-Zentrum. In zahlreichen Häfen werden Bootsfahrten angeboten, einige führen auch zu den Barriere-Inseln in der Nähe *(siehe S. 276f)*. Man kann die Insel auch auf dem Radweg erkunden, der entlang der alten Eisenbahnlinie über die gesamte Länge der Insel verläuft.

Im **Gasparilla Island State Park** an der Südspitze der Insel erwarten Sie ruhige Strände. Ein alter Leuchtturm aus dem 19. Jahrhundert steht auf dem Boca Grande Pass, doch seine Aufgabe hat inzwischen das modernere Range Light übernommen.

**Gasparilla Island State Park**
⊕ ⓖ 🚻 880 Belcher Rd, Boca Grande 🕐 tägl. 8 bis Sonnenuntergang
🌐 floridastateparks.org

## 24 Arcadia

🅰 E4 🏔 8000 🚌 ℹ 16 S Volusia Ave, De Soto County (+1-863-494-4033)
🌐 desotochamber.net

Ein Spaziergang durch die alte Cowboystadt ist ein Vergnügen. Noch heute sind Pferde ein wichtiger Teil des alltäglichen Lebens. Im März und Juli erreicht das Cowboyfieber einen Höhepunkt, wenn Teilnehmer und Fans sich zum All-Florida Championship Rodeo einfinden, dem ältesten Floridas.

Die Architektur Arcadias spiegelt Reichtum und Optimismus der 1920er Jahre wider. Beste Beispiele dafür sind das Koch Arcade Building (West Oak Street) und das Schlossberg-Camp Building (West Magnolia Street). Viele der älteren Häuser wurden 1905 bei einem Brand zerstört.

Gebäude aus dem späten 19. Jahrhundert sind nur noch wenige erhalten. Wer sie besichtigen will, wendet sich an die Chamber of Commerce.

## 25 🎿 🚣 🖥 📷 Babcock Ranch Eco Tours

🅰 F5 🏔 8502 FL-31, Punta Gorda, Charlotte County
📞 +1-800-500-5583 🕐 tägl. 9:30–15 🚫 25. Dez 🌐 babcockranchecotours.com

Die riesige Ranch gehörte ursprünglich dem Holzbaron E. V. Babcock, der die Zypressenwälder in den 1930er Jahren abholzen ließ. Sie wird noch immer von den Babcocks bewirtschaftet. Ein Teil des 36 420 Hektar großen Gebiets ist Naturpark.

Eine Führung mit dem geschulten Personal dauert 90 Minuten, wobei die Besucher mit Bussen durch tiefe Wälder und Sümpfe kutschiert werden und Gelegenheit haben, Tiere aus der Nähe zu beobachten. Panther, die hier erfolgreich gezüchtet wurden, streifen durch ihre Gehege. Alligatoren tauchen nicht weit entfernt auf. Die Pferde, auch Cracker-Rinder sind zu sehen. Diese Touren sind sehr beliebt und müssen im Voraus gebucht werden.

**Im März und Juli erreicht das Cowboyfieber einen Höhepunkt, wenn Teilnehmer und Fans sich zum All-Florida Championship Rodeo einfinden, dem ältesten Floridas.**

# Everglades und Keys

Das damals von Unmengen von Moskitos verseuchte Festland wurde erst Mitte des 19. Jahrhunderts im Gebiet um Naples besiedelt, einem heute florierenden Ferienort an der Küste. Erschlossen wurde die Region erstmals durch den 1928 gebauten Tamiami Trail zwischen Atlantik- und Golfküste.

Entlang diesem Trail entstanden Siedlungen wie Everglades City und Chokoloskee, die sich seit der Wende zum 20. Jahrhundert kaum verändert haben. Sie kennzeichnen den westlichen Eingang zum Everglades National Park. Die von Bauminseln unterbrochenen Feuchtgebiete besitzen ihre eigene Schönheit und sind ein wahres Paradies für Tiere.

Vom Ende der Halbinsel setzen sich die Keys nach Südwesten fort, eine Kette von Inseln im Schutz des einzigen Korallenriffs von Nordamerika. Einst führte Henry Flaglers Overseas Railroad über die Inseln, die Bahnlinie wurde allerdings durch den Overseas Highway abgelöst, eine der klassischen Routen in den Vereinigten Staaten. Je weiter südlich man kommt, desto stärker bewahrheitet sich der Satz, dass die Florida Keys mehr ein Lebensgefühl als ein Ort sind.

# Everglades und Keys

## Highlights
**1** Everglades National Park
**2** Key West

## Sehenswürdigkeiten
**3** Naples
**4** Marco Island
**5** Big Cypress Swamp
**6** Key Largo
**7** John Pennekamp Coral Reef State Park
**8** Islamorada
**9** Indian und Lignumvitae Keys
**10** Marathon
**11** Pigeon Key
**12** Lower Keys
**13** Miccosukee Indian Village
**14** Ah-Tah-Thi-Ki Museum
**15** Florida Keys National Wildlife Refuges
**16** Dry Tortugas National Park
**17** Tavernier

Southwest Florida ✈
International Airport

**Golfküste**
*Seiten 254–287*

San Carlos
Park

Bonita Springs

Naples Park

Golden Gate

**Naples 3**

East Naples

Naples Manor

*Little Marco Pass*

*Fakahatchee
Strand
State Preserve*

*Big Marco Pass*

Collier
Seminole
State Park

**Marco Island 4**

*Caxambas Pass*

*Gullivan
Bay*

*Cape Romano*

*Ten Thousand
Islands*

## Golf von Mexiko

Great White
Heron NWR

**Lower
Keys**

**12**

*Sugarloaf
Key*

**1**

**16** **Dry Tortugas
National Park**

Big Coppitt Key

*Marquesas
Keys*

**Key West 2** ✈ Stock Island

*Key West
NWR*

Key West
International
Airport

| 0 Kilometer | 25 |
|---|---|
| 0 Meilen | 25 |

N
↑

Delray Beach

Boca Raton

**Gold und
Treasure Coast**
*Seiten 108–137*

Coral
Springs

Pompano
Beach

Sunrise

Fort
Lauderdale

Fort Lauderdale-Hollywood
International Airport

Dania

Pembroke Pines

Hollywood

North
Miami

Hialeah

Miami
International
Airport

Miami

Coral Gables

**Miami**
*Seiten 50–105*

Richmond Heights

*Biscayne
Bay*

Goulds

Sands Key

Homestead

Florida City

Elliot Key

Old Rhodes Key

*Card Sound*

Key Largo

Crocodile Lake NWR

**John Pennekamp
Coral Reef
State Park**

**Key Largo**

*Key Largo
National Marine
Sanctuary*

**Tavernier**

*Plantation Key*

**Islamorada**

**Indian und
Lignumvitae Keys**

Duck Key

*Long Key*

*Florida Keys*

Immokalee

**Ah-Tah-Thi-Ki-
Museum**

*Big Cypress
Reservation*

*Miami Canal*

*Big Cypress
National
Preserve*

**Big Cypress
Swamp**

Monroe Station

Everglades City

Chokoloskee

*Tamiami Trail
Reservation*

*Tamiami Canal*

**Miccosukee
Indian Village**

Shark Valley

*Highland Point*

*Pa-hay-okee
Overlook*

*Shark Point*

*Ponce de
Leon Bay*

*Mahogany
Hammock*

*Royal Palm
Visitor Center*

**Everglades
National Park**

*Northwest Cape*

*Whitewater Bay*

*Cape Sable*

*Middle Cape*

Flamingo

*East Cape*

*Florida
Bay*

*Naational
Key Deer Refuge*

**Pigeon
Key**

Marathon
Shores

**Big Pine
Key**

**Marathon**

Bahia Honda State Park

**Florida Keys
National
Wildlife Refuges**

**Everglades
und Keys**

 **❶**

# Everglades National Park

 **F6** **ℹ** 40001 State Road, Homestead (+1-305-242-7700) **W** nps.gov/ever

Ein Aufenthalt in den Everglades ist ein geradezu unvergessliches Erlebnis. Der Everglades National Park ist der ideale Ort, um dieses berühmte Naturwunder genauer zu erkunden. Es gibt Wander- und Radwege sowie zahlreiche Möglichkeiten für Bootsfahrten durch das dichte Gewässernetz. Ein besonderer Reiz des Nationalparks liegt in seiner Ursprünglichkeit und der damit verbundenen ökologischen Bedeutung für die hiesige Tier- und Pflanzenwelt.

 **①**
## Everglades City
**ℹ** 815 Oyster Bar Lane (+1-239-695-3311)

Die Stadt ist das selbst ernannte »Tor zu 10 000 Inseln« und ein sehr guter Ausgangspunkt für Kajakfahrer, die den Nationalpark erkunden möchten. Kajakangeln ist in diesem Teil der Everglades eine beliebte Aktivität. Bei Ausflügen ins Hinterland bietet ein tiefer Einblick in die Natur des Gebiets.

Für Übernachtungen – oder sogar längere Aufenthalte – gibt es empfehlenswerte Unterbringungs- und Verpflegungsmöglichkeiten.

**②** **🛍**
## Royal Palm Visitor Center
**🏠** 40001 State Road
**🕐** Mitte Apr – Mitte Dez: tägl. 9 –17; Mitte Dez – Mitte Apr: tägl. 8 –17 **W** nps.gov

Jeder Besucher des Parks sollte beim Royal Palm Visitor Center vorbeischauen, hier bekommt man umfassende Informationen über das gesamte Areal.

Zwei Pfade befinden sich auf dem Gebiet des ersten Nationalparks Floridas (1916 gegründet). An dem beliebten Anhinga Trail über den Taylor Slough ist das Wasser etwas tiefer als in der Umgebung, sodass Tiere in den trockenen Wintermonaten

---

## Everglades in Gefahr
Dem Everglades National Park drohen Gefahren. Seit der Gründung des Schutzgebiets im Jahr 1974 hat man mit Wasserproblemen zu kämpfen. Das Ökosystem der Everglades und wirtschaftliche Interessen stehen dabei einander gegenüber: Bewässerungskanäle und Straßen unterbrechen den natürlichen Fluss des Wassers vom Lake Okeechobee. Auch die Trockenlegung zum Zweck der Baulandgewinnung wirkte sich negativ auf die Natur aus. Die Landwirtschaft benötigt viel Wasser, hohe Mengen chemischer Düngemittel bewirken ein unnatürliches Wachstum der Sumpfvegetation.

← Tagesanbruch über Long Pine Key im Everglades National Park

**Expertentipp**
**Jahreszeiten in den Everglades**

Klimatisch lässt sich das Jahr in den Everglades in zwei markante Abschnitte gliedern: Regenzeit und Trockenzeit. Die Regenzeit dauert etwa den Sommer und Herbst über, dann muss man mit vielen Insekten rechnen. Weitaus angenehmer ist es hier in der Trockenzeit.

hierher zum Trinken kommen. Auf den offenen Flächen kann man gut fotografieren, es gibt auch weniger Insekten, doch die Sonne kann gefährlich werden. Alligatoren versammeln sich am Alligatorloch am Anfang des Trails. Zudem sieht man Rotwild und Schlangenhalsvögel.

③
### Long Pine Key
🏠 Main Park Rd 🅦 nps.gov

Der gut ausgestattete Campingplatz liegt wunderschön und ist einer der Hauptgründe für einen Besuch in Long Pine Key. Vom Platz weg führen schattige Trails. Weichen Sie keinesfalls vom Pfad ab.

Das Kalkgestein hat häufig Löcher, die vom Regen ausgeschwemmt wurden und nur schwer zu sehen sind.

Große Flächen mit im Süden Floridas einzigartigen Sumpfzypressen gaben dem Gebiet seinen Namen. Das insekten- und witterungsbeständige Holz war lange als Baumaterial sehr beliebt.

↑ Blaureiher – typischer Vertreter der Vogelwelt in den Everglades

## ④
# Flamingo
**ℹ** 1 Flamingo Lodge Hwy, Homestead
**Ⓦ** flamingoeverglades.com

Der Ort liegt 60 Kilometer vom Haupteingang des Parks entfernt. Vor 1900 war die Siedlung ein abgelegener Stützpeck sowie Versteck für Jäger und Fischer. Heute leben nur wenige Parkangestellte ständig dort.

Die Lage an der Florida Bay ist für verschiedenste Aktivitäten günstig: u. a. zum Wandern, Fischen, Bootfahren und für Naturbeobachtungen. Es empfiehlt sich, über Nacht zu bleiben, besonders für Vogelbeobachtungen, für die sich der frühe Morgen und späte Abend am besten eignen. In der Florida Bay leben auch Seekühe *(siehe S. 279)* und das vom Aussterben bedrohte Amerikanische Krokodil. Vom Alligator unterscheidet es sich durch die graugrüne Farbe und sein Gebiss: Bei geschlossenem Maul sieht man sowohl Zähne des Ober- als auch des Unterkiefers.

↑ *Gemütliche Bootsfahrt durch den ruhig dahinfließenden Buttonwood Canal*

Die Chance, ein Krokodil zu entdecken, ist häufig gut.

Im Besucherzentrum von Flamingo gibt es Naturführer und Informationen über Programme mit Rangern, Diashows, Vorträge und für Mutige die »Slough-Slogs«: Touren durch den Sumpf für Unerschrockene.

## ⑤
# Mahogany Hammock Trail
**⌂** 20 Meilen (32 km) westl. des Royal Palm Visitor Center **Ⓦ** nps.gov

Der Mahogany Hammock Trail führt durch die größten Bauminseln (Hammocks) des Parks. Hier gedeiht eine vielfältige Flora und Fauna. Beeindruckend: die Bromelien und die dichte, dschungelartige Vegetation in den feuchten Sommermonaten.

Die Pfade und Seen zwischen Mahogany Hammock und Flamingo ziehen weniger Besucher an, haben aber viel zu bieten. Erkunden Sie West Lake Trail oder Snake Bight Trail (endet an der Florida Bay).

## ⑥
# Shark Valley
**ℹ** Highway 41 **Ⓦ** nps.gov

Shark Valley ist ein viel gastfreundlicherer Ort, als der Name (»Haifischtal«) vermuten lässt. Durch das Gebiet führt eine windungsreiche, aber gut ausbaute 24 Kilometer lange Straße.

→ *Plankenweg durch die dichte Graslandschaft am Pa-hay-okee Overlook*

## Sicherheitstipps
Insektenschutzmittel sind unabdingbar, vor allem im Sommer. Folgen Sie den Anweisungen der Hinweistafeln und des Personals, seien Sie vorsichtig mit Tieren und Pflanzen. Alligatoren bewegen sich auch an Land schnell. Manche Bäume und Büsche sind giftig. Seit einiger Zeit vermehren sich Tigerpythons in den Everglades – sie können gefährlich sein. Weichen Sie möglichst nicht von den Routen ab. Wildtiere können plötzlich auf der Straße stehen – fahren Sie stets langsam.

Die Tierwelt präsentiert sich vielfältig. Das Shark Valley bietet sich für eine genussvolle Radtour an. Die einzigen motorisierten Fahrzeuge, denen man hier begegnet, sind Busse, die viermal am Tag fahren.

###  Pa-hay-okee Overlook

🏠 13 Meilen (20 km) nordwestl. des Royal Palm Visitor Center 🌐 nps.gov

Die offene Sägegrasprärie, auf die man vom Pa-hay-okee Overlook einen schönen Blick hat, ist der Inbegriff der Everglades. Vom Aussichtsturm kann man gut beobachten, wie der Wind über das Meer von Gras streicht und sich dessen Farbe dabei in Wellen verändert. Zu sehen sind auch Stelzvögel, Falken und Schneckenweihen, deren einzige Nahrung, die Apfelschnecken, auf dem Sägegras lebt. In der Prärie wachsen auch Rohrkolben und andere Sumpfpflanzen.

###  Main Park Road

🏠 Main Park Rd 🌐 nps.gov

Den Park kann man sehr gut auf Wanderwegen erkunden, einige von ihnen zweigen von der Main Park Road (Route 9336) ab. Versuchen Sie am besten, einen der weniger besuchten Pfade zwischen Mahogany Hammock und Flamingo zu begehen. Informationstafeln helfen, Tiere und Pflanzen zu bestimmen. Vergessen Sie Insektenschutzmittel und Sonnencreme nicht!

---

**TOP 3** Outdoor-Aktivitäten

**Wandern**
Es gibt schöne Wege für Spaziergänger wie für Wanderer.

**Kajak und Kanu fahren**
Durch die Wasserwege auf Strecken unterschiedlicher Länge.

**Rad fahren**
Neben asphaltierten Wegen gibt es schattige Trails durch idyllische Waldgebiete.

**Die offene Sägegrasprärie, auf die man vom Pa-hay-okee Overlook einen schönen Blick hat, ist der Inbegriff der Everglades.**

# Ökosystem Everglades

Die Everglades sind ein Sumpfgebiet, dessen dicke Torfschicht vom Lake Okeechobee überschwemmt wird. Das Gebiet ist 80 Kilometer breit und 320 Kilometer lang. Tropische Luft- und Wasserströmungen bedingen in dieser gemäßigten Zone einzigartige Ökosysteme. Spezielle Vegetationsformen wie Zypressenkuppeln und Bauminseln mit verschiedenen Baumarten unterbrechen die Weite der Sägegrasprärie. Hier leben Hunderte von Tierarten, darunter etwa 350 Vogelarten, für die die Everglades berühmt sind.

Der **Mahagoni** ist eine der westindischen Arten in den Hammocks mit ihren tropischen Hartholzgewächsen.

Die **Würgefeige** beginnt ihre Laufbahn als Samen, der in eine Baumspalte fällt. Mit der Zeit umschlingt sie den ganzen Baum.

Bromelien

↑ *Schuppenpanzer und Gebiss machen die Alligatoren zu den bekanntesten und gefürchtetsten Parkbewohnern*

**Bayheads** sind Bauminseln mit Lorbeergewächsen auf fruchtbarem Boden.

Sumpf-Magnolie

Wachsgagel

Wasser-schlauch

Alligator-gras

Rohr-kolben

Seerose

**Alligatoren** graben in der Trockenzeit Löcher und Vertiefungen, um an Wasser zu kommen.

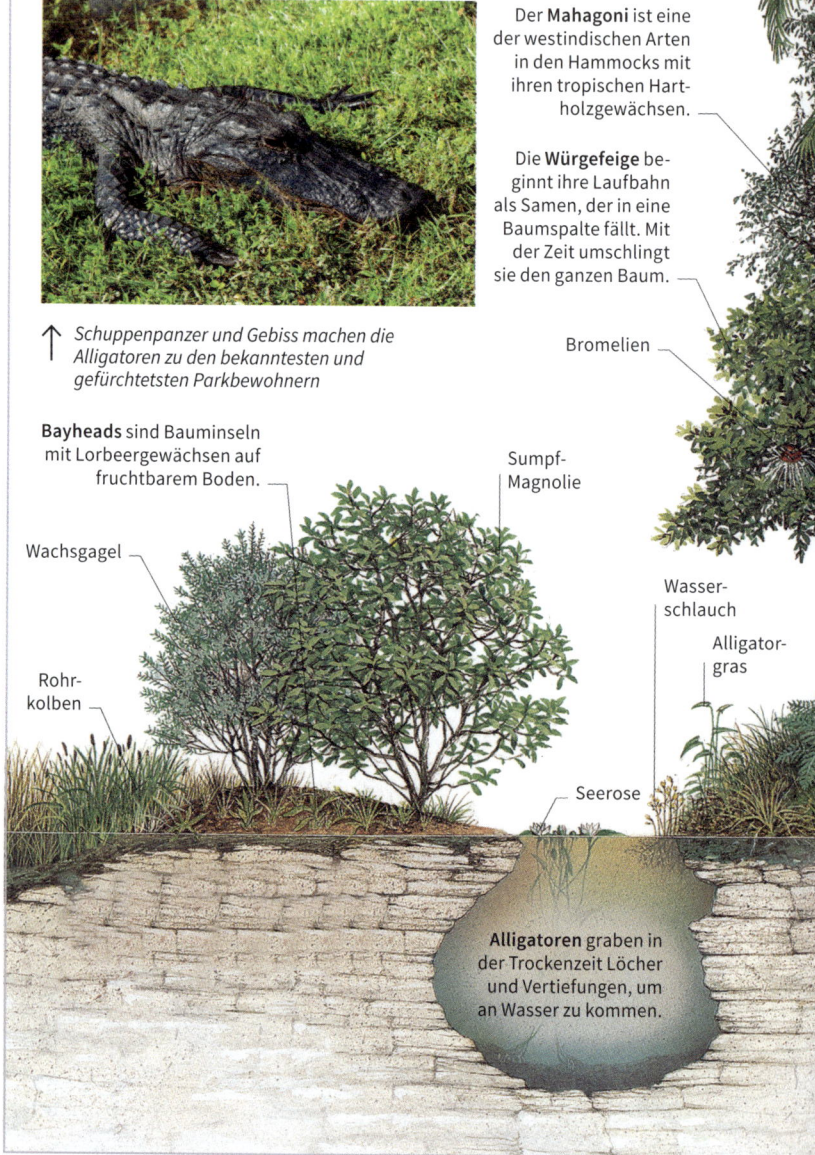

Königspalme

→ Blaureiher auf
einem Ast

← Hammocks (Bauminseln)
entstehen auf erhöhtem
Grund in Süßwassersümpfen

Der **Gumbo Limbo** heißt
wegen der roten, sich
schälenden Rinde auch
»Touristenbaum«.

**Rote Mangroven** erkennt
man an den typischen
Wurzeln. Sie bieten Mee-
restieren Unterschlupf.

Sägepalmen

Torf

**Schon
gewusst?**

Überall in den Ever-
glades ist das Gequake
der Baumfrösche zu
hören.

↑ *Typisch Key West: Küstenpromenade, Palmen und Holzstege*

**2**

# Key West

 F7  28 000 ✈ 🚌 🚢 *i* 402 Wall St (+1-800-352-5397) 🎭 Conch Republic Independence Celebration (Apr); Hemingway Festival (Juli); Fantasy Fest (Okt) 🌐 fla-keys.com

Die meisten Sehenswürdigkeiten liegen nur maximal drei Blocks von der Duval Street entfernt, Hauptachse der Altstadt und Verbindung zwischen dem Golf von Mexiko und dem Atlantik. Mit dem Conch Train, der Old Town Trolley Tour, dem Rad oder bei einem Spaziergang durch die Gassen gewinnen Sie einen sehr guten Überblick.

① 🤿 ♿

## Fort East Martello Museum and Gallery

🏠 3501 S Roosevelt Blvd
☎ +1-305-296-3913
🕐 tägl. 9:30–16:30 Uhr.
🚫 25. Dez

Mit dem Bau des East Martello Tower im Osten der Insel

### Schon gewusst?

Judy Blume (*1938), Kinder- und Jugendbuchautorin, lebt seit Langem in Key West.

wurde 1861 begonnen. Ziel war, das Fort Zachary Taylor zusätzlich zu sichern. Der Turm wurde aber nie fertiggestellt, weil Bauweise und Gestalt bald als überholt galten.

Heute beherbergt der Turm ein Museum, in dem man einen guten Überblick über die bunte Vergangenheit von Key West gewinnt: von den vielen literarischen Spuren bis zur wirtschaftlichen Entwicklung der Insel. Zu sehen sind auch abenteuerliche Flöße, auf denen Kubaner vor Castros Regime flohen.

Vom Turm selbst hat man einen sehr schönen Blick, er beherbergt auch Werke lokaler Künstler.

②

## Fort Zachary Taylor Historic State Site

🏠 Southard St ☎ +1-305-292-6713 🕐 tägl. 8 bis Sonnenuntergang

Das Fort wurde 1866 als Teil des nationalen Küstenverteidigungssystems fertiggestellt. Im Bürgerkrieg waren hier Nordstaaten-Truppen

### »Wrecking«: Ein gutes Geschäft

Seit Ende des 18. Jahrhunderts wurden die Gewässer um die Keys von britischstämmigen Bewohnern der Bahamas kontrolliert, die auch in der Nähe des Riffs patrouillierten, um auf Grund gelaufene Schiffe zu retten. Daher landeten Güter aus aller Welt auf den Keys: von Holz über Wein bis Silber. Diese Art der Warenbeschaffung nannte man »Wrecking«. Sie war so beliebt, dass der US-Kongress 1825 per Gesetz ausschließlich US-Bürgern das »Wrecking« erlaubte.

**Schöne Aussicht**
**Mallory Square**

Die charmante Platz am nördlichen Rand der Altstadt ist der perfekte Ort, um den berühmten Sonnenuntergang von Key West zu genießen und dazu Performance-künstlern zuzusehen.

stationiert, um die Loyalität der Insel zum Norden zu sichern. Um 1890 wurde es umgebaut.

Heute befindet sich hier ein Museum mit Exponaten aus dem Bürgerkrieg. Auch das Areal und eine Aussichts-plattform können besichtigt werden. In der Nähe liegt der schönste öffentliche Strand der Insel mit einem Picknick-platz.

③ ✏ ♿

## Hemingway Home

🏠 907 Whitehead St
📞 +1-305-294-1136
🕐 tägl. 9–17
🌐 hemingwayhome.com

Das Haus im spanischen Kolonialstil ist wohl die am meisten gepriesene Attrak-tion der Stadt. Hemingway lebte hier 1931–40. Zu sehen ist auch der Raum, in dem der Autor mehrere Werke verfasste. *Haben und Nicht-haben* spielt als einziges in Key West. Gezeigt werden seine Bibliothek, Erinne-rungsgegenstände und der Sessel, in dem er beim Schreiben saß. Auf Führun-gen werden Hemingways außerliterarische Leiden-schaften beschrieben: Hoch-seefischen und die Bar Sloppy Joe's *(siehe S. 302).*

Nachfahren seiner sechs-zehigen Katzen streichen noch heute durch Garten und Haus.

④ ✏

## Lighthouse Museum

🏠 938 Whitehead St
📞 +1-305-294-0012 🕐 tägl. 9:30–16:30 🗓 25. Dez

Direkt gegenüber von Ernest Hemingways Haus steht der 1848 erbaute Leuchtturm. Im Wärterhaus ist ein beschei-denes Museum mit histo-rischen Exponaten, u. a. aus dem Leuchtturm, unter-gebracht.

Der Leuchtturm selbst ist die größte Attraktion. Der 88-stufige Aufstieg wird mit tollem Rundblick belohnt. Man kann auch durch die alte Linse schauen, durch die das Licht 40 Kilometer über das Meer strahlte.

↑ *Bäume umrahmen den strahlend weißen Leucht-turm von Key West*

---

Sunset Key

Key West Bight

PALM AVENUE

GARRISON BIGHT CAUSEWAY

MALLORY SQUARE

Mel Fisher Maritime Museum ⑥

⑤ Curry Mansion

⑦ The Oldest House Museum

Marquesa Hotel

⑨ Key West Cemetery

Bayview Park

The Gardens Hotel

Key Lime Inn

Bahama Village ⑧

Truman Waterfront Park

③ Hemingway Home

④ Lighthouse Museum

② Fort Zachary Taylor Historic State Site

Southernmost Point Guest House

① 

Fort East Martello Museum and Gallery 2 Meilen (3 km)

0 Meter 500 N
0 Yards 500

# Hotels

### Marquesa Hotel

Die vier Gebäude des Boutique-Hotels stammen aus dem 19. Jahrhundert. Sie sind um zwei Pools gebaut, die viel Grün umgibt.

🏠 600 Fleming St
🆆 marquesa.com
⑤⑤⑤

### Southernmost Point Guest House

Das Haus ist weit über ein Jahrhundert alt. Es punktet mit gemütlichen Zimmern mit Terrassen, Hängematten und einem kleinen Pool. Das Frühstück wird auf der sonnigen Veranda serviert.

🏠 1327 Duval St
🆆 southernmost point.com
⑤⑤⑤

### Key Lime Inn

Das Gästehaus bietet diverse Optionen – Unterkünfte im Motelstil am Pool oder einzelne Cottages. Die Duval Street ist nicht weit weg, man hört den Lärm hier aber nicht.

🏠 725 Truman Ave
🆆 historickeywest inns.com
⑤⑤⑤

### The Gardens Hotel

Ein Hotel mitten im Grünen. Jedes der 21 Zimmer verfügt über Massivholzböden und Himmelbetten.

🏠 526 Angela St
🆆 gardenshotel.com
⑤⑤⑤

↑ Mit vielen Details (u. a. Spitzdächer und Säulen) versehene Fassade der Curry Mansion

⑤

## Curry Mansion

🏠 511 Caroline St 📞 +1-305-294-5349 🕒 tägl. 8:30–20 🆆 currymansion.com

Das herrschaftliche Gebäude wurde 1855 von »Wrecker« *(siehe S. 298)* William Curry begonnen, Key Wests erstem Millionär. Sein Sohn Milton vollendete es 44 Jahre später.

Das Haus ist zum Großteil original erhalten. Die Ausstattung reicht von viktorianischen bis zu jüngeren Gegenständen, angefangen von Tiffany-Glas bis zu einem Gewehr Hemingways, die alle vom derzeitigen Besitzer stammen.

Angeblich erfand »Aunt Sally« hier den Key Lime Pie mit Kondensmilch (seit 1895 erhältlich). Die Curry Mansion ist auch ein Hotel.

⑥

## Mel Fisher Maritime Museum

🏠 200 Greene St 📞 +1-305-294-2633 🕒 tägl. 9:30–17 🆆 melfisher.com

Hinter dem Äußeren verbergen sich Schätze. Fisher entdeckte 1985 westlich von Key West die Wracks der spanischen Galeonen *Nuestra Señora de Atocha* und *Santa Margarita*. Rund 47 Tonnen Gold- und Silberbarren und 32 Kilogramm Rohsmaragde waren 1622 mit den Schiffen untergegangen.

Zu den Exponaten gehören Schmuck, Münzen und Kruzifixe. Auch die Geschichte der Bergung wird illustriert.

⑦

## The Oldest House Museum

🏠 322 Duval St
📞 +1-305-294-9501
🕒 Mo, Di, Do – Sa 10 –16
🆆 oldesthousemuseum.com

Das 1829 errichtete Haus von »Wrecker« Francis B. Watling-

←

*Alter Taucherhelm – Exponat im Mel Fisher Maritime Museum*

ton soll das älteste Gebäude von Key West sein. Maritime Einflüsse sind unverkennbar, etwa die von Schiffen entlehnte Dachluke. Das Haus ist voll mit nautischem Krimskrams, Schiffsmodellen und Gemälden sowie Dokumenten zum »Wrecking« *(siehe S. 298)*, das Key West (und Captain Watlington) reich machte.

Das Küchenhaus im Hof ist das älteste der wenigen Beispiele, die man in Key West noch antrifft. Durch die Trennung vom Hauptgebäude hielt man das Brandrisiko gering und vermied außerdem eine unnötige Erwärmung im Rest des Hauses.

## Bahama Village
 Petronia St

Sehr reizvoll ist Bahama Village, dem die ersten Siedler von Key West den Namen gaben. Das historische Viertel im Westen wird von Fort, Virginia, Petronia und Whitehead Street begrenzt. Das Leben spielt sich hier auf der Straße ab. Man spielt Domino, und die Hühner laufen

### Key-West-Stil

Key Wests Architektur zeichnet sich durch Schlichtheit aus, bedingt durch das heiße Klima und die Knappheit an Baumaterial. Die frühen »Conch«-Häuser (vom Beginn des 19. Jh.) wurden oft von Schiffbauern errichtet, die Eindrücke von ihren Reisen einfließen ließen. Von den Bahamas stammen diverse Vorrichtungen für Schatten und Belüftung gegen die Hitze. Neoklassizistische Elemente kamen aus dem Norden, dekorative Spielereien gehen auf den viktorianischen Stil Ende des 19. Jahrhunderts zurück. Wer es sich leisten konnte, bevorzugte verspielte »Gingerbread«-Details. Seit den 1970er Jahren, als man die eigenständige Architektur der Stadt zu schätzen begann, wurden viele Häuser renoviert.

frei herum – eine karibische Enklave in Nordamerika. Die meisten charakteristischen »Shotgun«-Häuser blieben von der allgemeinen Renovierungswut verschont.

## Key West Cemetery
701 Passover Lane
+1-305-292-8177
Sommer: tägl. 7 –19 Uhr; Winter: tägl. 7 –18

Die Gräber werden hier wegen des Kalkbodens und der Nähe zum Wasser meist oberirdisch angelegt. Es gibt einen jüdischen und einen katholischen Bereich, während viele der kubanischen Grüfte von einem Huhn gekrönt werden – ein Hinweis auf die Santería-Religion. Es gibt sogar einen Tierfriedhof. Die Statue eines Matrosen erinnert an die 252 Seemänner, die zu Beginn des Spanisch-Amerikanischen Krieges 1898 im Hafen Havannas mit dem Schlachtschiff USS *Maine* untergingen.

Von vielen ersten Siedlern kannte man nur den Spitznamen. Diese Vertraulichkeit folgte ihnen bis ins Grab: Auf dem Friedhof liegen Bunny, Shorty, Bean …

↑ *Mit dem Rad durch eine farbenprächtig gestaltete Straße in Bahama Village*

# Spaziergang durch Key West

**Länge** 2 km  **Dauer** 25 Min.

Key West ist der südlichste Punkt des US-Festlands. Die Stadt wirkt wie ein Magnet auf alle, die Florida und die USA hinter sich lassen wollen. Hier kann man sich gut dem legeren Lebensgefühl hingeben.

Die erstmals 1513 erwähnte Insel zog Piraten und später »Wreckers« an *(siehe S. 298)*, die auf vorbeifahrende Frachtschiffe und deren Ladung lauerten. Key West entwickelte sich zur reichsten Stadt Floridas, Einwanderer aus allen Teilen der Welt strömten hierher. Architektur, Küche und Lebensgeist zeugen von diesem vielfältigen kulturellen Erbe. Auch viele Künstler und Schriftsteller sowie eine lebendige LGBT+ Community tragen zum liberalen Spirit der Stadt bei.

Die opulent eingerichtete **Curry Mansion** spiegelt den Wohlstand der »Wreckers« wider.

**DUVAL STREET**

**GREENE STREET**

**CAROLINE STREET**

**WHITEHEAD STREET**

**START**

**Sloppy Joe's** zählte zu Hemingways Lieblingsbars. 1935 zog sie aus ihrem alten Sitz in der Greene Street in die Duval Street.

Das um 1840 erbaute **Audubon House** enthält Möbel dieser Zeit und Originalstiche des Vogelkundlers John James Audubon.

Welche Schätze das Meer bietet und wie man sie findet, wird im **Mel Fisher Maritime Museum** gezeigt.

Die **Duval Street** mit Souvenirläden und den meisten Attraktionen der Altstadt bildet die Hauptachse der Stadt.

← *Sloppy Joe's zählt seit langer Zeit zu den renommiertesten Bars in Key West*

**Schon gewusst?**

Nach der Entdeckung wurde Key West zuerst »Cayo Hueso« (»Knocheninsel«) genannt.

The Oldest House Museum

→

*Die leuchtend weiße Episcopal Church – wichtiges Element des Stadtbildes*

Die **St. Paul's Episcopal Church** (1912) ist dem Patron der Schiffbrüchigen geweiht. Einige der 49 Glasfenster sind mit nautischen Symbolen versehen.

Der floridianische Sänger Jimmy Buffett ist Besitzer des Cafés **Margaritaville** mit Shop, in dem es T-Shirts und Souvenirs gibt.

EATON STREET

WHITEHEAD STREET

SOUTHARD STREET

FLEMING STREET

THOMAS STREET

Das **San Carlos Institute** wurde 1871 von Kubanern gegründet. Das kubanische Kulturinstitut befindet sich heute in einem neobarocken Gebäude von 1924.

○ **ZIEL**

| 0 Meter | 100 | N |
| 0 Yards | 100 | |

# SEHENSWÜRDIGKEITEN

**3**

## Naples

🅐 EF5 🅼 21 000 ✈ 🚌
ℹ 2390 Tamiami Trail N,
Collier County (+1-239-262-
6141) 🔤 visitflorida.com

Die Stadt am Meer verfügt
über die größte Anzahl an
Golfplätzen in den USA: Insgesamt gibt es hier 55 Plätze.

Ein großer Teil des Zent-
rums stammt aus dem frü-
hen 20. Jahrhundert. Dieses
Viertel mit pastellfarbenen
Gebäuden lädt zum Bum-
meln ein. Viele Häuser aus
dem 19. Jahrhundert wurden
1960 vom Hurrikan Donna
zerstört, ebenso auch der
1887 angelegte Pier. Im Jahr
1961 wurde er wieder auf-
gebaut.

### Schon gewusst?

Der Third Street South
Farmers Market in
Naples findet sams-
tags ab 7:30 Uhr
statt.

Hinter dem 16 Kilometer
langen weißen Sandstrand
stehen viele Privathäuser, es
gibt aber auch öffentliche
Zugänge zu sicheren Stränden, wo man im warmen
Golf baden kann.

Insbesondere auf die
Geschichte der Region konzentriert sich das informative
**Collier Museum at Govern-
ment Center** mit einem
nachgebauten Seminolen-
dorf und Exponaten indianischer Herkunft, Hinterlassen-
schaften der Siedler und
Zeugnissen vom Bau des
Tamiami Trail (US 41), an
dem das Museum steht.

**Collier Museum at
Government Center**
♿ 🏛 3331 Tamiami Trail E
🕐 Mo – Sa 9 – 16
🔤 colliermuseums.com

**4**

## Marco Island

🅐 F6 ℹ 1102 N Collier Blvd,
Collier County
🔤 marcoislandonline.com

Die nördlichste der Ten
Thousand Islands ist ein

guter Ausgangspunkt für
Ausflüge an den Westrand
der Everglades. Seit den
1960er Jahren ist Marco
Island touristisch erschlossen. Hier wurden bedeutende archäologische Funde
gemacht – einige sind über
3500 Jahre alt. Sie wurden
an Museen weitergegeben,
doch auf der Insel findet man
noch Hügel aus Muscheln
und Knochen, die auf das
Leben der Calusa-Indianer
hinweisen.

**5**

## Big Cypress Swamp

🅐 F6 🏛 Collier County,
Monroe County 📞 +1-239-
695-1201 🔤 nps.gov

Das ausgedehnte, seichte
Sumpfbassin, in dem viele
Tiere wie der vom Aussterben bedrohte Florida-Pan-
ther leben, ist kein homoge-
nes Sumpfgebiet, sondern
eine Mischung verschiedener
Lebensräume, bestimmt von
nur geringen Unterschieden
im Niveau: Hier finden sich
sandige Nadelwäldchen,
Feucht- und Trockenprärie
und Waldinseln (Hammocks,

Expertentipp
**Outdoor-Aktivitäten**

Im Big Cypress Swamp bieten Ranger geführte Aktivitäten an – Wanderungen, Veranstaltungen zur Tierwelt und Kanutouren. Reservieren Sie möglichst schon zwei Wochen im Voraus (www.nps.gov/bicy).

↑ Pier in Naples – ein idealer Ort für den Genuss des Sonnenuntergangs

*siehe S. 297*). Ein Drittel des Sumpfs bedecken Zypressen, die lang gestreckte Wälder bilden. Diese Zypressen gaben dem Gebiet seinen Namen.

Der Sumpf dient bei Niederschlägen als wichtiges Wasserreservoir für die Everglades und als Puffer für den Everglades National Park. Der im Jahr 1928 fertiggestellte Tamiami Trail (US 41) durchschneidet das Sumpfgebiet und erschloss es. Die Straße führt an den Everglades vorbei und reicht von Tampa bis Miami – daher auch ihr Name.

Heute erscheinen solche technischen Kraftakte ökologisch bedenklich, da sie den natürlichen Fluss des Wassers blockieren und damit die Balance des einzigartigen Ökosystems Süd-Floridas gefährden.

Das **Big Cypress National Preserve** ist das größte Naturschutzgebiet im Sumpf. Hier kann man den Blick von der US 41 genießen und am Oasis Visitor Center halten, um sich zu informieren.

Im westlichen Teil des Big Cypress Swamp liegt der **Fakahatchee Strand Preserve State Park**, eines der wildesten Gebiete Flori-

das. Der Entwässerungsgraben ist 32 Kilometer lang und zwischen fünf und acht Kilometer breit.

Die Holzwirtschaft wurde in den 1950er Jahren aufgegeben, nachdem rund 99 Prozent der Zypressen zerstört worden waren. Die letzten, teilweise mehr als 600 Jahre alten Exemplare stehen am Big Cypress Bend, wo ein schmaler Pfad an Orchideen, nestartigen Bromelien und an der größten Gruppe von Königspalmen in den Vereinigten Staaten vorbeiführt.

Auf der Route 846 von Naples nach Nordosten gelangt man zum **Audubon of Florida's Corkscrew Swamp Sanctuary**. Ein drei Kilome-

ter langer Plankenweg führt an verschiedenen Lebensräumen vorbei, u. a. an Floridas größter Gruppe alter Zypressen.

Das Reservat ist landesweit berühmt für seinen Vogelreichtum. Der bedrohte Waldibis kommt fast jeden Winter her.

**Big Cypress National Preserve**
⊛ & 🏠 Tamiami Trail E, Ochopee 🕐 tägl. 24 Std. 🛈 33000 Tamiami Trail E, Ochopee 🌐 nps.gov

**Fakahatchee Strand Preserve State Park**
⊛ & 🏠 137 Coast Line Dr, Copeland 🕐 tägl. 8 bis Sonnenuntergang 🌐 floridastateparks.org

**Audubon of Florida's Corkscrew Swamp Sanctuary**
⊛ 🅿 & 🏠 375 Sanctuary Rd W 🕐 tägl. 7–17:30

→ *Alligator im Big Cypress National Preserve*

## ⑥ Key Largo

🅰 G6 🏔 16 000 🚌
ℹ 106 000 Overseas Hwy,
Key Largo (+1-305-451-
1414) 🌐 fla-keys.com

Key Largo, die erste be-
wohnte Insel der Keys, wurde als größte der Kette von
den Spaniern »Lange Insel«
genannt. Wegen ihrer Nähe
zu Miami ist sie auch die
lebhafteste der Keys – besonders an Wochenenden
kann es hier durchaus recht
voll werden.

Hauptattraktion ist das
Korallenriff vor der Küste, wo
man im John Pennekamp
Coral Reef State Park und im
National Marine Sanctuary
gut tauchen und schnor-
cheln kann. Viele Besucher
kommen aber auch, um
den fantastischen Sonnen-
untergang über der Insel
zu erleben.

Berühmt ist auch die *African Queen*, das Schiff aus
dem gleichnamigen Film
(1951) mit Humphrey Bogart
und Katharine Hepburn. Auf
dem Schiff kann man Rund-
fahrten unternehmen (wenn
es nicht restauriert wird). Es
liegt bei MM 100 vor Anker,
neben einem Casinoschiff,
das die seltene Gelegenheit
zum Glücksspiel bietet.

Die Einheimischen erzäh-
len von einem mysteriösen
ehemaligen Regierungsbe-
amten, der in den Wäldern
lebt und nur in die Zivilisati-
on zurückkehrt, wenn ein
ökologisches Problem auf-
tritt. Seinem Einfluss ist es zu
verdanken, dass viele Gebiete, die Opfer des Fortschritts
geworden waren, renatu-
riert wurden. Feuchtgebiete,

↑ *Eines der Hafenbecken von Key Largo,
der größten Insel der Keys*

## Floridas Korallenriff

Das einzige lebende Korallenriff Nordamerikas erstreckt sich 320 Kilometer
an den Keys entlang, von Miami bis Dry Tortugas. Das komplexe und äußerst sensible Ökosystem schützt die niedrigen Inseln vor Stürmen und
hohen Wellen, die vom Atlantik kommen. Korallenriffe werden über Jahr-
tausende von Milliarden von kleinsten Organismen, den Polypen, gebildet.
Das drei bis 18 Meter unter dem Meeresspiegel gelegene Riff stellt ein kom-
pliziertes Gebilde aus zahllosen Spalten und Höhlen dar, in denen verschiedenste Pflanzen und Tiere wohnen, darunter über 500 Fischarten.

 Fotomotiv
**Christus-
statue**

*Christ of the Deep*,
eine etwa drei Meter
lange Christussta-
tue, steht bei den
Key Largo Dry Rocks
in sechs Metern Tiefe
auf einem Sockel –
für Taucher ein per-
fektes Motiv für ein
Unterwasserfoto.

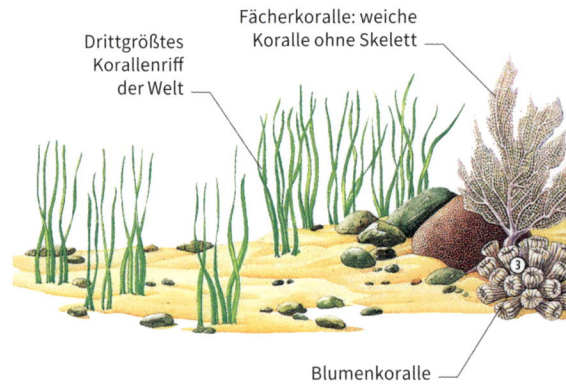

Drittgrößtes
Korallenriff
der Welt

Fächerkoralle: weiche
Koralle ohne Skelett

Blumenkoralle

Laubwälder und Strände mussten Hotels, Shopping Malls und Wohnhäusern weichen, doch dank des Engagements einiger Bürger besteht noch Hoffnung für die Intakthaltung des Ökosystems.

**African Queen**
⌂ 99701 Overseas Hwy
⏱ siehe Website
🌐 africanqueenflkeys.com

**7** ✎ ⓜ ♿
### John Pennekamp Coral Reef State Park
🅰 G6 ⌂ 102601 Overseas Hwy, Key Largo ☏ +1-305-451-1202 ⏱ tägl. 8 bis Sonnenuntergang
🌐 floridastateparks.org

Nur fünf Prozent des Naturparks liegen über Wasser: ein Besucherzentrum, ein kleines Museum zur Ökologie

### Schon gewusst?
Der Publizist John Pennekamp war auch an der Gründung des Nationalparks Everglades beteiligt.

des Riffs, drei Schwimmbereiche und mehrere Waldpfade. Berühmt ist der Park vor allem für sein Unterwassergebiet, das sich fünf Kilometer von Key Largo nach Osten erstreckt und unvergessliche Einblicke in die Farben und Formen eines Korallenriffs gewährt.

Im Park kann man Kanus, Schlauch- oder Motorboote mieten sowie Schnorchel- und Tauchausrüstung. Arrangiert werden auch Schnorchel- und Tauchtrips. Es gibt zudem

eine Tauchschule, bei der man Tauchscheine erwerben kann. Wer nicht gerne nass wird, nähert sich der Unterwasserwelt im Glasbodenboot. Die meisten Touren führen ins Gebiet des Florida Keys National Marine Sanctuary (auch Key Largo National Marine Sanctuary), das sich weitere fünf Kilometer ins Meer erstreckt.

Teile des Riffs eignen sich sehr gut zum Schnorcheln, z. B. das seichte Wasser der White Bank Dry Rocks mit einer Vielzahl an Korallen und tropischen Fischen. Das Molasses Reef daneben lockt Taucher und Schnorchler an, die hier auf unzählige Fische stoßen werden. Das French Reef weiter im Norden wartet mit verschiedenen Höhlen auf, durch die man schwimmen kann.

### Steinkorallen
Diese Tiere bilden ein Außenskelett aus Kalk, um ihren weichen Körper zu schützen. Die Korallenstöcke entstehen durch die Vermehrung der zahllosen Polypen. Mikroskopisch kleine Pflanzen im Gewebe bestimmen die Farbe.

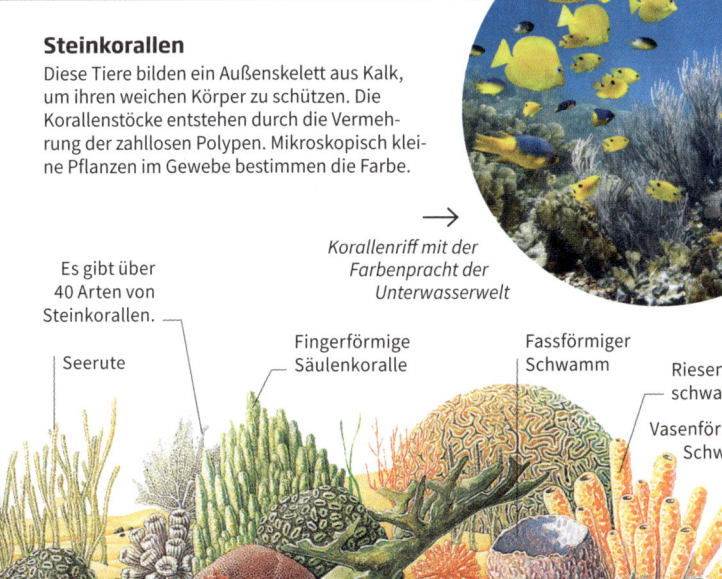

*Korallenriff mit der Farbenpracht der Unterwasserwelt*

Es gibt über 40 Arten von Steinkorallen.

Seerute

Fingerförmige Säulenkoralle

Fassförmiger Schwamm

Riesenröhrenschwamm

Vasenförmiger Schwamm

Röhrenwurm

Seeanemone

Urlaubsfeeling: Restaurant direkt am Strand von Islamorada

**8**

## Islamorada

**⚠ G7 🏝 9000 🚌 ℹ 87100 Overseas Hwy, Monroe County (+1-305-644-4503) Ⓦ islamoradachamber.com**

Die mit dem inoffiziellen Titel »Sportfishing Capital of the World« ausgezeichnete Gemeinde wird »Ailamoreida« ausgesprochen und erstreckt sich über sieben Inseln.

In der Whale Harbor Marina in der Stadt Islamorada auf Upper Matecumbe Key liegen Charterschiffe für die Hochseefischerei, auch für größere Gruppen mit unterschiedlicher Erfahrung. Selbst weniger passionierte Angler können auf diese Weise herrliche Stunden auf See verbringen. Bei MM 82 gedenkt das Art Deco Hurricane Monument der rund 500 Menschen, die im Jahr 1935 bei einem Hurrikan durch eine verheerende Flutwelle starben.

**9**

## Indian und Lignumvitae Keys

**⚠ FG7 ⛴ Lower Matecumbe Key ℹ 106240 Overseas Hwy, Key Largo (+1-305-712-6596)**

Diese unbewohnten Inseln zu beiden Seiten des Ocean Highway sind nur mit einem Boot zu erreichen.

Für seine bescheidene Größe hat Indian Key erstaunlich viel Geschichte aufzuweisen. 1831 ließ sich hier »Wrecker« *(siehe S. 298)* Captain J. Houseman nieder. Eine kleine Siedlung entstand unter seiner Herrschaft, wurde jedoch 1840 von Seminolen ausgerottet. Seitdem wurde die kleine Insel nicht wieder besiedelt,

> **Expertentipp**
> **Lignum vitae**
>
> Lignum vitae (lateinisch: »Holz des Lebens«) gehört zu den schwersten Hölzern der Welt. Dieses immer seltener werdende – auch Guajak genannte – Hartholz wächst auf Lignumvitae Key.

und inmitten von vielfältiger, üppiger Vegetation sind nur noch Reste der Siedlung zu sehen. Ein Aussichtsturm bietet einen schönen Rundblick.

Lignumvitae Key ist etwas größer, botanisch noch interessanter und nur mit einem Ranger zugänglich. Unter den 133 Baumarten gab eine Art mit blauen Blüten, die bis zu 1000 Jahre alt werden kann, der Insel ihren Namen. Wissenschaftler schätzen die Vegetation auf mehr als 10 000 Jahre.

Man findet auch einige Baumschnecken und eindrucksvoll große Spinnen. Die Mitnahme von Insektenschutzmittel ist ratsam.

> In der Whale Harbor Marina in der Stadt Islamorada auf Upper Matecumbe Key liegen Charterschiffe für die Hochseefischerei.

# Fischen auf den Florida Keys

Es gibt im Süden Floridas drei herausragende Gebiete zum Fischen. In der Nähe des warmen Golfstroms tummeln sich große Fische wie etwa der Marlin – für Sportfischer bieten sich hier beste Bedingungen zum Hochseefischen. Die Gewässer an der Küste des Atlantischen Ozeans bis zum Korallenriff warten mit zahlreichen tropischen Arten wie Schnapper und Zackenbarsch auf. Nördlich der Keys im flachen Wasser des Golfs von Mexiko tummeln sich Tarpune. Bedeutende Zentren für Sportfischen sind Islamorada, Marathon und Key West. Im gesamten Gebiet stoßen Sie auf kleine Häfen mit Booten zum Mieten.

## Angelausflüge

Die Keys sind ein Paradies für Hochseefischer. Wegen des Einflusses des Golfstroms bieten diese Gewässer die unterschiedlichsten Möglichkeiten zum Angeln. Es gibt eine Reihe von Unternehmen, die Hochseeangelausflüge organisieren. Angeln im Süßwasser kann man im Amelia Earhart Park oder im Lake Okeechobee *(siehe S. 128)*.

Zu den renommiertesten Anbietern für Angelausflüge gehört der Key West Fishing Club (www.keywestfishingclub.com).

## Informationen

Anglerläden am Overseas Highway und in den Häfen bieten Genehmigungen und Ausrüstung (auch zu leihen), meist auch gute Tipps zu Begleitern und Touren in der Umgebung.

Auf beliebten Gruppenfahrten kann man preiswert in Riffnähe fischen. Der Preis enthält üblicherweise die Lizenz. Die Ausrüstung wird gestellt, und die Crew berät Sie.

Das Angebot an Fischen hängt von Wetter und Jahreszeit ab, doch grundsätzlich können Sie um die Florida Keys das ganze Jahr über fischen.

### Offenes Meer oder Küste?

Hochseefischen spricht insbesondere Abenteurernaturen an. Ein eigenes Boot mit Crew zu heuern kommt jedoch recht teuer. Kleine Boote fischen in den ruhigen Gewässern nahe der Küste. Hier ist dafür gesorgt, dass Sie nicht mit leeren Händen heimkommen.

*Für Angelausflüge stehen in Islamorada viele Boote bereit* ↑

## ⑩ Marathon

🅰 F7 🗺 13 000 🚹 🚌
ℹ 12222 Overseas Hwy
(+1-305-743-6555) 🆆
floridakeysmarathon.com

Die Spanier nannten die Insel »Kuhinsel« (Vaca Key), wohl wegen der damals vielen Seekühe *(siehe S. 279)*. Umbenannt wurde sie nach 1900 von den Männern, die die Aufgabe hatten, die Overseas Railroad zu verlegen.

Die Insel, Zentrum der mittleren Keys (»Middle Keys«), erscheint zunächst als Ansammlung von Läden und Tankstellen. Marathons größtes Plus sind seine reichen Fischgründe – besonders vielversprechend angeblich unter den Brücken, wo der Atlantik in den Golf von Mexiko übergeht.

Passionierte Fischer haben die Wahl zwischen verschiedenen Gebieten und Techniken, darunter auch Harpunieren, das im Norden (in den »Upper Keys«) verboten, hier aber erlaubt ist. Oder Sie angeln vom wahrscheinlich längsten Pier der Welt: einem drei Kilometer langen Teil der alten 7-Mile Bridge. Wer nicht angeln möchte, findet südlich vom Overseas Highway schöne Strände, die häufig künstlich mit Sand aufgeschüttet wurden.

Sehenswert ist Crane Point Hammock mit tropischem Wald und Mangrovensümpfen. Es gibt einige Wanderwege, zu sehen ist auch ein für die Inseln typisches Haus aus *tabby*, einer Art Beton aus verbrannten Muschelschalen und Korallen.

Den Naturpark betritt man durch das **Crane Point Museum**. Die interessante Sammlung dokumentiert die Geschichte und Geologie der Inseln und wendet sich besonders an junge Besucher.

**Crane Point Museum**
♿👁 🏠 5550 Overseas Hwy 🕐 Mo – Sa 9 – 17, So 12 – 17 🆆 cranepoint.net

## ⑪ Pigeon Key

🅰 F7 ℹ 2010 Overseas Hwy, Marathon (+1-305-289-0025) 🆆 pigeonkey.net

Die winzige Insel war einst die Basis für den Bau von Henry Flaglers 7-Mile Bridge (1912). Sieben Holzbauten – einst von Bautrupps benutzt – gehören heute zur Marine Research and Educational Foundation.

Im Brückenwärterhaus befindet sich ein historisches Museum, doch viele besuchen die Insel nur der Ruhe wegen. Die alte Brücke verläuft parallel zur neuen 7-Mile Bridge (1982). Sie ist die einzige Verbindung zur Insel und für Autos gesperrt, sodass Sie zu Fuß gehen oder mit dem Rad fahren müssen. Eine weitere Möglichkeit ist der Bus, der von der Foundation-Zentrale bei MM 48 abfährt.

## ⑫ Lower Keys

🅰 F7 ℹ 106240 Overseas Hwy, Key Largo (+1-305-872-2411) 🆆 fla-keys.com

Südlich der 7-Mile Bridge ändern die Keys ihr Gesicht. Das Land wirkt zerklüfteter

↑ *Bridge Tender's House (Brückenwärterhaus) – Sitz des historischen Museums auf Pigeon Key*

Badespaß an einem weißen Strand im Bahia Honda State Park, Lower Keys

## Schon gewusst?

**Nahe Blue Hole beginnt der Jack Watson Nature Trail, ein rund 1,5 Kilometer langer Rundweg.**

und weniger bebaut als im Norden, man sieht mehr Wald. Hier läuft alles viel gemächlicher ab.

Nur 60 Kilometer von Key West entfernt erstreckt sich der **Bahia Honda State Park**, ein geschütztes Gebiet von 212 Hektar mit den schönsten Stränden der Keys: weiß, direkt vor dichtem, tropischem Wald mit vielen Wanderwegen. Wer sich auf den Weg macht, kommt an ungewöhnlichen Baumarten wie Silberpalmen vorbei und kann viele Vögel sichten. Es gibt auch die Möglichkeit, sich ein Boot zu leihen, doch Vorsicht: Die Strömung kann hier sehr stark sein.

Vom Park kann man auch in das Looe Key National Marine Sanctuary abtauchen. Dieser acht Kilometer lange Abschnitt des Riffs ist ein wunderbarer Tauchgrund mit einzigartigen Korallenformationen und Tieren.

Von Bahia Honda verläuft der Highway nach Norden und gelangt zur zweitgrößten Insel der Kette: Big Pine Key. Es ist der beste Ort, kleine Key-Hirsche zu beobachten (am besten zur Morgen- oder Abenddämmerung). Wenn Sie bei MM 30 der Abzweigung nach Key Deer Boulevard folgen, kommen Sie zum Blue Hole, einem gefluteten Steinbruch im Wald. Von der Aussichtsplattform sehen Sie Hirsche und andere Tiere, die hierher zum Trinken kommen.

Wieder auf dem Overseas Highway sollten Sie den Himmel über Cudjoe Key nach »Fat Albert« absuchen. Das große Luftschiff beobachtet alles: angefangen von Hurrikanen über Drogenschmuggler bis zur Lage in Kuba.

Sugarloaf Key daneben ist bekannt für den Bat Tower (Fledermausturm), den Sie erreichen, wenn Sie nach MM 17 gen Norden abbiegen. Erbaut wurde er 1929 vom Grundstücksspekulanten Richter C. Perky, der damit Fledermäuse anlocken wollte, die Sugarloaf Key von den Moskitos befreien sollten. Dann sollte hier ein Ferienparadies entstehen. Im Turm ließ sich aber keine einzige Fledermaus nieder.

**Bahia Honda State Park**
♿🅿 🏠 36850 Overseas Hwy 🕐 tägl. 8 bis Sonnenuntergang
Ⓦ floridastateparks.org

## Key-Hirsche

Die vom Aussterben bedrohte, kleinwüchsige Hirschart kommt nur auf Big Pine Key und den umliegenden Inseln vor. Die Tiere schwimmen zwischen den Inseln hin und her, häufiger sieht man sie aber in den Wäldern. Trotz Tempolimits werden jährlich ungefähr 50 Tiere durch Autos getötet.

*Dekorierter Tierschädel im Miccosukee Indian Village*

## 13 Miccosukee Indian Village

**A** F6 **🏠** Mile Marker 36, US 41, 25 Meilen (40 km) westl. des Florida's Turnpike **📞** +1-305-552-8365 **🕐** tägl. 9–17 **W** miccosukee.com

Viele Indianer des Miccosukee-Stammes leben entlang der US 41. Das in der Nähe des Shark Valley *(siehe S. 294f)* gelegene Miccosukee Indian Village ist als einziges öffentlich zugänglich. Man sieht traditionelle *chickees* (indianische Pfahlhütten) und kann Handwerke wie Puppenbinden oder Perlenverarbeitung verfolgen. Im Miccosukee Museum sind Bilder, Bekleidung und Alltagsgegenstände ausgestellt. Zum erstklassig ausgestatteten Resort gehören auch ein Spa-Bereich und ein Golfplatz.

> Im Miccosukee Indian Village sieht man traditionelle *chickees* und Handwerke wie Puppenbinden oder Perlenverarbeitung.

## 14 Ah-Tah-Thi-Ki Museum

**A** F5 **🏠** 30290 Josie Billie Hwy, PMB 1003, Clewiston, Hendry County **📞** +1-863-902-1113 **🕐** tägl. 9–17 **🚫** Feiertage **W** ahtahthiki.com

Das Museum nimmt eine Fläche von rund 26 Hektar der Big Cypress Seminole Reservation ein. Hier gibt es u. a. ein nachgebautes Dorf zu sehen, wo Seminolen traditionelles Handwerk zeigen.

Das Museum zielt mit der Präsentation von mehr als 180 000 Objekten sowie einer gut ausgestatteten Bibliothek auf die Vermittlung von Kultur und Geschichte. Ah-Tah-Thi-Ki bedeutet »Ort zum Lernen«. Eindrucksvoll ist auch ein 180-Grad-Panoramafilm.

## 15 Florida Keys National Wildlife Refuges

**A** F7 **📍** 179 Key Deer Blvd, Big Pine Key, Monroe County (+1-305-872-3675) **🕐** siehe Website **W** fws.gov

Dieser Naturkomplex besteht aus vier verschiedenen nationalen Wildschutzgebieten (NWRs), die zum Schutz der auf den Keys heimischen Vögel und Wildtiere eingerichtet wurden: National Key Deer Refuge, Great White Heron NWR, Crocodile Lake NWR und Key West NWR.

Das National Key Deer Refuge schützt Key-Hirsche *(siehe S. 311)* sowie 21 andere bedrohte Tier- und Pflanzenarten. In anderen National Wildlife Refuges werden etwa Graureiher oder Krokodile geschützt.

Das 1908 gegründete Key West NWR hat seinen Sitz in Big Pine Key *(siehe S. 311)*. In diesem Schutzgebiet leben ungefähr 250 Vogelarten, darüber hinaus ist es ein wichtiger Nistplatz für Meeresschildkröten.

## 16 Dry Tortugas National Park

**A** E7 **🏠** Fort Jefferson, Key West **📍** 1601 North Roosevelt Blvd (+1-305-242-7700) **🕐** tägl. 24 Std. **W** nps.gov

Die Dry Tortugas bestehen aus sieben Koralleninseln 109 Kilometer westlich von Key West. Am häufigsten wird Fort Jefferson auf Garden Key besucht – hierbei

## Seminolen

Der Name »Seminolen« (Wanderer) kam um 1700 für Creek-Stämme in Gebrauch, die vor den Europäern in den Süden nach Florida flohen. Landstreitereien veranlassten die Regierung 1911, den Florida-Indianern Reservate zuzusprechen. Hier leben Seminolen nach ihren Traditionen, verbinden sie jedoch mit Elementen des modernen Amerika.

handelt es sich um die größte steinerne Befestigung der USA. Ein 21 Meter breiter Graben und 15 Meter hohe, bis zu 2,50 Meter dicke Mauern umgeben die Anlage.

Ursprünglich sollten hier 1500 Männer mit 450 Kanonen die Florida Straits kontrollieren. Im Jahr 1845 wurde mit dem Bau begonnen, der insgesamt 30 Jahre in Anspruch nahm, doch das Fort wurde niemals fertiggestellt oder in einem Kampf genutzt. Nachdem die während des Bürgerkriegs stationierten Nordstaaten-Truppen abgezogen waren, diente es lediglich als Gefängnis für Deserteure.

Die Insel ist nur per Boot oder Wasserflugzeug zu erreichen. Die meisten Besucher kommen im Rahmen organisierter Touren von Key West, bei denen man auch im kristallklaren Wasser schnorcheln kann.

Von März bis Oktober lassen sich hier Zugvögel nieder, darunter auch Tölpel, Schwalben und der herrliche Fregattvogel.

## ⓲ Tavernier

🅰 G6  🗺 2500  ℹ 87100
**Overseas Hwy, Islamorada**
(+1-305-451-1414)

Henry Flaglers Eisenbahn erreichte diesen Teil der Keys um 1910. Heute findet man um MM 92 einige Häuser aus den 1920er und 1930er Jahren. Von diesen ist nur das Tavernier Hotel öffentlich zugänglich.

Die bemerkenswerteste Attraktion von Tavernier ist das **Florida Keys Wild Bird Rehabilitation Center**, in dem verwundete Vögel gepflegt werden. Die meisten Verletzungen stammen von Auto- und Angelunfällen. Die hier verarzteten Vögel erholen sich in groß dimensionierten Käfigen in auffallend ruhiger Umgebung – ein krasser Gegensatz zur Hektik auf der Insel.

**Florida Keys Wild Bird Rehabilitation Center**
🏠 92080 Overseas Hwy
🕐 tägl. Sonnenauf- bis -untergang
🌐 keepthemflying.org

↑ *Sonnenbaden neben der Festung: Strand beim Fort Jefferson auf Garden Key*

# REISE-INFOS

Overseas Highway über die Keys

# FLORIDA
# REISEPLANUNG

Mit etwas Planung sind die Vorbereitungen für die Reise schnell zu erledigen. Die folgenden Seiten bieten Ihnen Tipps und Hinweise für Anreise und Aufenthalt in Florida.

## Auf einen Blick

### Währung
US-Dollar (USD)

### Ausgaben pro Tag

| Sparsam | Preis-bewusst | Luxus |
|---------|---------------|-------|
| **80 $** | **150 $** | **250+ $** |

| Mineral-wasser | Kaffee | Bier | Menü (2 Pers.) |
|----------------|--------|------|----------------|
| **2 $** | **2,80 $** | **5 $** | **55 $** |

### Klima

Die Sonne scheint fast das ganz Jahr über, an der Westküste gibt es stellenweise 361 Sonnentage im Jahr.

Das Klima ist warm. Im Norden kann es im Winter am Abend kühl werden, im Süden ist es im Sommer sehr feucht.

Kurze Schauer sind zur Regenzeit (Mai – Sep) häufig. Die Hurrikansaison dauert von Juni bis November.

### Strom

In den USA beträgt die Stromspannung 110 Volt, 60 Hz. Für europäische Elektrogeräte benötigen Sie einen Adapter.

## Einreise

Das Visa Waiver Program (VWP) für visumfreies Reisen in die Vereinigten Staaten gilt für Deutsche, Österreicher und Schweizer für einen Aufenthalt von bis zu 90 Tagen. Erforderlich dafür ist ein elektronischer Reisepass (ePass mit Chip). Auch Kinder jeden Alters benötigen ein eigenes Ausweisdokument.

Seit 2004 werden von allen Reisenden bei der Einreise digitale Fingerabdrücke genommen und digitale Fotos gemacht. Seit Oktober 2005 müssen alle Besucher vor Reiseantritt ein APIS-Formular ausfüllen. Diese Daten werden vor Abflug an die US-Behörden übermittelt (das Formular erhalten Sie bei Ihrer Fluglinie bzw. unter www.drv.de).

VWP: Für die Einreise per Flugzeug ohne Visum müssen Sie eine gültige elektronische Einreisegenehmigung **(ESTA)** haben, die spätestens 72 Stunden vor Reiseantritt online einzuholen ist: Der Antrag kann ausschließlich auf der ESTA-Website gestellt werden. Die Gebühr von 14 US-Dollar ist per Kreditkarte zu bezahlen. Die ESTA-Genehmigung ist zwei Jahre gültig und ermöglicht in diesem Zeitraum mehrmalige Einreisen in die USA.

Die Einreisebestimmungen für die USA wurden 2017 verschärft, Reisende müssen sich bei der Ein- und Ausreise einer Sicherheitsbefragung unterziehen, was zu einer erhöhten Wartezeit führen kann. Empfohlen wird derzeit, mindestens drei Stunden vor Abflug am Airport zu sein.
**ESTA**
🌐 **esta.cbp.dhs.gov/esta**
**US Department of State**
🌐 **travel.state.gov**

## Sicherheit

Die USA sind ein terrorgefährdetes Land. Auch kann es aufgrund unvorhersehbarer Entwicklungen zu Änderungen und Einschränkungen kommen. Aktuelle Informationen zur Einreise sowie Sicherheitshinweise finden Sie beim deutschen Auswärtigen Amt, beim österreichischen Bundesministerium für europäische und internationale Angelegenheiten oder beim Eidgenössischen De-

partment für auswärtige Angelegenheiten der Schweiz.

W **auswaertiges-amt.de;** W **bmeia.gv.at**
W **eda.admin.ch;** W **us-botschaft.de**

## Zoll

Während des Flugs erhalten Sie ein blaues Formular für die Zollerklärung – hier benötigen Sie zwingend eine erste Übernachtungsadresse in den USA.

Geringe Mengen Tabak (200 Zigaretten pro Person ab 18 Jahren) und Alkohol (ein Liter pro Person ab 21 Jahren) dürfen Sie mitbringen, Einfuhrverbot herrscht für Fleischprodukte und Pflanzen.

**U.S. Customs and Border Protection**
W **cbp.gov/travel/international-visitors/ know-before-you-visit**

## Versicherungen

Die Notfall- oder zahnärztliche Behandlung kann in den USA sehr teuer werden. Daher ist der Abschluss einer Auslandskrankenversicherung, die auch den Rücktransport im Notfall einschließt, sehr zu empfehlen. Doch auch mit einer derartigen Versicherung müssen Sie in der Regel Behandlungen selbst bezahlen und können sich den Betrag später von Ihrer Versicherung erstatten lassen. Medizinische Basisversorgung *siehe S. 323*.

Neben Versicherungen für (zahn-)ärztliche Behandlungen sind auch Gepäck-, Diebstahl- und Unfallversicherungen zu erwägen.

## Hotels

Florida bietet vielfältige Unterkünfte: Blockhütten, Resorts, Gästehäuser, Motels, Apartments oder Luxushotels. Es gibt auch Stellplätze für Wohnmobile und Wohnwagen.

Preise variieren je nach Jahreszeit, in der Hauptsaison liegen sie oft 30–50 Prozent höher als in der Nebensaison. Im Süden dauert die Hauptsaison von Mitte November bis Ostern, im Panhandle und im Nordosten, wo es im Winter kühler ist, werden im Frühling und Sommer die höchsten Preise verlangt.

## Bezahlen

Kreditkarten von **MasterCard, Visa, American Express** oder **Diners Club** werden in den USA fast überall akzeptiert. Sie dienen oft als Sicherheitsleistung (z. B. bei Hotels und Auto-

vermietungen). Mit Debitkarten wie der **girocard** (mit Maestro-Logo) können Sie bisweilen bezahlen bzw. Geld abheben. Geldautomaten sind in fast allen Banken und an nahezu jeder Ecke zu finden.

Bei Verlust Ihrer Kredit- oder Debitkarte lassen Sie diese sofort sperren.

**Allgemeine Notrufnummer**
C **011-49-116-116**

## Reisende mit besonderen Bedürfnissen

Viele Hotels und Restaurants sind auf Menschen mit eingeschränkter Mobilität eingestellt. Einige Autovermieter verfügen auch über Fahrzeuge für Menschen mit Handicap. Das Bahnunternehmen Amtrak *(siehe S. 318f)* und die Busgesellschaft Greyhound *(siehe S. 319)* bieten Preisnachlässe.

**Mobility International USA** und die **Society for Accessible Travel & Hospitality** haben viele Informationen für behinderte Reisende.

**Mobility International USA**
W **miusa.org**
**Society for Accessible Travel & Hospitality**
W **sath.org**

## Öffnungszeiten

**Montag** Viele Museen bleiben geschlossen.
**Sonntag** Viele Banken schließen am Nachmittag, kleinere Geschäfte bleiben zu.
**Feiertage** Viele Attraktionen schließen eher oder bleiben den ganzen Tag geschlossen.

| Feiertage | |
|---|---|
| 1. Jan | New Year (Neujahr) |
| Jan (3. Mo) | Martin Luther King, Jr. Day |
| Feb (3. Mo) | Presidents' Day |
| März/Apr | Easter (Ostern) |
| Mai (4. Mo) | Memorial Day |
| 4. Juli | Independence Day (Nationalfeiertag) |
| Sep (1. Mo) | Labor Day (Tag der Arbeit) |
| Okt (2. Mo) | Columbus Day |
| 11. Nov | Veterans Day |
| Nov (4. Do) | Thanksgiving (Erntedank) |
| 25. Dez | Christmas (Weihnachten) |

# IN FLORIDA
# UNTERWEGS

Ob Rundreise oder Aktivurlaub, Städtereise oder Ferien in der Natur – hier erhalten Sie Informationen zur Anreise und zu den Transportmöglichkeiten innerhalb Floridas.

## Auf einen Blick

### Ticketpreise

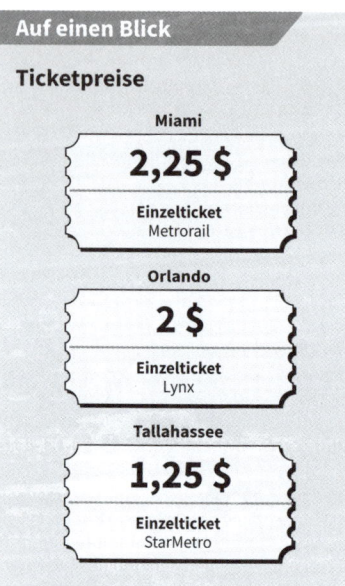

**Miami**

**2,25 $**

**Einzelticket**
Metrorail

**Orlando**

**2 $**

**Einzelticket**
Lynx

**Tallahassee**

**1,25 $**

**Einzelticket**
StarMetro

### Tempolimits

Geschwindigkeitsbegrenzungen werden in den USA von den Staaten festgelegt, für Florida gelten folgende Werte:

**Interstate Highways**

**70** mph (113 km/h)

**State Highways**

**55** mph (88 km/h)

**Innerhalb von Ortschaften**

**30** mph (48 km/h)

**Verkehrsberuhigte Zonen**

**20** mph (32 km/h)

## Anreise mit dem Flugzeug

Florida gehört zu den meistbesuchten Urlaubszielen der USA und wird von Fluggesellschaften aus der ganzen Welt angeflogen. Orlando, Miami, Fort Lauderdale und Tampa verfügen über die größten Airports des Staates. Planen Sie für Ein- und Ausreise wegen der umfassenden Sicherheitskontrollen an den Flughäfen genügend Zeit ein *(siehe S. 316)*.

Die Tabelle auf Seite 319 zeigt Transportoptionen und die jeweiligen Kosten für die Fahrt zwischen Flughäfen und Reisezielen in der Umgebung.

Übrigens: Selbst innerhalb von Florida können Flüge sinnvoll sein: Von Miami nach Key West fliegt man z. B. 40 Minuten, mit dem Auto benötigt man etwa vier Stunden.

## Anreise mit dem Zug

Mit Zügen von **Amtrak**, dem größten Eisenbahnunternehmen der USA, erreicht man Florida von der Ostküste. Drei Züge fahren täglich von New York City nach Florida: Der Silver Service fährt über Washington, DC nach Jacksonville und Orlando, von dort nach Miami oder Tampa. Die Fahrzeit beträgt 25 Stunden, es gibt Schlaf- und Speisewagen. Der Palmetto bedient die gleiche Strecke, bietet aber zusätzlich eine Business-Class.

Wer mit dem Autozug reisen will, nimmt den Auto Train von Amtrak, der täglich in 18 Stunden von Lorton (Virginia) nach Sanford rund 50 Kilometer nördlich von Orlando fährt.

Amtrak-Züge verkehren nur zwischen wenigen Städten Floridas. Auch Tampa ist an den Silver Service angeschlossen, ansonsten werden Orte an der Golfküste nur von Amtrak-Bussen, den sogenannten »Thruway«-Bussen, angefahren. Sie fahren von Winter Haven bei Orlando über St. Petersburg und Sarasota nach Fort Myers.

Sind mehrere Zugreisen geplant, empfiehlt sich ein Bahnpass, mit dem man jeden Zug innerhalb eines gewissen Zeitraums unbegrenzt nutzen kann. Er muss jedoch vor der Ankunft in den USA online bei Amtrak oder

## Vom Flughafen ans Ziel

| Flughafen | Ziel | Entfernung | Preis (Taxi) | Preis (Shuttle-Bus) |
|---|---|---|---|---|
| Miami | Miami Beach | 10 Meilen (16 km) | 35 $ | 2,65 $ |
| Orlando | Walt Disney World® Resort | 18 Meilen (29 km) | 52 – 68 $ | 23 – 37 $ |
| | Universal Orlando Resort™ | 15 Meilen (24 km) | 50 $ | 21 $ |
| | Downtown Orlando | 14 Meilen (22,5 km) | 45 $ | 32 $ |
| Sanford | Walt Disney World® Resort | 40 Meilen (64 km) | 90 – 110 $ | 20 – 50 $ |
| Tampa | Downtown Tampa | 9 Meilen (14 km) | 35 $ | 28 $ |
| Fort Lauderdale | Fort Lauderdale | 8 Meilen (13 km) | 17 $ | 11 $ |
| | Miami | 30 Meilen (48 km) | 76 $ | 25 $ |

bei einem Amtrak-Partner im Ausland gekauft worden sein. Die Bahnpreise können es nicht mit den Fahrpreisen von Bussen aufnehmen, aber eine Zugreise ist meist entspannender als eine Busfahrt.

Eine weitere Bahnverbindung innerhalb Floridas ist **Tri-Rail**. Der Zug hält an 15 Haltestellen zwischen dem Flughafen von Miami und West Palm Beach, u. a. in Fort Lauderdale und Boca Raton. Die Züge verkehren mehr oder weniger stündlich, am Wochenende seltener.
Amtrak
W amtrak.com
Tri-Rail
W tri-rail.com

### Anreise mit dem Bus

Auf längeren Strecken fahren Sie am preisgünstigsten mit Bussen von **Greyhound**. »Express«-Busse halten unterwegs nur selten, die anderen fahren mehr Orte an. Auf einigen Routen gibt es sogenannte *flag stops*, an denen der Busfahrer Reisende an Orten ohne Bushaltestelle ein- oder aussteigen lässt. Zahlen Sie direkt beim Fahrer, oder reservieren Sie im Voraus auf der Website von Greyhound bzw. beim nächsten Greyhound-Partner, den Sie meist in einem Laden oder im Postamt finden.

Mit einem Greyhound-Pass ist unbeschränktes Reisen innerhalb eines bestimmten Zeitraumes (zwischen vier und 60 Tagen) möglich. Er lohnt sich jedoch nur, wenn Sie in dieser Zeit viel unterwegs sind. Günstiger sind die Pässe, wenn Sie vor Reiseantritt außerhalb der USA erworben werden.

Fahrpläne sowie Informationen zu Preisen und Gepäcklimits finden Sie auf der Website.

**Red Coach** betreibt kleinere, exklusiver ausgestattete Busse, in denen man aus zurücklehnbaren Sitzen Filme anschauen kann. Red Coach bedient die Strecken zwischen Miami und Orlando, Jacksonville, Tampa, Tallahassee und Gainesville.
Greyhound
W greyhound.com
Red Coach
W redcoachusa.com

### Öffentliche Verkehrsmittel

Auch wenn viele Einheimische lieber das Auto benutzen – Florida hat ein gutes öffentliches Verkehrsnetz mit unterschiedlichen Transportmitteln, mit denen man innerhalb von Städten gut vorwärtskommt. Ein großer Teil des öffentlichen Nahverkehrs dort wird über Busse abgewickelt, in Miami sind auch Züge wie Metrorail und Metromover *(siehe S. 320)* unterwegs.

In einigen Städten sowie für den Transport zwischen Inseln sind Wassertaxis probate Verkehrsmittel. Zudem gibt es einige nostalgische Bahnen, die sich überwiegend an Besucher richten.

### Tickets

Wenn Sie mehrere Tage in einer Stadt bleiben, lohnt sich in der Regel der Kauf eines speziellen Passes. Für Kinder gelten ermäßigte Preise.

Für Stadtbusse sollten Sie die Tickets beim Fahrer kaufen und entsprechend Kleingeld dabeihaben.

## Busse

Überall im Miami-Dade County sind **Metrobusse** unterwegs. Ein Einzelticket kostet zwei Dollar (mehrmaliges Umsteigen ist möglich), ein 24 Stunden gültiger Tagespass fünf Dollar, ein Wochenpass 26 Dollar. Für den Umstieg vom Bus auf einen Zug ist eine Gebühr zu entrichten.

Dank der **Lynx**-Busse kann man sich in und um Orlando auch ohne Auto gut fortbewegen. Die Linien bedienen die touristisch interessantesten Gebiete wie Downtown Orlando, International Drive (einschließlich Universal Studios Florida™ und SeaWorld®) und Walt Disney World® Resort.

Kostenlos ist die Benutzung der (von Lynx betriebenen) **Lymmo**-Busse, die durch Downtown Orlando fahren und auch das Entertainment-Viertel und die Sportarena Amway Center auf ihrer Strecke haben.

**Metrobus**
W miamidade.gov/global/transportation
**Lynx und Lymmo**
W golynx.com

## Metrorail und Metromover

In Miami gibt es neben Bussen noch weitere öffentliche Verkehrsmittel, sodass Sie die Stadt auch ohne Auto erkunden können.

Die 40 Kilometer lange **Metrorail** bietet eine Verbindung zwischen Coral Gables oder Coconut Grove und Downtown. Züge fahren täglich von 6 bis 24 Uhr alle zehn Minuten. Von der Metrorail können Sie in Hialeah in die Tri-Rail *(siehe S. 319)* umsteigen sowie an den Stationen Government Center und Brickell in den Metromover.

Züge von **Metromover** verbinden auf drei erhöhten Rundlinien das Zentrum von Downtown mit den Vierteln Omni und Brickell. Insgesamt gibt es 20 Bahnhöfe. Die Wagen fahren von 5 bis 24 Uhr, in Spitzenzeiten alle 90 Sekunden, sonst alle drei Minuten. Vom »Inner Loop« hat man eine gute Aussicht auf Downtown. Die Benutzung dieses Verkehrsmittels ist gratis.

**Metrorail und Metromover**
W miamidade.gov/global/transportation

## Taxis

Taxis sind zwar eine bequeme, aber auch relativ kostspielige Art, sich fortzubewegen. Sie haben ein Schild auf dem Dach, das leuchtet, wenn sie frei sind. Taxis bekommt man am Taxistand, durch Herbeiwinken auf der Straße, durch telefonische Bestellung oder per App.

Meiden Sie die nichtlizenzierten Taxis – deren Fahrer verlangen in der Regel einen viel höheren Preis. Auch Fahrdienste wie Uber und Lyft sind in Florida aktiv.

## Wassertaxis

In Städten wie Jacksonville, Tampa und Fort Lauderdale sowie auf den Inseln um Fort Myers stehen Wassertaxis zur Verfügung. Die meisten festen Routen sind zwar auf Urlauber ausgerichtet und verbinden Hotels, Restaurants und Läden. Doch auch eine Stadtbesichtigung vom Wasser aus macht Spaß, oft kann man dafür Sonderpreise vereinbaren.

## Auto fahren

Autofahren kann in Florida richtig Spaß machen. Auf den meisten Highways herrscht wenig Verkehr, Benzin ist relativ billig, und Autos werden zu den günstigsten Preisen in den ganzen USA vermietet.

In Städten wie Miami und Orlando kommen Sie ohne Auto zurecht. Anderswo ist mit einem Wagen vieles einfacher, auch der Transport zwischen einzelnen Städten.

Der Straßenkriminalität begegnet man mit zusätzlichen Sicherheitsmaßnahmen: Rastplätze an den Interstates werden rund um die Uhr bewacht.

## Autovermietung

Um in den USA einen Wagen zu mieten, müssen Sie mindestens 21 Jahre (bei manchen Verleihern auch 25 Jahre) alt sein, einen gültigen Führerschein besitzen (ein internationaler Führerschein ist nützlich), Ihren Pass und eine Kreditkarte vorlegen.

Die bekannten Autovermietungen betreiben in allen größeren Städten und an den Flughäfen Floridas Filialen. Es ist in der Regel billiger, ein Fahrzeug am Flughafen zu mieten, als in einer Filiale in der Innenstadt.

Stellen Sie sicher, dass im Vertrag der Collision Damage Waiver (CDW; auch bekannt als Loss Damage Waiver, LDW) inbegriffen ist, ansonsten sind Sie für alle Schäden am Auto verantwortlich, auch für unverschuldete. Im Mietvertrag ist meist eine Haftpflichtversicherung enthalten, die aber selten angemessen ist. Eine zusätzliche Versicherung *(Additional* oder *Supplementary Liability Insurance)* ist anzuraten.

Manche Firmen berechnen eine Gebühr, wenn Sie den Wagen in einer anderen Stadt abgeben. Wer das Auto nicht vollgetankt zurückbringt, muss mit hohen Benzinkosten rechnen. Beachten Sie, dass Benzinpreise in der Nähe von Flughäfen höher sind.

## Verkehrsregeln

Für alle Insassen (auch auf der Rückbank) besteht Anschnallpflicht. Die Benutzung von Mobiltelefonen am Steuer ohne Freisprechanlage sowie Geschwindigkeitsübertretungen *(siehe S. 318)* und Überschreitungen der erlaubten Alkoholgrenze von 0,8 Promille (für Fahrer unter 21 Jahre: 0,2 Promille) werden mit recht hohen Geldbußen belegt. Trinken Sie am besten gar keinen Alkohol, wenn Sie Auto fahren wollen.

Auf mehrspurigen Straßen, auch auf Interstate Highways, darf auf beiden Seiten überholt werden. Es ist nicht erlaubt, die Spur über einen doppelten gelben oder doppelten weißen Strich zu wechseln. Einfache durchgezogene Linien hingegen dürfen zum Überholen oder Abbiegen überfahren werden.

Sie dürfen bei Rot nach rechts abbiegen, soweit es kein Schild verbietet, aber Sie müssen zuerst anhalten.

Wenn ein Schulbus auf einer zweispurigen Straße hält, muss der Verkehr in beiden Richtungen anhalten. Auf einer Schnellstraße mit mindestens vier Spuren muss nur der Verkehr in Fahrtrichtung des Schulbusses anhalten.

## Parken

Bei Vergnügungsparks, an Hauptattraktionen, in Einkaufszentren und teilweise sogar in Innenstädten findet man in der Regel problemlos einen Parkplatz. Schwierig wird es meist in der Nähe der Stadtstrände, etwa in Fort Lauderdale oder South Beach.

In Großstädten gibt es Parkhäuser, doch meist werden Sie um die Parkuhr nicht herumkommen. Wer (hoffentlich im Schatten) einen Parkplatz ergattert hat, sollte die Parkuhr großzügig füttern: Die Gebühr schwankt zwischen 50 Cent und zwei Dollar pro Stunde. Wenn Sie überziehen, riskieren Sie eine hohe Geldstrafe, Parkkrallen oder dass Ihr Wagen abgeschleppt wird.

Halten Sie Ausschau nach Parkverbotsschildern – sie sind häufig an Telefonmasten, Straßenlaternen oder auch Wänden angebracht. Allgemein gilt: Geparkte Autos müssen zu Hydranten drei Meter Abstand einhalten, sonst droht, dass sie abgeschleppt werden.

## Straßen und Maut

Der Bundesstaat Florida hat ein ausgezeichnetes Straßennetz. Die schnellsten Routen sind die Interstate Highways (I-10, I-75 usw.). Diese sechsspurigen Straßen sind hervorragend ausgebaut und bieten in regelmäßigen Abständen (etwa alle 45 Min.) sichere Rastplätze.

Das Fernverkehrsnetz umfasst auch gebührenpflichtige Straßen, oft Turnpikes, Expressways oder auch Toll Roads genannt. Die wichtigsten mautpflichtigen Straßen sind der BeachLine Expressway (zwischen Orlando und der Space Coast) und der Florida Turnpike, der von der I-75 nordwestlich von Orlando nach Florida City führt. Die Höhe der zu zahlenden Maut hängt von der zurückgelegten Streckenlänge ab. Bezahlen können Sie an vielen Mautstellen noch bar – entweder beim Kassierer oder indem Sie das passende Kleingeld in einen Korb werfen.

Einige Abschnitte des Florida Turnpike in der Nähe von Miami wurden auf elektronische Mauterfassung umgestellt, Bargeld wird dort nicht mehr akzeptiert. Autoverleiher haben darauf reagiert und verrechnen die Gebühren mit Ihrer Kreditkarte. In dem Fall können Sie ohne anzuhalten eine Spur mit der Beschilderung »SunPass Only« oder »EPASS Only« nutzen.

Auch U.S. Highways haben meist mehrere Spuren. An ihnen liegen Motels und Tankstellen. Auf diesen Highways kommt man meist sehr gut vorwärts. In der Nähe der Zentren größerer Städte wie Miami oder Orlando läuft der Verkehr aber häufig zäh – vor allem in den Hauptverkehrszeiten.

Auf den schmaleren State und County Roads lässt sich die Umgebung weitaus besser genießen. Nichtasphaltierte Straßen gibt es in ländlichen Gegenden. Beachten Sie, dass einige Autoverleiher die Benutzung dieser Straßen ausschließen.

## Pannenhilfe

Bringen Sie Ihr Fahrzeug bei einer Panne an den Straßenrand, schalten Sie die Warnblinkanlage ein, und rufen Sie die Polizei. Auf Expressways können Sie die Notrufsäulen *(Motorist Aid Call Boxes)* benutzen.

Bei einer Panne mit einem Mietwagen rufen Sie zuerst die im Mietvertrag angegebene Nummer für Notfälle an. Mitglieder der **American Automobile Association (AAA)**, eines Partnerclubs des ADAC, können ihre Autos bis zur nächsten Service-Station abschleppen lassen. Kleinere Probleme wird die AAA gegen Gebühr an Ort und Stelle beheben. Wenn Sie kein Mitglied sind, hilft die Florida Highway Patrol (511 vom Mobiltelefon) oder der Road Ranger Service (*347). **American Automobile Association (AAA)** 🔲 aaa.com

## »Great Drives«

In Florida kann man nicht nur durch traumhaft schöne Landschaften fahren, sondern auch wunderbare Ausblicke genießen. Zu den beliebtesten und spektakulärsten Strecken zählt sicher der Overseas Highway genannte Abschnitt der US 1 von Miami nach Key West.

An der Küstenstraße A1A zwischen Daytona und Jacksonville reihen sich historische spanische Festungen. Hier fährt man durch einige State Parks und genießt über weite Strecken den Blick auf ausgedehnte Strandlandschaften und den hier wilden Atlantischen Ozean.

# PRAKTISCHE
# HINWEISE

Florida ist eine spannende und dazu noch unkomplizierte Reiseregion. Mit diesen Hinweisen und Tipps für Ihren Aufenthalt kommen Sie vor Ort bestens zurecht.

## Auf einen Blick

### Notfälle

Generelle
Notrufnummer

**911**

### Zeit

In größten Teil Floridas gilt Eastern Standard Time (= MEZ – 6 Std.), auf dem Panhandle Central Standard Time (= MEZ – 7 Std.). Sommerzeit: 2. So im März bis 1. So im November.

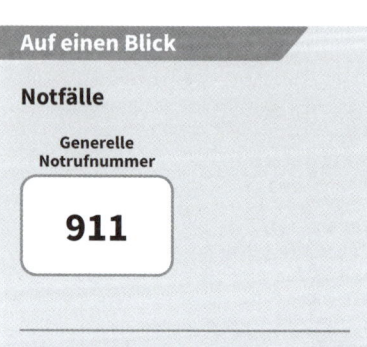

### Leitungswasser

Falls nicht anders angegeben, ist Leitungswasser bedenkenlos trinkbar. An einigen Stränden gibt es Trinkwasserspender.

### Trinkgelder

| | |
|---|---|
| Bedienung | 15 % |
| Taxifahrer | 15 – 20 % |
| Hotelrezeption | 5 – 10 $ beim Auschecken |
| Zimmermädchen | 2 $ am Tag |
| Gepäckträger | 1,50 $ pro Gepäckstück |

## Information

Eine hilfreiche Quelle ist das Internet-Portal **Visit Florida**, auf dessen Website man sich schon vor der Reise umfassend über das Reiseziel informieren kann. Das Angebot reicht von Hotels und Restaurants über Sightseeing und Outdoor-Aktivitäten bis zu Events.

Vor Ort helfen Touristenbüros weiter. Sie informieren u. a. über Ausflugsmöglichkeiten und Verkehrsmittel. In vielen Hotels größerer Städte liegen kostenlose Magazine zu lokalen Veranstaltungen aus.

**Visit Florida**
🕸 visitflorida.com

## Persönliche Sicherheit

Auch wenn sich die allgemeine Sicherheitslage in den vergangenen Jahren gebessert hat und Besucher eher selten Opfer von Verbrechen sind, ist in größeren Städten – vor allem in Miami – Vorsicht geboten. Bei Beachtung der üblichen Sicherheitsvorkehrungen können Besucher ihren Urlaub jedoch unbeschwert genießen.

Informieren Sie sich beim Hotelpersonal darüber, welche Stadtviertel Sie – evtl. auch tagsüber – eher meiden sollten. Lassen Sie Wertsachen im Hotelsafe, und nehmen Sie nicht mehr Geld mit als notwendig. Wird Ihnen trotzdem etwas gestohlen, melden Sie dies unverzüglich auf dem nächsten Polizeirevier.

Beim Verlust von Pass oder Personalausweis oder wenn Sie anderweitig in größere Schwierigkeiten geraten, wenden Sie sich an ein Konsulat Ihres Heimatlandes.

**Deutsches Generalkonsulat**
🏠 100 N Biscayne Blvd, Suite 2200, Miami, FL 33132 ☎ +1-305-358-0290
🕸 miami.diplo.de
**Österreichisches Honorarkonsulat**
🏠 2445 Hollywood Blvd, Miami, FL 33022
☎ +1-954-925-1100
🕸 austrianconsulatemiami.com
**Schweizer Generalkonsulat**
🏠 1111 Brickell Ave, Suite 2200, Miami, FL 33131 ☎ +1-404-870-2000
🕸 eda.admin.ch/atlanta

## Gesundheit

Das Gesundheitswesen in den USA ist qualitativ hochwertig, aber teuer – vor allem, wenn Sie nicht ausreichend versichert sind. In den Großstädten und manchen Kleinstädten des Bundesstaats findet man rund um die Uhr geöffnete Kliniken und Zahnkliniken. Alle akzeptieren gängige Kreditkarten. Bewahren Sie sämtliche Zahlungsbelege auf, um sie zu Hause mit Ihrer Versicherung abzurechnen.

Bei kleineren Beschwerden helfen rund um die Uhr geöffnete Ambulanzen und Apotheken, von denen ebenfalls einige 24-Stunden-Service anbieten. Der Abschluss einer Auslandskrankenversicherung ist zu empfehlen *(siehe S. 317)*.

Hurricanes (Hurrikane) genannte tropische Wirbelstürme treten selten auf, können aber sehr zerstörerisch sein. Falls es während Ihres Aufenthaltes dazu kommen sollte, befolgen Sie die Anweisungen (Internet, TV, Radio).

Für Florida-Besucher ist die Sonne gefährlich. Benutzen Sie Sonnencreme mit hohem Lichtschutzfaktor, und tragen Sie einen Hut. Achten Sie vor allem auf Ihre Kinder.

## Alkohol und Rauchen

In den USA ist es erst ab 21 Jahren erlaubt, Alkohol zu trinken. Jüngere Leute sollten am besten Ihren Pass dabeihaben. Es ist verboten, geöffnete Flaschen mit Alkohol im Auto zu haben. Die Strafen für Autofahren unter Alkoholeinfluss sind hoch *(siehe S. 320f)*.

Rauchen ist in allen öffentlichen Gebäuden, Bars und Restaurants verboten. Für den Kauf von Tabakwaren muss man über 18 Jahre alt sein (eventuell Pass mitnehmen).

## Ausweispflicht

Sie müssen sich in den USA jederzeit ausweisen können, jedoch nicht ständig Ihren Pass bei sich tragen. Falls die Polizei Ihre Identität überprüfen will, genügt meist eine Fotokopie Ihres Ausweises.

## Mobiltelefone und WLAN

Mit einem europäischen Handy (in den USA *cell phone* oder *mobile phone*) kann man nur telefonieren, wenn es sich um ein Smartphone handelt. Alte GSM-Handys funktionieren nur als Triband- oder Quadband-Mobiltelefone.

Für günstige Telefonate brauchen Sie eine US-SIM-Karte. Eine sehr komfortable Lösung bietet **Cellion**. Hier bekommen Sie eine kostenlose SIM-Karte mit eigener US-amerikanischer Telefonnummer. Die Kosten werden von Ihrem Konto abgebucht.

Fast alle Hotels sowie viele Restaurants, Cafés und Bars bieten ihren Gästen WLAN. In Städten gibt es viele WLAN-Hotspots.
**Cellion**
W cellion.de

## Steuern

Den meisten Waren sowie den Rechnungsbeträgen in Hotels und Restaurants wird die Sales Tax aufgeschlagen. Diese Steuer ist der europäischen Mehrwertsteuer vergleichbar und beträgt in Florida sechs Prozent.

## Post

Postämter haben werktags von 9 bis 17 Uhr geöffnet, einige auch am Samstagvormittag. Das Porto für einen Standardbrief bzw. eine Postkarte nach Europa beträgt 1,15 Dollar. Briefmarken erhält man in Postämtern, Drugstores, Supermärkten und Hotels.

Viele Amerikaner nehmen für Inlands- und Auslandspost private Kurierdienste wie UPS, DHL oder Federal Express in Anspruch.

## Ermäßigungen

Viele Sehenswürdigkeiten und einige Hotels bieten Studenten gegen Vorlage der **International Student Identity Card (ISIC)** und Senioren Vergünstigungen. Auch in den Themenparks gibt es Ermäßigungen *(siehe S. 325)*.
**ISIC**
W isic.org

### Websites und Apps

**nhc.noaa.gov**
 National Hurricane Center
**weather.gov**
National Weather Service (Wetterbericht)
**sunpass.com**
 Erwerb des SunPass; Informationen zu
 mautpflichtigen Straßen und Gebühren
**Parknow**
 App, die freie Parkplätze anzeigt und
 Parkplatzreservierung ermöglicht

# WALT DISNEY WORLD® –
# INFORMATIONEN

Das Walt Disney World® Resort bietet Spaß für die ganze Familie. Mit folgenden Tipps wird Ihr Aufenthalt in dieser zauberhaften Welt zu einem unvergesslichen Erlebnis.

## Auf einen Blick

### Ausgaben pro Tag (Familie mit 4 Personen)

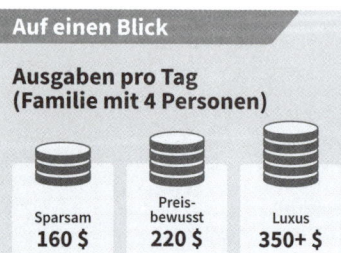

| Sparsam | Preis-bewusst | Luxus |
|---------|---------------|-------|
| **160 $** | **220 $** | **350+ $** |

### Besucherreichste Zeiten

Feiertage *(siehe S. 317)*.
Spring Break (Frühlingsferien) und Ostern.
Juni bis Anfang August.
Letzte Novemberwoche (Thanksgiving).

### Neue Attraktion

Mit der Attraktion »Star Wars: Galaxy's Edge« (Start: 2019) ist die Beliebtheit des Walt Disney World® Resort weiter gestiegen.

### Öffnungszeiten

Zeiten variieren je nach Park, Jahreszeit und Wochentag. Im Sommer sind alle Parks länger geöffnet *(siehe Website unten)*.

### Websites und Apps

**Walt Disney World® Resort**
  disneyworld.disney.go.com
**Disney Play App**
  disneyworld.disney.go.com/
  guest-services/play-app
**Öffnungszeiten und Termine**
  disneyworld.disney.go.com/calendars
**Reisende mit besonderen Bedürfnissen**
  disneyworld.disney.go.com/
  guest-services/guests-with-disabilities
**Übersichtspläne**
  disneyworld.disney.go.com/maps
**Veranstaltungen (u. a. Führungen)**
  disneyworld.disney.go.com/
  events-tours

## Tickets

Sie können Tickets für den Besuch eines einzelnen Parks kaufen. Mit der Park Hopper® genannten Option haben Sie Zugang zu mehreren Parks und weiteren Bereichen auf dem Gelände. Neben Tagestickets gibt es auch solche für mehrere Tage.

Wenn Sie für Ihren Aufenthalt ein Pauschalpaket buchen, profitieren Sie von diversen Bonusangeboten wie etwa kostenlosem Essen oder ermäßigten Parktickets.

Das Resort bietet das ganze Jahr über viele Events. Für die meisten ist neben dem Eintritt auch der Erwerb eines separaten Tickets erforderlich.

**W** disneyworld.disney.go.com/admission

## Übernachten

Das Walt Disney World® Resort bietet seinen Gästen vier verschiedene Kategorien von Unterkünften – vom günstigen Value Hotel (ab 99 $ pro Nacht) bis zur Deluxe Villa (ab 335 $ pro Nacht). Die preiswerten Optionen sind weiter von den Parks entfernt, für den Transport stehen diverse Verkehrsmittel *(siehe S. 325)* zur Verfügung. Villen liegen den Attraktionen näher und sind besser und schneller zu erreichen.

Natürlich können Sie auch außerhalb des Parkgeländes übernachten, was in der Regel günstiger ist. Der Aufenthalt in einem Resort-Hotel bietet allerdings eine ganze Reihe von Vergünstigungen, einschließlich der Reservierung eines FastPass+ *(siehe S. 325)* sowie Flughafentransfer, Priority Seating in Restaurants und MagicBands *(siehe S. 325)*.

**W** disneyworld.disney.go.com/resorts

## Transport
### Anreise

Der dem Walt Disney World® Resort nächstgelegene internationale Flughafen ist Orlando International Airport (MCO). Die Fahrzeit zwischen Flughafen und Resort liegt je nach Verkehrslage zwischen 25 Minuten und einer Stunde. Wenn Sie in einem der Resort-Hotels übernachten, können Sie für die Fahrt vom Airport zum Hotel den kostenlosen Disney's

Magical Express nehmen. Für die anderen Gäste stehen Shuttle-Busse und Taxis bereit (siehe S. 319).

🌐 disneyworld.disney.go.com/
guest-services/magical-express

## Auto fahren

Da die einzelnen Themenparks teils weit auseinanderliegen, ist für den Besuch mehrerer Parks ein Mietwagen zu erwägen. Am Flughafen von Orlando finden Sie viele Autovermietungen. Sie können auch im Car Care Center in der Nähe des Themenparks Magic Kingdom® einen Wagen mieten.

Die Parkgebühren an den Resort-Hotels liegen je nach Hotelkategorie zwischen 13 und 24 Dollar pro Nacht. Die Parkplätze bei den Parks sind riesig. Notieren Sie sich nach dem Aussteigen sicherheitshalber die Nummer Ihres Stellplatzes.

Der Fahrdienst Lyft transportiert Besucher mit »Minnie Vans«.

🌐 disneyworld.disney.go.com/
guest-services/car-rental-services

## Öffentliche Verkehrsmittel

Für den Transport zwischen einzelnen Parks sowie Hotels und Parks stehen verschiedene Verkehrsmittel zur Verfügung – Busse, Monorails (Züge), Boote und die beliebten Skyliner (Gondeln).

🌐 disneyworld.disney.go.com/
guest-services/resort-transportation

## Essen

Restauranttische sollten Sie reservieren – vor allem für spezielle Events wie etwa Character Dining und Fireworks Dessert Party sowie für beliebte Restaurants wie Be Our Guest. Einige Lokale akzeptieren Buchungen bis zu 120 Tage im Voraus.

Sie können eigene Speisen und Getränke (kein Alkohol!) ins Resort mitbringen. Beachten Sie, dass die Mitnahme von Glasbehältern mit Ausnahme von Gläsern für Babynahrung auf dem gesamten Gelände verboten ist.

🌐 disneyworld.disney.go.com/dining

## Disney Dining Plans

Eine Option für Gäste von Disney-Hotels ist der Disney Dining Plan, den man zu einem Pauschalpaket hinzubuchen kann. Je nach Hotelkategorie variiert der Umfang des Angebots – vom Frühstück bis zur Vollpension, vom Selbstbedienungslokal bis zum Restaurant mit Büfett oder Service am Tisch.

Ein Vorteil dieses Pakets ist, dass man vor Ort – mit Ausnahme der Trinkgelder – keine weiteren Ausgaben für Verpflegung einplanen muss.

🌐 disneyworld.disney.go.com/dining/plans

## Weitere Features
## My Disney Experience App

Gäste sollten sich nach Möglichkeit die App My Disney Experience herunterladen, die sowohl bei Google Play als auch im App Store kostenlos verfügbar ist. Mit der App kann man einen FastPass+ (siehe unten) buchen, Wartezeiten für Fahrgeschäfte abrufen und Zeiten für Veranstaltungen erfahren. Die GPS-fähigen Karten sind für die Orientierung in den Themenparks hilfreich, zudem kann man etwa Tische in Restaurants reservieren und Läden mit Merchandising-Artikeln finden. WLAN ist im gesamten Walt Disney World® Resort verfügbar, sodass Gäste die App auf dem ganzen Gelände nutzen können.

## FastPass+

Mit dem kostenlosen FastPass+ kann man für viele der beliebtesten Attraktionen Plätze im Voraus buchen und damit lange Warteschlangen vermeiden. Den FastPass+ bekommt man am besten via App (siehe oben), über die Website des Walt Disney World® Resorts (siehe unten) oder an den Kiosken der Parks.

Diese Option kann jeder Besucher nutzen – egal, ob er ein Tagesticket oder ein Pauschalpaket mit Übernachtung gebucht hat. Gäste von Disney-Hotels können ihren für den gesamten Aufenthalt gültigen FastPass+ bis 60 Tage im Voraus reservieren, andere Besucher bis 30 Tage vorher.

FastPass+
🌐 disneyworld.disney.go.com/
fastpass-plus

## MagicBands

Die MagicBands genannten Armbänder machen den Aufenthalt im Resort noch komfortabler. Sie dienen als Eintrittskarte, als FastPass+, in den Resort-Hotels auch als Zimmerschlüssel. Darüber hinaus gelten die bunten Bänder – nach Hinterlegung einer Kreditkartennummer – als bequeme Bezahlmethode für Essen und Souvenirs.

MagicBands
🌐 disneyworld.disney.go.com/plan/
my-disney-experience/bands-cards

## Memory Maker

Mit diesem Pass können Gäste für einen Festpreis unbegrenzt alle im Park aufgenommenen Bilder herunterladen, die PhotoPass®-Fotografen mit professionellen Kameras aufnahmen. Das hat den Vorteil, dass man nicht selbst fotografieren muss und auch Bilder von sich bekommt, die aufgenommen wurden, als man z. B. in einem Fahrgeschäft unterwegs war.

🌐 disneyworld.disney.go.com/
memory-maker

# REGISTER

# DANKSAGUNG

Dorling Kindersley möchte sich bei allen bedanken, die dieses Buch möglich gemacht haben.

# BILDNACHWEIS

l = links; r = rechts; o = oben; u = unten; m = Mitte.

Dorling Kindersley hat sich bemüht, alle Copyright-Inhaber zu ermitteln. Sollte das in einigen Fällen nicht gelungen sein, bitten wir, dies zu entschuldigen. In der nächsten Auflage werden wir Versäumtes gern nachholen.

Dorling Kindersley dankt folgenden Personen, Institutionen, Unternehmen und Bildarchiven für die Erlaubnis, ihre Fotos zu reproduzieren:

**123RF.com:** Chitsanupong Chuenthananont 75ul.

**2018 – Salvador Dalí Museum, Inc., St. Petersburg, FL.:** 262 – 263ul, 263ol; *Der Brotkorb*, 1945 / © Salvador Dali, Fundació Gala-Salvador Dalí, DACS 2019 263or; *The Weaning of Furniture Nutrition*, 1934 / © Salvador Dalí, Fundació Gala-Salvador Dalí, DACS 2019 263mro; *Apparat und Hand*, 1927 / © Salvador Dalí, Fundació Gala-Salvador Dalí, DACS 2019 263mr; *Nature Morte Vivante*, 1956 / © Salvador Dalí, Fundació Gala-Salvador Dalí, DACS 2019 263ur.

**2018 Universal Orlando. All Rights Reserved:** 174ml, 179mlu, 182mro, 183u, 184ml, 184 – 185om.

**4Corners:** Pietro Canali 17mo, 108 – 109; Susanne Kremer 8ml, 8 – 9, 21mo, 288 – 289.

**Alamy Stock Photo:** 24BY36 41ur; AF archive 48um, 49mru; age fotostock / Alvaro Leiva 76ul; All Canada Photos 14mlu; Alpha and Omega Collection 162mru; Andreoletti 242ul; Jon Arnold Images Ltd 27ml, 237mr; Art Directors & TRIP 190mu; Bill Bachmann 224ur, 244o; Lori Barbely 142 – 143om; Andrew Barker 151um, 152 – 153ul, 162mlu, 162ur, 165o, 184u; Mark J. Barrett 252 – 253om; Pat & Chuck Blackley 221ol; blickwinkel 37ul; Blue Planet Archive 253mro; steve bly 309mro; Jason Bryan 69mru; Buff Henry Photography 104o; Pat Canova 250o, 252ul; Yvette Cardozo 35mr; Peter Carroll 163ur; Charles O. Cecil 85or; Tonya Civiello-Bixler 148ul; Lucy Clark 159ur, 160o; Collection Christophel 49ul; Bruce Corbett 248ul; Creative Touch Imaging Ltd. 312ol; Cultura Creative (RF) 131u; Ian

Dagnall 228 – 229u, 264o, 269u, 296mlo; Danita Delimont 105ul, 270o; David R. Frazier Photolibrary, Inc. 297or; Teila K. Day Photography 22o; Songquan Deng 143or, 166 – 167ol; Reinhard Dirscherl 229mru; Disney Magic 155um, 169u; dmac 144 – 145om, 150o; Education & Exploration 3 42or; Education & Exploration 4 132 – 133; Richard Ellis 46ul; Everett Collection Historical 45mru, 46mru; EyeVisualEyesIt 199ur; Juliet Ferguson 90um; Findlay 13mru, 30 – 31om, 142ol, 168 – 169ol, 180um, 181o; Fotan 157ml; Gabbro 305ur; The Granger Collection 44ul; Bill Grant 29ur; Richard Green 148 – 149or, 166mlu, 167mru; Hemis 59mlo; Dan Highton 163mlu; Historic Images 101ur; History and Art Collection 272mlu; Robert Hoetink 19o, 170 – 171; Hendrik Holler 308o; Hum Images 190ul; IamKai / Stockimo 145ml; imageBROKER 293ul; Images-USA 218o, 272mo, 273um; Paul Jacobs 162ul; Brian Jannsen 190mru, 304 – 305o; JeffG 91ul, 189ul, 273mlu; Andre Jenny 93o; JLImages 302ul; John Kellerman 79ur; Dzmitry Kliapitski 174o; Russell Kord 92u, 97mu, 100ul; Lazyllama 74o; Rick Lewis 245mr, 246o; Littleny 70mro, 72or, 168ur; LMR Group 313om; LOOK Die Bildagentur der Fotografen GmbH 33ml, 303or; lovethephoto 31mlo; Lucky-photographer 102 – 103u; Patrick Lynch 127ol; David Lyons 224 – 225o; Dennis MacDonald 78or, 227ur; Ilene MacDonald 125ol; dov makabaw 129ul; Thomas Marchessault 143mlo; mauritius images GmbH 116um; Patti McConville 42ur; Media Drum World 209or; Ball Miwako 177mlo; Dawna Moore 219u, 222mlu; Glenn Nagel 33or; NASA Image Collection 191ul; Natural History Library 40ol; Nature Picture Library / Alex Mustard 279ur; Newscom / BJ Warnick 223u; Nikreates 94o; NJphoto 153or; North Wind Picture Archives 45or; Novarc Images 63mlo; M. Timothy O'Keefe 136 – 137o, 165ur; Sean Pavone 19ul, 176 – 177ol, 201u, 204 – 205; Andrew Pearson 22mr; Douglas Peebles Photography 15mr; Peter Ptschelinzew 123um; James Quine 216ul; robertharding / Michael Runkel 312 – 313u; Grant Rooney 197ul; RosaIreneBetancourt 3 / *Porträts von Mao*, 1972 / © 2019 The Andy Warhol Foundation for the Visual Arts, Inc. / DACS, London 119ul; RosaIreneBetancourt 6 43ul, 124 – 125u; RosaIreneBetancourt 7 59ur, / *Inflammatory Essays*, 1979-82 / Jenny Holzer © ARS, NY und DACS 2019, London 2019 24 – 25mo; RosaIreneBetancourt 9 222ur; RosaIreneBetancourt 10 61or, 200or, 285or; RosaIreneBetancourt 13 73or, 93ul, 174ul; Tom Rose 181ur; Jorge Royan 18mo, 138 – 139; RSBPhoto 237ol; RSBPhoto1 30 – 31ul, 151or, 179ur; Stephen Saks Photography 25or, 105or, 235or, 237mro, 300or; James Schwabel 25ol, 135ul, 202ur, 236 – 237ul, 260 – 261um, 265ul, 282ul, 283o, 283mlo, 284 – 285u, 286ur, 286 – 287o, 294or, 294 – 294ur; Science History

Images 191mru, 194mro; stephen searle 158u, 200um; Helen Sessions 145u, 147ml, 150mro, 152ml; Martin Shields 270ur; Sinibomb Images 174mru; Don Smetzer 226um; Solarysys 31mru; Tom Stack 40–41ul, 278u, 309u; Felix Stensson 58u; Johnny Stockshooter / © Bradley Dooley 240ur; SuperStock 208ur; Tasfoto 71mro; Torontonian 95mlu; Travel Pictures 182o; Tribune Content Agency LLC 42ol; A. Robert Turner 163mru; United Archives GmbH 48mru; VIAVAL 196o; Stephen Vincent 228ol; Joe Vogan 136mro; gary warnimont 237ur; WaterFrame_mus 130ul; Mark Waugh 198o; Tim E. White 178–179ol; Jennifer Wright 272ul; WS Collection 46ol; Zeal-Photography 144u; ZUMA Wire / Mario Houben 28–29or, / Scott A. Miller 42ul; ZUMA Press Inc 29mr, 60ol, 177or, 267ur, 271or, 280–281, / Rainbow Man, 1984 / © Judy Chicago ARS, NY und DACS, London 2019 38–39, / Circus, 1977 / Morgan Art Foundation Ltd. / Artists Rights Society (ARS), New York, DACS, London 2019 39mo, / Bruce R. Bennett 92mlu.

**Associated Press AP:** The Florida Times-Union / Bruce Lipsky 42m.

**The Bass, Miami Beach:** Zachary Balber / The Haas Brothers: Ferngully, 2019 76–77om.

**Boca Raton Resort & Club, A. Waldorf Astoria Resort:** 118o.

**Butterfly World:** 129or.

**Depositphotos Inc:** korzeniewski 27ol.

**© Disney:** 142mro, 146ol, 146–147um, 147or, 154–155ul, 160ur, 161or, 162–163or.

**Dorling Kindersley:** Max Alexander 300um.

**Dreamstime.com:** 157um; Aguina 156o; Aiisha 191or; Jon Bilous 213or; Chris Boswell 240o; Paul Brennan 215ur; Jerry Coli 158–159om; Dimarik16 28ul; Svetlana Foote 37mro; Fotoluminate 77ul; Rod Gimenez 215or; Michael Gordon 164ul; Ben Graham 287or; Kmiragaya 55ul, 98; Daniel Korzeniewski 213mr; Sergii Koval 13ur; Brian Lasenby 202ol; Miroslav Liska 32ol, 210ur; Littleny 71mr; Meinzahn 4; Morenaki 299mro; Msbruckner 43or; Sean Pavone 8mlu, 62–63om, 112o, 120o, 130–131om, 188o, 208o, 212ul, 258–259ol, 266–267; Eduardo Di Piemonte 12–13um; Ondřej Prosický 36–37om; TasFoto 123ml; Typhoonski 134o; Jeff Whyte 163ul; Yaonweb 277ul.

**Fish House, Pensacola:** 22mru.

**Flagler Museum:** 33ur, 115or.

**The Florida Aquarium:** 268or.

**The Florida Keys and Key West:** 43mr.

**Getty Images:** 36ul; Filippo Bacci 314–315; Walter Bibikow 26u; Pat Canova 39u; CircleEyes 310–311o; Corbis Historical 46–47om; De Agostini Picture Library 45ol; Sean Drakes / Red Sphere, 2016 / Julio Le Parc © ADAGP, Paris und DACS, London 2019 56ur; EyeEm / Ganesh Ampalavanar 298o, / Melanie Wynarski 12mlo; Kevin Fleming 128o; Stephen Frink 15o; Glowimages 45mr; Carol Grant 12mlu; Jeff Greenberg 34–35ol, 258ur; Historic Map Works LLC 44o; ISC Archives / RacingOne 223mr; Yale Joel 47um; James Keith 26ol, 292–293ol; Glenn van der Knijff 13or; Morton Kunstler 45mro; Ratul Maiti 41or; Thaddaeus McAdams 60–61ul; Miami Herald 43ol; Moment Open / ddmitr 137ur; Arthur Morris 27ur; Rebecca Nelson 15ur; Roberto Machado Noa 61ml; Nowordz Photography 42mr; John Parra 63mru; pidjoe 69mu; Joe Raedle 43ur, 47mru; James Randklev 249o; Smithlandia Media 176–177um; Sylvain Sonnet 16m, 50–51; Jane Sweeney 32–33ul; THEPALMER 2–3; Time Life Pictures 47or; Universal Images Group / Jeff Greenberg 202–203o.

**Great Explorations Children's Museum:** 261o.

**iStockphoto.com:** acavalli 43ml; ampueroleonardo 122ol; anouchka 69ur; baluzek 250–251u; bauhaus1000 36mo; benedek 220u, 234o, 239ur; bhofack2 35mlo; Boogich 84–85ul, 177mru; csfotoimages 268ul; CynthiaAnnF 41mlu; Damocean 307mru; EditorBRo 246–247u; gregobagel 90–91o; alex grichenko 243o, 306mr; Jimmy69 56mlu; krblokhin 58–59ol; littleny 14ol; marchello74 68–69o; MichaelWarrenPix 22ul, 226o; mihtiander 55o, 80–81; Susanne Neumann 20mu, 254–255; NicolasMcComber 89ur; Sean Pavone 6–7; Rauluminate 56o; Ron_Thomas 214ul; SeanPavonePhoto 210–211ol, 217om; stellalevi 71or; TahirAbbas 14–15um; TrigerPhoto 34–35um; twild-life 311ur; Viktorcvetkovic 45um; Michael Warren 106–107; wsfurlan 24ol; Patricia Yablonski 279ol; YinYang 276–277o; Yoela 95u.

**The John and Mable Ringling Museum of Art:** 272mru, 272ur, 272–273or, 275or; Giovanni Lunardi 274ul.

**Kennedy Space Center:** 192u, 193ol, 193ur.

**LEGOLAND® FLORIDA:** © Chip Litherland Photography Inc. 186–187ol, 187mlu, 187ur, 187mru.

**Muse, Sarasota:** 24or.

FSC
www.fsc.org

**MIX**
Papier aus verantwor-
tungsvollen Quellen
**FSC® C018179**

Dieser Reiseführer wird regelmäßig aktualisiert. Angaben wie Telefonnummern, Öffnungszeiten, Adressen, Preise und Fahrpläne können sich jedoch ändern. Der Verlag kann für fehlerhafte oder veraltete Angaben nicht haftbar gemacht werden. Für Hinweise, Verbesserungsvorschläge und Korrekturen ist der Verlag dankbar. Bitte richten Sie Ihr Schreiben an:

Dorling Kindersley Verlag GmbH
Redaktion Reiseführer
Arnulfstraße 124 • 80636 München
travel@dk-germany.de

www.dorlingkindersley.de

**Hauptautoren** Eleanor Berman, Marc Di Duca, Jennifer Ferguson, Gabrielle Innes, Adrian Mourby, Paul Oswell, Carlye Wisel, Ruth und Eric Bailey, Richard Cawthorne, David Dick, Guy Mansell, Fred Mawer, Emma Stanford, Phyllis Steinberg, Ian Williams
**Senior Editor** Alison McGill
**Senior Designer** Laura O'Brien
**Project Editor** Robin Moul
**Project Art Editors** Ben Hinks, Priyanka Thakur, Ankita Sharma, Hansa Babra
**Design** Van Anh Le, Ian Midson
**Factcheck** Taraneh Ghajar Jerven
**Editors** Penny Phenix, Ruth Reisenberger, Zoë Rutland, Lucy Sara-Kelly, Rachel Thompson, Sylvia Tombesi-Walton
**Register** Helen Peters
**Senior Picture Researcher** Ellen Root
**Bildredaktion** Sumita Khatwani, Mark Thomas, Susie Watters
**Illustrationen** Richard Bonson, Richard Draper, Chris Orr & Assocs, Pat Thorne, John Woodcock
**Senior Cartographic Editor** Casper Morris
**Kartografie** Rajesh Chhibber, Simonetta Giori, Mohammad Hassan, EMS Ltd.
**Design Umschlag** Bess Daly, Maxine Pedliham, Simon Thompson
**Bildredaktion Umschlag** Susie Watters
**Senior DTP Designer** Jason Little
**DTP** Harish Aggarwal, Mrinmoy Mazumdar, George Nimmo
**Producer** Rebecca Parton
**Managing Editor** Rachel Fox
**Art Director** Maxine Pedliham
**Publishing Director** Georgina Dee

**Programmleitung** Monika Schlitzer, DK Verlag
**Redaktionsleitung** Stefanie Franz, DK Verlag
**Redaktionsassistenz** Theresa Fleichaus, DK Verlag
**Übersetzung** Susanne Traub-Schweiger, Garmisch-Partenkirchen; Gerhard Bruschke, München
**Redaktion** Gerhard Bruschke, München
**Schlussredaktion** Philip Anton, Köln
**Umschlaggestaltung** Ute Berretz, München
**Satz und Produktion** DK Verlag, München
**Druck** RR Donnelley Asia Printing Solutions Ltd., China

ISBN 978-3-7342-0284-1

19 20 21 22  23 22 21

# DK Vis-à-Vis

## Vis-à-Vis-Reiseführer

**#dkvisavis**

**www.dk-verlag.de**

   /dkverlag

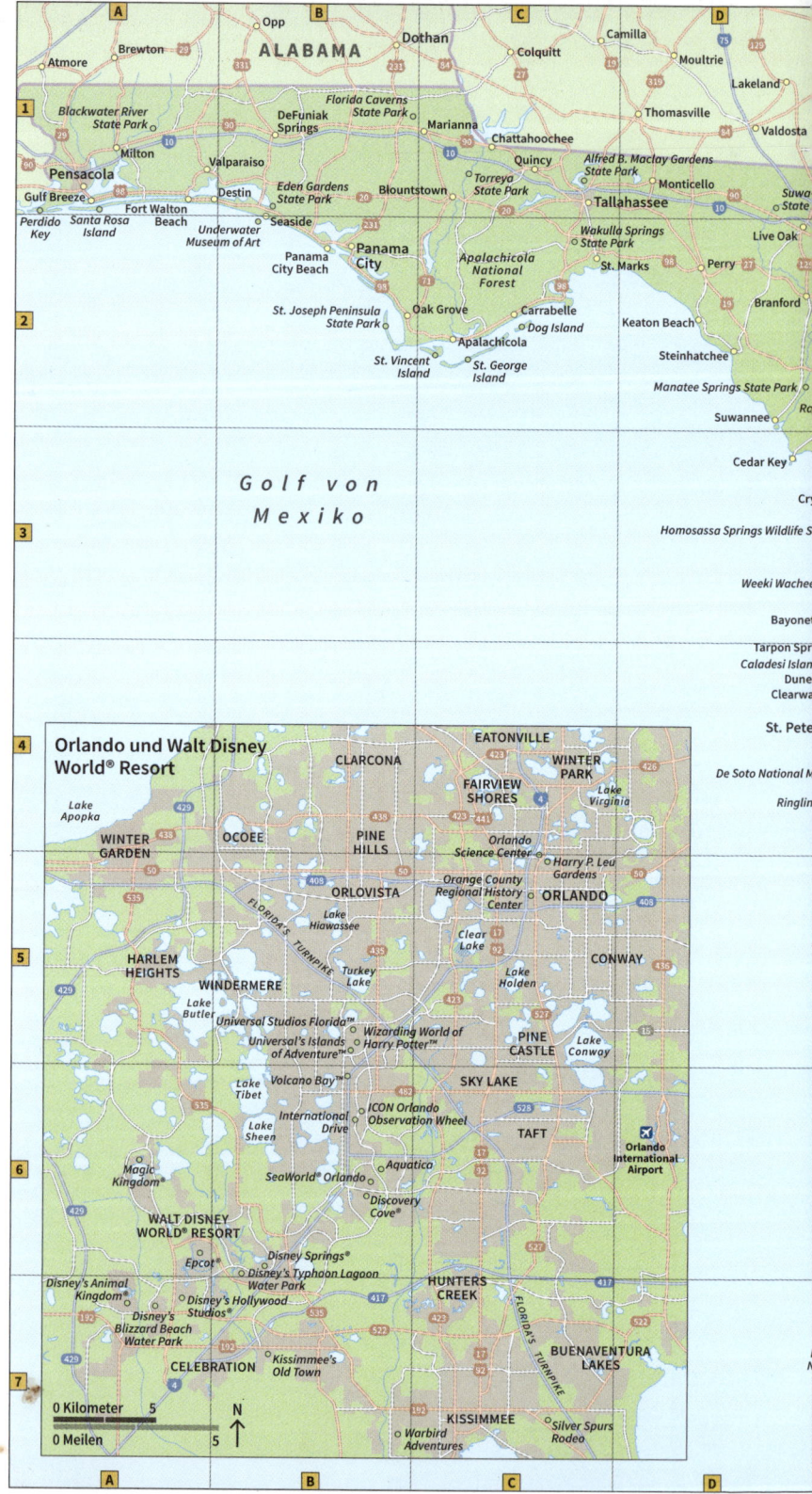

**A**      **B**      **C**      **D**

Opp    Dothan    Colquitt    Camilla

**ALABAMA**     Moultrie

Brewton     Lakeland

Atmore     Thomasville

Valdosta

**1**

Blackwater River State Park    Florida Caverns State Park

DeFuniak Springs    Marianna    Chattahoochee

Milton    Quincy    Alfred B. Maclay Gardens State Park

**Pensacola**    Valparaiso    Torreya State Park    Monticello

Gulf Breeze    Destin    Eden Gardens State Park    Blountstown    **Tallahassee**    Suwa State

Perdido Key    Santa Rosa Island    Fort Walton Beach    Seaside    Wakulla Springs State Park    Live Oak

Underwater Museum of Art    Panama City Beach    **Panama City**    St. Marks    Perry

Apalachicola National Forest    Branford

**2**

St. Joseph Peninsula State Park    Oak Grove    Carrabelle    Keaton Beach

Dog Island

Apalachicola    Steinhatchee

St. Vincent Island    St. George Island

Manatee Springs State Park

Suwannee

Cedar Key

*Golf von Mexiko*    Cry

**3**

Homosassa Springs Wildlife S

Weeki Wache

Bayonet

Tarpon Spr
Caladesi Islan
Dune
Clearwa

St. Pete

**4**

## Orlando und Walt Disney World® Resort

EATONVILLE    WINTER PARK

CLARCONA    FAIRVIEW SHORES

De Soto National M

Ringlin

Lake Apopka    WINTER GARDEN    OCOEE    PINE HILLS    Lake Virginia

Orlando Science Center    Harry P. Leu Gardens

Orange County Regional History Center    **ORLANDO**

ORLOVISTA    Lake Hiawassee    Clear Lake

**5**

HARLEM HEIGHTS    WINDERMERE    Turkey Lake    Lake Holden    CONWAY

Lake Butler    Universal Studios Florida™    Wizarding World of Harry Potter™

Universal's Islands of Adventure™    PINE CASTLE    Lake Conway

Lake Tibet    Volcano Bay™    SKY LAKE

International Drive    ICON Orlando Observation Wheel

Lake Sheen    TAFT

**6**

Magic Kingdom®    Aquatica    Orlando International Airport

SeaWorld® Orlando    Discovery Cove®

WALT DISNEY WORLD® RESORT

Disney Springs®    HUNTERS CREEK

Epcot®    Disney's Typhoon Lagoon Water Park

Disney's Animal Kingdom®    Disney's Hollywood Studios®    BUENAVENTURA LAKES

Disney's Blizzard Beach Water Park

CELEBRATION    Kissimmee's Old Town

**7**

0 Kilometer 5
0 Meilen 5    N

KISSIMMEE

Warbird Adventures    Silver Spurs Rodeo

**A**      **B**      **C**      **D**